The Hell of Good Intentions

以善意鋪成的地獄

Stephen M. Walt

菁英的僵化和霸權的衰落 •————• 重啟大棋局也注定失敗的美國外交政策

America's Foreign Policy Elite and the Decline of U.S. Primacy

史蒂芬・華特 ———— 著
林詠心 ———— 譯

目次

獻給我的家人

前言 Preface

二〇一三年三月，一位任職於國務院的政策規畫員邀請我去演講，並請我說得「煽動」一些。樂於遵命，我將我的講題訂為「為何美國外交政策一直失敗」。隨後便展開了一場熱鬧但友善的討論展開。在那之後，我意識到我的評論或許可以做為一本小書的基礎，並估計寫完這本書要花上一年左右的時間。

一如近年來負責美國外交政策的諸君們，我嚴重地錯估了這項任務的困難度。儘管如此，我在二〇一六年十月完成了第一版初稿，並預計這本書會在希拉蕊・柯林頓（Hillary Clinton）第一年總統任期屆滿之前上市。我以為這個時機點很理想，因為我預期希拉蕊會重蹈許多前任的覆轍，在這個時點針對美國的重大政策提出嚴厲抨擊將會是適時且可貴的。

不料，二〇一六年唐納・川普（Donald Trump）意外當選，從許多面向看來都是一份尷尬的驚喜，不過也是一個絕佳的機會來測試我對於美國外交政策菁英的核心論據。川普在競選期間已經挑戰了美國外交政策當中許多經年累月的傳統觀點。他公開地蔑視民主黨和保守黨的外交政策，同時也被這兩大黨所蔑視。然而，在他上任之後便發現，壓倒外交政策當局的難度要比他先前以為的困難許多。川普的執政風格顯然不同於過去的美國總統，他也頗大幅度地改變了美國政策，但是他在二〇一六年承諾要進行的外交政策改革仍未實現。本書將會幫助你了解原因。

在某種程度上，這部著作可說是延續自我在研究所時期開始進行的一項研究計畫。我在《同盟的起源》（*The Origins of Alliances*, 1987）一書中指出，恰當地理解國際同盟的起因，便可解釋為何美國和它的主要同盟國之間存在著比起蘇聯集團更堅強的連結，也可不必那麼擔憂某些關鍵同盟國會在美國沒有持續安撫的情況下和蘇聯重新結盟。《革命與戰爭》（*Revolution and War*）一書探究了國內革命對於國際的影響，並聲稱為了撲滅革命勢力所付出的努力經常致使敵意持續發酵，進而導致戰爭的機率增加。《馴服美國力量》（*Taming American Power*, 2005）一書解釋了為何友好國與敵對國都擔憂美國於冷戰後的優勢地位，說明其他國家如何試圖對抗美國勢力，或是利用美國勢力來達到他們自己的目的，並聲稱美國若是採取了較節制的外交政策，就能減少這些力量所帶來的危險。此外，在《以色列的遊說與美國的外交政策》（*The Israel Lobby and U.S. Foreign Policy*, 2007）中，約翰・米爾斯海默（John Mearsheimer）和我說明了國內強大的利益團體可以如何顯著地影響美國外交政策，進而傷害到更廣泛的國家利益。

上述這些著作都對於美國外交政策中的某些重要成分投射懷疑的眼光，並試圖提出改善方案。本書則是更細緻地開展這個主題，將焦點放在外交政策機構長久以來，在形塑美國策略及管理全球關係上所扮演的角色。

尤其，本書試圖解釋為何美國要耗費過去四分之一個世紀，追求這樣具野心、超現實且多數時候都失敗的外交政策。贏得了冷戰，並且達到羅馬帝國以來前所未有的卓越地位，為何美國的領導者仍決定要維持一個矮化所有人的軍事體系，並擴展已經很廣布的同盟國、從屬國、軍事基地與安全承諾的網絡？為什麼民主黨和共和黨人不將美國主要對手的失敗視作一次減輕美國負擔的機會，而要思慮欠周地在世界各地大肆宣傳散播民主、市場和其他自由價值呢？

這個策略有時候被稱為「自由主義霸權」（Liberal Hegemony），一直以來是一場代價高昂的敗局。然而，即使成本不斷升高，而泥淖愈陷愈深，過去三個美國政權（包括柯林頓、小布希和歐巴馬）皆堅持遵行。反覆的挫折當前，為何華府仍要堅守這個立場，而為何外交政策當局要說服美國人民支持那些既沒必要也不成功的政策呢？

財富、權力與有利的地理條件，美國集這三者於一身的顯著組合，可說是上述提問的一部分解答。因為美國是世界最強大的國家，在西半球所向披靡，又受到兩大洋的保護而免於世界其他地區的威脅。它可以介入遙遠地區卻不會立刻置自己的生存於險境。然而，這個解釋並非全部的故事，因為同樣的這三項條件也可以讓美國選擇減少對於海外承諾的投入，而將更多精神專注在自家的問題上。

美國領導人選擇自由主義霸權而不採取較節制的整體策略，是因為外交政策界相信，散播自由價值對於美國安全極為重要，且不難做到。他們誇大國際危險、吹捧自由主義霸權可以帶來的好處，並隱瞞真正的成本，藉此說服一般民眾支持這項野心勃勃的政治議程。由於外交政策菁英鮮少接受質疑，他們得以一而再、再而三地犯下相同錯誤。

本書對於外交政策當局表示高度不滿，但我所提出的批評本質需要被適當地理解。美國的外交政策菁英階級，不是一群懷抱陰謀的特權人士刻意犧牲國家以增加自身的財富。反之，本書中所檢視的機構內部皆滿是鞠躬盡萃的公僕，真心相信美國的支配地位對於自身和世界其他國家都是好的。然而，縱然追求自由主義霸權迎合了這些菁英的自我價值感，強化他們的權力和地位，並讓他們有許多事可做，這些人同時也是身處在一個獎勵服從、懲罰歧見並鼓勵其成員遵守普遍共識的體系當中。

簡言之，本書所檢視的人大多是企圖增進他們所看見的國家利益。不幸的是，他們投入如此精力、奉獻追求的策略，卻存在著根本的缺陷，而且他們有時候所犯下的是天大的錯誤。帶著最大的善意，美國的外交政策菁英卻對他人造成巨大傷害，也使得美國本身蒙受相當嚴重的損失。直到能夠帶著不同觀點看待美國所扮演的角色，並願意追求一套節制策略的新菁英階級浮現之前，美國很可能會再重蹈過去二十五年間的覆轍。

一本書無法為美國的外交政策掀起一場革命。但我希望這本書可以有助催促美國採取真的能夠強化國家安全與繁榮，並促使美國核心價值更吸引他人的外交政策。具備上述特質的外交政策會較貼近美國民心之所嚮，且在國內外都更容易辯護其正當性與合理性。

史蒂芬・華特
布魯克林，麻州

引言
Introduction

二〇一七年一月二十日，川普成為美國第四十五位總統。自從他宣布參選以來，這場打破專家眼睛的政治奇幻旅程可說是達到了高潮。幾乎沒有人期待他會在共和黨初選中勝出，許多專家反覆地向民眾保證，川普在初期的成功不會持久。然而，他橫掃千軍，在許多共和黨大老的強烈反對下，仍舊贏得了共和黨提名。在整個大選宣傳期間，川普大多時候是落後希拉蕊的，三場電視辯論的表現都不佳，美國任何主要媒體幾乎都不支持他。選舉前幾天，各家民意調查多半認為他出線的機率很渺茫，而希拉蕊勝選的可能性是七成以上。

但是他贏了，而且是單槍匹馬。他打敗了成群來自共和黨的勁敵，其中許多人的政治經驗遠比他豐富，代表了各式各樣令人熟悉的保守觀點。他挑戰了美國政治選戰長年建立的慣俗——拒絕公布他的稅收，針對女性記者做出粗俗評論，公開地嘲笑一位身心障礙記者，還對一位為國捐軀的美國大兵家屬表現出輕蔑態度。他告訴他的支持者，整場競選可能是「被操縱的」，並威脅一旦當選就要逮捕他的反對者，「把她關起來」。在他過去的性醜聞紀錄與表現出極度厭女態度的錄音曝光之後，他依然挺過來了。

最引人注目的是，他是在兩大政黨重要人士都持強烈反對的情況下贏得了勝利。傑出的民主黨人很顯然出於政黨理由而反對他，但是在二〇一六年，為數不少的共和黨人也謝絕支持他的參選，還有少數人——包括前國務卿柯林．鮑爾（Colin Powell）——選擇支持希拉蕊。川普也沒有贏得任何在世總統的支持，包括老布希和小布希。

隨著競選活動日漸推展，至今針對川普最一致且激烈的警告來自於美國的專業外交政策菁英們。想當然耳，民主黨的外交政策專家一定反對他，例如前國務卿馬德琳．歐布萊特（Madeleine Albright）以及一大批外交資歷驚人的希拉蕊支持者，包括傑克．蘇利文（Jake Sullivan）、詹姆士．史坦柏格（James Steinberg）、柯特．坎貝爾（Kurt Campbell）、安－瑪麗．史勞特（Anne-Marie Slaughter）與其他許多人。[1]不過，反對川普的聲浪在共和黨這邊又更激昂了。二〇一六年三月，前國務院顧問暨約翰．霍普金斯大學教授艾略特．柯恩（Eliot A. Cohen）號召了一百一十二位前國家安全官員連署了一封公開信，譴責川普的外交政策觀點，形容他是「打從心底的不誠實」，並且評斷他「完全不適合入主白宮」。幾個月之後，五十位頂尖的共和黨外交政策專家——包括前駐印度大使與國家安全會議（National Security Council, NSC）副官羅伯特．布萊克威爾（Robert Blackwill）、前副國務卿暨世界銀行總裁羅伯特．佐利克（Robert Zoellick）、前國家安全局（National Security Agency）署長麥可．海登（Michael Hayden）以及前國土安全部部長麥可．謝爾托夫（Michael Chertoff）——共同發表了一封公開信，表示他們不會投給川普，並警告他缺乏領導國家的「氣質」，將會是「美國史上最魯莽的總統」。[2]

幾乎是意料之中地，川普的上任警醒了外交政策當局。不只是他在競選期間的行為令人懷疑他的特質和判斷力，他也反覆地挑戰了某些長久以來的美國外交政策準則。他公開地質疑北大西洋公約組織（North Treaty Organisation, NATO，以下簡稱「北約」）的價值，並且對於他是否會善盡美國對歐洲盟國所簽署的條約責任表示不確定。他指控一些亞洲和歐洲的盟國「沒有付出他們應盡的份額」（這句話本身並無爭議性），並聲明如果南韓或日本發展核子武器或許不是一件壞事。他曾經讚美俄羅斯總統弗拉迪米爾．普丁（Vladimir Putin）是「強大的領導者」，且拒絕譴責俄羅斯奪占克里米亞、利用網路武器攻擊他人，或是支持在敘利亞長期內戰中殺害了數以萬計平民的阿薩德（Assad）政權。川普聲稱限制了伊朗核武發展的多方協定為「糟糕的政策」，並威脅對中國、墨西哥、加拿大和南韓展開貿易戰。在數場針對外交政策的冗長訪問中，川普更顯露出他對於國際事務膚淺甚至是孤陋寡聞的認知。[3]

在其他方面，川普的驚人勝選顯示出了民眾對於過去三任美國總統的外交政策極為不滿。川普的「美國優先」言論並沒有讓他顯得不適合入主白宮，反而正巧擊中了柯林頓、小布希和歐巴馬政權以來引領外交政策的整體策略。川普沒有將美國視作世界警察、負責散播民主價值和維持自由世界秩序「不可或缺的國家」，反之，他呼籲的——儘管缺乏條理——是一套號稱可以讓美國人對內更強大、更富有，對外更少承諾、限制及免於泥淖的外交政策。

當然，外交政策並非二〇一六年選舉的最大議題。種族、階級和身分認同讓大量選民傾向川普，此外包括某些人對於美國第一位黑人總統的長期敵視、希拉蕊自身帶有污點的聲譽，以及柯林頓夫婦現身政治舞台超過二十年所導致的群眾倦怠等，這些因素都推了川普一把。川普本身的媒體魅力也加速了他的崛起，而且他證明了自己遠比其他競選對手更擅於行銷與操作社群媒體。因此，若將外交政策視為川普二〇一六年勝選的根源，可就錯了。

不過，外交政策也不是全然無關的。首先，川普傳達出來的訊息中有一項始終如一的主題，就是反對任何形式的全球化。他聲明華府在過去幾十年來與其他國家協商了許多「糟糕的貿易協定」，自一九九三年的「北美自由貿易協定」（North American Free Trade Agreement，NAFTA）、二〇〇一年中國加入世界貿易組織（World Trade Organization, WTO，以下簡稱「世貿組織」），還有特別是在亞洲地區延宕中的「跨太平洋夥伴協定」（Trans-Pacific Parnership，TPP）以及與歐洲談判的「跨大西洋貿易與投資夥伴協定」（Transatlantic Trade and Investment Partnership, TTIP）。根據川普的說法，這首「全球主義的錯誤歌曲」已經致使上百萬名美國人失去好的工作機會，並且讓美國經濟大幅衰落。全球化鼓勵了他口中所謂的「愚蠢的移民政策」，威脅到美國的核心認同，也讓危險的罪犯和殘暴的極端分子得以踏上美國國土。[4] 一旦當選，他承諾要撕毀這些糟糕的貿易協定、在美墨邊境「砌起一道牆」、阻止「極端分子」進入美國、揚棄關於氣候變遷的巴黎協定（他聲稱氣候變遷是中國設計出來要扼殺美國企業的惡作劇）、將全球化之下流失的工作機會帶回美國，並且「讓美國再次強大」。

同樣重要的是，前三任總統任內一長串外交政策的失敗強化了川普傳達出來的反體制的訊息，並致使人們對於希拉蕊自稱是一位有經驗的領導者、具備入主白宮所需之判斷力等語感到質疑。川普反覆批評希拉蕊在國務卿任內的表現，指責她在擔任參議員時，曾支持二〇〇三年美軍對伊拉克的進攻、二〇〇一年輕率地推翻利比亞領袖穆安瑪爾．格達費（Muammar Gaddafi），以及呼籲美國加強介入敘利亞內戰等舉止。希拉蕊或許不全如川普的嘲諷所言，但她無法提出一串沒有爭議的外交政策來反擊，因為根本就不存在。

事實上，自從冷戰結束以來，一直很難——或許不可能——為美國外交政策的紀錄辯駁，而且絕對不是以美國選民可以感到連結與理解的方式辯駁。在冷戰之後的數年間，美國外交政策充滿的是顯而易見的失敗，毫無重大功績，而非一系列清楚明確的勝利。歐巴馬總統甚至曾經在二〇一四年一場訪問中聲稱，人們可以合理期待的只有適度的成果，他的外交政策做法「或許不總是吸引人的……但是可避免錯誤。你平常會擊出一壘打、二壘打，但偶爾一次或許可以擊出全壘打。」[5]自從冷戰結束以來，是有極少數的幾發全壘打出現，但同時也有非常多的高飛球、三振和軟弱的滾地球。

這其中有些失敗是錯失的機會，例如兩黨沒能充分利用奧斯陸協議（Oslo Accords）*為以巴

* 譯注：一九九三年八月二十日以色列總理拉賓和巴勒斯坦解放組織主席阿拉法特在挪威首都奧斯陸祕密會面後，達成此一和平和議。同年九月十三日，雙方於白宮草坪簽署了《臨時自治安排原則宣言》，被認為是以巴和平進程中的里程碑。但在協議簽署後兩年，拉賓遭到以色列右翼激進分子刺殺，其後巴勒斯坦極端勢力亦連續發動針對以色列的襲擊事件，街頭衝突逐漸演變成雙方武裝對抗，奧斯陸協議的執行遭無限期擱置。

衝突達成長久解決方案。其他的潰敗——如伊拉克和阿富汗戰爭——都是所費不貲又自己造成的創傷。在某些情況下，被宣傳為具遠見與建設性的美國提案——例如北約擴張*的決定或是在波斯灣的「雙向圍堵」政策†——結果都是為將來的麻煩播下種子。這些決定都沒能讓美國人感到更安全或更繁榮。

美國也沒有成功將它偏好的政治價值散播出去。蘇聯解體一事顯著地證明了美國的民主典範，許多觀察家曾預期這些民主準則會深植於世界各地。然而，這些理想性的希望並未實現：現存的獨裁政體證實具有回復力，好幾個新興民主政體最終還是跌回了專制統治。美國引導的政權轉移反而產出了失敗的國家，而且隨著時間演進，反而是美國自己開始揚棄它的核心原則。在二〇〇一年九月十一日的恐怖攻擊之後幾年間，美國高層官員授權拷問，犯下戰爭罪行，大量地對美國公民執行電子監測，並且繼續支持關鍵地區一些殘暴的專制政權。二〇〇八年的金融危機顯露出了重要金融機構間的嚴重腐敗，也讓人質疑美式自由市場資本主義真是永續經濟成長的最佳方程式嗎？與此同時，美國的民主秩序受到意識形態兩極化和政黨杯葛的影響而愈加癱瘓，新興民主政體在制定憲法時，逐漸選擇參考其他國家而非美國。[6]

事實上，在二〇一六年選舉結束之時，美國似乎已不再特別吸引其他社會做為政治或經濟模範。這個國家已經變成仇外國家主義運動領導者的靈感來源，而不再是自由理想的明燈與民主制度的模範，例如法國的瑪琳·勒龐（Marine Le Pen）或是荷蘭的海爾特·懷爾德斯（Geert Wilders）皆熱情地祝賀川普勝選，並期待在自己的國家跟隨他的步伐。

讓我們把視角拉廣一點，在一九九三至二〇一六年間，全球與美國國內的整體情況都穩定且顯著地下滑。儘管有一些正面的趨勢——包括極度貧窮的人數急速減少——九〇年代早期的樂觀並沒有實現。龐大勢力的競爭以復仇姿態回歸，大規模毀滅性武器繼續擴張，恐怖分子和其他殘暴的極端分子在許多地方活躍著，中東地區陷入一片混亂，然後是歐元危機、英國脫歐的決定，以及多個歐盟會員國出現反自由主義趨勢而導致歐盟面臨不確定的未來。美國外交政策或許並非這一些發展的主要原因，但它在許多局面當中扮演了重要角色。當川普告訴眾人：「我們的外交政策是一場徹頭徹尾的災難。」他的口氣彷彿那真的是一場災難。[7]

最受到責難的是，川普將矛頭指向未能認清自己反覆錯誤的外交政策當局，他們拒絕承擔責任，並堅守那些不可信的傳統智慧。就像造成二〇〇八年金融危機的華爾街銀行家們，這些造成外交政策反覆潰敗的人似乎未曾為自己的錯誤付出代價，或甚至從中記取教訓。這是一個

* 譯注：北約自一九四九年成立時的十二個創始國，逐步擴張至今的二十九個成員國，其中多數是冷戰後加入的東歐國家。美國觀察家湯瑪斯．佛里曼（Thomas Friedman）認為，冷戰後北約向俄羅斯擴張的政策是愚蠢的，在俄羅斯歷史最民主、威脅最小的時候，讓北約東擴持續壓縮俄羅斯，引發俄國民眾的不安全感和恥辱感，後而為普丁的崛起打下基礎。

† 譯注：美國在九〇年代重新調整中東政策，以回應第一次波灣戰爭後的中東新局勢。柯林頓政府指出在後冷戰時代，由古巴、北韓、伊朗、伊拉克和利比亞代表的「流氓國家」（rogue states）將取代過去的蘇聯，成為國際社會的新威脅。為處理伊朗和伊拉克問題，美國政府提出所謂「雙向圍堵」政策，除強調美國應結合國際社會之力對於伊朗和伊拉克進行制裁之外，亦應該同時加強對於前者的「交往」（engagement）和對於後者進行「政權轉移」（regime change）的計畫。

跨黨派的資深官員小集團，從政府單位到私人機構，從智庫到企業高層，從安全的閒職到新的政府任命，即使過去的表現不突出，或由他們構思、宣傳和執行的政策未能奏效，他們還是能在這些單位之間輪替著。某些預測和診斷被證實錯誤的外交專家和政策研究者也能免於受罰，但其他挑戰兩黨共識的人卻被邊緣化，甚至在他們做出正確評論的時候還被誹謗。當這個小集團的成員一如往常地耍小手段以獲得一席之地，並且在戰術議題上爭執不休的同時，他們仍然團結地相信美國有權利和責任帶領世界走向一個更自由的未來。

在二〇一六年的選戰中，外交政策或許只是次要議題，但是美國在海外持續的失敗加上一批與世隔絕、不願負責也拒絕承認錯誤的菁英階級，這個組合完美契合了川普對於現存制度的民粹主義式攻擊，以及他所保證的「甩掉美國外交政策的鏽蝕」（shake the rust off of America's foreign policy）。

川普提出了什麼替代選項呢？雖然他的外交與國安政策缺乏細節、含糊不清，在選戰過程中確實有幾個循環出現的主題。首先且最重要的是，他強調美國外交政策的中心目的應該是增進美國的國家利益，美國應該以謀求自利的方式與他國往來。雖然這個論調或許很理所當然，甚至是周所眾知的了，川普是在講述許多聽眾想要聽到的話：美國權力與影響力不應該用在幫助他人，或是在世界各地推廣一套政治價值，而是應該要讓美國好起來。

與這個原則一致的精神下，川普嚴懲搭便車享受美國保護的歐亞同盟國，他也表明，如果這些國家想要維繫美國的支持，他希望這些國家對於合作防衛投入更多資源。他聲稱會與美國在歐亞的同盟國一同舉行高峰會，「討論財務承諾的重新平衡」並「升級北約過時的使命與結構」。在川普政權下，簡言之，美國與最重要且強大的同盟國之間的關係會從根本地被重塑。

川普也譴責美國在諸如伊拉克和阿富汗等地所推動的「國家建立*」（Nation-building）。他抱怨道：「我們重建其他國家的同時，也弱化了我們自己的國家。」並聲稱這種行徑「始於一個危險的想法，即我們可以將西方民主輸入那些沒有經驗也沒有興趣成為西方民主政體的國家。」一旦當選，他承諾美國會「退出國家建設的生意」。

川普也將矛頭指向全球化，尤其是那些在過去幾十年間使得全球貿易和投資急劇擴張的制度和協定。他形容NAFTA是一場「徹頭徹尾的災難」，並聲稱美國的貿易政策已經導致了「美國工作被偷走」，並幫助了中國「繼續對於美國工作和財富進行經濟襲擊」。

矛盾的是，他也聲稱他會盡力改善與中國和俄羅斯的關係，說道：「我們應該在利益共享的基礎之上，尋求共識。」他並強調：「減輕與俄羅斯之間的緊張，並改善關係……是可能的，絕對可能。」他並鄭重宣布會與莫斯科合作對抗伊斯蘭國（ISIS）的共同威脅，即使此舉意謂著支持敘利亞的阿薩德政權。

川普也發布了一份反「激進伊斯蘭」的挑釁筆記。他誓言要「與任何（在中東）受到激進伊斯蘭崛起威脅的國家合作」，並威脅要禁止穆斯林進入美國。他也說他有一份「簡單的訊息」

* 譯注：國家建立也稱作「民族建立」，意指當統治者獲得權力時，利用國家的力量去建構國民的國家認同（民族認同）。

要給伊斯蘭國：「他們的時日有限了。」

最後，川普宣告美國優勢、堅決要做的事和達成的目的之間存在一個一致的主題。他宣稱美國現在是「一個脆弱的國家」，並承諾要重建美國的軍事力量，他說「我們的軍事優勢必須是無庸置疑的……任何人、每個人都無法懷疑它」，並且聲稱美國如果變得「更難以預測」，在大多數的情況下就能更為所欲為。[8]

川普的聲明或許不太有條理，但是核心訊息是清晰的：美國的外交政策並未如它所承諾地那般奏效。因此，這個國家需要的是意志堅定地強調其國家利益，並且強硬地對待其同盟與對手。換句話說，美國需要一套截然不同的龐大策略。

整體看來，川普的外交政策承諾的是要激進地擺脫自第二次世界大戰以來影響美國外交政策的國際主義議程，尤其是冷戰結束至今的影響更鉅。川普沒有尋求擴張與深化一套以規則為基礎的國際秩序——一套積極地散播民主、推動自由貿易、加強夥伴關係與國際制度，並且捍衛人權的秩序——反之，川普提供的是一套自我中心、高度國族主義的外交政策，避免長期投入散播美國理念的工作，而是聚焦於確保短期利益。

在令人熟悉的「美國例外論」（American exceptionalism）這個觀念上，川普也代表了不同的看法。美國還是不同於其他國家，但它不會再是那個「不可或缺的國家」，不再作為自由世界秩序的關鍵、不再扮演首先回應全球重大挑戰的角色，或甚至不再是一位「不情願的警長」。反之，美國與其他國家的關係會是純粹以交易為基礎而運作，將目標放在取得「最佳交易」，並且促使他國承擔最大的負擔。這種做法等於是直接揚棄六十多年來引導美國外交政策的世界觀，也難怪外交政策菁英們迎接川普競選的同時，也帶有恐懼和驚慌的情緒。

然而，他贏了。依據他在選戰過程中所概述的政策立場，川普的勝利挑起了兩項關於美國外交政策之過去、現在和未來的根本問題。

首先，美國的發展怎麼能夠如此地偏離軌道，以致選民們會選擇一位完全沒有經驗的領導人，不僅曾經公開挑戰根深柢固的外交政策智慧，也被兩黨陣營的資深外交政策專家所反對？

第二個問題，川普可否實現他所承諾的外交政策改革呢？鑒於他肯定會面臨兩黨菁英與根深柢固的國安體系之反對，他是否有能耐掌著美國這艘大船駛向新的方向呢？外交政策當局是否有辦法將他吸納成為一分子，或者他只是一直在獨自吹牛著？不論他最終選擇哪一條途徑，他的任期對於美國的安全、繁榮，以及更廣泛的國際政治會造成什麼效應呢？

論點

本書針對上述每一個問題，主要聚焦於外交政策共同體（Foreign policy community）在國內的政治力量。我認為川普當選的一部分原因在於他所聲稱的美國外交政策是「一場徹頭徹尾的災難」，其中確實有不少為真。[9]美國人民意識到有些事情已經錯了，這也是為何民意調查顯示出對於海外探險的支持正在消減中，也是為何選民們持續地被吸引而投給承諾要在海外少做點事、在國內多盡點力的候選人。

舉例來說，在一九九二年，選民們忽略布希總統令人印象深刻的外交政策成就，轉而選擇柯林頓，其競選口號是「問題出在經濟，傻子」。二〇〇〇年，小布希總統批評柯林頓過度強調「國家建立」，以及對選民過度承諾一套會讓美國「強大但謙虛」的外交政策，進而贏得支持。然而，當小布希無法實現他所承諾過的事項時，美國人在二〇〇八年選了歐巴馬，因為他曾經反對伊拉克戰爭，並承諾要修補與世界其他地區的關係。儘管歐巴馬本人頗受歡迎，他也未能終止美國總統在外交政策上的失敗循環。到了二〇一六年，許多選民顯然偏好川普的「美國優先」，更甚於希拉蕊所承諾的維持過去反覆導致美國自作自受的政策。

什麼地方出了問題呢？美國外交政策的失敗，不是因為眾多強大、狡猾、殘忍的對手以其高明的詭計反覆阻礙了華府高尚的意圖和精心的設計，也不是因為美國經歷了不太可能發生的厄運。

相反地，美國外交政策失敗之因在於，其領導人追求的是一系列既不明智也不現實的目標，且拒絕從錯誤中學習。尤其，美國不斷重蹈覆轍更深層之因在於三項要素的結合：美國於全球壓倒性的霸主地位、錯誤思想所引導的整體策略，以及功能愈來愈失調的外交政策共同體。

關於前者，一如布希總統和國家安全顧問布倫特・史考克羅（Brent Scowcroft）在日後回想起來，冷戰的勝利給美國留下了「形塑世界最珍貴的機會」。[10]這個霸主地位讓華府得以追求一個高度野心的外交政策——「形塑這個世界」——而不必過度擔憂後果。然而，正因為美國已經很富有、強大且安全了，幾乎沒有必要「去海外尋找打怪的對象」，即使它這麼做了，也幾乎沒什麼利益可圖。因此結局是一場矛盾：美國的霸主地位讓一套具野心的遠大策略可行，但也使得它不太必要。

這些現實隱含著美國大可以在某種程度上減少對於海外的承諾，而更專注在國內的優先事務，但冷戰後的每一任美國政府都忽略了這些現實，而擁抱一個極具野心的「自由主義霸權」總體策略。這個策略是自由主義式的，並不是左傾的意思（如同人們熟悉的「自由」與「保守」之二分法），而是因為它尋求利用美國力量來捍衛和散播傳統的自由主義原則，包括個人自由、民主治理和市場經濟。[11]這個策略是一種霸權，因為它將美國視為「不可或缺的國家」，僅有美國夠資格將這些政治原則推廣到其他國家，並且將它們納入一個由美國設計和領導的同盟與制度網絡。支持這種觀點的人，不只是將美國霸權的維持和自由世界秩序的擴張視作美國安全和繁榮的必要之務；在他們眼中，這個目標對於世界其他國家來也說也是好的。

然而，過去二十五年來的經驗已經顯示出，自由主義霸權的策略在本質上是有缺失的。美國追求自由主義霸權的同時，並沒能讓諸多國家都堅守自由理念並團結成一片持續擴張的和平區域；反之，美國與俄羅斯的關係受到侵蝕，導致在阿富汗、伊拉克和其他許多國家都身陷高額代價的困境，浪擲數兆美元並犧牲了上千條生命，許多政府與非政府團體都因此起而反抗美國勢力，或是利用美國來占取自己的利益。美國的盟友們並非歡迎美國領導，而是享受搭便車之利；美國的對手們則是不斷阻礙其計畫，懷有敵意的極端分子找到不同方式進行攻擊，轉移美國的注意力而使其分心。即使美國擁有高級的經濟和軍事資產，也無法拯救一套從核心就錯誤的面向世界的方式。

所以，為什麼美國採取了這種表現極差的總體策略，又為什麼即使在它的限制變得如此明顯之後，三位大不相同的總統會持續採取相同的做法呢？我認為美國外交政策之所以仍然以自由主義霸權做為預設設定，原因在於外交政策當局非常深信之，而且身處在一個很適合推廣和捍衛它的位置。從大家幾乎團結一致反對川普的情況看來，這個做法背後的共識已超越了黨派，且在一次又一次的失望中仍未被捨棄。

外交政策當局的領導成員們顯然相信自由主義霸權是美國的正確策略，但他們也了解自由主義霸權對他們來說是有好處的。開放式地努力打造一個美國面孔的世界，這讓外交集團有很多事好做，對其成員的自身利益來說很有吸引力，而且推高了他們的地位與政治權力至極致。它讓美國得以維持矮化其他重要政權的軍事力量，也讓外交政策目標狹隘的一些特殊利益團體可以遊說對他們有利的政策，並且互相吹捧以促使政府給予每個團體各自想要的一些東西。簡言之，自由主義霸權是一種讓外交政策菁英得以完全就業的政策，也是對於那些試圖說服美國政府在遠方以他人名義做些事情的團體來說最無阻礙的一條途徑。

僅管如此，到了二〇一六年之時，過去二十五年來的紀錄和美國所付出的代價已經無法完全掩飾。許多川普的支持者將外交政策菁英視為一群遠離現實且不負責任的人，而這種對於重覆失敗的意識為川普針對外交政策菁英所進行的民粹式攻擊開啟了一扇門。人們對於現況的不滿把川普送進了白宮，但他是否有辦法克服來自集團的反抗，實現他所承諾的外交政策革命呢？[12]

本書結構

本書接下來的內容結構如下。

在第一章，我對於三位後冷戰時期總統的外交政策表現做出評價，包括柯林頓、小布希和歐巴馬。我描述了美國在冷戰結束之時的世界地位、當時對於未來的期待，以及美國所追求的政策。這個故事沒有美好結局。一九九三年，美國是單極勢力，與其他重要政權的關係良好，也是全球上百萬人的模範國家。人們期待民主政體會散播地又遠又廣，具有龐大力量的對手應該是過去式了。然而，局勢到了今天卻是截然不同，我們活在一個多極世界裡，美國與俄羅斯、中國的關係急速惡化，自由價值受到圍剿。美國在阻止惡勢力增生、追求中東和平和降低恐怖主義危險等面向上的努力已經反覆失敗。簡言之，這是一個悽涼的紀錄。

但是為何美國的外交政策表現如此糟糕呢？在第二章裡，我主張它的失敗是因為自由主義霸權的策略仍然是奠基於對於全球政治的錯誤且不實際之理解上，這個策略不夠注意其他國家的政治條件，過度膨脹美國塑造複合社會的能力，並且激勵了其他政府與非政府組織反抗或利用美國勢力。美國曾經非常強大，而且其意圖甚至曾經是良善的，但是它在一九九三年所採取的策略注定失敗。

然而，若是自由主義霸權包含了明顯的缺失，且導致人們反覆地失望，為什麼美國還是採行之，且為何美國領導人沒有從失敗中記取教訓呢？第三章針對美國外交政策當局做了仔細的描述，強調這個社群的組成是來自兩黨共識所召集起來的許多個人與團體。他們並不是一群鼓勵創新思考與表現的知識界菁英，而是一個極為墨守成規、出生於專業階級的人，即使愚蠢行徑和徹底失敗不斷地增加中，其信念與政策偏好在過去二十五年間仍幾乎沒有演進。這個社群對於自由主義霸權的高度承諾也迅速地與多數美國人的偏好出現分歧。

如果情況真是如此，為什麼華府要向大眾宣揚一套多數人並不想要的外交政策呢？外交政策菁英又是如何讓民眾繼續支持這些一直失敗的政策呢？其中一個原因是前文已經提過的，美國仍然享有具優勢的地緣政治位置，因為這個國家相較於其他國家是如此地強大和安全，它可以長期追求錯誤且不成功的政策而不致置自己的生存於險境中。

第二個原因是外交政策當局有能力主導有關這些議題的公共論述，讓美國人比較不可能質疑自由主義霸權的智慧。第四章顯示出政客、官員、專家和其他集團內具影響力的成員如何操縱「思想的市場」以推銷自由主義霸權的策略：為了說服人民派駐軍隊至世界各地，以及散播自由主義理念等行為對於國家安全至關重要，而且是最終成功的關鍵，他們（1）膨脹威脅的嚴重性；（2）誇大做為全球領導者的優點；（3）掩飾扮演一個全球角色的成本。

第五章反思的是為何自由主義霸權具備這麼明顯的缺失，卻仍是美國政府的預設策略。一個主要理由在於，外交政策當局逃避負起全部責任的能力。那些關鍵想法很少被質疑，習得課題很快就被遺忘，且外交政策菁英幾乎不會因為他們的錯誤而受到懲罰。反而是持異議和批評的人最終會被邊緣化或受罰，即使他們的論述證實無誤。當相同的一群人一直被重新任命，同樣令人厭倦的論述幾乎不被挑戰時，沒有理由期待美國外交政策的指導原則會改變，或是結果獲得改善。

直到川普出現，他在二〇一六年的競選顯示出，雖然美國人民寬恕了一系列的外交政策失敗，這些缺失無法永遠被隱瞞。因此，最終的問題在於川普是否能夠掌舵帶領美國駛向一個新的方向，以及他的努力是否能夠讓美國的情況好起來。令人遺憾的是，至今的種種跡象顯示結果將不會是如此。本書第六章主張，川普的執政方式提供了美國外交政策如何不被修復的範例。尤其，它顯示出了外交政策共同體如何迫使川普回歸相似的老路——川普的愚昧、性格缺陷和糟糕的政策選擇都幫了一把。川普沒有以系統性且精心設計的方式來重新調整自由主義霸權，也沒有讓華府內不同的團體互相對抗，而是很快地促使外交政策共同體內的重要人物團結起來對抗他，並且失去了政治支持。後來也看得出川普是一個混亂的管理者，他的白宮是一個蛇窟，頂尖副手來來去去的頻率高得令人擔憂，缺乏經驗的下屬反覆犯下令人尷尬的錯誤。在這個有毒的混合物中，再加上川普自己的判斷錯誤、魯莽發言和毫無總統樣子的行為，這就是一個製造災難的食譜了。

因此，川普和外交政策「變形怪體」——引自前國家安全副顧問班・羅德（Ben Rhode）形容外交政策當局的輕蔑用詞——之間的戰爭延續至今。然而，美國已經付出了龐大代價，且還繼續增加中。川普掌管美國外交政策的工作已經造成嚴重的負面結果，而且已經浪費掉美國從第二次世界大戰以來好不容易建立起來的影響地位。美國還在遠方打戰，並承擔不成比例的一大部分全球安全負擔，但現在美國被一個衝動且經常暴怒的自戀者所領導，其古怪的行為已經警醒了美國的盟友們，但對於吸納敵對國家卻沒什麼幫助。川普沒有讓美國的承諾和能力達到比較好的平衡，反而削弱了美國的能力，同時也沒有減少美國的對外承諾，並且讓其他國家有足夠理由質疑華府的判斷和能力。

第七章解釋現在的情況或許可以被怎樣的修正，在簡短地思考過可能反對我所提出論點的理由之後，我設計出了一套替代的總體策略，建立在「離岸平衡」的地緣政治概念之上。這個做法避免追求以美國形象來重塑世界，並且會將美國外交政策聚焦在支持三個關鍵地區之間的權力平衡，即歐洲、東亞和波斯灣。離岸平衡反對孤立主義，訴求美國在外交和經濟上維持與其他國家的往來，但是主要會依賴區域型的夥伴以支持當地的權力平衡，並承諾美國只有當一個或多個地區的平衡受到瓦解危險時才會出手干涉。

儘管如此，缺少一場決定性的國際挫折，外交政策當局將不會擁抱一套會削弱他們自身權力、地位與自我價值感的策略。如果歐巴馬或川普這些外人都無法達成一場更根本的改變，那麼誰可以呢？我主張，唯有當一場妥善組織起來且政治上強而有力的改革運動浮現，那麼有意義且正面的改變才會發生。這樣的改革運動可以削弱自由主義霸權背後的菁英共識，並創造出對於這些議題更開放且持久的辯論。一位領導者無法獨自辦到此事，尤其現任總統是如此不合格又不適任。外交政策當局必須改變，一套新的策略才能誕生，這意謂著在「變形怪體」當中建立新的制度和政治權力的源頭。如果沒有這樣一場運動興起，或是運動的力道太軟弱而不足以激起有意義的改變，美國的外交政策將不會改善。毫無疑問地，美國會存活下去，但是它的公民們會活得較不安全也較不富裕。

事情大可不必演變至此。美國是一個特別幸運的國家，既富裕又極為強大，而且在它周遭沒有危險敵人。這個非凡的好運給予它的領導者極大的空間來操縱外交事務。然而，就如同我將在接下來的兩個章節所示，過去二十五年來負責美國外交政策的人已經反覆做出糟糕的選擇，浪費許多長期優勢。他們或許是帶著最良善的意圖在做事，但是他們反覆造成的失敗是川普當選總統的部分原因。

CHAPTER 1 淒涼的紀錄 A Dismal Record

一九九一年，當蘇聯解體時，美國大可以跳一場勝利之舞，然後就重新思考他們在過去四十多年來所追求的擴張策略。他們大可以自問，冷戰下的圍堵政策授權美國在全球的高干預程度，到了這個全新局勢中是否仍有意義。在缺乏一個同等競爭對手或強勁的意識形態敵人的情況下，對美國來說，維持大規模的全球安全承諾、投入過度心力在世界各地影響事件的做法，是否仍是必要或明智的呢？過去美國試圖支配每個大洲上的政治、經濟和軍事關係，但隨著美國唯一勁敵突然消失，或許可以鼓勵美國領導人去質疑這種做法的智慧，並引導他們稍微減少對此所付出的精神，將更多注意力放在內政需要上。

然而，這個可能性在一九九〇年代早期並未受到什麼關注。[1]少數學者和政策分析師呼籲美國應該大幅減少對全球的承諾，但是他們的觀點在官員界未能吸引到足夠的注意，對於美國外交與國防政策更是毫無影響。[2]歐洲和亞洲的同盟國擔憂美國可能會兌現他們的「和平紅利」，並大幅減少在全球舞台上的能見度；不過，外交政策當局從未仔細考慮過此一可能性。世界已經改變了，但美國整體策略未曾被認真地重新評估過。

即使在蘇聯解體之前，老布希政府裡的高級官員即相信美國應該維持或擴張它現有的承諾，並持續確保龐大的軍事優勢，以便阻止新「同等勁敵」的出現。[3]然而，他們的野心並只就此打住，老布希總統與時任國家安全顧問的史考克羅在日後回憶道，他們發現自己「孤身站在權力的高點」，「眼前是形塑這個世界最珍貴的機會，並且身負著最沉重的責任來進行此事，不只是為了美國的利益，更是為了所有國家」。[4]

一如曾經擔任國務院政策規畫部門主任，而後成為外交關係協會（Council on Foreign Relations, CFR）主席的理查．哈斯（Richard Haass）的形容，美國外交政策的核心目標變成了將其他國家「整合進許多協議裡，以維持一個符合美國利益與價值的世界，從而推廣和平、繁榮與正義」。[5]這個「整合」的過程並不是被動的：反之，美國積極地迫使其他國家採行更多的代議政治系統，對外開放貿易和投資，並且接受一系列大多是由美國制定的全球制度。歡迎美國霸權的國家會受到支持和保護，反對的國家則是被孤立、抵制、脅迫或甚至推翻。對抗美國主宰的恐怖分子和叛亂團體會被跟蹤、鎖定，可行的話還會被摧毀。柯林頓、小布希和歐巴馬總統都遵循了這些廣泛的目標，並且積極地追尋之，只是方式有些不同。

簡言之，美國不是「現狀下」的強權。贏了冷戰、協助解放東歐，並且將科威特從薩達姆．海珊（Saddam Hussein）的控制中解放出來。美國領導人現在開始透過積極操作美國權力來打造一個自由世界的秩序。華府沒有專注在保衛疆土、促進國家繁榮與人民幸福，而是尋求將其他國家重新塑造成美國的樣貌，並且將它們吸納進美國所設計的制度和遊戲規則中。

勝利的國家通常會落入驕傲自大的陷阱。美國在冷戰的勝利之後，陷入對於未來可能性的陶醉感中也是可以預期的。這些期待並不是毫無來由的，美國在一九九一年波斯灣戰爭的大勝，已經驅走了越戰和一九七九年伊朗人質危機*潰敗的陰影，而美國的軍事實力如今顯得無庸置疑。在一九九〇年代大多數的時間裡，美國經濟成長十分驚人，新的民主政體在拉丁美洲和前蘇聯國家之中如雨後春筍般冒出來，廣義中東地區的永久和平甚至還可望達成。

那時，傑出的知識分子們相信強權競逐和重大的意識形態競爭終於是過去式了，人們從此可以專注在一個慈善的「新世界秩序」中累積財富了。美國權力會被引導至（幾乎）對每個人都有好處，人們期待其他國家會歡迎華府的領導，接受它的善意指引，模仿美國的自由資本主義模式，並且感激美國優勢所帶來的利益。

不幸地，這個重塑世界的野心嘗試，其結果卻是悽涼的。追求自由主義霸權並未讓美國更安全、更強大、更繁榮，或是更受歡迎；它也沒有讓世界其他地方更寧靜和安全。反之，美國恢復世界政治秩序的野心在無形中削弱了它自己的地位，將混亂播種在好幾個地區，並且在許多國家造成巨大的悲劇。

要將這個局面看清楚，我們只需要比較美國在九〇年代早期所面對的世界，以及它所面對的今日世界。這並不是一幅宜人的畫面。

* 譯注：一九七九年伊朗爆發伊斯蘭革命，美國大使館被占領，六十六名美國外交官和平民被挾持為人質長達四百四十四天。很多人至今認為，這場事件導致了美國卡特總統連任失敗。

單極的時刻，以及歷史的終結

一個善意的戰略環境

當冷戰告終，美國發現自己處在一個自從羅馬時期以來，未曾見過的全球霸權地位。它擁有全球最大且最進步的經濟體——其國內生產毛額（GDP）比起最接近的競爭對手，大約多了百分之六十——在一九九二年，美國創造了全球約略百分之二十五的產品與服務。[6]它持續地在科學研究和科技創新做為領頭羊，其大專院校和研究實驗室都是全球頂尖的，而且美元一直做為全球的儲備貨幣，這項奢侈的優勢讓華府得以在擴大貿易逆差的同時，以其他方式讓其他國家承擔逆差成本。

美國也是世界上唯一在全球都有布署軍隊的國家。它不只擁有「公共區域的指揮權」（海洋及世界上多數的天空），也有能力在任何地方執行具決定性的軍事行動。[7]事實上，在一九九〇年代，美國軍事費用超越了其後二十個或三十個規模最大國家的整體國防支出。其中許多國家都是與美國關係密切的同盟國，所以美國的實際領導力超越其現有競爭對手的幅度事實上更大。美國的軍事力量也享受了驚人的質量優勢，因為美國光是花費在軍事研發上的費用就超越德國、英國、法國、俄羅斯、日本或中國的整體國防預算。[8]甚至在一九九三年於索馬利亞執行的失敗突擊戰中失去了十九名美國突擊隊隊員，也未能破壞美國軍事全能的廣泛意義。

除此之外，美國與其他所有強權都維持了良好關係。歐洲大國透過北約而受制於美國，華府也與日本、南韓、澳洲、紐西蘭和菲律賓成為正式同盟國，並且和埃及、以色列、沙烏地阿拉伯以及約旦建立密切的策略夥伴關係。當這個單極時代展開時，美國與俄羅斯的關係異常地親切，莫斯科當局希望西方國家協助其轉型為市場經濟，並渴望打造合作性安全協議。中國的崛起確實引起美國領導人的一些關注，但是當時的北京當局還是遵循鄧小平的「和平崛起」政策。據此，美國選擇將中國融入現存的體制中，例如新的世貿組織，希望伸出一隻友誼之手可以說服北京成為美國的夥伴而非敵人。

鑒於美國擁有這麼豐富的優勢，許多專家相信「單極時刻」可能會持續許多年——甚至幾十年。一九九〇年《外交事務》（*Foreign Affairs*）刊物中，《華盛頓郵報》（*The Washington Post*）專欄作家查爾斯・克勞塞默（Charles Krauthammer）聲稱，美國完全負擔得起維護自身的霸主地位，唯一可能將美國從高處翻倒下來的是一場因國內奢侈的應享權益支出（entitlement spending）*所導致的長期經濟衰退。[9]達特茅思學院（Dartmouth College）政治學家威廉・沃爾福思（William Wohlforth）和史蒂芬・布魯克斯（Stephen Brooks）同意此一觀點，並聲稱美國單一主導的期間或許可能比過去四十多年間雙極競爭更長。[10]以上幾位人士和其他支持美國霸權的傳教士們反覆強調美國稱霸的成本並不算高，這個全球最大經濟體很輕鬆地就可以承擔。[11]

* 譯注：應享權益支出有如醫療補助、社會保險等，美國減赤委員會共同主席鮑爾斯（Erskine Bowles）曾經警告，美國若不削減應享權益支出，恐有淪為「次等強權」之虞。

當然，戰略情勢並不完全是順遂的，但是在冷戰後令美國領導者煩惱的危險要比美國最近所面臨的威脅更吉利得多。當時美國競爭的對象已非某個規模近乎一個大洲的超級強權，憑藉著贏得全球數百萬同情者支持的革命性意識形態來與美國抗衡；反之，美國的主要敵人是一群疲軟的「流氓國家」，例如伊拉克、伊朗、古巴、北韓、利比亞、敘利亞、阿富汗（塔利班政權）和塞爾維亞。這些政權都是令人討厭的獨裁，其中還有一些國家試圖取得可造成大規模破壞的軍事武器，每一個國家都為其所在區域帶來麻煩的影響。然而，他們的實力相較於美國都不過是三等貨到五等貨罷了，而且其中沒有一個國家對於美國本身或是對於美國的重大利益造成實質威脅。[12]一如曾任參謀長聯席會議主席的鮑爾將軍在一九九一年嘲諷道：「我身邊的惡魔快消滅完了，我的敵人也快沒了。我只剩下卡斯楚和金日成了。」[13]

除此之外，第一次波斯灣戰爭和日後對伊拉克的遏制行動令人感到，若是事態演變到萬不得已，美國與其同盟國可以頗為輕易地處理好其中任何一個國家。從廣泛的歷史觀點看來，美國幾乎不可能求得比此更為良善的安全環境了。

一股有利的政治和經濟浪潮？

一九九三年，歷史的浪潮顯然在為美國鋪路。冷戰的勝利似乎為美國的核心理念如個人自由、自由選舉和開放市場做了重要的辯護。在東歐所謂的天鵝絨革命*以及拉丁美洲和其他地區掀起的民主轉型「第三波浪潮」†，讓許多觀察家相信自由民主是現代或甚至後現代社會唯一合理的結局。歐盟於一九九二年的擴張與深化——尤其在它決定採用單一共同貨幣「歐元」之後達到巔峰——也滿足這套樂觀論述。確實，做為一個自稱為「平民力量」的組織，歐盟似乎提供了更進一步的證據，顯示出民主、法治和國際制度的持續擴張，可以在一些過去反覆動亂的國家中創造出持久的「和平區域」。

自由主義規範和制度的散播——民主、自由言論、法治、市場經濟等——皆與人權重大進步的希望緊密相關。隨著蘇維埃式的極權主義敗壞，愈來愈多的國家轉向民主，政府濫權的現象似乎無可避免地會減少，人們會生活地更加自由與安全。美國的支配地位讓它占據了一個理想位置，得以迫使其他國家保護基本人權，並且協助民主轉型中的國家建立必要的法規制度，以及公民社會所需的其他支持要素。

政治學家法蘭西斯·福山（Francis Fukuyama）在一篇知名的一九八九年專文中（而後於一九九三年出版成書）完美地捕捉到了時代潮流，聲稱過去重大的意識形態之爭如今已成過去式，

* 譯注：天鵝絨革命在此指的是捷克斯洛伐克於一九八九年十一月爆發的民主化革命運動，由於沒有發生大規模的暴力衝突就實現了政權更迭，如天鵝絨般平滑，爰得其名。

† 譯注：依照杭廷頓在其著作《第三波：二十世紀末的民主化浪潮》（*The Third Wave: Democratization in the Late Twentieth Century*）中的觀點，世界上大致歷經了三波民主化浪潮：第一波民主化浪潮始於美國獨立運動與法國大革命，第二波發生在第二次世界大戰之後至六〇年代，第三波民主化浪潮則是從葡萄牙於一九七四年康乃馨革命推翻獨裁政權，至九〇年代初期蘇聯解體、東歐各國轉而推翻共產統治，走向民主化。

人類已經達到了「歷史的終點」。[14]放眼未來，他認為「不會再有針對『重大』議題的抗爭或衝突，因此也不需要軍官或政治家的存在；社會上主要剩下的是經濟活動」。福山警告，我們面臨的主要危險可能是感到無趣。另一位知名學者約翰．穆勒（John Mueller）亦愉悅地認為強權之戰已經逐漸過時；哈佛教授史丹利．霍夫曼（Stanley Hoffmann）則是告訴《紐約時報》，外交政策的現實主義——強調國家之間持長且悲慘的權力鬥爭——在今日已是「完全的胡說八道」。[15]這些（以及其他的）樂觀看法反應出了人們普遍的感覺，即這個世界已經將強權政治拋在腦後，穩步地往前邁向一個和平的自由秩序。

經濟全球化為我們打開通往和平與繁榮新世代的門，這種信念強化了人們對於民主和人權的樂觀感受。共產世界已經擁抱市場；新的運輸科技、通訊技術和和數位化正在減少人與人之間的距離，並且降低交易成本；野心勃勃的新全球協議正在消除貿易與投資的政治障礙；全球製造業現在也仰賴複雜但高度有效率的供應鏈，讓貨物更便宜、戰爭更不可能發生。國際機構如世貿組織會管理這些新的協議，讓所有國家享受更高程度的經濟合作，前提是它們符合了成為會員的相關要求，並且同意遵守這些組織所定下的規則。[16]

無須多言，同樣是這些專家將美國視作這個新經濟秩序的輪軸。《了解全球化：凌志汽車與橄欖樹》（*The Lexus and the Olive Tree*）是湯瑪斯．佛里曼（Thomas Friedman）讚揚全球化的暢銷著作，這位《紐約時報》專欄作家在本書中宣稱，想要在一個全球化世界中成功的國家必須要穿上「黃金緊身衣」——開放市場、民主機制、法治制度等——他並形容美國已經達到了最遠的境界，將他所謂的「ＤＯＳ資本6.0」（DOSCapital 6.0）*臻至完美。佛里曼似乎在準備某事，因為美國經濟在九〇年代的表現極佳。《時代》（*Time*）雜誌欽點美國財政部部長羅伯特．魯賓（Robert Rubin）和賴瑞．桑默斯（Larry Summers），以及聯準會主席艾倫．葛林斯潘（Alan Greenspan）為「拯救世界的委員會」（the Committee to Save the World）成員，並且宣稱這種美國官員與華爾街金融機構要比其他人更擅於運作當代經濟的想法，強化了所謂的華盛頓共識（Washington Consensus）†。如果較貧窮的國家想要在一個整合性和競爭度都持續攀升的世界經濟中成功，它們就必須讓自己更像美國。

綜上所述，這些潮流預示了一個對美國及世界許多地方而言光明的未來。自由價值正在流行，強勁的俗世潮流似乎無情地將世界多數國家拉往美國領導人想要它們去的方向。有一些冥頑不靈的「流氓國家」可能堅持了一陣子，但是隨著時間演進，愈來愈多的國家轉向民主政體、

* 譯注：佛里曼以電腦術語來形容資本主義的發展進程，他聲稱冷戰過後，唯一還可以運作的硬體是自由市場資本主義，但唯有硬體是不足夠的，要想在這個新的世界中勝出，社會需要的是強大的作業系統和軟體。那些使用老舊緩慢的ＤＯＳ資本1.0作業系統的國家必須轉換到快速且效能強大的ＤＯＳ資本6.0作業系統。在這個新的作業系統中將不會再有開發中和已開發國家的差別，而是各國在面對國際金融社會時，是否建立透明或不透明的法治制度、開放資訊流，以及穩定的民主進程。

† 譯注：一九八九年，拉丁美洲多國深陷債務危機，美國國際經濟研究院邀集世界銀行（World Bank）、國際貨幣基金組織、美洲開發銀行（Inter-American Development Bank）和拉丁美洲國家代表在華盛頓召開研討會，為拉美國家經濟改革提供方案與對策，最終寫成了《華盛頓共識》，因內容主要承繼自由競爭的經濟思想，後來人們多稱之為「新自由主義的政策宣言」。

尊重人權，並進入一個前所未有的擴張全球經濟體。美國領導的國際機構讓合作變得更容易，並進一步強化透明度、自由規範和統一的司法標準。美國力量是全球化本應仰賴的基礎——或者，如同佛里曼的嘲諷語：「美國不上班的話，就不會有美國線上（America Online）*。」[17]

解決全球問題

霸權似乎也將華府放在了某個理想位置去回應一系列惱人的全球問題。鑑於美國可以自由運用的強大力量，以及缺乏真正的敵人，它可以自由地使用其影響力、財富、聲望，以及在必要的時刻動用其超級軍事力量去處理幾十年來極需解套的問題。

1. 阿拉伯－以色列衝突

在第一次波斯灣戰爭之後，一九九一年的馬德里和平會議（Madrid Peace Conference）象徵了一個令人感到希望的開端，邁向解決長期苦悶的以阿衝突。接著，在一九九三年，奧斯陸協議（Oslo Accords）帶來了新希望，在以色列和巴勒斯坦之間難以捉摸的最終協議或許終於要成為現實。巴勒斯坦解放組織（Palestinian Liberation Organization）已經接受以色列的存在，以色列總理伊札克．拉賓（Yitzhak Rabin）真心地想要邁向永久和平，而柯林頓政府似乎也處在一個斡旋的理想位置。自從以色列於一九四八年建國以來，中東地區的持久和平首次顯得近在咫尺。

2. 核擴散

處理核子武器所導致的危險似乎也變得愈來愈可行。美國長期以來試圖阻礙核子武器（以及其他大規模毀滅性武器）擴張，努力促成一九六八年的《核不擴散條約》（*Nuclear Non-Proliferation Treaty*），並說服與美國親近的同盟國放棄它們自己的核武發展野心。雖然問題到了一九九〇年代早期仍未解決，但美國似乎處在一個可避免危機引爆的絕佳位置。當時伊拉克受到聯合國的嚴格制裁，而來自聯合國特別委員會（United Nations Special Commission, UNSCOM）的稽查員也正在廢除伊拉克發展核武的計畫。其鄰國伊朗在沙王李查沙・巴勒維（Shah Reza Pahlavi）統治期間曾收過核子武器，但是在柯林頓於一九九三年上任之時，伊斯蘭共和國（Islamic Republic）†境內沒有任何運轉中的離心機，直到小布希於八年後繼任為總統之時，情況仍是如此。美國、俄羅斯與數個歐洲國家一同說服烏克蘭、哈薩克和白俄羅斯放棄他們在蘇聯解體之時接受的核子武器；華府和莫斯科後續協商減少彼此的核武力量；以及「努恩－魯嘉減少威脅合作計畫」（Nunn-Lugar Cooperative Threat Reduction program）逐漸將俄羅斯大量囤積的核原料以更可靠的方式保管起來，減少「核失控」（loose nukes）的危險。[18]華府持續關注北韓，柯林頓政府最終決定不展開預防性戰爭，而是改以協商一九九四年得出的「框架協議」（Agreed Framework），試圖說服

* 譯注：美國知名的網際網路供應商，於二〇一五年被威訊通信（Verizon Communications）收購。

† 譯注：伊斯蘭共和國意即實行共和制且實行伊斯蘭教法的國家，目前共有四個伊斯蘭國家將「伊斯蘭共和國」寫入國號，分別為伊朗、阿富汗、巴基斯坦和毛里塔尼亞（Mauritania）。

平壤放棄核武能力，以交換民生用核電廠和其他實質利益。[19]核擴散與其他相關議題仍然令人擔憂，但它們看起來是美國可以控制的問題。

3. 國際恐怖主義

國際恐怖主義似乎也是一個可以控制的問題。美國官員注意到蓋達組織和其他恐怖團體是帶有敵意且危險的，諸如世界貿易中心爆炸案（一九九三）、沙烏地阿拉伯的霍巴塔宿舍爆炸案（一九九六）、坦尚尼亞和肯亞的美國大使館爆炸案（一九九八）以及美國海軍驅逐艦科爾號（USS Cole）在葉門的爆炸案（二〇〇〇）等，都使得挑戰顯得更加險峻。然而，美國的高級官員也相信威脅可以被抑制，而美國所採行的策略不需要大幅調整——例如和中東國家保持一定距離，或是減少在該地區的軍事布署。反之，這些官員們相信，進一步擴張美國理念才是長期解方：一如兩位前柯林頓時代的反恐官員日後寫道：「即使民主化的進程多麼危險與難以預期，它仍是長期消除聖戰威脅的關鍵。」[20]

簡言之，隨著後冷戰時期開始，美國就處在了有利位置。它不只是比世界其他強權來得富裕且強大，更是與其中多數強權結盟，並同時與其他國家維持良好關係。沒有與它同等級的競爭對手，沒有區域型的敵人，也沒有存在的危險。關鍵的地緣政治優勢似乎給美國帶來了好運，而自由主義做為永久和平及擴大繁榮的解方也顯得可望達成。這是放棄過去仇恨與地方爭執，並開始在一個快速全球化的世界裡汲汲營營賺錢的時刻，而且定義這個世界的特徵還是由美國所創、以美國之力打下基礎。

然而，即使進步之風支持著美國而吹，美國的領導人仍然相信，要帶領世界邁向一個明亮、嶄新的未來，美國需要扮演積極主動的角色。正如一九九三年美國國務卿華倫·克里斯多福（Warren Christopher）在參議院對外關係委員會上所言，美國正站在「一個充滿特別希望和可能性的新世界……邊緣」。不過，他也警告道：「我們所追求的新世界不會自己浮現。我們必須塑造這場正在進行中的轉變。」[21]

塑造這場轉變正是柯林頓、小布希和歐巴馬這三任總統試圖做到的事。雖然他們的外交風格不甚相同，而且他們對於特定政策和優先事項的看法在某些方面是有差異的，自由主義霸權仍然是這三任政府的預設策略。他們都假設美國領導對於全球進步的重要性，而且每一位總統都尋求利用美國力量來傳播民主、擴大美國影響以及對於全球安全的承諾，並且強化一套以規則為基礎的自由世界秩序。他們所付出的努力表現如何呢？

習慣失望

無論從什麼角度來看，幾乎在外交政策的每一個關鍵領域中，美國今日的情況都比一九九二年那時要糟糕得多。「單極時刻」結果是驚人地短暫，美國在數個重要領域中都遭受了反覆的挫折，其戰略環境更是急速地惡化。自由主義式民主在許多地方都敗下陣來，而美國做為穩定老大哥的先鋒形象也早在川普走到螢光幕前就已經頹疲了。美國想要處理重要區域性問題的努力反覆失敗，現有的全球性機構明顯地磨損中，而儘管美國極力地抑制，恐怖主義與核子武器仍已擴散開來。有些地區（尤其是中東）如今深陷在可能要花上幾十年才能解決的衝突泥淖中。雖然過去二十五年間有一些單獨的外交政策成就，但整體來說，失敗還是要比成功來得多，且影響更為深遠。

一個敗壞中的戰略環境

1. 強權關係

當「單極時代」開啟，美國是唯一的強權，俄羅斯和中國都相對弱小，美國與這兩個國家的關係算是相當地良好，華府的注意力主要放在一群更弱的「流氓國家」，以及恐怖主義和大規模毀滅性武器的擴散。今日，俄羅斯和中國都比過去來得強大許多，兩國也都與華府關係不佳，莫斯科和北京當局之間的合作是一九五〇年代以來最緊密的時候。華府在一九九〇年代所瞄準的幾個流氓國家仍然帶有挑釁，其他國家現在則是可能造成更大危險的「失敗國家」。美國的軍事支配印象已經褪色，來自恐怖主義的危險加深，而阻止擴散的努力令人感到失望。

美俄關係大規模地敗壞，是因為美國反覆忽略俄羅斯的警告，並威脅到莫斯科的重大利益。最重要的一步是將北約向東擴張的決定，始於一九九九年同意波蘭、匈牙利和捷克加入；

接著是二〇〇四年保加利亞、愛沙尼亞、拉托維亞、立陶宛、羅馬尼亞、斯洛伐克和斯洛維尼亞的加入；然後是美國於二〇〇八年提案，邀請烏克蘭和喬治亞準備「行動方案」以成為北約會員。

正如俄羅斯專家如喬治・凱南（George Kennan）的警告，將北約向東擴張是一場「悲劇性的錯誤」，造成未來與俄羅斯的衝突可能性大增。[22]此舉也違反了西方官員（尤其是國務卿詹姆士・貝克〔James Baker〕）曾經在兩德統一前夕對蘇聯領導人所做的保證，包括承諾北約的管轄權和軍事力量不會「向東移進一吋」。[23]然而，由於俄羅斯經濟急速衰退，莫斯科當局幾乎無能為力，甚至是在其國境周遭的區域，美國領導人便感到他們可以幾乎不受傷害地行動。這種漠視俄羅斯的態度也致使小布希總統在二〇〇二年退出美俄反彈道飛彈條約（Anti-Ballistic Missile Treaty），並宣布在東歐布署飛彈防禦系統，引發俄羅斯擔憂美國可能先攻擊的能力。

到了二〇〇〇年之前，俄羅斯官方的《國家安全概念》（National Security Concept）提出警告：「在美國的領導之下……試圖創造一個由已開發西方國家控制的國際關係結構」，而俄方的一些擔憂是其來有自。[24]美國在一九九九年科索沃戰爭期間（未經聯合國安全理事會授權）對塞爾維亞進行轟炸；在二〇〇三年推翻伊拉克海珊總統；在二〇〇四年支持烏克蘭的「橘色革命」（Orange Revolution），並且在二〇一一年驅逐利比亞強人格達費。最後這一步尤其重大，因為莫斯科已經接受聯合國安全理事會第一九七三號決議（UN Security Council Resolution 1973）——該決議授權「為了保護平民生命」的軍事行動，但不推翻利比亞政府——卻只是看到美國與其同盟國利用這個決議除去一個他們長期以來鄙視的領導人。[25]就如前國防部長羅伯特・蓋茲（Robert Gates）後來承認道：「俄羅斯感到他們在利比亞事件上被當作笨蛋玩弄。」這也有助解釋為何俄羅斯會在日後如此堅持地支持敘利亞領導人巴沙爾・阿薩德（Bashar al-Assad），並阻止聯合國對他採取行動。[26]

同樣地，歐巴馬在早期就堅持的「阿薩德必須離開」威脅到了莫斯科於中東僅存的同盟，到了二〇一三年，美國官員公開支持親西方的遊行示威者，他們將烏克蘭透過民主制度選出的親俄羅斯領導人維克多・亞努科維奇（Viktor Yanukovych）趕下台。莫斯科對此的回應是占領克里米亞，並支持在東烏克蘭的分離主義民兵，藉此阻止烏克蘭朝西方漂移。[27]美國與北約同盟於是祭出經濟制裁，並加強在東歐的空中和地面部隊布署，美俄關係陷入了冷戰以來的最低點。

俄羅斯還是比美國弱小許多，但再也不是一個無法一蹶不振的角色。雖然它的經濟依然大量依賴能源出口，容易受到能源價格下滑的衝擊，其軍事力量已經部分恢復。莫斯科現在有些能力可以捍衛自己的重大利益，尤其是在臨近地區。它對於克里米亞的占領，以及在敘利亞成功地透過軍事干預支持阿薩德政權，在在突顯了俄羅斯回歸強權地位，而美國的單極時刻正在消退。

美國與中國的關係也變得愈來愈令人擔憂。在一九九〇年代，美國官員曾經想要將中國整合進現有的國際機構，使它成為一個「負責任的利害關係人」，而不會對美國的優勢地位造成威脅。直至二〇〇二年，事實上，小布希政府發布的《國家安全戰略》（National Security Strategy）

仍建議中國放棄發展先進軍事能力，將重心放在擴大社會與政治自由。[28]

不過，中國忽視了這個自私的建議。到了二〇一六年，中國已經成為愈來愈有自信與野心的競爭對手。它利用一部分快速增長的財富來進行軍事武力的現代化，同時虎視眈眈地覬覦著美國自從第二世界大戰結束以來在亞洲所占據的主導地位。隨著中國逐漸強大，其領導人捨棄了鄧小平的「和平崛起」原則，開始主動地將區域現況改變為對它有利的樣態。在二〇一七年十月第十九屆中國共產黨全國代表大會上，中國中央總書記習近平進行了一場慶祝勝利式的演講，他形容全球權力趨勢對中國愈來愈有利，中國如今「在東方世界站得又直又穩」，他並宣稱中國會在本世紀中期之前成為「整體國力和國際影響力方面的全球領導者」。[29]

在亞洲境內，中國已經開始在近洋海域挑戰美軍勢力，並且對南中國海和東中國海做出主權宣示。這個政策導致中國與越南、菲律賓和日本起了多次衝突，多是為了鄰近海域的爭議主權問題。北京當局也開始在南中國海填海建造一些暗礁並派軍駐防，同時拒絕承認海牙「常設仲裁法院」（Permanent Court of Arbitration）的裁定結果。*北京更挑釁的姿態顯露在二〇一六年十月扣押一架美國水下無人機的事件，且該架無人機是在中國先前宣稱主權的海域外作業。此外，隨著美國在中東及其他地區深陷泥淖，北京當局於二〇一三年公布了一項極具野心的「一帶一路計畫」，這是一項涉及數十億美元的基礎建設計畫，以開發中亞與印度海地區的交通網絡。[30]

小布希政府透過與印度建立「戰略夥伴關係」來平衡中國的崛起，而歐巴馬政府則在二〇一一年進一步宣示「重返亞洲」（或「再平衡」）。除了增加美國軍事力量於該地區的布署，歐巴馬團隊也開始協商TPP，這是一個具爭議的十二國多方貿易協定，中國遭排除在外，且其目的在於強化美國於亞洲地區的經濟與政治影響力。

然而，面對這個顯然是在為美國主導的自由秩序開創新局的一步棋，北京當局並未坐以待斃，而是開始發展它自己的一套國際機構，其中最重要的便是新成立的亞洲基礎設施投資銀行（Asian Infrastructure Investment Bank），在二〇一六年以前已吸引了五十七個「創始會員」。歐巴馬政府拒絕參加，並試圖說服其他國家跟隨美國的腳步，但最終華府甚至未能說服親近盟友如以色列、德國或英國不加入。當川普一上任後立刻宣布要退出TPP，北京當局也旋即提出排除美國的《區域全面經濟夥伴關係協定》（Regional Comprehensive Economic Partnership, RCEP）。[31]

到了二〇一六年，情勢愈來愈顯然演變為世界兩大強權進入一場緊張的安全競賽，而這場競賽很可能會形成未來幾十年間的強權政治。[32]不意外的是，美國與俄羅斯、中國之間敗壞的關係，給了這兩大亞洲巨人極大誘因進行合作。一九九二年，中俄兩國宣稱它們將建立「具建設性的夥伴關係」；二〇〇一年，它們簽署了一份正式的友誼與合作條約。當中國領導人習近平於二〇一五年拜訪莫斯科時，俄羅斯總理普丁公開提及兩國之間的「特殊關係」。儘管中俄兩國之間的國界很長，在過去有過戰爭歷史，且在很多面向上都不是自然的同盟，但兩國都盼望能箝制美國勢力，以致北京和莫斯科會互相分享情報和軍事科技，共同執行軍事演習，簽署許多石油和天然氣發展的長期契約，並且在聯合安全理事會中合作操縱外交地位。

美國未能與所有強權保持相當程度的良好關係，也未能維持其一枝獨秀的強大地位，到了二〇一六年，美國與世界強權之中的中、俄關係反而變得愈來愈具爭議，而且美國所採取的政策讓這兩大勢力愈靠愈近。

2. 從流氓國家到失敗國家

面對假想的「流氓國家」威脅，美國所採取的努力也沒有比較好的進展。美國與目前仍具影響力的流氓國家——北韓、伊朗和敘利亞的阿薩德政權——之間的關係不佳，而上述三個政府則持續藐視美國的壓力。敘利亞已經被殘暴的內戰蹂躪得面目全非，但阿薩德似乎還不想下台，伊朗和北韓的地位則比二十年前強大。

除了塞爾維爾這個被美國成功推翻的流氓國家之外，其他流氓國家——伊朗的阿拉伯復興社會黨（Ba'athist）、阿富汗的塔利班與利比亞的格達費——都在美國干預之後淪為失敗國家。

* 譯注：菲律賓以中國在南中國海（菲律賓稱之為西菲律賓海）中菲爭議海域基於「九段線」的海洋權益主張及近年的海洋執法與島礁開發活動已違反《聯合國海洋法公約》為由，向國際海洋法法庭提出申訴，再由時任庭長柳井俊二與菲國根據《聯合國海洋法公約》附件七任命仲裁人，並委請常設仲裁法院提供場地和祕書服務，召開針對中國上述行為的臨時仲裁庭。二〇一五年七月七日，仲裁庭舉行首次聽證會，而中國外交部同時發表聲明，不承認仲裁庭對此案的司法管轄權，也拒絕菲國任何形式的和解提議。二〇一六年七月十二日，在中國缺席的情況下，五名仲裁員一致裁定，依據《聯合國海洋法公約》，中國對於南中國海「九段線」範圍之自然資源不享有歷史權利，並認定中國在當地的填海造陸已對環境造成了不可挽回的損失，要求中國政府停止在該海域上的活動。

它們沒有成為親西方的穩定民主政權，或是國內秩序改善的溫和獨裁政權，而是變成活躍的戰亂區、滋養殘暴極端主義的土壤，以及該地區情勢不穩定的源頭。推翻伊拉克海珊也等於移除了對於伊朗勢力一個關鍵的反平衡力量，反而大大地強化了伊朗在波斯灣地區的地位。

3. 有污點的軍事聲譽

直到二〇一六年以前，包括一系列內部醜聞，在伊拉克和阿富汗長期、昂貴又不成功的戰爭行動，以及無力應付一群持續挑釁美國的弱小敵人等，在在侵蝕了美國軍力與霸權地位的聲譽。美國依然擁有全世界最強大的軍事力量，但它們似乎已不再是不可阻止的。

在阿富汗，二〇〇一年推翻塔利班政權似乎神奇地展現了美國軍力的英勇，掩飾了戰前人們所擔憂的美國會陷入與蘇聯冷戰時期的相同泥淖中。然而，在十七年後，很顯然地當初那些擔憂是十分合理的。那些美軍軍官之中，似乎沒有人能夠找到打敗塔利班並贏得最終勝利的神奇方程式，阿富汗政府還是很腐敗、內部分裂，無力保護自己的國土，而需要美軍持續的支持與慷慨的經濟援助。被大肆宣傳的二〇〇九年美軍增兵並未能扭轉局勢，而到了二〇一六年，美國似乎陷入了一場贏不了也走不開的戰爭中。[33]

布希政府在二〇〇三年做出進攻伊拉克的致命決定，就是一場類似的悲劇教訓。美軍毫無困難地擊敗了伊拉克的三流軍隊，但是美國百姓和軍隊領導人沒有對占領伊拉克一事做好計畫，反而屢次受驚於占領所面臨的挑戰。一場強而有力的叛亂很快地爆發，派系暴力事件激增，且占領軍回覆這些事件的方式只是讓問題變得更糟。二〇〇七年的「浪湧」*是一次戰術上的成功但策略上的失敗，因為它未能在伊拉克的什葉派、遜尼派和庫德族之間創造必要的政治和解。伊拉克新成立的什葉派政府最終堅持要美軍離開，小布希政府於是協商出了一套在二〇〇八年的撤兵時程表。歐巴馬最終確實執行了這項協議（儘管比預期來得慢），只是在二〇一四年新的叛亂團體伊斯蘭國崛起時大感吃驚，美國曾經花費數十億美元訓練與提供裝備的伊拉克政府軍遭受到了一系列挫敗，伊斯蘭國進一步掌握了一大部分伊拉克和敘利亞國土，並聲稱成立一個新的國家。整體觀之，伊拉克戰爭令人記憶猶新地想起軍事力量的局限：導致伊拉克的殘破，激起一場苦澀的派系鬥爭，華府對於該如何修補這個局面顯得束手無策。[34]

美軍在其他地方的軍事干預也沒有比較成功。自一九九〇年代早期以降，美國屢次介入索馬利亞和葉門，主要憑藉的是祕密行動部隊、特種部隊和軍事遙控飛機。美國的每一次介入，總是讓政治情勢變得更糟，反美恐怖分子的勢力變得更強。[35]即使兩次干預巴爾幹半島，包括一九九六年的達頓協議（Dayton Agreement）和一九九九年的科索沃戰爭，其結果也是好壞參半，因為從這些紛爭中興起的新國家依然脆弱，而造成這些紛爭的種族緊張則持續惡化。正如前美國參謀首長聯席會議主席麥可·馬倫（Admiral Mike Mullen）在被問及美國二〇一六年的政權轉移時所言道：「我們在很多方面都拿了零分。」[36]

* 譯注：小布希總統在二〇〇七年決定突增兩萬名美軍兵力至伊拉克，主要目的在於確保伊拉克首都巴格達（Baghdad）與西部安巴爾省（Al Anbar Governorate）的安全。

到了二〇一六年，曾經看似是美國影響力最無法抵抗的工具，已經變得卑微。美國的承諾、期待以及其軍事能力之間的錯置愈來愈明顯。二〇〇八年的金融危機、迅速擴大的聯邦赤字以及後續的預算削減，最終迫使美國政府全面性地裁減國防支出，但美國還是在阿富汗打仗，還是在伊拉克與伊斯蘭國對峙，還是在東歐強化北約的脆弱同盟，還是在試圖對亞洲「再平衡」，也依然還在其他幾十個國家執行不知多少數量的反恐行動。

當川普接掌白宮之時，美國對於防禦他國的承諾數量要比歷史上任何一個時點更來得多。它至少與六十六個國家有過正式的國防承諾，包括北約的其他二十八個會員國、里約條約（Rio Treaty）中位於西半球的二十個簽署國，以及亞洲同盟國如日本、南韓、澳大利亞和菲律賓。阿富汗、阿根廷、巴林、埃及、以色列、約旦、科威特、摩洛哥、紐西蘭和巴基斯坦都曾被指名為「主要非北約盟友」（Major non-NATO ally, MNNA），且美國還透過一大堆令人費解的安全協議與國防合作協定，而與幾十個國家牽連在一起。[37]二〇一四年，一份蘭德公司（RAND Corporation）*針對美國安全夥伴關係的研究指出，「最驚人的觀察，是在一九九二年冷戰過後激增的雙邊與多邊協定。」[38]可用的資源縮水，敵手的數量卻增加了，美國的全球議程也仍持續擴張中。

幾乎從任何角度來看，美國今日所面對的戰略環境都要比一九九三年那時來得糟糕，且美國在這個環境裡的整體地位是下滑的。二〇一四年，時任美國參謀首長聯席會議主席馬丁．鄧普西（Martin Dempsey）斷言，這個世界已經變得「比過去任何一個時點來得危險」。二〇一六年，理查．哈斯沮喪地指出：「問題不在於世界是否會持續分裂，而是在於速度多快及範圍多廣。」

或者，又如亨利．季辛吉（Henry Kissinger）陰鬱地觀察道：「自從第二次世界大戰結束以來，美國不曾面對過比今日更加分歧且複雜的危機。」[39]即使我們接受當代對於美國外交政策諸多評論中瀰漫的誇飾法，這個世界也幾乎稱不上是如美國外交政策制定者在冷戰告終之時所期待的世界。相反地，如此廣泛下滑的趨勢是美國後冷戰整體策略衰退的顯著跡象。

開倒車的自由主義

當冷戰結束之時，美國領導人期待著在山姆大叔慈愛但警醒的眼下，一股成長中的自由主義潮流會加速民主、人權和開放市場的擴散，並在這個史無前例充滿和平與全球繁榮的年代裡引領著世界前進。到了二〇一六年，對於這股自由主義潮流充滿自信的期待已經消失，而且自由主義不論在美國或是海外都正在開倒車。

1. 民主降級

柯林頓、小布希和歐巴馬政府皆將民主推廣視作美國外交政策的中心目標，並且有信心美國力量可以強化一股強大的世俗潮流。柯林頓政府的國家安全戰略是「交往與擴大」（engagement

＊ 譯注：這是美國的一所智庫。成立之初主要為美國軍方提供情資調查與分析服務。爾後組織逐步擴張，也為其他政府機構和營利團體提供服務，雖名稱冠有「公司」（Corporation），實際上是登記為非營利組織。

and enlargement），也是其外交政策的核心；而小布希則聲稱他的國家安全戰略是建立在一個「宏大的指導目標」上：將這個美國影響的年代轉變為世世代代的民主和平。」[40]相較於這兩位前輩，歐巴馬或許較少公開談論這個議題，但他身邊許多資深副手都是非常投入於推廣自由主義價值，歐巴馬本人也反覆呼籲外國政府更加開放、透明和當責。[41]當他在二〇一〇年聯合國大會上發言時說道：「沒有什麼權利比起可以選擇自己的領袖並決定自己的命運來得更根本了。」[42]或者，又如國務院在二〇一五年發表的《四年外交與發展檢討》（*Quadrennial Diplomacy and Development Review*）中宣示：「民主、當責政府和尊重人權，這三點是實現一個安全、繁榮和正義世界的必要條件。」[43]這個推廣某些人權的承諾也延伸到了宗教自由，後續的美國官員稱之為珍貴的憲法價值、戰略利益與外交政策的優先事項之一[44]。

這些言論不只是空洞的辭藻。除了利用軍事力量去推翻獨裁者如海珊或格達費，美國也利用一系列較軟性的政策工具在其他國家推廣或鞏固民主轉型。美國國際開發總署（The U.S. Agency for International Development）每年花費超過十億美元來強化政黨政治和民主機構，國務院則用了差不多五億的經費在類似的計畫上。聯邦政府也補助非營利的國際民主研究院（National Democratic Institute）與國際共和學會（International Republican Institute），分別由美國的兩大政黨經營，其組織宗旨在於協助海外對等的友黨。美國納稅人也支持了國家民主基金會（National Endowment for Democracy），一個由國會組成的跨黨派非政府組織，致力於「強化海外廣泛的民主制度成長」。[45]根據前助理國務卿維多利亞・努蘭（Victoria Nuland），這位對於美國介入他國政權轉變的主要支持者之一曾指出，光是烏克蘭一個國家，美國政府就投資了超過五十億美元來強化它的民主體制。[46]

然而，儘管在言辭上將這個目標訂為優先事項，並且多次利用美國的財富和權力來加強之，美國投入在民主和人權的努力已經造成了反效果。二〇一二年，經濟學人智庫（Economist Intelligence Unit）發表的年度「民主指數」（Democracy Index）報導指出，「在二〇〇六年和二〇〇八年間，民主進程出現停滯；在二〇〇八年和二〇一〇年間，全世界的民主發展都呈現衰退。」二〇一五年版的報導更是令人陰鬱，其中指出「在國家治理、政治參與和媒體自由的某些面向上都呈現下滑，而與民主相關或是有助民主發展的態度更是出現明顯地惡化。」[47]更令人震驚的事還在後頭，由於人民對於政府的信任度降低，「民主指數」於二〇一六將美國的分數由「完全民主」降至「有缺陷的民主」。[48]

類似的情況也出現在「自由之家」（Freedom House）於二〇一八年以「世界自由度」（Freedom in the World）為題的報告中，它警示了當代民主「遭遇到數十年來最嚴重的危機」，並發現「七十一個國家在政治權利和公民自由方面承受了淨衰退，只有三十五個國家呈現正數。這象徵了連續第十二年的全球民主退步。」事實上，在這十二年間，「一百一十三個國家都出現淨衰退，只有六十二個國家經歷了淨改善。」[49]

這些趨勢幾乎在世界各地都顯而易見：自由主義制度在波蘭和匈牙利正在敗壞中；土耳其執政的正義與發展黨（AKP）大幅地限縮媒體自由，並囚禁了上千名嫌疑反對者；右派民粹主義政黨在歐洲各國也愈來愈活躍。二〇一一年二月，歐巴馬政府說服了埃及軍事獨裁者胡斯尼・穆巴拉克（Hosni Mubarak）下台，但兩年後爆發的一場軍事政變，便摧毀了埃及以選舉民主所做的短暫實驗。在阿富汗舉行的選舉則滿是弊端，喀布爾政府直到今日仍然呈現分裂、貪污且無效率。美國於緬甸支持的改革雖然說服了軍政府交出權力、展開自由選舉，但是多由平民組成的新政府卻針對國內一支穆斯林少數族群羅興亞人進行了殘暴的行動，經歷過一段時期的下滑之後，大規模屠殺在二〇一三年再次達到高峰，埃及、中非共和國、奈及利亞和其他數個國家都發生了大屠殺或內戰。[50]到了二〇一六年，原本是一場要求溫和改革的和平抗議運動，卻在敘利亞演變成了阿薩德政權與其他同樣卑鄙且危險的敵對陣營之間的殘忍內戰。與此同時，接受美國民主推廣的最年輕國家——南蘇丹共和國——也在建國屆滿三週年之前爆發了內戰。[51]

「在二〇〇〇年至二〇一五年間，」胡佛研究所民主專家戴雅門（Larry Diamond）在二〇一六年觀察指出，「二十七個國家的民主體制崩壞……同時有許多現存的極權政府已經變得更加封閉、更不透明，並且對它的人民更不做回應……民主本身似乎已經失去了吸引人。許多發展中民主政體無法滿足其人民對於自由的渴望……就像世界上已經成熟的民主政體，包括美國，其民主機制都變得愈來愈失調。」[52]

一如戴雅門所言，部分問題在於有各種困難折磨著西方自由主義民主體制，包括反覆致使美國政治體制蹣跚難行的癱瘓，金錢在美國選舉中無所不在的貪腐角色，以及二〇〇八年金融危機所顯露出的規範失敗。歐洲領導人面對導致大眾信心崩潰的歐元區危機，亦無力規畫出立即且有效的回應，整個西方世界的公眾意見調查都顯示出對於民主本身的支持下滑。舉例來說，一份在二〇一四年依據歐盟民意調查「Eurobarometer」結果所做的研究發現，「在二〇〇七年秋季至二〇一一年間，歐盟民眾對於民主的滿意度下滑了七個百分點，同時對於各國國會的信任度更降低了八個百分點。」[53]卡內基國際和平基金會（Carnegie Endowment for International Peace）的湯瑪斯・卡洛特斯（Thomas Carothers）公正地指出，「民主在美國和歐洲地區的艱苦已經大幅地破壞了世界各地許多人民眼中看待民主的地位。」[54]

將這些問題綜合起來，就是一些如美國這類國家在對他人殷切宣傳理念上的失敗。人們發現，美國官員曾經指使過殘酷拷問和暗殺行動，並且被揭露出在伊拉克、阿富汗以及關塔那摩灣的美軍監獄裡對於受刑犯的不當對待，在在讓美國譴責其他國家的人權侵犯行為，說好聽是沒根據、說難聽則是虛偽。[55]類似的情況，包括美國國家安全局非法蒐集國內外公民的電子數據資料（而且高級官員說謊掩飾這些行為）被揭露出來，讓人們不禁質疑美國偽稱對於公民自由和法治的承諾，亦破壞了與重要盟友的關係。美國支持一些獨裁政府如沙烏地阿拉伯、烏茲別克、巴基斯坦和新加坡；迅速接受推翻埃及民選政府穆罕默德・穆希（Mohamed Morsi）的政變活動；並且拒絕制裁其同盟國如以色列和土耳其令人質疑的侵犯人權行為等，都讓美國的民主招牌沾上了污點。[56]

同時間，獨裁政權顯得比美國領導人所預期的更具回復力。中國的一黨政體面對二〇〇八年金融危機處理得很好，並持續享受高度的經濟成長；俄羅斯重新贏得強權地位，並開始更成功地捍衛自身利益；其他準民主領袖如土耳其的雷傑普・埃爾多安（Recep Erdogan）和匈牙利的維克多・奧班（Viktor Orban）皆依舊受到民眾歡迎，儘管他們的行為愈來愈傾向獨裁。

反民主的後座力也重創了世界各地致力於強化民主，和提倡人權的慈善機構與非政府組織。舉例來說，在二〇一二年至二〇一五年間，「超過六十個國家通過或起草了限縮非政府組織與公民團體活動的法規；九十六個國家採取相關措施以阻止非政府組織全力運作，卡內基基金會將這個現象稱作『新法規的流行性擴散』。」這些法規的設計是用來限制這些組織可以做的事情，或者在某些情況下，讓它們集體關門大吉。[57]

總而言之，民主黨和共和黨政府都想要讓這個世界更民主、強化更高度的自由，以及改善人權，他們也都相信世界各地強大的世俗力量會讓這個目標更容易達成，並能帶領我們走向一個更和平與繁榮的世界。結果不只是他們的希望沒有實現，美國在國內外所採取的行動也逐漸侵蝕了這些理想性目標，甚至對於民粹主義的反撲起了推波助瀾之效，而最終導致川普入主白宮。

2. 全球化與人們對它的不滿

當全球化未能帶來預期的效果時，人們對於自由主義民主的反撲更是強烈。降低全球貿易與投資的政治障礙確實刺激了世界貿易的興盛，幫助幾百萬生活在中國和印度等國家裡的人民脫離極度貧窮，為美國的消費者減少貨物成本，並且提升許多地方的整體生活水平。然而，在已開發世界裡——尤其是美國——急速全球化的受益者大多是有錢人和知識分子：華爾街（Wall Street）賺翻了，但是大街（Main Street）沒撈到一點好處。誠如布蘭科．米拉諾維奇（Branko Milanovic）*所示，亞洲地區中產階級所得和「全球前百分之一」的超級富豪所得在一九八八年至二〇〇八年間成長了大約百分之六十，而同時間的西方中低階級的所得成長還不到百分之十。[58]根據《金融時報》（*Financial Times*）馬丁．沃爾夫（Martin Wolf）的說法，北美地區前百分之一的富豪在一九八〇年和二〇一六年間的實質所得累積成長與後百分之八十八的人們相當。[59]經年累月，快速的技術變革和愈來愈流通的全球資本擾亂了原本主宰市場的產業，促使許多中低階級的工作機會消失。[60]全球化對於整個國家的好處或許無法否定，但是它傷害了重要的經濟部門和地理區域，而且政府機關沒能創造足夠的補償或調整機制。在二〇一六年以前，面對強大但不具名的市場力量，一股脆弱感在民眾心中逐漸升起，也因此在美國、英國和其他國家的內部形成了強勁的反作用力，為川普和伯尼．桑德斯（Bernie Sanders）之流的民粹主義政治人物鋪路，並助長激勵了英國脫歐（Brexit）的行動。[61]

全球化也讓國際經濟秩序更容易受到金融危機的傷害，從一九九七年的亞洲金融恐慌開

* 譯注：米拉諾維奇是一位專研發展與不平等的經濟學者，曾著有《全球不平等：全球化時代的一種新方法》（*Global Inequality: A new Approach for the Age of Globalization*），被英國《金融時報》首席經濟評論員沃爾夫譽為一本訊息量大、涉及面廣、學術性強、富有想像力且極為簡潔之書。

始，到較近期的二〇〇八年華爾街危機與隨後引發的全球經濟衰退，在重要的金融機構中所存在的醜聞和貪污現象終究爆發出來，而華爾街也不再像是充滿了才華洋溢且具遠見的「太空超人」。*金融危機讓人們鄭重質疑美國做為經濟領導的能力，並且促使人們加速尋求新的制度典範。後續在歐元區爆發的問題——直接肇因於華爾街的崩潰——讓歐盟承受了前所未有的緊張壓力，也使得人們早先所期待的一個「更加深化整合的歐盟」願景落空。

全球化的擁護者相信現存的一系列國際機構會讓國與國之間的合作更加容易、減少國際衝突，並有助克服集體行動常見的兩難困境。儘管那些由美國主導的機構——北約、世界銀行與國際貨幣基金組織（International Monetary Fund）——在一九九〇年代早期似乎顯得不可一世，直至今日仍未能增加更多功能或更加強其正當性，反而是陷入了快速且明顯的衰退局面。[62]即使有許多仁慈的評價承認現存機構的運作並不理想，亟需改革，但針對這些機構升級與改善所需的措施幾乎不可能落實。[63]

最後還有一個後果是針對移民日漸增長的反對聲浪。全球化促使大規模的人口流動更加容易，包括尋找較佳工作機會的經濟移民與逃離巴爾幹半島、阿富汗、撒哈拉以南非洲或中東等衝突地區的難民。雖然移民和難民的人數在其收容國來說仍是相對少數，難以避免的文化摩擦、對於工作遭到置換的恐懼以及對於犯罪或恐怖主義的擔憂等因素，都助長了工業化世界裡的反移民浪潮，並促使右翼愛國主義運動的興起。當人們對於國家主權的渴望和一個全球化世界經濟之間的緊張氛圍高漲時，後者便是敗下陣來的一方。[64]

結果是：一個日漸民主化與經濟開化的世界——在冷戰終了之時，許多美國菁英相信這樣的世界即將實現——並沒有如預期地浮現。歷史並未劃下句點；若說有什麼的話，它反而是往相反方向奔馳而去。這些挫折不是一系列不幸的意外事件或是單純運氣不佳的結果；它們大多數是肇因於華而不實的預期、驕傲自恃和糟糕的政策選擇。

在川普就職宣誓之前，是華府引導了世人對於全球化世界經濟的想像，並且由美國力量打下其基礎，但這樣的想像已經在川普上任後大致上灰飛煙滅。一如政治經濟學者喬納森・科什納（Jonathan Kirshner）在二〇一四年寫道：「世界各地的人們對於美國模式和美國所編寫的全球經濟治理已不再抱持幻想。如今，許多人正在尋求新的觀念取而代之，而且感到有權利在決定全球治理的規則以及認可各自分歧的利益方面獲得更大的話語權。」[65] 和其他許多領域一樣，自由主權霸權的策略在此功虧一簣。

導致全球問題惡化

當單極時代開始，美國領導人相信美國的優勢地位會讓他們得以著手處理，且最終解決許

* 譯注：《太空超人》（*He-Man and the Masters of the Universe*）是美國 FILMATION 公司在一九八三年根據美泰兒公司（Mattel, Inc.）的同名玩具人偶系列製作的動畫，後於一九八七年翻拍為科幻動作片《決戰時空戰區》（*Masters of the Universe*）。

多全球問題。雖然美國在一些挑戰上做出了進展，可以管理好或解除某些地方的危機，但過去三任總統的整體表現仍是不甚亮眼的。

或許最明顯的是，美國不斷努力要解決以巴列和巴基斯坦之間的衝突，但最終都是悽慘的失敗。柯林頓監督了一九九〇年代奧斯陸和平進程；小布希協商了中東地區的「發展藍圖」，並且在安納波利斯（Anapolis）召開了一場高峰會議；歐巴馬則是花了八年的時間試圖阻止以色列持續擴建屯墾區，並且勸說兩方達成最終協議。

然而，到了二〇一六年，這三位總統都積極促成以巴達成的兩國解決方案卻是愈走愈偏。以色列在一九六七年占領下來的領土裡，移居人口從一九九三年的二十八萬一千人左右增加到了六十萬人以上，而且以色列的道路、檢查哨、軍事基地和屯墾區在約旦河西岸綜橫交錯地展開，讓巴勒斯坦建國的可能性在實質上化歸為零。[66]鑒於三位總統所掌握的潛在影響力，他們卻無法在以巴問題上創造出有意義的進展，如同歐巴馬的說法，達到「對以色列有利、對巴勒斯坦有利、對美國有利以及對世界有利」的解答，這就是美國積弱不振與外交無力的奇恥大辱。[67]

美國在限制大規模毀滅性武器（尤其是核子武器）方面所做的努力，只達成了稍微好一些的結果。正面看來，柯林頓政府成功說服了烏克蘭、白俄羅斯和哈薩克放棄他們從前蘇聯時代承繼而來的核子武器兵工廠，以及一九九四年與北韓簽署的核框架協議讓北韓發展核武的進度延遲了幾年。所謂的努恩–魯嘉計畫，協助讓俄羅斯大量未安全儲存的核原料受到更可靠的控制；美國與歐洲同盟國持續地施壓，終於讓利比亞領導者格達費放棄自己的大規模毀滅性武器計畫，以換取美國不會推翻他的保證。[68]歐巴馬政府也召開了數場核安高峰會（Nuclear Security Summit, NSS），強調未來繼續在這個問題上努力的需要。

然而，從反面看來，《美朝核框架協議》（*U.S.-North Korea Agreed Framework*）於二〇〇〇年之後破局，平壤最終在二〇〇三年退出《核不擴散條約》，並於二〇〇六年進行核試驗，二〇一六年以前已囤積了至少一打核飛彈。印度和巴基斯坦不顧美國的大力反對，在一九九八年恢復核試驗，並持續擴張他們的核子武器兵工廠。一九九一年波斯灣戰爭之後，聯合國檢查人員廢除了伊拉克初期的核研究計畫，但是鄰國伊朗終究控制了完整的核燃料循環，並且生產出一批高純度濃縮鈾，讓它只差一小步就可製造出核子武器。聯合全面行動計畫（Joint Comprehensive Plan of Action, JCPOA）在二〇一五年通過，企圖壓低伊朗的濃縮鈾產量與鈾儲藏量，同時延長德黑蘭突然「暴走」製造武器所需的時間。然而，現在伊朗仍是潛在的核武國家，只要它想要製造彈頭就有能力製成。

若是扮演一下事後諸葛，美國努力阻止核子武器擴散的努力在一九九三年之後變得相對缺乏成效，這個現象並不令人意外。華府一直要求其他國家不要再發展大規模毀滅性武器，同時又很明確地顯示其意圖保有自己的大型核子兵工廠。[69]如果強大的美國相信它的安全須仰賴強大的核威懾力量，那麼一些較弱小的國家當然也會得出相似的結論。除此之外，美國決定忽略其早先的保證，而在二〇一一年推翻格達費一事，正是向世界展示了華府的不可信賴，以及缺乏威懾力量的國家就難以抵擋攻擊。北韓或伊朗這類擔憂美國主導政權轉移的國家深刻記取了這一課教訓，因此他們有龐大的誘因保留核子動武的選項。[70]

最後但同樣重要的是，美國打擊國際恐怖主義的代價十分高昂，除了一些微小的勝利之外並無重大成果。在一九九〇年代，柯林頓政府意識到蓋達組織日漸高漲的威脅，但他未曾發展出有效的應對之道。[71]相反地，面對恐怖分子對美國的設施與人員攻擊，柯林頓所採取的阻擋、先發制人或反擊等嘗試都是令人難堪的潰敗：一九九八年，一次瞄準位於阿富汗的蓋達組織訓練基地發射之巡弋飛彈攻擊行動未能成功殲滅奧薩瑪・賓拉登（Osama bin Laden），美軍後來又針對在蘇丹一座據稱為化學武器工廠的設施發動攻擊，結果發現很可能因為錯誤情報資料而鎖定錯了對象。[72]面對好些挫敗，柯林頓及其幕僚們卻都不曾重新評估那些鼓勵蓋達組織之流興起的政策，像是在波斯灣地區採取的「雙重壓制」（dual containment）政策，以及美國對以色列無條件的支持。[73]

美國反恐政策最明顯的失敗，當然就是九一一事件。[74]小布希政府回應攻擊的方式是發動了「全球反恐戰爭」，並誓言要「擺脫邪惡世界」[75]。不幸的是，這種心態直接導致了入侵伊拉克此一致命決策，小布希和他的幕僚相信此舉是向美國的敵人們「發送一個訊息」，在這個地區燃起一絲民主轉型的火花，並以為這樣會讓極端主義分子更難招募新的同夥。

他們的想法真是大錯特錯。占領伊拉克的行為對於阿拉伯與伊斯蘭世界的反美主義無疑是火上加油，而伊拉克很快地就變成一個磁場，吸引著諸多渴望拿起武器與山姆大叔一搏的極端主義分子們。根據彼得・柏根（Peter Bergen）和保羅・克魯克祥克（Paul Cruickshank）的說法，伊拉克衝突「促使蓋達組織的意識形態病毒更加擴散開來，這個現象可以從數量增加的恐怖攻擊事件看出來……從倫敦到喀布爾，從馬德里到紅海」。[76]在美國境內也有一些反作用力的事件，例如二〇〇九年在胡德堡（Fort Hood）發生的致命槍擊案，一名日漸相信美國正在與清真教徒打仗的精神科軍醫槍殺了十三名美國士兵。[77]

隨著「病毒」擴散，反恐戰爭持續擴張，敵人的數量也持續增長。美國愈來愈依賴無人機攻擊和美軍特種部隊的「定點謀殺」，這種做法得以維持低廉的作戰成本，但是並無法徹底消除問題，還經常讓事情變得更糟。如同鑽研恐怖主義的專家布魯斯・霍夫曼（Bruce Hoffman）和費南多・芮納里（Fernando Reinares）在二〇一四年所言：「儘管美國的無人機攻擊造成了系統性消磨……蓋達組織依然繼續擴張，並且更廣泛地出現在各地，鞏固其存在。」[78]

舉例來說，蓋達組織二〇〇一年那時還幾乎很少出現在索馬里亞，但是美國一連串笨拙的干預行動激發了伊斯蘭派的復甦，最終孵化出一個激進伊斯蘭主義團體「青年黨」（al-Shabaab），二〇一三年在奈洛比的一家購物中心發動了致命攻擊事件，直到今日仍是頗為危險的勢力。[79]美國的反恐活動和政治干預在葉門也造成了相似的影響，使得這個國家逐漸陷入一場殘暴的內戰中，更一直是蓋達組織和其他激進極端主義分子的天堂。[80]

也許最清楚顯示「反恐戰爭」不如預期的跡象是伊斯蘭國的崛起。這個比蓋達組織更極端的團體，在二〇一四年掌握了伊拉克西部和敘利亞的部分國土，宣稱為一個新的「哈里發國」

（Caliphate），並且使用社群媒體和網路宣傳來吸引世界各地成千上萬的新成員。伊斯蘭國的追隨者在許多國家發動過攻擊（包括法國、利比亞、土耳其和美國本身），而在它的專制統治之下，開始有難民逃亡至其他國家。

賓拉登已逝，但是「賓拉登主義」（bin Ladenism）顯然還十分活躍。二〇一三年十二月，眾議院和參議院情報委員會的主席、參議員黛安・范士丹（Dianne Feinstein）和眾議員邁克・羅傑斯（Mike Rogers）告訴美國有線電視新聞網（CNN）：「恐怖活動在世界各地都有……如今的恐怖組織數量要比過去任何時候都來得多，外頭的惡意氛圍極其濃厚。」兩人皆同意，美國人的生活已不如過去一兩年前來得安全。在他們做出如此發言的兩年之後，美國中央情報局（下文簡稱「中情局」或CIA）局長約翰・布倫南（John Brennan），做為反恐戰爭的主要規畫者，向某一國會委員會承認：「我們的努力並未成功減少『伊斯蘭國的』恐怖主義的能力以及其全球勢力範疇。」[81]

問題正如一些美國官員在一開始就承諾的，這個世界並不缺少新的極端主義分子來取代那些被美國殲滅或逮捕的人。二〇一七年，美國非洲司令部司令湯瑪斯・瓦德豪瑟（Thomas Waldhauser）坦承：「我們可以在今天下午擊倒所有的伊斯蘭國和博科聖地（Boko Haram）勢力……但是到了這週結束時，又會有新的團體取而代之。」[82]反恐戰爭已經變成毫無止盡且愈來愈擴散的明證，還包括了百分之十七的美國突擊隊員如今散布在非洲（二〇〇六年只有百分之一）且參與超過一百項不同的任務，以及美國在尼日花費一億美元興建無人機基地，以便進一步攻擊西非和利比亞的極端主義團體。[83]

看起來，這些心力和花費並非必要，也不是很有成效。時日一久，愈來愈顯然的是，多數恐怖主義分子並非高明的犯罪籌劃者，而是沒有能力的笨拙之士。九一一事件並非開啟一連串駭人大規模攻擊的序曲，而更應該被視作蓋達組織極其僥幸才導致的一場悲劇事件。一如穆勒和馬克．史都華（Mark G. Stewart）所示，即使將九一一事件的傷亡數字計入，國際恐怖主義行動對於美國人民身家安全的威脅仍是極其渺小的。[84]在九一一事件發生的那年，二〇〇一年一整年死於消化道潰瘍的美國人要比所有恐怖行動的死傷人數更多。[85]因此，花費在反恐戰爭上的鉅額政治、經濟與人力成本（包括在許多國家造成的不穩定狀態），都是基於美國對於自身面臨之真正危險所做出的恐慌與錯誤估算。

不可否認地，反恐戰爭達到了一些有形的成效：一隊海豹突擊隊最終發現並擊斃了賓拉登；無人機殲滅了多數的蓋達組織原始領袖；美國空軍則協助伊拉克、庫德族和伊朗組成之民兵聯軍重新取得被伊斯蘭國占領之領土，並且迫使該組織走回地下化。隨著國土安全的改善，這些政策讓美國本土再次發生大規模攻擊的機率降低許多。

然而，整體觀之，美國對於恐怖主義的回應並沒有比其他近期的外交政策來得令人印象深刻。美國領導人了解恐怖主義是一九九三年那時的問題，而今日的問題是更普遍的。暴力極端主義分子在更多地方活躍著，造成更深遠的政治後果，且經常是由於美國不明智的回應而直接導致的結局。一如美國外交政策的其他重要面向，「反恐戰爭」一直以來都是一場昂貴的失敗。

結論

沒有一個如美國這般富裕、強大且充滿活力的國家每次都失敗，而美國外交政策在近年來確實產出了一些重大的成功。美國外交官在一九九四年居中協調出了以色列與約旦的和平協議，以及讓波士尼亞戰爭得以在一九九六年終止的協議。在美國的施壓與「努恩－魯嘉減少威脅合作計畫」之下，俄羅斯與前蘇聯國家的核子安全問題有所改善，小布希政府的防止擴散安全倡議（Proliferation Security Initiative）或許也減少了一些危險武器科技輸出。柯林頓成功調停了一九九九年印度和巴基斯坦之間的卡吉爾危機（Kargil Crisis），「總統防治愛滋病緊急救援計畫」（PEPFAR）協助減少非洲的愛滋病案例數，以及美國官員好幾次巧妙且敏銳地處理與中國之間潛在的危急事件（包括一次中國戰機和美國偵察機在半空中相撞）。

有些觀察家可能會在這一串成功名單中加上美國與古巴恢復外交關係，以及限制伊朗的核子計畫、延長德黑蘭取得核彈時間的多方協定。此外，還有一些沒有吠出聲音的狗——例如朝鮮半島全面開戰、台海軍事衝突，或是一場真正的核子戰爭——美國可以堂而皇之地將這些預期爆發的危機最終並未實現的部分功勞歸功於自己。儘管我們說美國的外交政策大多時候是一場失敗，也不代表它在每件事上都全軍覆沒。

美國外交政策也不是唯一造成前文所述之負面發展的因素。有些不利的趨勢——例如中國的快速崛起及日漸增長的軍事潛力——或許不論美國政府怎麼做都會發生。雖說歐元危機是正當美國房地產市場泡沫化、金融市場崩潰之時爆發，但是那些導致歐元脆弱的設計缺失和其他失誤並非華府之罪。

話雖如此，鑒於美國和全世界在一九九三年之於今日的局面，再回頭檢視美國這些年來所提出的重大倡議，以及美國領導人曾做出的關鍵性決策，我們很難否認美國對於今日種種問題所應負起的重大責任。美國領導人或許是懷抱著最大的善意和最熱切的希望，但是他們充滿抱負地「為了所有國家之利益……而形塑世界」的努力令人遺憾地未能符合期待。下一章節將會解釋原因。

CHAPTER 2 為什麼自由主義霸權失敗了
Why Liberal Hegemony Failed

前一章描述了後冷戰時期以來的樂觀希望如何在二〇一六年徹底破滅。長期的敵人變得更強大，也更堅定而有自信；傳統的美國同盟國變得更脆弱且分裂；儘管反覆付出了昂貴的代價，美國企圖重塑區域政治、散播自由價值、提倡和平和強化全球治理的野心仍舊大多回到了原點。

美國對於「自由主義霸權」此一重大策略的承諾，是這一切失敗的根源：它極具野心地企圖根據美國的偏好與政治價值，利用美國所擁有的權力來重塑世界。儘管柯林頓、小布希和歐巴馬三任政府的行事風格和強調重點存在重大差異，但他們都非常深刻地堅定採取此一基本方針。

然而，自由主義霸權證明是一項難以捉摸的目標。最根本地，這個策略的失敗是因為它建立在我們對於國際政治實際運作的錯誤認知之上。它誇大了美國重塑其他社會的能力，又小看了較弱小的參與者阻礙美國目標的能力。美國擁有龐大力量，在某些時候也是帶著善意，但是這樣的優勢與美德並不足以克服這個策略固有的缺陷。

什麼是「自由主義霸權」？

自由主義霸權的總體策略試圖在美國的善心領導下，擴張與深化一個服膺於自由主義的世界。[1]在國內層次，自由秩序意謂著多數國家是根據自由主義的政治原則來治理：民主、法治、宗教和社會包容、尊重基本人權。在國際層次，自由秩序的特徵是經濟開放（例如低貿易與投資障礙），國與國之間的關係是由法律和組織來規範，例如世界貿易組織和《核不擴散條約》，或是北約之類的多方同盟。

自由主義霸權的支持者不相信自由秩序會自然形成或是自動維持下去。反之，他們相信這些秩序需要在堅守自由主義理念的強大國家之活躍領導下，才得以形成或維持。不意外地，這個策略的支持者相信美國是唯一夠資格扮演領導者角色的國家。因此，實務上來說，自由主義霸權立基於兩項核心信仰：（1）美國必須比其他任何國家維持更強大的力量；（2）美國應該利用它的優勢地位去捍衛、傳播和深化世界各地的自由價值。

在很大程度上，追求自由主義霸權意謂著擴張美國在冷戰時期所創建與領導的部分自由秩序。從冷戰爆發以來，美國領導人就清楚地將民主的「自由世界」和不自由的蘇維埃共產主義世界劃分開來。[2]他們大力消除諸如大不列顛所採行的帝國制度及其他形式的保護主義，而偏好一個能鼓勵貿易與成長、為美國企業創造機會的開放型國際經濟秩序。他們認為任何國家的體系都需要某些慣例或規則（也就是「制度」），以便讓彼此展開可互利互惠的合作——同時小心翼翼地確保這些規則與美國利益的一致性。

想當然耳，第二次世界大戰之後浮現的國際秩序只是部分的自由。共產主義世界大多被排除在外，而某些重要的美國同盟國也不是民主政體，更不用說是自由主義民主了。在這個體系之中，也多次在不同的地方出現大量的混亂，隨著需求增長，美國並不遲疑於打破規則（或是單方面地重寫規則）。儘管如此，冷戰的自由秩序對美國和它的同盟國來說運作得很好，而且它們對蘇聯的勝利讓這樣的秩序顯得尤其誘人。隨著美國在冷戰後登入極致的龍頭地位，似乎也是讓自由秩序真正在全球稱霸的成熟時機了。

理論與假設

自由主義霸權立基於若干對於全球政治本質，以及美國在當今國際體系所扮演之角色的核心前提或假設。[3] 這些信念讓這個策略顯得必要、可負擔且可達成，同時也與美國的核心價值一致。

支撐自由主義霸權的知識基礎是一系列相互影響的國際關係理論：（1）民主和平論；（2）經濟自由主義；以及（3）自由制度主義。民主和平論宣稱，建立完善的自由民主政體不會與其他相似的政體興起戰爭衝突，而且雙方會強烈地傾向在關鍵議題上合作。[4] 經濟自由主義聲稱，擁有高度開放貿易和國外投資的國際秩序能使得效率和整體經濟成長最大化。隨著國家之間變得愈來愈互相依賴，衝突成本會升高，戰爭的機率則會下降，因為國家不會想要危害到其繁榮所仰賴的經濟關係。[5]自由制度主義設想，強大的國際管理體制——意即規則、慣例與正式機構如世貿組織或聯合國——可以促使國與國之間的合作更便利，降低過度競爭行的誘因，並且使得暴力紛爭爆發或擴大的可能性降低。[6]綜上所述，這些理論皆隱含了美國可以藉由傳播民主、提倡經濟全球化以及創造、擴張或加強國際制度，來孵育一個更繁榮與和平的世界。

一如前文所提，這個充滿希望的版本在一九九〇年代初期至中期特別誘人，當時歷史似乎走在對美國有利的方向，人們也普遍認為散播這些原則是件簡單事。美國領導人肯定市場導向的民主，可以提供最肯定且最迅速通往繁榮與和平的道路，他們也相信全球對於自由、財富和舒適的一致渴望將會排擠到人們對於地位、權力和身分的過時擔憂。

專家與政策擬定者也想像，強權競逐者會逐漸消逝，而傳統的權力政治將不再是在這個大膽、全新的後現代世界中治理國家的有用指南。柯林頓在一九九二年的總統選戰中完美地捕捉到了如此普遍的樂觀，他宣稱「在一個新世代中，簡單來說，權力政治憤世嫉俗的算計就是行不通，它是不合於時的。」[7]在一九九〇年代那些令人陶醉的日子中，簡言之，為了長久和平和擴大繁榮所開出的自由主義藥方似乎就在美國的掌握之中。如同第一章的討論，它的支持者相信那個時機正是應當拋棄古老仇恨、返祖的種族忠誠與煩人的地方爭執，開始在一個全球化的世界裡汲汲營營地賺取財富，而定義這個世界的特徵就是由美國製造、以美國權力打下的基礎。

美國獨特的角色

自由主義霸權的支持者也相信美國所扮演的獨特角色，負責創造、擴張和管理這個新興的自由秩序。柯林頓政府所發表的官方《國家安全戰略》中，將美國形容為「照亮世界各地人們的希望明燈」以及「打造穩定政治關係不可或缺的角色」。[8]哈佛大學的塞繆爾・杭廷頓（Samuel P. Huntington）教授是一位傑出的公眾學者，也曾是政府官員，他便視美國霸權為「自由、民主、開放經濟和國際秩序的未來核心」。[9]為什麼美國足以被冠上領導世界的稱號呢？前國務卿歐布萊特曾經眾所周知地如是形容美國為「不可或缺的國家……眼界比他人更遠」。[10]一些知名的新保守主義分子完全同意這個論點，如《華盛頓郵報》的克勞塞默便推崇美國力量為「保護文明免於野蠻行為傷害的地雷」。[11]一些智庫報告和策略文件重覆利用這個說法，警告美國「領導地位」消逝的危險，並提出為了達到長期努力的成果，該如何擴張、強化、振興、辯護或確保美國領導權的建議。[12]

歐巴馬雖然在伊拉克戰爭接近尾聲與二〇〇八年金融危機之後上任，但他從未質疑美國別具野心的全球角色是否為正派的。舉例來說，在他於二〇〇九年接受諾貝爾和平獎的演說中，他告訴聽眾「在過去六十幾個年頭以來，美國已經以本國人民的血和軍事力量承擔起全球安全的責任」。他清楚地表示這個角色在他任內將不會改變。他在二〇一二年的國情咨文中提出了相同論點，宣稱「美國會維持在國際事務中做為不可或缺的一國——只要我還是總統的一天，我打算繼續維持這個狀態」。歐巴馬政府在二〇一五年的《國家安全戰略》中，超過三十五次提及美國的「領導地位」，隱含了若是華府不堅定地挑起責任，這個世界恐怕會跌入混亂中。[13]

這種認為美國領導為必要的信念之所以會流行，一部分原因在於意識到強大國家有時候需要哄騙他國合作以達成共同目標。如果全世界最強大的國家完全不參與，也不鼓勵其他國家一起處理全球問題，那麼自私的國家利益可能會日漸浮現，而我們或許會永遠找不到面對諸如氣候變遷這類全球挑戰的可行解答。

然而，強調美國領導的重要性也反映出了美國特別被冠上的信念，必須將民主和其他自由理想傳播至世界其他地方，如此一來才能令所有人受益。自由主義霸權的倡議者相信，自由主義的恩典幾乎對每個人來說都是很明顯的，而且美國高尚的目標不會被質疑。這些對於美國無私的角色所懷抱的信念有助我們了解，為何美國的政策制定者相信活躍的美國領導是必要且可行的。就如小布希總統在他第二任就職演說時表示，「是美國的政策在尋求和支持民主運動與制度的成長……美國的影響並非無限的，但是對於受壓迫的人來說，幸好美國的影響是龐大的，而我們將會為了自由，自信地運用這樣的影響力。」[14]

美國權力的力量

自信當然是自由主義霸權的一項關鍵成分，因為它也假設美國權力——尤其是它無敵的軍事霸權——會提供方法來促進修正現況的進度。首先，一個穩健的優越水平能避免同儕競爭者的浮現，並且抑制未來在歐洲、亞洲和中東地區爆發安全競賽的可能性。自由主義霸權的支持者相信，沒有哪個國家會願意面臨強大美國的「聚焦敵意」(focused enmity)，他們將美國的深度承諾視作避免強權政治再國有化以及歐亞地區再次出現強權競賽的關鍵。[15]支持者也相信，美國應該準備好阻止大規模屠殺或其他人權侵犯的行為，必要的時候應動用武力，而為此就需要美國在世界各地可能發生如此悲劇的地方都做出承諾。[16]

最重要的是，自由主義霸權的倡議者假設，美國的優勢地位讓華府擁有對他人的龐大影響力，以及在全球形塑事件的可靠能力。如同一批經驗老到的外交政策內行人在二〇〇〇年所言：「相較於任何潛在的競爭對手，美國是自羅馬時代以來，比其他任何國家更強大、更富裕且更有影響力的國家。具備這些非凡的優勢，今日美國處在一個獨殊的地位，得以重塑國際體系以促進未來幾十年或甚至幾代人的國際和平與繁榮。」[17]在美國霸權最強盛的時期，美國外交政策行家們的野心可不小。

如果其他國家突然猶豫了，美國的政策制定者相信美國擁有可以強迫它們服從的工具。美國可以祭出經濟制裁，對該敵對政權在國際或國內的對手提供支援，透過隱密的行動來暗中破壞競爭對手，以及動用軍事力量來強迫它們投降。必要的時候，美國可以在代價或風險極低的情況下入侵並罷免與之敵對的政權。一旦這些不服從的獨裁者下台，美國和自由國際社會的其他國家就可以跳出來，協助那些獲得解放且滿懷感激的民眾重建合法的民主政權，從此將親美的自由秩序更加擴展開來。美國官員相信世界政治已經朝他們期待的方向前進了，而他們有信心可以用更可靠、更安全且成本更低廉的方式加速這個進程。

一個縮水的星球

自由主義霸權的擁護者也將這個世界看作一個「地球村」，透過貿易、旅行和科技而愈來愈相互連結。他們想像的未來世界裡，國界會變得愈來愈具滲透性，資訊以光速流通，而遠方發生的事件可以驚人地迅速在地球的另一端回響。距離不再將世界分隔開來，遼闊的大西洋和太平洋恐將無法保護美國不受到各式各樣的威脅，例如新建的核子兵工廠、無預警的金融危機、跨國恐怖攻擊、全球流行性疾病、駭客攻擊及其他種種危險。前國務卿歐布萊特於一九九八年曾發言道：「認為一片海洋足以做為保護的想法，就如同城堡護城河一般的陳舊過時。」[18]根據二〇一〇年國務院發布的《四年外交與發展檢討》，「人、金錢和想法可以在世界各地流通地如此迅速，以致即使是在遙遠國度所發生的衝突，也對美國形成了遠比過去大得多的威脅。」[19]在一個複雜且緊密相互依存的世界裡，一個脆弱的失敗國家可能會比一個充滿敵意且軍事力量龐大的強權國家來得危險。危險的意識形態或不穩定的網路武器，只消按一下滑鼠就可以散播出去，疾病公害、犯罪行動和暴力的極端主義若是未受到檢查和消滅，很可能會惡化和滋長。

然而，同樣是這顆縮水的地球也讓美國更容易塑造這個世界、處理這些五花八門的危險。

由於缺乏一個同樣實力的競爭對手，危險擴大的風險也隨之消除，一系列新科技——包括精準引導的軍火用品、功能提升的監視與數據管理工具、精密的網路武器以及改善後的溝通能力——讓美國得以較過往更輕易地規畫權力的使用，而不必擔心地方上的反抗或充滿敵意的報復。針對暴力極端主義、大規模毀滅性武器的增長或氣候變遷等新興威脅做出警告之後，國務院的《四年外交與發展檢討》聲稱，「刺激這些挑戰的力量——包括經濟相互依存，以及訊息、資本、貨品與人的高速移動——也在創造前所未有的機會。」[20]

嚴重危險可能會從任何地方浮現，這種想法使得自由主義霸權似乎顯得必要；同時，以低成本與風險來規畫權力及影響力的感知能力，也使得全球行動看似可行。威脅可能會從任何一個角落浮現，但是美國可以透過軍力、外交、經濟和政治參與的精密組合來控制住這些威脅。

因此，隨著單極時代成形，政治光譜上任何一端的官員和評論家都相信美國有權利、責任和能力去擴張和鞏固一個自由世界的秩序，而且這種做法能確保美國的安全與繁榮。他們也有自信地認為，多數國家會認可美國的善意，歡迎美國的領導，並且心懷感激地擁抱華府為自由秩序規畫出來的藍圖。惟有非正統的獨裁者和其他國際上的麻煩製造者所領導的「流氓國家」會傾向於反抗美國權力的施展，而且這些國家當中，多數都是相對弱小且政治上遭到孤立的國家。無論如何，他們都被認定將會在山姆大叔推一把協助的情況下，走進歷史的垃圾桶中。

普世主義者的誘惑

最後，自由主義霸權吸引人之處還有一點在於，它迎合了美國人們對於自我利益的關注，並且深入成為美國政治DNA中的強大要素。如同路易斯．哈茨（Louis Hartz）和其他學者所示，美國的創立原則和治理制度視個人權利優先於團體認同，在這層意義上來說，美國是典型的自由社會。[21] 一旦堅定地相信所有人類皆擁有「生存、自由和追求幸福」的權利——此一「不證自明」的事實，美國人便無法在不背叛自我信念的前提之下，拒絕他人擁有相同的權利。而就如同米爾斯海默所強調的，因為美國人視這些原則為建立一個正義社會及提倡世界和平的理想藍圖，幾乎無可避免地，他們會企圖與其他缺乏這些權利的人分享這些美妙的理想。[22] 約翰．昆西．亞當斯（John Quincy Adams）* 或許曾經承認過，早年的美國太弱小，而無力「出去尋找打怪的對象」，但是隨著美國愈來愈強大，散播自由理想的誘惑也變得愈發迷人。一旦這個國家站上了權力的頂峰，它就不可能抗拒這樣的誘惑。

自由主義霸權的實踐

在實務上，自由主義霸權的追求牽涉到（1）維護美國優勢地位，尤其是在軍事領域；（2）擴張美國的影響力範疇；以及（3）提倡民主和人權的自由規範。雖然後冷戰時期的三個政府或多或少以不同的方式來追求這些目標，相同的是它們皆強烈地堅定信守這三個目標。

保存美國領導地位

在自由主義霸權的策略中，首要成分若非擴張、也會是維持美國在過去四十多年來所獲得的領導地位，尤其是在蘇聯解體之後。小布希的國安團隊在一九九二年清楚地提出這個意圖，在國防部官方出版的《戰略指導》（*Strategic Guidance*）草稿中，建議美國維持足夠的優勢以避免其他國家興起與美國力量競爭的念頭。[23]小布希之後的執政者中，無人質疑過美國維持比同盟國和敵對國更強大的權力優勢是否必要。一如前副國務卿斯特普．塔爾博特（Strobe Talbott）在二〇〇三年觀察道：「美國外交政策多次採取的前提一直都是正當的權力不均等；這樣的不均等不僅有利於美國，也有利於其友邦、同盟國、受保護國，以及最重要的，與其相同的民主政體。」[24]

美國國防支出在一九九〇年代早期確實減少了大約三分之一——當時正享受著冷戰後短暫的「和平紅利」——但是美國仍然占了超過百分三十五的全球軍事費用，並且比世界第二大強權（中國）多花費了一倍以上。隨著五角大廈尋求足夠的力量以同時處理兩項「重大的區域衝

＊譯注：亞當斯為一八二五至一八二九年間的美國第六任總統。

突」，國防支出在柯林頓總統第二任期間開始增加。很顯然地，五角大廈所想像的這些二「區域衝突」都不在美國附近，甚至不在西半球。

國家安全支出在九一一事件之後急速增加，到了二〇〇七年，它在實質上已經超越雷根時期的高峰。二〇〇八年的金融危機以及後續自伊拉克和阿富汗撤兵的行動讓這個增長勢頭趨緩，但並沒能翻轉上升的趨勢；直到國會要求的「預算自動減赤」在二〇一三年生效之後，國防支出才開始下降。

雖然歐巴馬在二〇〇八年金融危機之後才入主白宮，而且他有時候會強調重建美國經濟實力的必要性，但他也一再重申持續軍事優勢的目標。歐巴馬多次斷言美國必須採取積極的領導角色，而且在他二〇一〇年公布的《國家安全戰略》中，更呼籲美國軍方「維持傳統的優勢以及……制止核擴散的能力，同時繼續加強打敗不對稱威脅的能力，保留與全球民眾的接觸，並且強化夥伴關係。」[25]在二〇一六年，美國在國家安全上的花費仍然高於後面十幾個國家的支出總合，而且在它的GDP已經較其他國家大得多的前提之下，美國有時候仍比大多數的同盟國甚或潛在對手如俄羅斯和中國投入更高比例的GDP在國防支出上。[26]當歐巴馬的第二任總統任期即將末了之時，除了在全球所有大洋上維持強大的艦隊與數以千計的核子武器，美國還有將近十七萬五千名三軍兵力，布署在一百三十幾個國家中的幾百個軍事基地或設施中。[27]華府的全球野心展現在此：地球上的每一吋土地都被分派給了六個「聯合作戰司令部」（unified combatant commands）*的一支。[28]

最重要的是，美國領導人並不是為了捍衛美國本土不受到入侵或攻擊威脅才尋求領導地位；他們為的是要在海外推廣自由秩序。二〇〇二年，日後成為美國駐俄羅斯大使的麥克．邁富爾（Michael McFaul）曾寫道：「為了在長期有效地推動自由，美國必須在世界其他地方維持其壓倒性的軍事優勢。」[29]或者，又如新保守主義派專家威廉．克里斯托（William Kristol）和勞倫斯．卡普蘭（Lawrence Kaplan）在二〇〇三年寫道：「為了實現徹底的原則與崇高的理想，維持優勢地位又有什麼錯呢？」[30]美國軍方在一九九三年之後變得異常忙碌，但他們不是為了擊退入侵美國領土的人而戰，甚或不是為了保護美國的重要同盟。反之，美國大兵在危急的情況下被送往如阿富汗、波士尼亞、伊拉克、科索沃、利比亞、索馬利亞和葉門這些遙遠的國度，為的是塑造當地的政治環境或是處理安全問題。[31]

簡言之，除了美國核子軍火庫明顯扮演的制止角色，美國的領導地位最主要並不是為了防堵危險敵人攻擊美國或危害到美國利益。反之，它是用來依據美國的偏好去形塑國際環境，去推翻與華府不合的獨裁領袖，或是進一步達成其他更廣泛的自由主義目標。相較於小布希，柯林頓和歐巴馬在動用武力方面更為小心謹慎，但是這三位後冷戰時期的總統都將美國軍力視作一項無價工具以推動具野心的全球議程。舉例來說，當歐巴馬這位諾貝爾和平獎得主在任的最後一年間，美國軍方累計在七個不同國家丟下了超過兩萬六千顆炸彈。[32]

* 譯注：聯合作戰司令部是直屬於美國國防部的軍事指揮機構，目前共有十一個司令部，其中五個為功能性，六個為地域性（包括中央司令部、歐洲司令部、印太司令部、北方司令部、南方司令部和非洲司令部）。

擴張美國的影響範疇

在冷戰結束之後，美國官員大可得出結論認為已經不再有任何嚴重的威脅需要抑制，不再需要廣泛地在海外做出承諾以及在全球布下軍力。或者，他們也大可維持一些重要同盟做為避險機制，以防範未來可能的麻煩，同時將多數負擔轉移給各個關鍵區域裡的地方強權。然而，遵循著自由主義霸權的策略，美國領導人卻選擇在歐洲、亞洲和中東地區擴張美國的安全承諾，也在非洲和拉丁美洲扛起了一些很費力的新任務。他們這麼做的原因有部分是為了散播自由主義理念，但另一部分也是因為他們相信此舉會讓衝突發生的機率降低，並且讓美國變得更安全。

在歐洲，美國的擴張進程讓北約從十六個會員國增加到了二〇〇九年的二十八個會員國。[33]這個政策尋求鞏固歐洲的民主規則，保護這些國家不受到振興的俄羅斯威脅，並且在歐洲先發制人地建立起一層新的隔離。然而，由於許多新加入北約的會員國都實屬弱小，地理位置也靠近俄羅斯，這樣的擴張事實上得靠美國保護這一群脆弱且難以防守的國家，連它們自己都幾乎沒有軍事能力。在這段期間，華府最多也只是對於歐洲在北約框架之外發展軍事能力的努力抱持矛盾態度，擔憂這些做法會降低美國對於歐洲夥伴國的影響力，並且在長期創造出足以制衡美國軍力的力量。[34]

由於對中國的擔憂，美國在亞洲投入的安全承諾穩步增加，尤其隨著北京當局變得愈來愈強大與武斷，美國也將更多的重心放在平衡中國勢力上。一九九〇年代中期，美國強化與日本的雙邊同盟關係，也與新加坡、印尼和越南都愈來愈親近，小布希政府最終並與印度協商出一個新的「戰略夥伴關係」。這個進程在歐巴馬時代仍舊持續，他強調亞洲成長中的經濟與戰略重要性，並且開啟大肆宣揚的「重返亞洲」。

美國在中東地區的投入更是戲劇性地擴張，而且付出了更高昂的成本。儘管中東石油的戰略重要性以及美國對於該地區數個地方強權的長期承諾，過去美國仰賴的多是與當地的同盟關係以鼓勵權力平衡，美國陸空軍隊都沒有直接進入該地區。直到一九九三年，隨著柯林頓政府宣布新的「雙重壓制」政策，也改變了這種做法。美國不再如過去藉由挑撥伊朗和伊拉克之間的關係來維持波斯灣地區的權力平衡，而是在沙烏地阿拉伯、巴林和科威特進駐大量地面部隊，以同時壓制這兩個國家。[35]

在九一一恐怖攻擊事件之後，美國更加深入地（也更加致命地）陷入中東地區，當時小布希政府首次入侵阿富汗以除掉塔利班政權、擾亂蓋達組織；接著在二〇〇三年入侵伊拉克，驅逐海珊。伊拉克的政權轉移意在展示美國實力，向其他流氓國家傳達訊息，並且開始著手將中東地區從反美恐怖主義的源頭，改造為親美民主政體的汪洋。[36]然而，這些侵占行動並沒能創造任一穩定的民主政體、強化美國影響，反而觸發了一場殘暴的叛亂，導致伊拉克徹底分裂、伊朗的區域地位升高，而最終致使一個更加激進的極端主義團體伊斯蘭國，於二〇一四年在部分伊拉克和敘利亞的土地上建國。

二〇〇八年，歐巴馬誓言會終止在阿富汗和伊拉克的長久戰爭，因此贏得了選戰，但是他在這方面的努力只成功了一部分。他最終將大多數的美國地面部隊從上述兩個國家撤出，而仰賴空軍、無人機、特種部隊，以及針對嫌疑恐怖分子所進行的目標擊殺。然而，在他任期屆滿之時，美軍仍舊在伊拉克和阿富汗打仗，美國也依然活躍地投入在葉門、索馬利亞、利比亞、敘利亞和其他許多國家的反恐行動中。

這份美國負擔的名單不斷增長，而且並未停止在此。一九九八年，美國開始提供軍事訓練和價值數十億美元的經濟援助予哥倫比亞政府，幫助其對抗「哥倫比亞革命武裝力量」（Fuerzas Armadas Revolucionarias de Colombia, FARC）的叛亂，並且限制非法麻醉藥流入美國。反恐戰爭也導致美國在非洲扮演的維安角色急速吃重，包括在索馬利亞反覆進行軍事干預、擴張無人機作業，以及辦理軍事訓練和提供顧問服務。事實上，到了二〇一六年，將近兩千名美國特種部隊是「活躍在二十個『非洲』國家，支援被指定的七大軍事行動」。[37]

簡言之，在自由主義霸權之下，美國持續承擔起新的維安承諾而沒有減少任何其他責任。如同前一章節所言，到了二〇一六年，美國所承諾要捍衛的國家數量已經比歷史上任何一個時點要來得多，同時還試圖平定好幾個飽受戰爭侵擾的遙遠國度，並且在其他許多地方執行粗暴的反恐行動。[38]美國的「影響範疇」未曾如今日這般遼闊，儘管我們仍不清楚它在這些地方可以發揮多少實質影響力。

推廣自由價值

擴張美國的安全承諾是與另一個更大的目標緊密扣連，即散播自由價值與制度。舉例而言，強化歐洲的民主是北約擴張的一個重要理由，而美國在一九九六年打破波士尼亞和平的主要動機以及一九九九年對科索沃的決定性出兵亦是基於同樣的理由。美國也支持二〇〇三年於喬治亞、二〇〇四年於烏克蘭分別爆發之親民主的「顏色革命」(Color revolution)*，爾後於二〇一三年支持民眾起義反抗烏克蘭總統亞努科維奇的行動。[39]這種散播自由價值——包括宗教包容和女性平權——的想法幾乎是反射性直覺，也有助解釋為何華府要耗費幾十億美元、犧牲上千條生命，在阿富汗和伊拉克試圖創造可以運作的民主體制。

這種建立自由世界秩序的長久承諾，也導致了歐巴馬政府對於「阿拉伯之春」未經規畫而最終失敗的回應。經過短暫的躊躇不決，歐巴馬宣稱「在這個地區推動改革、支持民主轉型，將是美國的政策」。華府隨後支持突尼西亞初建立的民主政體、二〇一一年埃及獨裁者穆巴拉克下台，以及同年利比亞的格達費遭推翻事件。[40]當敘利亞開始出現反政府示威行動時，歐巴馬政府快速做出結論「阿薩德必須離開」，並且私下提供了累計數百萬美元予試圖驅逐該政權的團體。[41]在南蘇丹，華府也協助建立了短命的民主政體；二〇一二年，精心策劃阿里．阿卜

* 譯注：顏色革命又稱作花朵革命，指的是二十世紀末至二十一世紀初發生在中亞與東歐獨立國協國家，以顏色命名並以和平非暴力方式進行之政權變更運動。例如喬治亞的玫瑰革命及烏克蘭的橙色革命（又稱作「栗子花革命」）。

杜拉・薩利赫（Ali Abdullah Saleh）的下台以鼓勵葉門實現民主；以及在緬甸成功地施壓導致軍事統治局部終止。[42]

華府對於經濟全球化的做法也是追求類似的目標，但較不明顯。就定義上來說，全球化包括了降低國際貿易與投資障礙，並允許市場力量更廣泛地運作。美國領導人相信此舉可以增加全球財富、強化新興民主政體，並且減少戰爭發生的可能性。除此之外，諸如世界貿易組織和多方貿易協定如TPP或TTIP等經濟組織與制度，皆逐漸包含有關透明度的條款、共同的勞動與環境標準，以及可以相容的法規框架。因此，從實務面來看，全球化需要的是參與國家將各自的國內政治置於一套更廣博的國際規範之下，而後者大多是受到美國的偏好與價值影響而定。[43]

很顯然地，擴張自由主義原則的承諾並未促使華府反對一些國家的極權政府，例如沙烏地阿拉伯、烏茲別克、巴基斯坦或新加坡；也未能讓華府不再無視一些關係密切的同盟國所發生的人權侵害行為，像是以色列、埃及或土耳其。此外，華府似乎不太關心其政策致使他國蒙受的成本。上述這些不一致性可以想見地會讓華府遭受偽善的指控，逐漸破壞美國始終如一地捍衛自由主義原則的形象。儘管存在這些背棄信仰的毛病，美國領導人仍然認真地投入於擴張自由世界秩序，即使他們的一些行為已不符合那樣的理念。

確實地，如同在第一章所述，充滿活力地追求自由主義霸權的努力大抵是一場失敗。美國還是很強大，但是在一九九三至二〇一六年間，其戰略地位已經大幅滑落。廣泛地擴張美國的安全承諾並未能讓歐洲、亞洲或中東地區更和平，在某些情況下甚至導致本來不會發生的戰爭。正如我們所見，在各地散播自由價值的努力並未成功。到了二〇一七年，事實上，許多地方的民主正在開倒車，美國本身尤其承受極大的緊張壓力。

為何自由主義霸權會失敗

自由主義霸權的核心精神是在追求以美國的形象、為了美國的利益而重塑世界政治。儘管懷抱如此自負的野心，並不令人意外的是，這個策略在美國獲得冷戰勝利之時，吸引了人們普遍的支持。這個策略將美國價值描繪成其他國家的理想模式，並且將華府的首要責任訂為和平、繁榮與進步，藉此訴諸美國人對於美德與自尊的感受，它也賦予了華府的外交政策共同體一個新的崇高目的，同時讓那些理想性的目標顯得易於達成。

除此之外，這個策略所許諾的益處是不可否認地誘人。誰不想住在一個這樣一個世界裡：人幾乎沒有戰爭；貨物、投資和人可以自由地跨國移動；壞人都被隔離起來，最好都被懲罰；人權愈來愈被尊重——尤其如果這些美好事物只消一點成本或風險就可以達成？鑒於多數的美國外交政策專家看待後冷戰世界的方式，要是美國不服膺於這些理想的遠見，可能才是更令人驚訝的吧！

然而，正如我們所見，兩黨對於自由主義霸權的追求導致了反覆且昂貴的失敗，它的缺點隨著時間演進而變得愈來愈明顯。什麼是自由主義霸權的主要缺失和負面後果呢？到底有什麼地方出錯了？

脆弱的基礎

首先，自由主義霸權建立在一種對於國際政治的錯誤認知上頭，以致它的支持者過度誇飾其預期好處，又低估了美國在追求它的過程中會造成的抵抗力道。在柯林頓和歐巴馬政府中主宰外交政策的自由國際主義派相信，民主擴張和經濟依存度提高會減少現有的大規模衝突，堅實的國際機構則會處理其餘零星衝突，創造一個日益和諧的世界。主導小布希政府外交政策的是新保守主義派，他們較不迷戀全球性的機構（視之為美國行動自由的限制），但是他們相信美國力量與決心的強力展現會震懾潛在的反對者，鼓勵多數國家加入美國陣營。儘管存在些許差異，自由主義霸權的自由派與新保守主義派支持者都假定，美國可以在不引發嚴重反抗的情況下追求這個極具野心的全球策略。

可惜的是，這種樂觀期待所依憑的理論基礎是有缺陷的。雖然遵循自由主義的民主政體很少互相打架，但目前為止也無法提出任何令人滿意的解釋。缺乏一套具說服力的理論，意謂著在政體形式之外，還有其他要素可能是這個現象的形成之因，而我們並無法確知當一個世界出現愈多的民主政體時，是否真的會讓這個世界更和平，或者讓美國更安全。

即使答案為真，歷史也在警告我們，新興民主化國家尤其容易發生內部和外部衝突。即使長期的效果證實有益，在短中期而言，擴散民主的努力更可能招致麻煩。[44]民主和平理論也幾乎未提及自由主義國家應該如何對付極權政體，而只是聲稱推翻它們是通往永久和平的道路。因此，做為政策的指南，民主和平理論所承諾的多過於它可以給予的，而這成了在自由與非自由國家之間製造麻煩的有力配方。

經濟依存度的自由主義理論的價值也是有限的。確實，降低貿易與投資障礙有利於全球經濟成長，高度經濟依存度在某些情況下或許能減少戰爭機率。然而，就如兩次世界大戰及各地許多內戰提醒我們的，高度經濟依存度不會讓戰爭消失，也因此無法讓各國從此不再需要擔憂強大勁敵可能會輕舉妄動地破壞權力平衡。[45]即使是廣泛的經濟全球化也不會消除敵對、猜忌和戰爭的可能性，在某些時候或許還會加重問題嚴重度。最近期的全球化浪潮導致了反覆重演的金融危機——尤其是二〇〇八年——並且在許多國家造成痛苦的社會與政治效應。簡言之，當代全球化不是萬靈丹，更肯定不代表傳統地緣政治會就此終止。

最後，自由主義霸權誇大了國際機構規範各國關係、解決深度利益衝突的能力。毫無疑問地，即使是一個主權國家的世界也需要規則來管理彼此之間的互動。舉個明顯的例子來說，若非詳細地制定了使用空權和每日空中運輸的相關管理規範，現代國際民航業根本不可能實現。如同我們在多方機構如北約、世界銀行或世貿組織頻繁看到的情況，當國與國之間具備清楚且明顯的合作誘因時，國際機構可以讓合作更容易，但是它們無法阻止強大的國家隨心所欲地行動，因此也就無法弭除衝突和戰爭的危險。國際機構只是當國家企圖提高利益時所使用的一項工具，而它們無可避免地會反映出最強大的那些國家的利益。[46]現在的國際機構已經有很長一段時間都是遵循美國的偏好，因為美國是目前為止最強大的會員國；我們也不意外地看到中國正在現有的國際場合中尋求更重大的角色，有時候甚至是企圖創建自己的平行機構。[47]

美國領導人也意識到，在一個多方機構中掩飾權力的行使，可以讓人們更加容忍美國的支配，並且有助克服某些令國際合作失效的障礙。然而，即使是最強大的那些機構也無法為中東帶來和平，消除恐怖主義，在阿富汗、伊拉克、敘利亞或蘇丹創造穩定政局，阻止二〇〇八年金融危機，翻轉歐盟內部的分離力量，解決亞洲地區的海洋主權爭議，或者針對氣候變遷的長期問題產出及時且有效的解答。

平衡、推卸責任，以及後座力

與此同時，自由主義霸權忽略一個更重要的國際關係原則：權力的不平衡讓其他國家緊張，尤其是當最強大的國家幾乎不在意他人的利益即恣意地使用權力。舉例來說，因為美國已經將擴張民主定為主要策略的中心，瞄準的對象即是一些所謂的流氓國家，我們完全可以預期那些國家會想辦法箝制美國權力。我們也不意外地看到中國、俄羅斯和一些其他國家憂心於美國散播民主價值的努力，因為這些做為一旦成功，會威脅到所有非自由國家的現行政局，以及領導菁英所占據的優勢地位。[48]

然而，美國的支配地位也警醒了一些與美國最親近的盟友，包括一些民主國家。一九九〇年代的法國外交部長于貝爾・韋德林（Hubert Vedrine）多次抱怨美國的「超級強權」，還曾有一次提到「法國的整體外交策略……目標在於讓明日世界由多個支點組成，而非僅有一個支點」。德國聯邦總理格哈特・施若德（Gerhard Schröder）也附和這樣的擔憂，警告美國單邊主義的危險是「不可否認」的。[49]不意外的是，兩個國家皆不只在一個場合積極反對美國的大膽行動——例如入侵伊拉克。

它們的擔憂絕對其來有自——不是因為美國故意使用其權力去傷害友好國家如法國，而是因為美國的強大能力讓它很容易不小心傷害到它們。入侵伊拉克即是一個完美實例：它最終導致了伊斯蘭國的崛起，透過網路招募，成員們受到恐怖攻擊的啟發而在一些歐洲國家發動殘暴的行動，也促成了二〇一五年大量湧入歐洲的難民危機。在二〇〇三年，歐洲官員反對戰爭的立場是正確的，他們了解到中東情勢的不穩定可能會傷害到他們，就算不是完全可預知的，也是他們可以猜想到的。拉海珊下台一事也消除了伊朗主要的區域性敵人，並強化該國在波斯灣地區的地位，因此威脅到美國的親近盟友如沙烏地阿拉伯。華府在決定入侵伊拉克時，顯然並非意圖要傷害它的盟友，但這就是它所造成的結果。如同牛津大學歷史學家提摩西・賈頓・艾許（Timothy Garton Ash）在二〇〇二年四月所言：「美國權力的問題不在於那是美國的；而是在於權力本身。即使是一名天使行使那麼大的權力都是危險的。」[50]

即使當重要的盟友擔憂於美國的主宰，它們同時也享有搭便車的好處，因此迫使華府在阿富汗這類的地方承受較大的負擔。這種做法不過是意料之中的事：當山姆大叔想要自己去做多數的工作時，其他國家為什麼要挑起困難又代價高昂的擔子？讓華府挑起重擔，這些國家就可以把自己的錢花在別的事物上頭，還可以因為約束過度熱切的美國格列佛而獲得他人的讚揚。接著，當華府試圖讓它的盟友們在一些與它們自身利益更相關的事物上頭多做一些事時——例如一九九〇年代的巴爾幹戰爭或是二〇一一年在利比亞的干預行動——才發現這些盟友們得要有美國的大力協助才能完成任務。

美國的競爭對手是以其他方式來平衡美國權力。有些對手藉由追求大規模毀滅性武器來制止美國的壓力，其他對手則是互相靠攏，一同阻礙美國的目標。當北約東進、華府將重心移往亞洲時，俄羅斯與中國之間的合作也隨之增加；最後，俄羅斯和喬治亞打了一場簡短的戰爭、從烏克蘭那兒奪取克里米亞，並且利用網路攻擊和「混合戰」阻止北約繼續東進，也暗中破壞歐洲的自由秩序。相似的情況，敘利亞和伊朗聯手阻撓美國在伊拉克的行動，確保美國沒有空閒處理它們之中任一國家。這些努力都不足以動搖全球權力的平衡，卻能讓美國更難達成其野心目標，並且將這些國家隔絕在美國壓力之外。

最後，美國也面臨來自不同伊斯蘭激進團體日益高漲的反抗，它們的仇恨情感源於美國對以色列、埃及、約旦和沙烏地阿拉伯的支持，以及美軍在整個穆斯林世界愈來愈廣泛的布局。隨著時日演進，美國對抗蓋達組織、塔利班、真主黨（Hezbollah）、哈馬斯（Hamas）、伊斯蘭國、博科聖地，及其他激進團體的行動在葉門、索馬利、伊拉克、敘利亞、巴基斯坦、阿富汗和其他數個國家催生出了一系列不斷擴張的衝突。

除此之外，愈來愈多的觀感認為美國是打從心底地憎惡伊斯蘭教，也因此在一些國家激發了多起恐怖攻擊事件，包括美國本土。舉例來說，在二〇〇九年十一月，一位精神科軍醫尼達爾·哈桑（Nidal Hasan）少校在胡德堡軍事基地殺害了十三人、超過三十人受傷，其行凶動機在於相信美國已經向伊斯蘭世界宣戰。[51]二〇一二年，一份由美國聯邦調查局（FBI）反恐單位所做的報告發現，「曾參與『本國自製』之恐怖行動的個人當中，最常被提及的動機正是對於美國在海外的軍事行動感到憤怒。」回應這份報告，反恐專家馬克·薩吉門（Marc Sageman）預測道：「持續的美軍行動將會無可避免地在這個國家激起恐怖活動，因為有些本地人會將自己視作那些海外行動的受害者。」[52]

因此，後冷戰的世界並不存在和平秩序，也並非全球都樂於接受美國出自善意的領導；這個世界繼續地依照最傳統的權力政治的指令運作著。其他國家還是對於權力的平衡極度敏感，除非對自身有利才會接受與華府合作，而且在必須捍衛重要戰略項目時會採取強硬手段——就如俄羅斯奪取克里米亞，或是伊斯蘭激進主義分子透過恐怖活動所做的一切——即使代價與風險是極其之高。這種行為不過是預料之中的事，令人驚訝的是美國竟沒能料想到。

誇大力量的效用

自由主義霸權失敗之因還有一個：因為美國領導人誇大美國力量（尤其是其軍事能力）可以達成之事。美國強而有力的軍火庫讓美國不必擔憂被征服或威脅，但是它並不能讓華府命令他人，或是讓美國領導人擁有對於其他國家內部政局發展的可靠控制權。

在某種程度上，強權並不能轉譯為可靠的控制權是因為美國施壓的對象更在乎與自身利害攸關的事物，願意付出高昂代價來捍衛自己的獨立性或其他重大利益。諸如塞爾維亞、利比亞、伊朗、伊拉克、敘利亞和北韓這些國家都比美國弱小許多，但是它們皆未在美國一開始施壓時就投降。確實地，多數美國的反對者會寧可承受大量的處罰而不叫一聲「大叔」，因此局限了華府將自身意圖強壓在它們之上的能力。

舉例而言，塞爾維亞總統斯洛波丹．米洛塞維奇（Slobodan Milosevic）最終在一九九六年就波士尼亞議題達成協議，而後在一九九九年又被迫放棄對科索沃的掌控。塞爾維亞是一個非常脆弱的國家，但是要逼迫米洛塞維奇讓步仍舊得費上七十八天的空戰。除此之外，包括阿薩德、海珊、金正日和金正恩、格達費，或是其他任一位伊朗領導人在面對美國的要求時，都不曾立刻投降；甚至，有些美國的仇敵直到被推翻的那一刻還是極其挑釁的。[53]阿富汗的塔利班在超過十七年的戰事之後，仍舊持續戰鬥，而美國對伊拉克的長期占領從未讓華府有能力指使該國後海珊時期的領導人該怎麼做事。

還要記得：這些國家都遠比美國來得脆弱。若是華府無法威脅、恫嚇或強迫這些微小勢力依照它的遊戲規則來玩，那麼「單極勢力」真正享有的影響力，以及它利用軍事力量與其他形式的壓力來擴張自由秩序的能力又有多少呢？

自由主義霸權的支持者——不論是較節制的民主黨版本或是更強硬的共和黨路線——都忘記了軍事力量是一項殘酷的工具。對於某些目的來說，動用武力是有用的，但是對於其他目的來說則否，而且它總是會製造出意外的後果。萬貫財富、複雜兵器與創新的原則讓美國得以在遙遠地區施展力量，並且在戰場上打敗許多軍力較弱小的敵人，這就是為何美國能夠在短時間內幾乎不損失多少人命就推翻塔利班、趕走海珊、打敗格達費。但是摧毀三流軍隊和驅逐國外領導人的能力，並不能讓美國建立全新且有效的政體來取代被打敗的政權。戰鬥和管理是差異極大的活動，有辦法精準地搞砸事物並不會讓人擁有類似的能力去有效統治遭征服的疆域。就如美國副國家安全顧問班・羅茲（Ben Rhodes）在歐巴馬任期屆滿之時承認道：「美軍可以做到許多大事。它可以打贏戰爭、穩定衝定，但是一支軍隊無法創建一套政治文化或是打造一個社會。」[54]

軍事力量也不是特別彈性的工具，儘管我們愈來愈依賴更精準的工具（例如遙控無人機或是菁英特種作戰部隊）。動用武力終究是一種帶有獨特邏輯與衝勁的政治動作，無法隨著情勢需要像是開關電燈或單純調整亮度那般。將軍力投入戰爭中，會牽涉到美國的威望，同盟國和敵對國都將很快地一起投入，士兵們會被殺害或是受傷，人們會期待從戰爭中獲得的利益能夠補足成本。若是不能立刻迎來成功，不論是文職官員或資深軍官都不太可能承認自己錯估了情勢。他們也不會在勝利到手之前輕易喊停。挫折會創造擴大戰事的壓力，而為了回應錯誤的恐懼或希望而開啟的戰爭很容易演變成無止境的戰事。

自由主義霸權的支持者相信，他們可以為了一個野心勃勃的全球議程，有選擇地且便宜地動用武力；然而，他們到頭來卻發現自己陷入一灘不可能勝利的泥淖中。伊拉克戰爭是這個問題最顯著的案例，但是在一九九二年後，每一次重大的美國軍事干預行動——在阿富汗、波士尼亞、伊拉克、科索沃、利比亞、索馬利亞和葉門——所耗費的時間與成本都遠遠超過美國領導人的預期，而且達到的成果遠少於他們所承諾過的。**每一次都是。**

外交僵化

過度信仰美國強權，也導致美國官員傾向於避開真正的外交術，也就是為了共同利益調整競逐的利益，並且過度仰賴最後通諜與脅迫壓力。前國防部助理部長、同時也是美國資深外交官查斯・傅立民（Chas W. Freeman）曾經說道：「對於多數的政治菁英而言，正是因為美國擁有龐大的軍事和經濟影響力，放棄軟性的說服而採用強硬手段迫使頑強的外國人聽話顯得十分合理。」[55]

與這個問題結合在一起的，還有普遍傾向將世界政治視作摩尼教的二元掙扎*：在善良的自由國家和惡意、侵犯人權的專制政體之間。美國官員和有影響力的專家們並沒有將衝突歸告於國與國之間歧異的觀念、競逐的歷史論述或是單純的國家利益碰撞，而是慣常地將那些衝突形容為善惡之間的對立。不論是柯林頓政府所瞄準的「流氓國家」，或是被小布希政府統稱為「邪惡軸心」的那些獨裁者，美國的敵人總是被妖魔化為邪惡、非法的政府，而它們的存在侵犯了美國最深層的政治信仰。[56]歐巴馬相較於其前手，較不傾向於使用如此道德式的語言，但是他也在接受諾貝爾獎的演說中提醒聽眾道：「不要誤會了：惡魔確實存在於這個世界。」

由於他們將反對者視作惡魔，並且相信自己握有一手好牌，美國官員傾向於將為了達成協議所作的妥協視作某種形式的投降，即使達成的協議可以帶給他們多數想要的結果。簡言之，與其認真協商，華府寧可單純地指使他人該怎麼做。假如對方拒絕配合，美國領導人就會擰緊螺絲或拿起劍刃。

舉例而言，在一九九〇年科索沃開戰之前的協商中，美國官員將整場衝突歸告於塞爾維亞，幾乎沒有放心思在構築一項可以保護貝爾格勒最小利益的協議，又假定一旦北約表現出動用武力的意願，塞爾維亞總統米洛塞維奇就會投降。結果，美國耗費了長時間的空戰才讓塞爾

＊ 譯注：摩尼教，又稱作牟尼教、明教，為西元三世紀中葉波斯先知摩尼所創立。這是一種將瑣羅亞斯德教（祆教）與基督教、佛教混合而成的哲學體系，屬於典型的波斯體系諾斯底二元論。摩尼教吸收了祆教的善惡二元論及其他數個不同的思想，發展成了「二宗三際論」，即空間上對立的光明、黑暗二宗，和時間上延續的過去、現在、未來（初際、中際、后際）三際。

維亞人讓步——這個做法加速了塞爾維亞的種族清洗，造成數百位平民百姓傷亡，並且毀滅了幾十億美元價值的資產——而且貝爾格勒直到達成了一項比起原本美國所下的最後通諜更有利的協議後才讓步。要是美國從一開始就比較有同理心和彈性，整場戰爭或許根本不會發生。[57]

同樣不妥協的做法，讓伊朗從二〇〇〇年沒有核子離心機到二〇一五年前期擁有了超過一萬九千台。比起阻止伊朗潛在的核武能力發展進程，美國更感興趣的是推動政權轉移；多年來，美國要求伊朗停止所有濃縮鈾的生產，拒絕考慮任何可能會讓德黑蘭掌握完整核燃料循環的安排。美國官員拒絕直接與伊朗官員會面，並且多次否定或阻撓伊朗的提案，儘管那些提案可能將伊朗的濃縮鈾產量控制在比現在低得多的水平。[58]即使在二〇〇九年開啟了幾場嚴肅的會談之後，歐巴馬政府還是反對一項可以大大減少伊朗境內低純度濃縮鈾產量的「信心建立」協議。[59]華府沒有積極的協商，而是持續對伊朗祭出死板的經濟制裁，同時含蓄地威脅伊朗若是再不服從就要動武（「所有的選項都攤在桌上了」）。這個壓力或許在德黑蘭最終同意協議的決策過程扮演了一定角色，但是二〇一五年的核協議也要求了美國提供彈性，包括不再要求伊朗放棄全部的濃縮鈾產量。美國超過十年的不妥協，結果是讓伊朗更接近製造出一顆核彈頭的可能性，而要是華府早一點進行真正的外交談判，事態就不致演變至此。

相似的僵化削弱了美國回應敘利亞與烏克蘭危機的能力。在前例中，美國堅持「阿薩德必須離開」，加上它一開始拒絕讓伊朗參與和平談判，使得早期阻止戰事的努力陷於癱瘓，也促成激進伊斯蘭團體的興起，助長了一場公認為挑戰嚴峻的衝突。[60]在烏克蘭，美國呼籲莫斯科停止在烏克蘭的一切活動、從克里米亞撤兵，並允許烏克蘭一旦符合歐盟與（或）北約的會員資格即可加入。美國沒有追求能夠讓雙方的核心目標皆獲滿足的折衷辦法，而是要求莫斯科放棄在烏克蘭的一切利益，完全終止。這樣的結局從一個完全美國人的觀點看來或許是極其誘人，但是它毫不在意地忽略了俄羅斯的歷史、俄羅斯與烏克蘭的接壤，以及俄羅斯自身的安全考量。很難想像任何一位俄羅斯領導人會臣服於這些要求，而不開啟一場漫長且代價高昂的爭戰，讓烏克蘭蒙受巨大傷害。

最終，建立於威脅、最後通諜和拒絕妥協之上的外交手段幾乎未能產出持久的成果。較弱小的一方通常會保留一些協商力量——尤其當事態關乎其核心利益——使得最強大的國家也很難保證得到它們想要的一切東西。同樣重要的是，如果較弱小的一方是以自認為不公平的方式被迫投降，那麼它會憎惡於那樣的結果，一旦情勢變得較為有利，它就會試圖重新開啟爭端。外交手段要成功，雙方都必須得到一些想要的東西；否則的話，長期下來，做出最大妥協的一方將幾乎沒有誘因容忍當初做出的協議。

藉由誇大使其他國家降服於美國意志的能力，美國領導人逐漸搞砸了自己在外交事務上所付出的心力，並且錯過了一些不動用武力即可解決爭端的重要機會。

社會工程的局限

從定義上來說，自由主義霸權託付美國去再造其他社會。一套自由世界秩序需要其他國家也擁抱自由主義原則，因此美國試圖往那個方向推其他國家一把。然而，這樣的努力失敗了，因為它高估了美國在那些歷史、內部特質和社會制度皆與自身經驗截然不同的社會裡執行大規模社會工程的能力。美國的成就矇蔽了民主黨人和共和黨人，使得他們以為自由主義民主是經濟成長與政治安定的神奇方程式，也促使他們相信一股對於財富和自由的普世欲望會勝過「過時的」國家、種族或宗教認同，同時消除對於競爭陣營之相對力量的擔憂。如果歷史是朝著進步的方向演進，而其他社會都等不及變得跟美國一樣，那麼它們會很快地揚棄舊有思維、擁抱民主、和平地解決內部紛爭，並且迫切地加入山姆大叔所創造的自由世界秩序中。若是這個美好的版本為真，那麼應該幾乎沒有人會想要反抗美國出自善意地引領其他國家邁進二十一世紀的努力。

唉呀，這個觀點說好聽是天真，說難聽則是大錯特錯。東歐地區所爆發的「天鵝絨革命」與拉丁美洲興起的「民主浪潮」是一九九〇年代初期激勵人心的跡象，但是偏好自由主義民主的現實潮流根本稱不上普世，極權政權在俄羅斯、中國、中東地區和一部分亞洲國家顯然皆能出乎意料地適應當地。穩定的民主體制在西歐和北美浮現也是花上了好幾個世紀，而如此漫長的過程當中充滿了爭端，還經常出現暴力。相信美國可以在幾年之內在巴爾幹地區、阿富汗、伊拉克或中東其他地方建立自由秩序，這種想法要不是完全的妄想，也至少是幻想。事實上，到了二〇一七年，自由主義民主是否能在部分歐洲地區存活下來甚至都是個問題。

透過政權轉移來散播民主的嘗試注定會失敗的原因還有一個。改變整個政府體制無可避免地會製造出贏家和輸家，而後者通常會捲起衣袖來反抗新的秩序。與此同時，政權轉移會創造出權力真空，使得反抗行動更容易展開。地方認同、忠誠和責任的源頭——不論是來自國家、種族、部落、宗派或其他任何因素——都不會在獨裁者被推翻的那一刻就突然消失，而美國試圖幫忙的人們當中，有些人憎惡美國拙劣的干預，而寧可獻身反抗，即使賠上生命也在所不惜。如同國防部長辦公室裡專責阿富汗和巴基斯坦事務的前資深顧問所領導的研究團隊於二〇一六年寫道：「美軍和阿富汗軍隊所造成的平民傷亡，大大促成了塔利班政權的崛起……並且使得美阿關係緊張、削弱美軍任務與阿富汗政府的正統性，因此侵蝕了戰事進展的基礎。」這個團隊也在葉門、伊拉克、敘利亞和巴基斯坦看到了類似的效應。[61]美國愈是試圖散播自由主義原則，愈是創造出更強勁的反對力量。

除此之外，美國在阿富汗、伊拉克、葉門和利比亞的官員們欠缺必要的詳細當地認知以引導成功的國家再造計畫。有一份不為人知的阿富汗戰事簡報清楚點出，在反鎮壓行動的氛圍下，國家再造是一場極其荒謬的複雜程序，幾乎很難被理解，更不用說要成功實行了（見次頁圖）。[62]這些行動參與者的個人記事非常清楚地載明了，這些負責推動的人並不知道要信任或支持哪些當地領袖，也不了解複雜且微妙的派系網絡以及他們試圖運作的當權政府，如此便免

Afghanistan Stability / COIN Dynamics

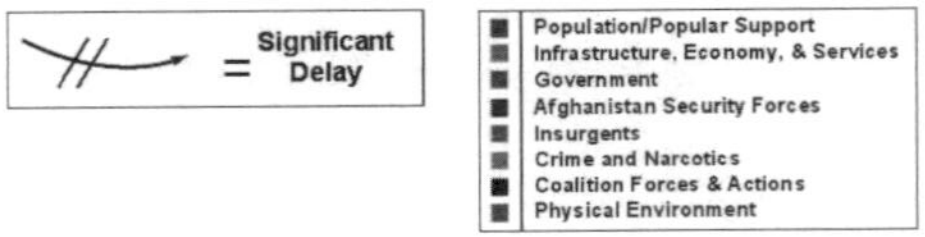

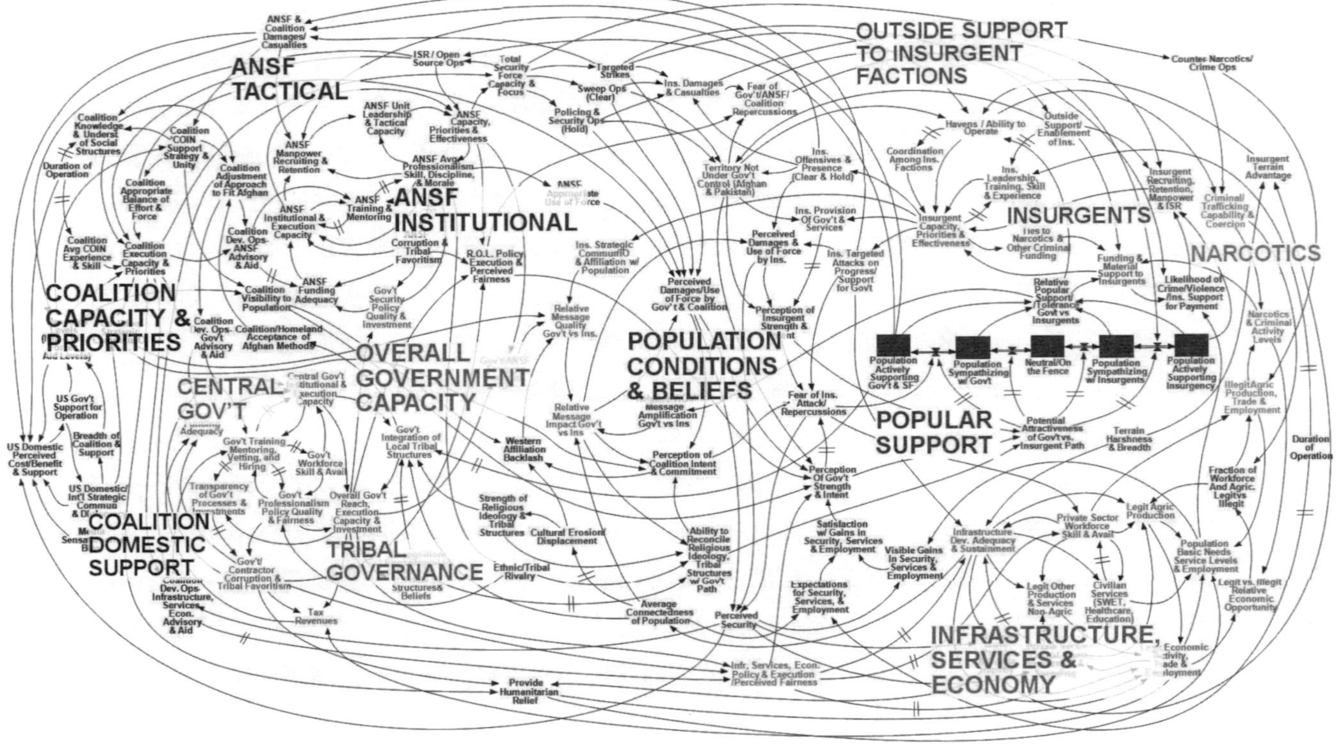

不了踐踏到當地風俗與敏感度。[63]

時日一久，有些美國將領和外交官終於具備了一些或許能幫助他們更成功的認知，但接著他們的任期也屆滿了，又將輪調到另一個地方再次學習一樣的課題。有一位前美軍指揮官悲慘地回憶道：「我們在過去十五年間沒有在海外打過戰爭；但我們在過去十五年間，每次打一年戰爭。」[64]這個問題解釋了為何在二〇一六年，一位美軍指揮官必須為發送反塔利班政權的宣傳單道歉，因為那上頭將一本《古蘭經》與狗的照片放在一起，這個組合極度冒犯到了阿富汗穆斯林。[65]美國已經在阿富汗打了十五年戰爭，但最高指揮官還不能了解他們所處之文化環境的關鍵要素。

除此之外，即使出自善意對當地民眾提供的援助，也反覆地沉入貪污與行政無效率的深海中。[66]將發展與重建的援助投入缺乏有效制度的社會中，就保證了多數援助會打水漂，或者更糟的是，最終會落入美國敵人的手中。以阿富汗為例，「美軍支付鉅額予阿富汗的保全公司以保護供給車隊，但多數的錢都被轉手交給了塔利班以確保他們能安全通過。」[67]更糟的是，喀布爾的中央政府幾乎沒有誘因實行或許能夠幫助美國擊敗塔利亞的改革，因為一旦戰爭勝利，喀布爾領導階層所仰賴的幾十億美元經濟援助就會瞬間蒸發。[68]由於美國官員始終堅持戰敗或撤退不是一個選項，他們便不能以脅迫放喀布爾自生自滅的手段，來壓迫這些當地客戶著手進行有意義的改革。

想當然耳，許多諸如此類的干預行動在中東地區也未能奏效，美國在這個地區特別不受歡迎。動用武力和經濟施壓以推翻政權或散播民主，這些做法免不了會強化阿拉伯／穆斯林世界中已然根深柢固對西方干預的反抗，而因此敗壞了美國尋求支持的新菁英階級的名聲。敘利亞專家喬許亞．蘭迪斯（Joshua Landis）針對美國在敘利亞內戰中支持溫和團體的失敗所做出的評論，也適用於其他地方的均等勢力：「美國失敗不是因為它沒有嘗試，而是因為它的溫和派人士能力不足也不受歡迎。一旦他們開始從美國那邊收到金錢和命令，他們就會被激進派抹黑為貪污與背棄革命的中情局探員。**美國是有毒的，而任何它碰到的東西就會在它手中變成沙。**」[69]

這些反覆發生的失敗並不令人意外也並不是非典型；反之，對於美國、英國和其他民主國家早期為「外來施壓的政權轉移」所做的努力，有些嚴格的學術研究指出，推翻一個外國政府幾乎無法產出一個成功的民主政體、加強法治，或在人權方面創造重大進步。[70]令人訝異的是人們花了多久時間才理解這些教訓。

距離的影響

關於自由主義霸權的正當性還有最後一項理由，就是世界正在縮水，嚴重的危險可能會從任何地方浮現，因此美國必須試著監控和指導各地的事件。如果我們都是一座縮水中「地球村」的公民，那麼維護世界秩序就是保護本土美國人的必要舉措。

不過，派翠克．波特（Patrick Porter）*很有說服力地聲稱，「地球村」的形象幾乎是一個神話。

軍事科技的進步並不會讓敵對國家擁有派得上用場的能力，以策略上具決定性影響力的方式[71]威脅美國國土，因為美國強大的報復能力可以很穩當地制止國外敵對勢力。全球化或許會增加恐怖主義、網路戰和傳染病流行的風險，但是這些危險與其他威脅相比都還算是溫和的了。無論如何，將美國勢力投入更多地方，並不是因應這些危險的有效方式。

這些五花八門的科技發展也沒能讓美國更輕易地管理海外國土。衛星偵查、精密的目標定位系統、遠程航空器和無人機等，讓華府得以把軍力帶到許多地方去，但是建立政治掌控還是需要「腳踏實地」，以及承擔伴隨而來的成本與風險。支持軍隊出征到海外去還是很昂貴——尤其是去到一個既遙遠又深處內陸的國家如阿富汗——而原以為當地裝備不足的反叛者在自己的家園上戰鬥時，結果竟是驚人地有效。為了讓美國更安全而在許多不同地方進行干預行動，只是導致殘暴的極端主義問題更嚴重，而民眾對於昂貴的海外征戰的支持也很快地消逝。

忽略自家事

自由主義霸權還有最後一項缺點，雖然直到二〇一六年的選戰期間才完全顯露出來。試圖

* 譯注：波特是英國伯明翰大學（University of Birmingham）國際安全與策略教授，研究領域為英美外交與國防政策中權力與思想之間的互動關係，曾著有《地球村神話：距離、戰爭和權力的局限》（*The Global Village Myth: Distance, War and the Limits of Power*, Georgetown University Press）等書。

在世界各地重塑政治體系、挑起全球領導的其他負擔是極其昂貴且耗時之事，它從迫切的國家內政中占走了時間、注意力和資源。一位總統花在焦慮伊拉克或阿富汗或索馬利亞或哥倫比亞的每一小時，都是他原本可以用來關注國家內政的一小時，而花費在海外軍事基地與干預行動的每一分錢，都是原本可以用來改善本土美國人生活或是留在納稅人口袋裡的一分錢。我們將在第三章看到，美國民眾並非人人都對於自由主義霸權那麼有興趣，而且這是非常合理的情況。

由於全球化與快速科技變革對於美國勞動力造成的深遠影響，上述機會成本更顯得特別重要。全球化或許對於受過高等教育的菁英階層（尤其是華爾街）來說是好的，但是中產階級的所得卻呈現停滯，藍領製造業的工作正在消失，而華府所提供的再教育與重訓練課程卻是遠遠不足。這個國家搖搖欲墜的基礎建設極度需要維護——二〇一七年由世界銀行所做的一份報告中發現，美國的基礎建設投資缺口將近四兆美元，缺口之大為全球之最——但是基礎建設支出必須與現行的其他計畫以及昂貴的海外干預行動競爭。[72]自由主義霸權不僅沒能達成其明確的國際目標，更對於國內的不滿情緒形成煽風點火之效，最終導致了川普驚為天人的選戰勝利。

成功故事

當我們檢視那些美國外交政策難得成功的故事時，自由主義霸權的缺點變得更加清楚。本書第一章討論到，美國的外交手段協助終結了波士尼亞戰爭，也促成了以色列和約旦之間的和平協議，以及透過「努恩－魯嘉減少威脅合作計畫」改善了俄羅斯和其他前蘇聯國家的核安全議題，直到烏克蘭危機爆發。世界貿易組織的創建、非洲的「總統防治愛滋病緊急救援計畫」、《防止擴散安全倡議》、二〇一五年與伊朗達成的核子協議、二〇一五年的巴黎協定、與古巴重建外交關係，以及成功說服利比亞廢除其大規模毀滅性武器計畫的多方努力等，都尚屬合情合理的成就。

這些成功故事之間存在什麼共通點呢？在每一個案例中，美國沒有試圖僅透過發出最後通諜與上緊發條增加壓力便將解決方案強加於他人之上，也沒有試圖推翻它所不滿的敵對政權。相反地，在這些案例中，美國體認到自己的影響力有限，並且調整自己的目標以贏得更廣泛的國際支持，與其他陣營達成雙方都接受的協議。當華府尋求他人的合作，並將他人的利益也納入自己的考量中，其所付出的心力通常都會成功。

如同前文曾經做過的討論，二〇一五年的《聯合全面行動計畫》就是一個經典範例，它限制了伊朗取得核武器的能力。只要美國堅持要伊朗放棄全部的濃縮鈾產量，事情無論如何都不會有任何進展，而伊朗只會繼續擴張它的離心機效能，儲藏更多的高純度濃縮鈾。然而，一旦華府開始迫切地協商，它就可以召集廣泛的國際合作，祭出更有效的經濟制裁。同樣重要的是，美國的談判者放棄沒有意義的希望，不再期盼單獨給予壓力就能說服德黑蘭整個放棄它的濃縮鈾產量。這種對於現實的讓步開啟了一扇通往妥協的門，讓戰爭得以避免、阻止伊朗生產核彈頭的規畫，並且讓德黑蘭保住面子。二〇一三年伊朗溫和派總統哈桑．羅哈尼（Hassan Rouhani）

的競選當然使得協議更容易達成，但也需要美國的彈性才能把握住機會。

二〇〇三年利比亞解除武裝事件也是類似的教訓。毫無疑問地，脅迫性壓力——包括強硬的多方經濟制裁——有助說服格達費放棄他那相對原始的大規模毀滅性武器計畫，以換取經濟和外交關係的重建。在美國入侵伊拉克之際，對於政權更迭的恐懼可能也在他的決策中扮演了一些角色，但是其他因素包括格達費自己對於蓋達組織的擔憂，以及小布希政府的保證，只要他允許美國官員將他所擁有的大規模毀滅性武器載走，就讓他繼續掌權。即使歐巴馬政府在二〇一一年決定翻臉不認帳，也不能否定更廣泛的一課教訓：二〇一三年奏效的外交手段，是因為美國同時提供了蘿蔔和棍子。[73]

除此之外，在以上許多案例中，美國願意真誠地與那些抱持非常不同於美國價值與治理原則的政權協商。例如，華府沒有要求其他國家得在加入《防止擴散安全倡議》或是收到「努恩－魯嘉減少威脅」資金之前就變成民主政權，它也沒有堅持要越南與汶萊在參與TPP協商之前轉型為民主國家。

同樣的特色也可以在美中關係中看到。美國的領導人了解中國是大到不能擺布，所以他們通常會克制不祭出最後通諜，或是避免僅依賴威脅或制裁。他們有時候愛批評中國的極權體制和糟糕的人權紀錄，但是柯林頓、小布希和歐巴馬很快地體認到，在這些議題上恐嚇北京當局的成效最差。美國領導人承認美中關係很可能會變得愈來愈矛盾，並採取了一些意在牽制中國影響力的手段，但是他們也了解在氣候變遷、全球公衛、北韓與國際經濟議題上，合作還是必要的。簡言之，在與北京交手時，美國官員會忘卻政權轉移與其他關於自由主義霸權的修正主義要素，而專注於經營與世界第二強權的關係，並且設法在現況下盡可能做到最好。

這個教訓很清楚：當美國揚棄自由主義霸權而採取更務實與彈性的做法時，它達成特定外交政策目標的能力就會大大地提升。

結論

在超過兩個世紀之後，自由主義霸權的失敗已不可能隱瞞。然而，直到川普上任，自由主義霸權的中心原則還是在實實在在地嵌入美國的外交政策論述中，而且幾乎難以挑戰。歐巴馬當選之因或許有很大一部分在於矯正其前手們的過分行為，但即便是他也試圖擴張民主世界的版圖，並驅逐了一些獨裁者，而且他還願意承擔起新的安全責任，就如同柯林頓和小布希曾經做過的事。歐巴馬試著採取較節制的手段，讓其他人承擔多一些些負擔，但是外交政策當局還是堅定地致力於維護美國的支配地位、散播自由價值，以及擴張美國的承諾。自由主義霸權依舊是美國戰略的北極星，即使華府對於讓如何該它奏效仍是毫無頭緒。

川普當選一事顯示出自由主義霸權的一項終極缺失：它創造了一套過度仰賴美國的世界秩序，因此很可能無力招架美國國內政治的種種奇幻現象。藉由將祖國視作「不可或缺的力量」，並使之成為全球安全布局的關鍵，美國官員已經在不知不覺中打造了一套安全架構，且這套架構的成敗取決於美國在世界各地的投入、強大和堅決。美國的領導人並未鼓勵區域性強權去解決它們之間的差異，發展出不需要美國積極指導的安全協議；反之，他們所打造出的世界秩序是，一旦美國不再承擔自己曾經迫切擁抱的全球負擔，這套秩序就會急速崩解。難怪美國外交政策菁英將川普的降臨視作警訊；他們所深切承諾的自由世界秩序要比外表上看起來的還要脆弱，而且他們心知肚明。[74]

事後諸葛地看，擁抱自由主義霸權做為主要戰略的決定，以及不論反覆失敗仍堅持追求之的做法，似乎都顯得令人困惑。由於美國人極度的驕傲自大——畢竟只占有全球百分之五的人口——使得他們相信自己發掘了當代社會唯一可行的模式，也是實現永續和平的世界秩序唯一可能的藍圖。他們天真地以為自己可以在深度分裂且從未民主化的社會裡打造穩定且成功的民主政權。假想這個目標可以既快速又低成本地達成，絕對是一種幻想；而相信其他國家不會對於美國試圖重塑世界政治的努力感到焦慮，甚至進一步假設反對者不會想出阻礙美國設計的有效辦法，都是不切實際的想像。經過那麼多次的挫敗之後，依然繼續追著同一個難以捉摸的目標前進，這已經是固執到近乎瘋狂的行為了。

所以，為什麼自由主義霸權還是美國主要戰略的預設條件呢？一部分答案——只是一部分——在於美國所擁有的龐大力量，以及它在蘇聯瓦解之後所享受的有利地緣政治地位。在此借用柯林頓與白宮實習生的醜聞案爆發之後所提出的解釋：美國選擇自由主義霸權，並試圖使其成功之因在於「因為它可以」。

冷戰結束讓美國占據了一個自從羅馬時期以來未曾見過的優勢地位。這樣的好運無法保護這個國家不遭遇任何可以預見的危險，但美國仍然是當代歷史上最安全的強權國家。[75]龐大力量的結合——以及多虧了美國湊巧的地理位置而享受到歷史學者凡．伍德沃德（C. Vann Woodward）所稱之「自由安全」（free security）——是一項許可條件，讓美國得以幾乎不受懲罰地干預世界各地發生之事，而不必太過擔心對於國內造成的短期後果。[76]

因為美國是如此地富有、強大和安全，它可以負擔得起長期遵循一項被誤導的總體策略，而不會害得自己完全破產，或是無力招架外國入侵。要是它在一九九三年之後遭遇到一個可與之抗衡的競爭對手，或是一些強大且帶有敵意的鄰居，那麼它就會被迫將更多注意力放在美國本土，也會比較沒有意願承擔昂貴的承諾，或是試圖在遙遠的他方打造政治環境。然而，自從第二次世界大戰以來，尤其是一九九三年以來，美國已經奢侈地享有得以干預任何它所選擇之地，並且在事態惡化之際退出的能力——就像它在越南、伊拉克、索馬利亞和利比亞做過之事——留下當地民眾去面對自己的命運。

與此同時，這些優勢也讓這個國家在重塑世界的野心行動中，幾乎相對地無利可圖。當然了，一套野心勃勃且成功的外交政策並非毫無利益，但是在一九九三年那時，美國已經既富有又安全，領導著由一些強大國家組成的穩定同盟，也與其他許多國家維持頗為良好的關係，在全球化的世界經濟中更是占據絕佳位置。即使自由主義霸權能運作地比實際情況好得多——例如，成功地將伊拉克和阿富汗轉變成繁榮的民主政體——它也無法將美國的整體地位改善那麼多。

說真的，因為美國已經很富裕、強大且安全，它大可以簡單地選擇減少其海外承諾，將某些地區的區域安全負擔轉交給其他國家負責，並且將更多時間、金錢和注意力放在改善自家公民的生活上。這種做法甚至或許會增強美國對於現有同盟國的影響力，因為它們或許會更努力保住美國的支持，也會以更高的敏感度來看待華府的願望。[77]

最後，我們面對的是一個令人困惑的悖論。優勢地位讓追求自由主義霸權變得可行，但也使得這件事比較不必要。欲了解為何做下如此致命的選擇，以及為何三位差異極大的總統即便在許多失敗之後，都仍然堅守這項主要戰略，我們需要拉近距離地仔細檢視相關制度與組織，它們形塑了美國人如何看待這些決策以及民選官員們如何在最終選擇行動。而這個任務將在第三章展開。

CHAPTER 3

定義「變形怪體」：什麼是「外交政策共同體」？

Defining the "Blob": What Is the "Foreign Policy Community"?

在二〇一六年的總統選戰中，川普對於那些過去負責美國外交政策的人不甚關注。他說：「我們必須尋找新的人才。」並聲稱他不會讓自己身邊充斥著履歷完美、但除了對過去長期以來的失敗政策負責之外，幾乎沒什麼好吹噓的人。當知名的共和黨外交政策VIP們發表一封公開信質疑川普的適任度和人格特質時，川普反駁道：「這封信上的署名者，正是美國人想知道世界為何變成一團混亂時，所應該去質問的人，我們感謝他們主動站出來，這樣每個人都知道應該譴責誰導致這個世界變成如此危險的地方。」[1]

川普的批評是否合理？很遺憾地，答案是肯定的，因為大多數令美國外交政策苦惱的問題都是源自於有意識的選擇，而非無法預期的命運。領導地位和「自由安全」讓美國得以干涉遠方的事務，且不會受到一些後果的影響，但是美國領導人所提出的特定承諾和倡議關乎的依舊是政治選擇。湯瑪斯・奧特利（Thomas Oatley）注意到：「美國本土未曾遭受他國入侵而引發戰爭。反之，美國的政策制定者則可以在任何時刻選擇要在何時、何地以及是否要投入戰爭……他們大可以選擇不要動用武力，不將美國的領土完整性或國家主權置於險境。」[2]然而，發出威脅或動用武力經常是近年來的預設選項，儘管它們造成的是令人失望的結果。

因此，讓我們更仔細地檢視那些做出決策或對決策有影響的人們與機構，找出是什麼在引導他們的選擇。

外交政策和民主政治

在一個民主政體中，外交政策不只是總統觀點下的產物，它也是由公民社會中競逐的各方勢力所形塑出來的，而我們或許可以將這些勢力統稱為「外交政策共同體」。在美國這樣的自由民主國家裡，由於分權政府的傳統、自由言論與集社的憲法保障，以及對於中央集權的矛盾情緒，在在使得公民社會的影響力尤其龐大。當國家未面臨凝聚全國上下一致向心力的強烈危險時，以及當政策制定者得以較自由地隨他們的判斷或國內壓力的的要求行動時，外交政策共同體的力量會更強大。

理論上來說，這些特色應該使得美國的民主政體相較於多數極權政體在執行外交政策時更有效。事實上，大量學術文獻提出的正是這項論點，宣稱民主政體通常在許多公共政策領域的表現都比獨裁政體來得好。[3]毛澤東與海珊的生涯便說明了，沒有能力的專制者只要對於軍隊、警方和其他壓迫工具維持可靠的掌握，即使他們政策具備傷烈傷害力，也可以緊握權力達幾十年之久。相反地，民主政體領導人必須對大眾負責，而對於選舉制裁的擔憂會使得他們節制權力的行使，促使他們指定能幹的下屬，據稱還可以避免他們提出不必要或帶有風險的提案。

除此之外，將各項權力與其他制度性的「制約與平衡」（checks and balances）正式劃分開來，應該可以讓民主政權領導人更難以恣意地行使權力。總統或許是行政首領和總司令，但是國會控制政府的財源，理論上應可限制總統在國內外能做的事。由一套獨立的司法系統來對行政權作進一步查核，可以做為當責的一項強力來源——在此依舊是理論上來說——因為侵犯法律的官員也會被起訴、定罪和懲罰。

第三，由於民主社會也鼓勵自由言論、公開演說和獨立媒體，據稱得以藉此受益於「觀念的自由市場」（marketplace of ideas）。[4]民主政體的公民們應該能夠更容易取得訊息，而生氣蓬勃的辯論應該會篩掉糟糕的觀念，讓較佳的方案浮現出來。當錯誤造成時，民主社會裡的公民與官員可以分辨出有些事情出錯了，並且比起典型的集權社會更快地矯正錯誤[5]。

除了這些結構性的優點，人們或許還會期望國家能力（state capacity）*的大幅擴張以及主掌美國對外關係的官員們所受的專業化訓練，可有助於美國外交政策的制定。在十九世紀，歷史學家厄尼斯特・梅（Ernest May）注意到，只有一小群美國領導者和民眾「對於外交事務展示出高度興趣」。[6]即使美國崛起成為世界強權，也沒有立刻在政府內外產出一大群外交政策專家。當伍德羅・威爾遜（Woodrow Wilson）總統為一九一九年的巴黎和會（Paris Peace Conference）做準備時，

* 譯注：意指國家將自己的意志、目標轉化為現實的能力。

由於缺乏正式的外交政策專業，威爾森最親近的顧問艾德華・豪斯（Edward House）上校只得組建一支名為「調查」（The Inquiry）的臨時團隊，來為總統提出美國利益與目標的相關建議。[7]

在兩次大戰期間，主要致力於國際事務的組織與個人數量呈現成長，雖然政府最高層級的參與仍舊被「東部當局」（Eastern Establishment）*所主導，包括數個菁英組織如外交關係協會、外交政策協會（Foreign Policy Association, FPA）和卡內基國際和平基金會。第二次世界大戰之後，慈善機構如福特基金會（Ford Foundation）與洛克菲勒兄弟基金（Rockefeller Brothers Fund）變得活躍，在大專院校和民間協會之間資助了許多國際事務計畫。[8]《華盛頓郵報》專欄作家約瑟夫・卡夫特（Joseph Kraft）日後觀察道：「（當局）的主要功能……是讓孤立主義從實務中消失，讓國際主義變得不只可敬，更是無庸置疑的。」[9]

然而，到了一九六〇年代，隨著美國的全球角色愈來愈吃重、教育擴張，外交政策的制定需要更專業化的知識。「美國的外交政策領導結構開始出現一場革命。權力幾乎在不知不覺中從舊有的東部當局過渡至新的職業菁英階級，從願意撥出時間協助管理政府事務的銀行家和律師手中轉到了全職的外交政策專家手裡。」[10]

乍看之下，這種專業知識的擴張顯得是對於「保守派」當局的重大改善，應該能夠產出更多明智且成功的政策決策。不再仰賴一群主要由企業界出身、自我選出的菁英團體，美國外交政策應該會交給一個更多元化的專家團隊，其中會有曾受過不同領域如經濟、軍事、歷史、外交或區域研究等專業化訓練的人。理論上來說，在這些見多識廣的專業人士之間，不同觀點的交鋒應能產出一場更有活力的辯論，從而確保不同的政策選擇會先接受審查，讓重大錯誤發生的機率降低一些。當失誤真的發生時——既然它們是無法避免的——這個訓練有素的政策社群也能快速地辨識出失策之處，並且讓事情發展轉向。

在接下來的三個章節裡，我主張上述這個樂觀看法只是一場幻覺，尤其是當我們身處在一個美國霸權讓它得以看似低成本與低風險的方式追求大膽外交政策目標的年代裡。[11]美國的民主制度沒能表現地如同預期中的樂觀情節那般好，當代外交政策共同體的特色也較未表現在能力與當責方面，而是較表現在一系列病症上，默默地破壞了其設定務實目標與有效追尋的能力。

最直言不諱地說來，今日的外交政策菁英界並非由一群有紀律的專業人士所組成，他們未受到資訊充足的民眾監督，也未被要求對政策負責，而是一群功能失調的特權人士，經常性地蔑視其他觀點，並且在專業角度與個人面向上都極力避免受到自己所推動的政策後果影響。副國家安全顧問羅茲將這群人喚作「變形怪體†」是不恰當，儘管如此，這個標籤確實包含了一

* 譯注：意指位處美國東北部重要城市的菁英學府與機構等，由於這些單位長期在經濟與社會方面所掌握的優勢，通常被認為足以行使遠大於其組織規模的影響力，也經常是站在自由派共和黨的立場。

† 譯注：二〇一六年《紐約時報》針對羅茲做了一篇剖析，文中提到羅茲視外交政策當局為「the Blob」。羅茲本人在二〇一八年六月接受CBS新聞採訪時，進一步解釋他以「the Blob」一詞所指的是一種普遍存在於外交政策當局的集體迷思，認為外交問題只能以武力解決。由於「the Blob」有諸多含義，在此判斷為一語雙關，一方面「the Blob」做為「變形怪體」，是以一九五八年的美國科幻電影主角（一隻狀如鼻涕的巨大怪物，亦譯作「幽浮魔點」）來暗喻外交政策當局如片中怪物一般到處破壞、吞噬人類；另一方面，也可能是暗指（板球運動中的）「零分」。

大部分事實。[12]

當代美國的外交政策共同體一直以來很強烈地信守自由主義霸權的策略。在那個世界裡，大批組織與個人致力於打造美國的全球領導角色以及具野心的外交政策議程，而且他們所取得的資助要比其他呼籲美國節制作為的團體更多得多。儘管有時候在戰術上會略有差異，以及過去二十年來所遭遇的挫折，今日的外交政策共同體依舊展現出一股明確的共識，支持美國管理整個世界的企圖。

定義外交政策共同體

我採用「外交政策共同體」一詞，指的是那些積極且持續參與國際事務的個人與組織。這個定義包含了正式的政府機構，以及許多在他們的正常活動中會處理到外交政策的團體與個人，後者或是試圖形塑國際事務的公眾觀感，或是尋求直接影響政府政策。[13]一個人要被視作這個共同體的一部分，則他的主要職業內容或每日生活的私人時間所大量投入的活動一定要存在某些外交政策的成分。

總的來說：「外交政策共同體」的成員會包括外交事務官員、中情局情報分析師、某外交政策智庫的資深顧問、大專院校裡教授國際關係的教授、在參議院外交委員會（Senate Foreign Relations Committee）服務的職員，或是主跑美國對外關係的記者等。這個共同體中也會包括世界事務委員會（World Affairs Council）地方分部*的活躍成員、國會預算辦公室（Congressional Budget Office）或蘭德公司的國防分析師、為人權觀察（Human Rights Watch）工作的說客，或是在某投入國際事務的慈善基金會工作的計畫專員等。

當然，總是會有一些曖昧不明的情況，但是這個定義會排除掉某個在公衛領域的智庫工作的員工，或是某個被分派到司法委員會（Judiciary Committee）的國會職員，除非他們在其他時間有積極投入外交政策議題。這個定義也會排除掉只有在選舉投票或偶爾投稿地方報紙社論時才會進行外交政策相關活動，但並未定期參與全球事務的一般公民。[14]

政府的正式機構

外交政策共同體起源於個人與政府機關中負責處理美國對外關係不同面向的單位。這個清單很龐大，其中包括總統、副總統、國家安全會議，以及國務院、國防部、能源部、財政部裡的相關人員，還有多個情報單位、相關的國會委員會、研究機構如國會預算辦公室或洛斯阿拉莫斯國家實驗室（Los Alamos National Laboratory），以及各式各樣執行專業化外交政策任務的小型機構。

* 譯注：該組織成立於一九一八年，為美國在外交事務方面最大的非營利組織。其地方分部擴及全國四十個州，包括九十三個自發性且無黨派立場的委員會。

這個世界在過去半個世紀以來驚人地擴張。舉例來說，總統專屬的外交政策幕僚——隸屬於國家安全會議——從一九六一年僅有不到二十人的規模，成長到小布希時期的兩百人左右，到了歐巴馬任內更擴張到超過四百人。[15]

雖然美軍規模已從冷戰時期的高峰逐漸遞減，但直到今日仍有將近一百四十萬男女現役軍人，國民衛隊（National Guard）與儲備軍人則大約有一百萬人。國防部僱用了超過七十萬名平民百姓，國務院的外交服務與民事服務職員約有兩萬五千名（再加上遍布全球的當地僱用職員約四萬五千名）；與此同時，情報系統中包含了十七個不同的單位，年度總預算超過五百億美元，僱用大約十萬人。超過四百萬名美國人通過某種類型的身家調查（security clearance）*，並有將近一百萬人可以接觸到最高機密的資料。[16]

很顯然地，在這個蔓生的官僚體系中，大多數成員並不擁有做出重大外交決策的權限。然而，麥可・格倫農（Michael Glennon）†指出，總統、內閣官員與其他受政治任命者為外交政策定出不同路徑的能力，很顯然地受限於他所謂的「杜魯門式網絡」（〔Trumanite Network〕引用自一九四七年通過的國家安全法案）的規模、慣性和實質自治權，而這個網絡中的永久成員皆經歷過數代的政權更迭而依然存在。[17]

外交政策與國家安全官僚體系的龐大規模以兩種途逕阻礙了有效的政策制定。首先，協調多個部會與選區的行動是很耗時的事情，尤其當新政策必須透過跨部會過程才能制定與協作。[18]其次，龐大的外交事務官僚體系之存在本身就稀釋掉了當責性：當任何重大的政策決定經過許多人的畫押，就更難決定該由誰為成功或失敗負責，也因此更難獎勵好的判斷、懲罰不適任的表現。

會員制組織

在政府之外，菁英階級與大眾對於外交政策的態度也受到許多「會員制組織」的影響，它們是由對於美國與世界其他國家關係有特定興趣的個人所組成，例如世界事務委員會、外交政策協會、外交關係協會或是海外作戰退伍軍人協會（Veterans of Foreign Wars）等。這些團體所投入的活動都意圖加強大眾對於重要國際議題的意識，並協助其會員加深對於這些議題的理解。在這個分類之下，我們可以發現更加專業化的會員制組織，例如綠色和平（Greenpeace）與樂施會（Oxfam），它們的工作主要專注在其他議題上，但有時候也會牽涉到大量的外交政策。

* 譯注：在美國，有些工作必須通過身家調查才可以做，分有三個等級：密（confidential）、機密（secret）和最高機密（top secret）。

† 譯注：格倫農為塔夫茨大學（Tufts University）的國際法學教授，於二〇一四年著有《國家安全與雙重政府》（*National Security and Double Government*）一書。他在書中假定國家政策是由兩種組織結構所掌控，一是「麥迪遜式」政府機構，如國會、總統和法院，它們維持著讓公眾以為是他們在掌握大局的幻覺，但同時還有一個祕密的「杜魯門式」網絡，由一群非民選、不當責的國家安全官員組成，他們才是真正制定政府政策的人，而麥迪遜式政府機構只是執行這些看似由他們所制定的政策。

智庫

根據詹姆斯・麥甘（James McGann）的統計，在美國有超過一千八百個公共政策「智庫」，其中約有四分之一位於首都華府。[19]這一長串清單中包括了研究領域較廣博的機構如布魯金斯研究會（Brookings Institution）、美國企業研究所（American Enterprise Institute, AEI）、傳統基金會（Heritage Foundation）、卡托研究所（Cato Institute）、戰略與國際研究中心（Center for Strategic and International Studies）、兩黨政策中心（Bipartisan Policy Center）以及卡內基國際和平基金會，還有幾十個規模較小且較專業化的組織如戰略與預算評估中心（Center for Strategic and Budgetary Assessments）、新美國安全中心（Center for a New American Security, CNAS）、阿斯彭研究所（Aspen Institute）、哈德遜研究所（Hudson Institute）、國際政策中心（Center for International Policy）、華盛頓近東政策研究所（Washington Institute for Near East Policy）、明日資源（Resources for the Future）、國家利益中心（Center for the National Interest）、彼得森國際經濟研究所（Peterson Institute for International Economics）等。令人尊敬的外交關係協會則同時是一個會員制組織——儘管篩選度高——也是一個智庫，擁有超過八十位外交政策專家，並在紐約和華府都有辦公室。

智庫在外交政策共同體中具備多項功能。智庫員工執行獨立研究、向國會和其他政府機構作證，並且經常出現在媒體評論中。多數的智庫透過它們的網站、部落格、出版品、專題講座、立法早餐會和其他活動來延伸它們的對外關係，皆是為了強化它們在華府內部的能見度，讓募款更容易，並提升它們對於政策的影響力。智庫也可以在一位外交政策專家生涯的許多階段扮演重要角色：它們提供初階工作機會予試圖進入政府工作的年輕學子，也提供閒職予下台的政府官員，包括那些尋求在未來重回公職的人。在這層意義上，以華府為基地的智庫群便提供了一個舞台讓外交政策的想法可以被討論、辯論、批評和辯護，而其中有一些機構甚至運作地像是一個「影子政府」，為未來的政權培育人才和政策。[20]

雖然某些智庫和研究機構的立場明顯地非屬任一政黨，並且追求崇高的學術標準，在研究與政策倡議之間的界線仍然變得愈來愈模糊。[21]曾在數個智庫工作過的資深研究員史蒂芬·克萊門斯（Steven Clemons）在多年前便承認過，這些組織「愈來愈少投入在真正為了刺激出明智政策決策的調查中，而愈來愈傾向於繼續深究陳舊無新意的辯論窠臼中。」[22]

確實地，以華府為基地的智庫之中，其整體學術品質在過去三十年間大幅下滑。以一九八〇年代為例，布魯金斯研究會的外交政策研究小組包括了不少定期在頂尖學術期刊和大學刊物上發表的學者，還有數位資深研究員後來在菁英學府獲得終身教職[23]；直至今日，雖然全職的布魯金斯研究會研究員有時候也會在地方大學擔任助理教職，但他們已經很少在學術刊物上發表論文，更不太可能被認為適任於任何頂尖學術殿堂的資深教職。

事實上，在許多時候，智庫以獨立研究的外表為偽裝，本質上卻是倡議型團體。諸如進步政策研究所（Progressive Policy Institute）或是美國進步中心（Center for American Progress）等組織是在為民主黨政策做倡議，而美國企業研究所和傳統基金會則多是為共和黨發聲。這些組織的存在是為了政黨的政治戰鬥提供知識彈藥，也不難理解它們會較敏感地看待對於與組織自身所尋求推動之政治議程相符的主要捐款人與政治領袖的利益。以這種方式，許多突出的智庫便成了下一個分類團體的重要夥伴。

利益團體與遊說團體

利益團體是美國民主政治的主要成分。因為美國憲法保障言論與結社自由，公民團體可以在任一共識議題上團結起來，試圖說明政治人物採納他們所偏好的政策。他們可以藉由直接遊說議員或官員，協助起草國會決議案或是正式立法草案，為支持他們觀點的政治人物發起募款活動，並且設計或舉辦各項活動來說服大眾支持他們的政策偏好。[24]

儘管有一句俗話說：「政治止步於大洋之濱。」（Politics stops at the water's edge）外交政治實是很難不受到利益團體的影響。相反地，幾乎在每一項重大的外交政策議題上，都會有過剩的利益團體與遊說團體，它們各自試圖形塑大眾與菁英之意見，並且盡力說服政府官員遵循它們所偏好的途徑行動。在這個分類之下，你會發現諸如國際特赦組織（Amnesty International）、人權觀察或是軍備控制協會（Arms Control Association）等倡議型團體；也有如美國以色列公共事務委員會（American-Israel Public Affairs Committee）、亞美尼亞人美國大會（Armenian Assembly of America）或是美國印度政治行動委員會（United States India Political Action Committee）等種族議題的遊說團體；一些由企業資助的遊說團體與智庫偏好增加國防支出；支持和平的團體有如美國之友服務委員會（American Friends Service Committee）；企業協會則有如美國商會（U.S. Chamber of Commerce, USCC）等；還有其他更多五花八門的團體。

這個分類也包括了所謂的信頭組織（letterhead organization），例如當前危險委員會（Committee on the Presnet Danger）、反對伊朗核計畫聯合會（United Against Nuclear Iran）、新美國世紀計畫（「Project for the New American Century」或其前身「外交政策倡議」（Foreign Policy Initiative）），或是現實主義外交政策聯盟（Coalition for a Realistic Foreign Policy）等。「信頭組織」是集結了重要人物的臨時團體，目的在於發出公開信與聲明以試圖形成公共辯論並影響政策議程。

媒體

我對於外交政策共同體的定義還包括了報導外交事務的媒體，因為在菁英與大眾對於世界和美國外交政策的認知與信念上，它們扮演了關鍵角色。其中最突出的成分包括了主要新聞組織（路透社、美聯社等），菁英報紙與雜誌如《紐約時報》、《華爾街日報》（*The Wall Street Journal*）和《華盛頓郵報》，以及頗具影響力的廣播與電視頻道如全國公共廣播電台（National Public Radio, NPR）、福斯新聞（Fox News）、MSNBC、有線衛星公共事務網絡（C-Span）或是PBS新聞時刻（PBS NewsHour）。專業化雜誌如《外交政策》（*Foreign Policy*）、《外交事務》和《國家利益》（*The*

National Interest）也都屬於這個分類，還有一些經常涉及國際議題的綜合性雜誌如《新共和》（*The New Republic*）、《紐約客》（*The New Yorker*）和《大西洋》（*The Atlantic*）。當然了，個人專欄作家如佛里曼、達納・普里斯特（Dana Priest）、海琳・庫柏（Helene Cooper）或大衛・伊格內修斯（David Ignatius），以及知名主持人如法里德・札卡瑞亞（Fareed Zakaria）、瑞秋・梅道（Rachel Maddow）、沃夫・布利澤（Wolf Blitzer）和西恩・漢尼提（Sean Hannity）等人，皆必須被視作這個廣泛的外交政策共同體的一員，再加上為數眾多的部落客和網站也都高度聚焦於外交事務。

學術界

雖然有些大學裡的學者對於政策議題或其他現實世界的擔憂沒什麼興趣，還是有許多政治學者、律師、歷史學者、經濟學者和其他類型的學者都在撰寫著作或文章探討外交政策，並且以其他方式在這些議題的公共討論中貢獻己見。在大學授課的學者們教導、訓練出許多最終於政府、媒體和智庫界工作的人，他們之中也有些人於政府機關服務，甚至擁有非常高階的職位。可想而知，在多數的公共政策或國際事務學院中，教職員組成的背景多半是擁有學術界經歷，但同時也階段性地擔任公職，其中還有許多人在卸下公職後繼續投入各種類型的政策相關活動中。[25]

支持的來源

我們也不可排除為上述這些活動提供資金支持的民間團體與個人。在此的相關人士包括支持國際事務研究或倡議的慈善機構，如福特（Ford）、麥克阿瑟（MacArthur）、史密斯．理查森（Smith Richardson）、史坦頓（Stanton）、史凱菲（Scaife）、洛克斐勒（Rockefeller）、科赫（Koch），以及休利特（Hewlett）等基金會，還有其他許多類似性質但規模較小的慈善機構在支持致力於外交政策事務的團體。對於外交政策有興趣的個人可以捐款給政治行動委員會、大學、智庫或遊說團體，以促進他們所支持的特定外交政策目標，有時候捐款金額也會高得嚇人。金融家喬治．索羅斯（George Soros）資助新美國基金會和美國進步中心，以色列裔的美國商人海姆．沙班（Haim Saban）捐贈了幾百萬美元予民主黨，並提供創始資金讓布魯金斯研究會成立薩班中東政策中心（Saban Center for Middle East Policy）。美國保衛民主基金會（Foundation for Defense of Democracies）和其他新保守主義派組織亦從博奕大亨謝爾登．阿德爾森（Sheldon Adelson）及避險基金億萬富翁保羅．辛格（Paul Singer）手中獲得慷慨的資助。卡內基國際和平基金會一開始是仰賴產業鉅子安德魯．卡內基（Andrew Carnegie）的遺產，而外交關係協會自從成立以來的長遠歷史中，一直接收到許多私人的慷慨資助。

對於國內外安全政策有明確興趣的企業也在這個領域十分活躍，有些智庫如美國企業研究所、戰略與預算評估中心，以及新美國安全中心都大量仰賴來自國防承包商和其他大企業的捐款。更令人擔心的是，在近年來有若干傑出的智庫開始有部分預算仰賴外國政府的捐款，令人嚴重質疑它們的客觀性。[26]

當然了，大專院校對於捐款支持也是一樣的依賴程度，有些捐款的動機清楚來自捐款者對於外交政策的興趣。舉例來說，在二〇〇六年，新保守主義派金融家羅傑・赫托（Roger Hertog）在數個頂尖的美國大學資助大型政策研究計畫，它們是隨著耶魯的某個現有計畫所推出的，意圖在大學校園裡推動更鷹派的觀點。[27]同樣地，查爾斯・科赫研究所（Charles Koch Institute）最近開始在麻省理工學院、塔夫茨大學、哈佛大學、德州農工大學（Texas A&M University）和聖母大學（University of Notre Dame）資助有關國際安全的研究與培訓計畫。[28]二〇一六年，皮爾森家族基金會（Pearson Family Foundation）承諾投入一億美元的鉅額資助芝加哥大學成立一個全球衝突研究中心（但該基金會後來反悔，並尋求法律途徑意圖反轉這件事）。[29]

這個外交政策共同體的寬廣圖象透露出了什麼訊息？若是套用卡爾・馬克思（Karl Marx）的觀點，頂尖的政府官員制定外交政策，但他們不能完全如其所願地制定。他們仰賴來自智庫界和學術界的專業，並且經常受限於官僚體系的反對、公眾的疑心、媒體的監視，以及社會中各個利益團體的相互作用。即使總統也不能享有完全的運作自由，因為他們所做的決策會受限於外交政策共同體內部的廣泛共識，以及他們的下屬所呈報上來的選項。如同格倫農所言：「以真正由上而下的決策來安排基本政策的轉變是很少見的……當事情關乎國家安全時，總統要比主席更沒有決定權。」[30]因此，欲了解美國外交政策反覆重演的趨勢，我們必須更深層地考慮這個廣大共同體的特徵。

在「變形怪體」裡的生活

社群意識

儘管存在政黨立場的差異，「外交政策共同體」的一個關鍵特色在於它是一個社群，尤其是在最高層級的那群人之間。許多主要成員都認識彼此，所參與的活動與組織也互相重疊。在這麼多的組織之間，界線是可穿透的，而這個共同體的頂尖人物通常在生涯過程中曾經為不同的組織工作過，有時候甚至是同時為多個組織服務。

舉例來說，一個典型的外交政策生涯可能會從華爾街或學術界起家，過渡到一段擔任公職的時期，然後進入智庫或甚至是新聞業工作。[31]還有另一個可能性一樣高的軌跡是從政府職位開始，接著進入學術界、智庫，或是私部門，直到生涯較後期再回到政府部門工作。[32]另一個人或許會是在私部門、學術界或新聞業爬到高位之後，再以其聲譽為基礎開啟一段公職生涯，或是利用在商業活動中所積攢的財富去資助研究型或遊說型機構，以推動與他個人相符的政治觀點。有些人則會同時盤踞多個位置：在大學教書、在華府的某個智庫做為短期研究員，並且為政府機關、官員或營利組織提供私人的顧問服務。[33]

外交政策共同體內部也是呈現高度連結的網絡，主要成員透過私人關係及彼此間共同參與的團體與活動而互相連結。資深要角通常在私底下都互相認識，也透過名氣而認識其他傑出人物，並且在職業和社交領域中擁有極高重覆性。還有知名的「權勢伴侶」，例如記者夫妻彼得．貝克（Peter Baker，《紐約時報》）和蘇珊．葛拉瑟（Susan Glasser，《外交政策》、Politico新聞網站*和《紐約客》）；新美國安全中心共同創辦人暨前國務卿助理庫特．坎貝爾（Kurt Campbell）和前財政部副部長莉奧．布蘭納德（Lael Brainard）；或是前助理國務卿維多莉亞．紐蘭（Victoria Nuland）和新保守主義權威羅伯特．卡根（Robert Kagan）。

阿斯彭戰略集團（Aspen Strategy Group）是菁英外交政策網絡的一個經典案例。該集團聲稱其使命為「提供一個跨黨派的論壇，以發掘美國所面臨之重大外交政策挑戰」。其所舉辦的旗艦活動之一是一場為期四天的夏日工作坊，但它也會組織特別小組和其他會議，並且偶爾會發表對於關注議題的簡報與研究報告。以上活動的參與者都是外交政策界大人物之中「某人的某人」，包括前政府官員如歐布萊特、史考克羅、尼古拉斯．柏恩斯（Nicholas Burns）、湯瑪斯．多尼隆（Thomas Donilon）、安－瑪麗．史勞特和佐利克；記者群如CNN的札卡瑞亞或是《華爾街日報》的卡拉．羅賓斯（Carla Robbins）；智庫總裁如外交關係協會的理查．哈斯、前卡內基基金會總裁潔西卡．馬修斯（Jessica Mathews）、前布魯金學會總裁塔爾博特；以及學術界人士（有些人可能也曾擔任過官員）如約翰．霍普金斯大學的柯恩、米切爾．賴斯（〔Mitchell Reiss〕之前任教於威廉和瑪麗學院），以及維吉尼亞大學的菲利普．澤利科（Philip Zelikow）。阿斯彭戰略集團的成員同時也在其他地方服務：塔爾博特、史考克羅和柯林頓時期的國家安全顧問山迪・柏格（Sandy Berger）都曾是外交關係協會下的全球顧問委員會（Global Board of Advisors）一員，而歐布萊特與札卡瑞亞則曾是外交關係協會的董事；柯恩是美國企業研究所的學術顧問委員會之一員；史勞特是普林斯頓大學伍德羅・威爾遜國際與公共事務學院（Woodrow Wilson School of International and Public Affairs）的前院長，並現任新美國基金會總裁。

新保守主義運動可做為另一個由關係良好的內部人士組成互相支持性網絡的範例，在過去三十多年來，新保守主義人士如理查・柏爾（Richard Perle）、卡根、馬克斯・布特（Max Boot）、丹妮爾・普萊卡（Danielle Pletka）、艾瑞克・艾德曼（Eric Edelman）、艾略特・阿布拉姆斯（Elliott Abrams）、克里斯托和詹姆斯・伍爾西（James Woolsey），以及其他許多人都曾經在一連串令人眼花撩亂的研究中心、智庫、遊說團體、顧問公司和信頭組織工作中，例如美國企業研究所、安全政策中心、新美國世紀計畫、哈德遜研究所、國家安全事務猶太研究所（Jewish Institute for National Security of America）、反對伊朗核計畫聯合會、中東論壇（Middle East Forum）、美國保衛民主基金會等。他們同時也會為《旗幟週刊》（*The Weekly Standard*）之類的出版品撰寫文章，或者在某些時候為主流的外交政策組織如外交關係協會或戰略與預算評估中心工作。[34]

諸如此類的連結對於試圖在外交政策共同體中往上爬（或維持地位）的人來說是價值連城

＊譯注：創立於二〇〇七年的新銳媒體網站，總部位於華府。曾於二〇一七年贏得一項政論漫畫類普立茲獎，在政治新聞領域建立起一套獨特的報導風格。

的，因為在美國政治體系內沒有一條單一、清楚且完善的途徑可以施展權力。不若其他職業如法律、醫學或會計，為外交政策工作並沒有一定要事先修習完的課程，也沒有專業證照的程序可以遵循。這個共同體裡的傑出成員可能擁有政治學、歷史、國際事務或公共政策的高等學歷，但這種訓練並不是入門或升等的先決條件。柏格曾是柯林頓的國家安全顧問，多尼隆則在歐巴馬任內擔任過相等職務；這兩位都是幾乎沒有受過國際事務正式訓練的執業律師，但是他們最終都在這個領域挑起重大責任。[35]同樣地，歐巴馬的主要外交政策講稿寫手、副國家安全顧問羅茲則是萊斯大學英文和政治學學士以及紐約大學創意寫作碩士的背景，做為一位懷抱理想的小說家，他並沒有受到外交政策、國家安全、外交事務或國際經濟的進階訓練。川普所任命的第一位國務卿雷克斯．提勒森（Rex Tillerson）擁有土木工程學士學位，整個職業生涯都貢獻給了埃克森美孚公司（Exxon），在二〇一七年接掌國務卿一職之前從未擔任過公職。

重點並不在於這些（或其他）官員不適任；而是在於外交政策共同體內，欲通往一個顯著高位的途徑是充滿機遇且沒有正式的先決條件。醫生、律師、會計師和其他專業人士必須投入多年的正式學習，並通過嚴謹的認證測驗，但是外交政策領袖需要的只是與成功的政治人物建立緊密關係，或是在這個現存的共同體內部獲取穩固的聲譽。[36]舉例來說，前國家安全顧問多尼隆為多位民主黨擁護者工作過，並且與國務卿克里斯多福在同一家律師事務所共事過，而柏格則是自從一九七二年的喬治．麥戈文（George McGovern）競選期間就與柯林頓建立私交了。

鑒於不斷需要將新血帶入這個體系內，一些外交政策機構創造了英才計畫和實習職缺以招募渴望進入這個世界發展的年輕人，提供他們建立社交關係與職涯發展的機會。外交關係協會為年紀低於三十五歲的應徵者保留五年的「限期會員資格」，而它所提供的國際事務英才計畫招募學者與其他專業人士至政府機關工作一年，一點也不花納稅人的錢。同樣地，新美國安全中心則設立了「下一代國家安全英才計畫」，入選者要參與一項領導力發展專案，每個月一次的晚宴以及私人討論會，讓他們可以「與前輩交流，發展出對於美國國家安全利益與政策更深層的了解。」[37]另一個不同的版本是由杜魯門國家安全計畫（Truman National Security Project）所招募的年度英才計畫，被它們自稱為「一項高度競爭的領導力發展專案，以培育那些可望成為我國未來全球事務領袖的頂尖人才」。[38]

在這層意義上，鑒於新進者是由知名人士所做的判斷而招募進來、推薦與提拔，今日的外交政策共同體運作地頗像是舊時的「東部當局」。然而，今昔之間仍存在著一個重大差異。在一九五〇年代左右，頂尖的外交政策領袖通常會在公部門之外擁有成功的職涯，並不仰賴在外交政策的工作維生。諸如保羅・尼采（Paul Nitze）、麥克喬治・邦迪（McGeorge Bundy）、詹姆斯・福萊斯特（James Forrestal）、約翰・麥克洛伊（John McCloy）、埃弗瑞爾・哈里曼（Averell Harriman）、迪安・艾奇遜（Dean Acheson）、羅伯特・洛維特（Robert Lovett）、約翰・佛斯特・杜勒斯（John Foster Dulles）等人，皆為成功的律師、銀行家、學者或企業家，他們或是在私部門、或是在學術界的工作皆讓他們在接受公職之前已經是財務無虞的狀態了。「老男孩」網絡與組織如外交關係協會的角色是協助招募和培訓他們成為外交政策的領導者，即使他們在這之前尚未建立明顯的公共曝光度。

相反地，當代以外交政策為職志的人必須仰賴這個外交政策共同體維生。雖然有一些人可能在外交政策工作和完全不同的活動之間擺盪（例如在法律事務所或投資銀行從事與外交政策無關之業務），今日的外交政策專家大多傾向在不同部門之間轉換，但並不改行：不論他們剛好在哪裡工作，都是從事「外交政策」。因此，前美國駐聯合國大使薩曼莎．鮑爾（Samantha Power）最初以擅長人權議題之記者身分崛起，在哈佛大學教授相關主題幾年之後，加入時任參議員的歐巴馬團隊並投入總統選舉的助選工作，而後在二〇〇九年被選為白宮幕僚之一，二〇一三年成為駐聯合國大使，直到二〇一七年才返回哈佛。她的角色經歷多次轉換，但是她始終在從事「外交政策工作」。當政務官卸下公職，他們很少會離開這個領域；因此，當前布魯金斯研究會研究員伊沃．達爾德（Ivo Daalder）卸下美國駐歐盟大使的職位後，立刻就被選為新任的芝加哥全球事務委員會（Chicago Council on Global Affairs）主席。類似的情況也發生在小布希任內的國防部副部長道格拉斯．費斯（Douglas Feith），當他在二〇〇五年離開政府團隊後，遂成為哈德遜研究所的資深研究員，直到今日仍持續鑽研外交政策議題。

聰明、富含創意，以及對於外交政策某些重要面向的學識淵博等，贏得這類讚譽是通往職涯高升的途徑，因此外交政策就業市場的特性所鼓勵的是創業精神和勤奮的自我推銷。正如詹妮．薇德爾（Janine Wedel）*所聲稱的，在這個世界的成功「不只是仰賴快速的研究，而是仰賴連結與鞏固社交網絡，在政治圈、商界和媒體業之間皆須吃得開[39]。」具有野心的外交政策專業人士會藉由寫作文章、社論、政策摘要、特別報告和書籍等吸引人們關注的方式崛起，也會培養與具有影響力的內部人士之間的關係，以他們的奉獻精神和高效能工作表現留給長官深刻的印象，以及說服政治人物相信他們是可靠且忠誠的，後者尤其重要。

除此之外，像喬治．馬歇爾（George Marshall）†這樣的公僕會拒絕從公部門工作中撈油水的機會，那些日子已經一去不復返。今日，只要不在「值得尊敬」的共識之外迷失自我，一段在華府成功的職涯——有時候甚至是帶有污點的——就可以為自己在私部門鋪出一條通往高獲利事業的道路。為了從公職時期所攢積下來的人脈和知識中獲益，由高級官員組成或加入顧問團隊，或是遊說型組織（例如Kissinger顧問公司、Chertoff集團、Scowcroft集團、Albright Stonebridge集團、Cohen集團、Barbour Griffith & Rogers等）已經變成業界常態。記者馬克．萊伯維茲（Mark Leibovich）在他尖酸但娛樂性十足的著作《這個城鎮》（*This Town*）中描繪華府如是道：「事實上，如今每個人都是一種特殊利益、一位自由中介者，在許多背景設定下，提供多項服務。」[40]

* 譯注：薇德爾是一名人類學者，在喬治梅森大學（George Mason Univeristy）的沙爾政策與政府學院（Schar School of Policy and Governement）執教，並於新美國基金會擔任資深研究員。

† 譯注：馬歇爾將軍是美國在第二次世界大戰期間的陸軍參謀長，幫助小羅斯福總統出謀劃策，並堅持先攻克納粹德國再拿下大日本帝國的戰略方針。第二次世界大戰末了，馬歇爾將軍主動要求卸任，並推薦艾森豪繼任參謀長一職。一九四七至四九年間出任美國國務卿，一九五〇至五一年間轉任國防部長，提出「歐洲復興計畫」，改善戰後西歐經濟，因此於一九五三年獲得諾貝爾和平獎。

美國前駐印度大使布萊克威爾的職涯就提供了我們一個顯著但並不稀奇的例子，表現出外交政策共同體的成員可以如何形塑觀點和政策，不論他們在哪個環境中工作。布萊克威爾曾是季辛吉的門徒，這位前外交官在哈佛大學甘迺迪學院（Harvard Kennedy School）執教多年，且為小布希在二〇〇〇年總統選舉競選期間的顧問團成員之一。[41]在小布希任內做為駐印度大使，布萊克威爾協助策劃一項範疇廣闊的美印安全夥伴關係，並支持於二〇〇八年簽訂之極具爭議的美印民用核技術協議（U.S.-India Civil Nuclear Agreement）。隨後他在小布希任內的國家安全會議服務，主責伊朗事務，並試圖確保伊亞德．阿拉維（Ayad Allawi）被任命為臨時政府總理。卸下公職之後，布萊克威爾成為遊說型企業Barbour Griffith & Rogers的總裁，繼續推動他在擔任公職期間所支持的政策（包括與印度更緊密的關係以及阿拉維在伊拉克的競選身分）。[42]日後，他又在外交關係協會獲任命為亨利．季辛吉資深研究員，並且持續寫作、演講，以及為政治人物提供外交事務不同面向的顧問服務。布萊克威爾一生皆為共和黨員與忠誠的國際主義分子，從早期就發聲反對川普，協助號召認為川普不適合入主白宮的前共和黨官員在二〇一六年競選期間發表數封公開信。

布萊克威爾的例子說明了外交政策共同體的重要成員無論在什麼單位工作，皆可施展他們的影響力，很大一部分原因在於他們的經驗豐富、關係良好，並且被在上位者所尊重。然而，正如本書第四章以較大篇幅所討論的，這個環境也創造了強大的服從誘因。由於職涯的成功首要必須仰賴自我的聲譽，想要往上爬且持續施展影響力的人必須承受痛苦，以維持在民意可以接受的範圍之內。《金融時報》的華盛頓特派記者艾德華．魯斯（Edward Luce）觀察道：「今日的氛圍讓持反對意見者很難在政府體系內晉升。跟多數人一樣犯錯要比獨善其身來得好些。」[43]這種服從的壓力也有助解釋，為何明顯採取不同政治取向的華府智庫有時候會一起贊助相同的活動：目標是要盡可能吸引愈多受眾，而它們之間分歧的範圍經常要比我們所以為的來得少。[44]

諷刺的是，在這個世界裡往上爬不會讓多數人擁有更大的空間採取較不受歡迎的立場，或是誠實說出他們心中所想。真要說起來，服從的壓力會隨著一個人愈靠近權力核心而變得愈沉重。在大學校園裡的學者（尤其是終身職的學者），以及任何不渴望公職的人會擁有較大的自由去挑戰時下普遍的共識，有時候甚至因為這麼做而受到獎勵。相反地，渴望在華府當局內部往上爬的人會較傾向於隨波逐流。因此，我們應該並不意外地發現在權力核心或是主導華府內部論述的主要智庫當中，幾乎沒有什麼聲浪反對二〇〇三年的伊拉克戰爭。民主黨參議員之中，大多數人（包括希拉蕊和拜登）都投票支持二〇〇三年的戰爭，傑出民主黨外交政策專家如理查德．霍爾布魯克（Richard Holbrooke）和詹姆士．史坦柏格也都是公開的支持者。美國企業研究所、布魯金斯研究會和外交關係協會的專家們是支持戰爭的聲浪之中最大聲也最持久的一群，即使是一些立場溫和、反對全面入侵的人，例如前卡內基基金會總裁馬修斯，也仍舊偏好「有選擇性的使用武力」以促使「具脅迫性的監視」有效發揮。[45]可以想見地，自始至終反對入侵的聲浪是來自華府外部，而且對於決策幾乎沒有任何影響力。

在此還有一個重要的個人層面。成為一名受尊敬且人脈佳的外交政策共同體成員，可以為自己打開許多扇門、獲得地位、創造賺錢的機會，並且充實自我價值感。擁有白宮出入通行證或是通過極機密的身家調查是一件很酷的事情，獲得一個如外交關係協會如此菁英的組織提名為會員，也是令人感到愉悅之事。不論是參與其他外交政策貴賓也出席的會議，或是被邀請擔任國家情報委員會（National Intelligence Council）的顧問，在在令人感受到自己是「知悉機密的」，這是多麼令人陶醉的經驗——尤其是當你既年輕、具野心、有些不穩定，且渴望出人頭地時。然而，隨著地位升得愈高，眼前的利益就愈大，身旁同夥的身分也愈是尊貴，所以避免走上任何一步可能會害得你墜落的誘因也就愈加強烈。鑒於這些人曾經付出多少辛苦才登上巔峰，並不難理解為何外交政策當局的多數成員會竭盡可能地保住自己的地位。如此意謂著維持他們的聲譽完整無缺，並且確保他們的想法與建言「保持在主流界限之內」（至少在公開場合中）。

當然了，社群認同感和服從的壓力無法阻止個人的敵意、戰略上的分歧，以及許多咄咄逼人的內訌在外交政策界裡發生，即使是那些在多數政策議題上總是站在同一陣線的人之間也是如此。外交政策當局裡的個人經常互相競爭，以攀上公職生涯的長梯，而他們無可避免地會希望自己所聚焦的特定議題會獲得更多的關注與資源。由於高階職位稀少，資源也是有限的，即使是同樣信仰自由主義霸權的人們之間，也一點都不缺少暗中算計、自我推銷和激烈競爭。

有時候在這群菁英之間，也會針對美國政策應有的樣貌產生深刻且真實的分歧爭議——例如，伊朗的核協議或是干預敘利亞內戰的功勞。不過，這些爭議都是發生在一個更廣泛的意見氛圍中，即美國霸權與積極的全球領導對於美國和世界都有好處。

要澄清的一點是：大多數的外交政策專家都是真正的愛國者，試圖讓這個世界變成更美好的地方，至少他們會這樣定義。不過，在美國野心勃勃地追求其全球議程的過程中，他們也都懷抱著明顯的個人利益在裡頭。美國政府在海外愈忙碌，就會創造出愈多的外交政策工作給這些專家們，國家財富也會有愈大的份額貢獻給全球問題，而這些專家的潛在影響力也會隨之水漲船高。一套更緊縮的外交政策會讓整個外交政策共同體較沒有可行之事，削弱他們的地位與聲望，降低在高等教育學府教授外交政策的重要性，甚至可能會導致一些傑出的慈善家減少在這些議題上投注的金援。從這層意義上看來，自由主義霸權和無止息的全球行動主義為整個外交政策共同體構築出了一套確保完全就業的策略。

「不要只是站在那裡，做些什麼！」：美國外交政策機構的行動主義者偏見*

上述特徵幫助我們了解為何美國會周而復始地做得太多，而非做得太少。正如美國與世界其他國家之間存在權力的不平衡，在美國外交政策共同體內部也存在著權力的不平衡。在華府，支持美國廣泛參與世界事務並維持積極領導的團體與組織很多，它們資金充裕且影響力深

* 譯注：這種偏見是建立在「行動總是比不行動來得好」的假設之上，因此誤以為美國積極參與國際事務會比維持孤立來得好。

遠；相較之下，偏好節制權力、減少干預、與重要同盟國家共同分擔責任，整體而言支持較務實外交政策的團體和組織，不論在數量、資金和影響力方面都顯得較為劣勢。事實上，後者幾乎根本不存在。雖然組成外交政策共同體的多數團體與個人並不會在每一項政策議題上都意見一致，但他們之間確實存在著支持美國積極行使權力的共識。

在美國政府內部，業務與外交政策有關的機構必須與其他需求競逐爭取國家資源。因此，為了可預測的預算規畫，各個處理全球事務的政府機構傾向支持美國採取更活躍的行動。資深的軍事指揮官相較於其他文官，傾向於更謹慎地看待軍事干預，但是五角大廈、情報機構和軍隊仍舊將這個世界想像成充滿了危險，而美國勢力（尤其是軍力）正是解決一系列全球問題的解答。[46]只要看看美國海軍，它直到最近仍將自己行銷成「為善的全球力量」。事實上，要是有任何擔負部分美國外交關係的政府分支機構不想要做得更多，而只是想要維持他們現有的預算份額，那會是很不尋常的。

類似的道理，會員制組織如全美世界事務協會（World Affairs Councils of America, WACA）和外交政策協會的創立目的，是要提供大眾更多有關世界事務的資訊，並激勵人們對於積極外交政策的興趣。WACA的網站上寫到，這些緊密相關的組織創辦人「在第一次世界大戰結束後，曾經擔憂美國會選擇孤立主義的外交政策，所以他們致力於國際事務範疇培育草根的公民參與」。[47]雖然形式上非屬任一政黨，這兩個組織始終強力支持美國於世界事務扮演積極角色。

舉例來說，在二〇一二年全美世界事務協會全國會議上發表主要談話的人，包括時任中情局局長的大衛・裴卓斯（David Petraeus）、前副國務卿馬克・格羅斯曼（Marc Grossman）、前大使寶拉・多布裏揚斯基（〔Paula Dobriansky〕為WACA董事會主席）、《紐約時報》記者大衛・桑格（David Sanger）、前國家安全顧問史蒂芬・哈德利（Stephen Hadley）、長期中東顧問丹尼斯・羅斯（Dennis Ross），以及一群主流學者、記者與前官員。到了二〇一四年，類似的一群內部人士又出席這個場合，包括將軍大衛・柏金斯（David Perkins）、約翰・霍普金斯先進國際研究學院（John Hopskins School of Advanced International Studies）的瓦利・納瑟（Vali Nasr）、《政治》的葛拉瑟和卡內基基金會的摩伊希斯・奈姆（Moisés Naim）。二〇一五年和二〇一六年的議程也沒什麼差異，包括許多來自主流智庫如布魯金斯或卡內基基金會的講者、報刊記者如伊凡・湯瑪斯（Evan Thomas）或麥可・杜菲（Michael Duffy）、關係良好的顧問如前國務院官員伊凡斯・李維亞（〔Evans Revere〕現服務於Albright Stonebridge集團）或是賴斯哈德利蓋茲事務所（RiceHadleyGates LLC）的安妮雅・馬紐（Anja Manuel），還有其他前官員如佐利克、傑佛瑞・高爾滕（Jeffrey Garten）以及伍爾西。[48]

這些講者（以及其他人）都是奉獻良多的國際主義者，因此被邀請至這個場合。一些對於美國外交政策抱持較批評觀點的人——例如，安德魯・巴切維奇（Andrew Bacevich）、彼得・范布倫（Peter Van Buren）、梅迪亞・班傑明（Medea Benjamin）、葛倫・葛林沃德（Glenn Greenwald）、傑洛米・斯卡希爾（Jeremy Scahill）、派屈克・布坎南（Patrick Buchanan）、穆勒、潔西林・拉達克（Jesselyn Radack）或其他跟他們一樣邊緣的人——尤其會在這種場合缺席。而是誰提供經費舉行這些會議呢？不意外地，資金來源包括了北約、雷神公司（Raytheon）、諾斯洛普・格魯門公司

（Northrup Grumman）、高盛集團（Goldman Sachs），以及德國馬歇爾基金會（German Marshall Fund）等，都是一些強烈支持維護美國在全球領導地位的組織。

以世界事務教育美國公民是一件可敬的活動，而全美世界事務協會透過其於主要都會區的當地分部，與外交政策協會一樣並不在特定外交議題上採取正式立場。儘管如此，從活動的設計與執行過程中可看到，這些組織的存在皆是為了鼓勵美國於國際事務中扮演更積極的角色，以及與任何試圖減少美國參與度或改變美國政策基本輪廓的趨勢抗衡。

在最大的那些主流智庫與研究機構，如布魯金斯研究會、卡內基國際和平基金會、美國企業研究所及傳統基金會等組織之中，對於自由主義霸權的偏好差異更是顯著。這些組織在許多議題上並沒有嚴格的方針與路線，在這些組織裡工作的人也不總是認同特定的政策問題或是外交政策的優先議程。儘管如此，在這之中有多個組織一開始創立的目的，便是說服美國在全球事務中扮演更積極的角色，而且它們全都強烈傾向擴大美國參與的路線。

舉例而言，外交關係協會——一個擁有將近五千名全職會員的會員型組織，同時也是一個擁有大學八十名全職專家的獨立智庫——一直以來便致力於提倡行動主義的外交政策。該協會前主席萊斯利．吉爾伯（Leslie Gelb）於一九九五年曾經驕傲地寫道：「若說外交關係協會做為一個組織在這七十五年來代表了什麼，那便是立基於美國利益的美國國際主義。」其旗艦期刊《外交事務》會習慣性刊登評論美國應該如何行動以處理當代國際問題的文章，只有偶爾才會選擇一些文章是在挑戰傳統觀念中美國所扮演的全球角色。它在紐約舉辦的年會特色便是由協會會員及一群主流外交政策人物所做的演講與簡報，連一絲反對聲音也沒有摻雜於其中。

類似的情況發生在卡內基國際和平基金會，它從很久以前便拋棄了原本促進全球和平的宗旨，如今將自己的角色形容為「增進國與國之間的合作，並提倡美國更積極的國際參與」。[49] 鷹派的美國企業研究所則做得更誇張，它持續地捍衛國防預算份額增加，並且刻意地針對所謂的孤立主義趨勢發表反對立場的報告。[50]

同樣的形式在大西洋理事會（Atlantic Council）、新美國安全中心、戰略與預算評估中心、美國進步中心和新美國基金會等組織也都可以看到。大西洋理事會的宗旨說道，「基於大西洋共同體（Atlantic Community）在迎戰全球挑戰上的核心角色，該理事會提倡具建設性的領導與獻身國際事務」，其領導階層和員工皆來自兩黨之中經驗豐富的外交政策內行人。出於對美國轉為封閉的擔憂，該理事會推出了一套新的「戰略倡議」，意在「振興美國與世界上的跨太平洋領導權」。簡言之，一如大多數位居華府的智庫，大西洋理事會始終堅貞地擁護自由主義霸權與美國的全球領導地位。

新美國安全中心也是相同的情形，其共同創辦人——前助理國務卿坎貝爾和前副國防部長傅洛依（Michèle Flournoy）——創辦這個組織的目的是要提供民主黨一個在外交與國防政策上更強健、親武力的聲音，同時反駁人們對於民主黨在國家安全方面較為「軟弱」的觀點。新美國安全中心有部分資金來源是軍事武器承包商如洛克希德・馬丁（Lockheed Martin），並且持續地由國防部官員和前軍事將領領導之，該組織十分堅定地推動美國在海外的承諾。以二〇一四年為例，傅洛依與新美國安全中心總裁理范騰（Richard Fontaine）公開批評他們所謂的「脫離的誘人致命歌聲」，警告「美國做為國際秩序的首要擁護者，若是在他國眼中視美國拋棄了這樣的角色，那麼其他強權（或是混亂的力量），將會竄起填補這個缺口。」[51]於是我們就在日後看到，新美國安全中心在二〇一六年變得更加直言反對，美國對於自身的全球角色做出任何大動作的調整。

另一個占據主導地位的民主黨智庫是美國進步中心，該組織通常遵循較新美國安全中心更溫和一些的路線。儘管如此，它在多數外交政策議題上所採取的立場仍反映出了對於自由主義霸權相同的承諾。[52]以二〇一四年為例，美國進步中心研究員布萊恩・卡圖里斯（Brian Katulis）發表了一份高聲捍衛美國全球參與的文章，文中質疑日漸高漲的「糊塗思想」，並且反對任何顯著地縮減美國軍力或全球角色的動作[53]。

另一個民主黨陣營的機構是進步政策研究所，它在多數外交政策議題上提供了一條更鷹派的路線。其主席威爾・馬歇爾（Will Marshall）曾經直言倡議伊拉克和利比亞戰爭，公開支持他所謂的「強健的自由主義」以及美國的軍事支配地位，他並寫過「推動民主——在實務上，而非華麗詞藻——從根本上來說，是民主黨的誕生之因、民主黨的遺產，也是民主黨的責任。」[54]馬歇爾在二〇一七年加大其力道，推出一個新的智庫與政治行動委員會（新民主），意圖對抗民主黨內部的左翼趨勢，並且發出「別再對於安全過度自信」的警告，堅持「自由國際主義的蓬勃生機原則」。[55]

新美國基金會的演進在某種程度上是最顯著的代表範例。在一九九九年，新美國基金會一開始的成立之因是為了成為外交、內政與經濟政策上催生創新點子的孵化器。遵循著這個任務目的，它主持了一項由克萊門斯領導、實務導向的美國策略專案（American Strategy Program）。這項專案包括了一項針對中東政策的創新計畫，由過去曾參與以色列和平談判的丹尼爾．李維（Daniel Levy）負責，整個團隊最終包括了南亞與中東專家阿納托．列文（Anatol Lieven）以及同為前政府官員的夫妻檔弗林特和希拉蕊．勒維瑞特（Flynt and Hillary Leverett），他們對於美國的中東政策皆抱持堅決的獨立觀點。新美國基金會的陣容還包括了打破傳統的公眾人物如麥可．林德（Michael Lind），他原是雷根時代傑出的共和黨人士，後來對於美國的干預主義抱持愈來愈懷疑的態度。因此，新美國基金會原是華府智庫界一支特殊的異軍分子。

然而，隨著時間演進，新美國基金會也穩定地隨著主流轉變。其第二任總裁是記者史蒂夫．科爾（Steve Coll），他始終支持美國對於全球事務的參與，並且發聲支持美國在阿富汗和伊朗建設國家的努力。科爾的繼任者史勞特（前普林斯頓大學伍德羅．威爾遜國際與公共事務學院院長暨前國務院政策規畫主任）是一位忠誠的自由國際主義者，她曾經公開支持美國在伊拉克、利比亞以及近期的敘利亞所作的干預行動。到了二〇一五年，成立之初做為一個跳脫窠臼的研究與倡議組織——尤其是公開質疑華府的干預傾向——已經加入了主流外交政策智庫的陣營。

除了若干左翼或反戰組織如政策研究院（Institute for Policy Studies）、國際政策中心和美國之友服務委員會（American Friends Service Committee），在主流智庫中唯一持續挑戰自由主義霸權教條的是卡托研究所，其所抱持之自由論、小政府哲學，使其對於美國過度積極的外交政策議程抱持懷疑態度。然而，那些高聲推銷各種國際主義任務的終生官員和野心勃勃的政策研究者擁有更龐大的陣容、更充裕的資金，音量要比這群溫和的反對聲浪來得洪亮，而且通常可以輕而易舉地淹沒反對派。

結果就如Vox.com的札克．比奧徹曼（Zack Beauchamp）所言：「華府的外交政策辯論似乎大多是由中間和右翼路線所掌控。典型的議題是美國應該使出多大力道，而非美國是否應該使力；或是爭辯如何研擬出一項自由貿易協定，而非從根本地討論是否應該接受這麼一項協定。辯論環繞著急迫的政策議題……但缺乏任何重要的左翼聲音。」[56]

許多在外交政策議題上活躍的特殊利益團體與遊說組織協助強化了美國影響廣泛的全球角色，因為他們的主要目的是說服公眾和美國政府採取行動支持他們的特定計畫。人權倡議分子希望美國做得更多以保護受到外國政府迫害的人，這也解釋了為何一些突出的自由主義鷹派人士會支持二〇〇三年對付海珊、二〇〇一年對付格達費，以及二〇一四年對付阿薩德的軍事行動。[57]種族遊說分子希望華府做得更多以支持以色列、印度、亞美尼亞、波蘭或其他任何類似的國家；而從古巴或伊朗這類國家流亡的人則希望華府多施力弱化迫使他們逃出來的政權。[58]武器抑制組織希望美國官員運用既有力量避免大規模毀滅性武器的擴散，或是讓現存的核武兵工廠更安全。企業希望政府官員協助他們進入更多的外國市場，而軍火承包商則希望國防部（以及美國同盟國）向他們購買更多武器。[59]這些目標當中，有一部分或許至少在某些時候是對美國有利的，但如果這些團體都獲得了一部分他們所想要的東西，那麼美國確實會非常忙碌。

在一些最具影響力的媒體當中，行動主義者偏見也是頗為明顯。雖然一些菁英報紙如《紐約時報》、《華爾街日報》和《華盛頓郵報》的編輯群和專欄作家有時候會針砭特定外交政策倡議，自由主義霸權依舊是他們的預設立場，而他們很少會提供讀者不一樣的觀點。不干預主義者如羅伯特．麥克柯米克（Robert McCormick）——後來成為曾經抱持孤立主義的《芝加哥論壇報》（*Chicago Tribune*）的出版商——可以在媒體圈占有一席之地的日子已經是長遠以前的事了。今日更典型的觀點會是來自《紐約時報》的佛里曼，他曾經大力支持入侵伊拉克，並且持續領頭支持美國在全球的行動主義。[60]然而，即使是佛里曼也不如政治新聞媒體Politico的麥可．赫許（Michael Hirsh），他曾經寫道：「在整個摸索過程中，美國所扮演的角色是這個世界在許多個世紀以來、或許是整個人類歷史有紀錄以來，曾收到過最偉大的禮物了。」[61]

不過，赫許不真的是一位異議者。舉例來說，除了佛里曼以外，《紐約時報》的外交事務專欄作家陣容也包括了大衛．布魯克斯（David Brooks）、布瑞特．史蒂芬斯（Bret Stephens）、尼可拉斯．克里斯托夫（Nicholas Kristof），以及（較少見的）羅傑．柯恩（Roger Cohen）。這些評論家各自會為了不太一樣的目的而動用美國力量，但是他們都是專注的國際主義分子，堅信美國應該在遙遠的他方追求一系列目標。布魯克斯是新保守主義派，在來到《紐約時報》之前，曾為《國家評論》（*National Review*）《華爾街日報》和《旗幟週刊》（*The Weekly Standard*）寫過文章；他也是入侵伊拉克行動的熱情擁護者，並持續地偏好美國採取較強硬的外交政策。舉例來說，在二

○一四年，他抱怨歐巴馬總統處理外交事務的方法缺乏「男子氣概」，他警告這一股「精神上的衰退」可能會致使美國不再於海外追求理想的任務。「如果美國不是全球民主的擁護者，」他焦慮地說道，「那這個國家的存在是為了什麼？」史蒂芬斯也有類似於布魯克斯的背景，他是一位強硬的新保守主義派，為《華爾街日報》的前專欄作家，並著有《撤退中的美國》（*America in Retreat*）一書，書中以辯論式的攻擊指責歐巴馬政權的「孤立主義」。[62] 柯恩和克里斯托夫更專注於人權議題，且相較於佛里曼、布魯克斯或史蒂芬斯，兩人較不傾向於偏好武力解決。儘管如此，即使是在事情並不牽涉到美國利益的情況下，他們也都仍強力支持美國在遠方運用影響力來糾正錯誤。[63]

《華盛頓郵報》和《華爾街日報》的編輯群立場要比《紐約時報》更加一致地傾向干預主義。舉例來說，自從冷戰結束，《華盛頓郵報》的專欄版面就由定期的專欄作家如克勞塞默、卡根、理查・科恩（Richard Cohen）、大衛・伊格納修斯（David Ignatius）、小布希政府的演說寫手麥可・葛森（Michael Gerson）、喬治・威爾（George Will）、金・霍格蘭（Kim Hoagland），以及晚近的凱利、馬克斯・布特克里斯托（長期擔任右翼媒體《旗幟週刊》編輯，並短暫地為《紐約時報》寫過專欄）。上述每一位專家都支持干預主義外交政策，雖然隨著軍事干預失敗次數持續增加，威爾逐漸抱持愈來愈懷疑的態度。[64] 有些對於自由主義霸權抱持懷疑，或偏好美國限縮其全球角色的客座評論偶爾會出現在《華盛頓郵報》中，但他們未曾成為固定的專欄作家。還有一位負責社論板的編輯佛瑞德・海亞特（Fred Hiatt）也是自由主義霸權的熱情擁護者。

這些觀點值得在美國的菁英媒體中占有一席之地；問題是其他觀點大多缺席。尤其，這些新聞媒體沒有一家有任何固定的專欄作家是代表美國全球角色的自由主義觀點，或甚至是任一可能會被視為採取「現實主義」取向的作家。由於現實主義是外交政策學術研究的重要傳統，後者在新聞媒體界缺席的現象尤其引人注目，而現實主義者如季辛吉、凱南、史考克羅、理查・尼克森（Richard Nixon）和鮑爾，都是在過去傑出且具影響力的人物。然而，我們很難在今日任何主要的媒體版面上發現他們的蹤跡。

事實上，《紐約時報》、《華盛頓郵報》和《華爾街日報》在近年來並沒有拓展它們針對外交政策的報導觀點廣度，而是加倍了主流鷹派專家的角色。《紐約時報》在二〇一七年從《華爾街日報》那兒挖來了路線強硬的史蒂芬斯，《華盛頓郵報》的陣容則是在二〇一八年加入了新保守主義派的布特，而《華爾街日報》選擇了右翼歷史學者華特・羅素・米德（Walter Russel Mead）。這三位男士皆為自由主義霸權的熱情擁護者（而且每一位皆曾強烈支持伊拉克戰爭）；更重要的是，招募這三人並沒能帶來新的內容，而只是複製了這三家媒體報導中早已清楚呈現的觀點。

那麼右翼媒體如福斯新聞、布萊巴特新聞網（Breitbart News Network）和德拉吉報導（Drudge Report）呢？雖然這幾家媒體一直批評柯林頓和歐巴馬處理外交政策的方式，但也沒有呼籲美國大幅減少在全球所扮演的角色。除此之外，這些媒體餵給讀者的故事口味令人擔憂，皆是將伊斯蘭教、恐怖主義、中國崛起、移民等現象形容成增長中的威脅，以及其他全球性危險。極右派媒體對於自由國際主義者所偏好的全球性機構要不是積極地以敵意相向，也是抱持著懷疑態度；儘管如此，它們也都強烈地支持美國的軍事霸權，不相信美國應該大幅削減其全球角色。

美國的媒體圈當然不是一個整體的龐然大物，主流媒體人物如達納・普里斯特、拉吉夫・查卓拉斯卡朗（Rajiv Chandrasekaran）、珍・梅爾（Jane Mayer）、馬特・李（Matt Lee）和詹姆斯・瑞森（James Risen）皆曾針對美國外交政策的關鍵面向產出重要的批評報導。在主流之外，諸如近來《滾石》（*Rolling Stone*）記者馬可・海斯汀（Michael Hastings）、《攔截》（*The Intercept*）的葛林沃德、《真相挖挖》（*Truthdig*）的湯姆・英格哈特（Tom Engelhardt），以及左翼電視節目《現在，民主》（*Democracy Now*）的艾米・古德曼（Amy Goodman）都針對美國的帝國傾向提供了消息充實的評論。公共電視網的紀錄片系列《前線》（*Frontline*）製作了一些狠狠質疑美國近來外交政策的節目，還有一些諷刺作家如喬恩・史都華（Jon Stewart）、特雷弗・諾亞（Trevor Noah）、約翰・奧利佛（John Oliver）、薩曼莎・比（Samantha Bee）和史蒂芬・荷伯（Stephen Colbert）皆以銳利的眼光和詼諧的評論對待某些美國外交政策的愚蠢行徑。這些人提醒了我們，媒體對於外交事務的報導並非單一面向，如果你知道去哪裡找，其他觀點也是存在的。不過，整體而言，美國媒體界的高層仍是由那些偏好積極外交政策的人所主宰的——不論他們有多麼不同意某項特定政策或計畫——而他們的觀點便形塑了他們把怎樣的世界政治及美國外交政策告知閱聽眾。

最後但同樣重要的一點，與外交政策議題最相關的學術機構呈現出許多與外交政策共同體內其他成員類似的特質。這個趨勢在教授公共政策與國際事務的學校特別明顯——辨識出全球問題並提供可能解答是它們存在的原因。儘管學術界的名聲多是鴿派、左翼思想，許多學校並不質疑自由主義霸權的策略。

這個現象並不令人意外，多數學術機構的領導階層和教員陣容經常是由外交政策共同體內的頂尖人物擔綱，而他們多傾向於偏好維持美國的領導地位。哈佛大學甘迺迪政府學院過去幾任院長包括了約瑟夫・奈爾（Joseph S. Nye）、艾伯特・卡薩爾（Albert Carnesale）和葛拉翰・艾利森（Graham T. Allison）。他們都在美國政府擔任過資深外交政策職位，或曾經是重要的顧問角色。塔夫茨大學弗萊徹法律與外交學院（Fletcher School of Law and Diplomacy）的現任院長是前北約最高盟軍指揮官詹姆斯・史塔伏瑞迪斯（James Stavridis），其前任為專業外交官史蒂芬・博斯沃斯（Stephen Bosworth），曾經在歐巴馬任內擔任過駐北韓特別代表。前副國務卿史坦柏格曾是德州大學詹森公共事務學院（Lyndon Baines Johnson School of Public Affairs, University of Texas）院長，現為雪城大學麥斯威爾公民與公共事務學院（Maxwell School of Citizenship and Public Affairs, Syracuse University）院長；軍備控制專家暨前國務院官員麥可・納赫特（Michael Nacht）主掌馬里蘭大學公共政策學院（School of Public Policy, University of Maryland）及加州大學柏克萊分校的高德曼公共事務學院（Goldman School of Public Policy, UC-Berkeley）；史勞特在獲得新美國基金會聘僱為政策規畫主任之前，曾是普林斯頓大學伍德羅・威爾遜國際與公共事務學院院長。這一長串名單還可以繼續延伸下去：國務院事務官羅伯特・加盧奇（Robert Gallucci）在接下麥克阿瑟基金會總裁之前，曾是喬治城大學外事學院（School of Foreign Service, Georgetown University）院長；前柯林頓時代的國家安全會議成員詹姆斯・戈德格爾（James Goldgeier）直到前不久仍是美利堅大學國際服務學院（School of International Service, American University）院長。

這些學術機構偏好自由主義霸權和美國積極領導的傾向，其中並不存在陰謀。畢竟，學生進入公共政策和國際事務學院就讀，是因為他們關心真實世界，想要讓它變得更好。這些機構的教員撰寫書籍、文章並在政府單位服務的理由也是相似的：他們希望讓美國更安全、更繁榮，或得以更廣泛地嘉惠人類社會。因此，若是多數鑽研國際議題的學者（尤其是在專業學院裡任教的學者）會反對美國在世界舞台扮演積極的角色，或是對於利用美國勢力來推動一般認為值得尊敬的目標抱持一貫的懷疑態度，那會是很奇怪的狀況。

這種改善世界的承諾是令人讚許的，但是自我利益與野心也扮演了重要角色。美國試圖解決的外交政策問題愈多，就需要愈多受過訓練的專家去處理這些問題，而擁有專業學院讓人們得以接受訓練的需求也會愈大。辨識出迫切且最新的問題，會讓學術機構更容易從基金會和校友圈中募款，為有野心的教員創造更多機會前進華府，去處理他們所關心的議題。支持自由主義霸權也可以將認知的不協調最小化：如果你已經投入了許多年的職涯去捍衛美國全球領導的必要性，那麼想到它的缺點、成本或失敗時，即使不算痛苦，或許也是不舒服的。因此，很可能的情況是，那些關心外交政策制定之真實世界的重要學術機構會強烈地傾向於支持自由主義霸權的策略。

在廣大的外交政策共同體當中，「行動主義者偏見」的存在不必然意謂著這種做法就是錯誤的，也不盡然隱含著這個共同體所發展、提倡和執行的政策總是被誤導的。同樣地，指出這個外交政策共同體中的成員對於美國在海外的干預行動有興趣，並不表示他們只是為了自私、貪婪或虛榮的理由而擁抱自由主義霸權。

反之，在此只是觀察到外交政策共同體內存在著一股廣泛且強勁的共識，將多數定期參與國際事務與外交政策的人們團結起來。直到川普上台之前，兩大政黨、多數政府官員以及大部分投入這類議題的政策分析師、記者、編輯與學者們皆認可這樣的共識。儘管在過去二十年間反覆失敗，自由主義霸權依舊在外交政策共同體中穩坐難以挑戰的地位。

頑強的自由主義霸權：三個特別小組的故事

為了更清楚地參透這個現象，讓我們檢視看看為辨識出美國整體戰略在二十一世紀應該是什麼樣貌，美國外交政策共同體曾經付出的三次顯著努力。第一次是發生在九一一事件之後至二〇〇八年金融危機之前；第二次是在金融危機爆發之後，以及當伊拉克和阿富汗戰爭的事態明顯惡化之時；第三次出現在歐巴馬任期將末之時，當時也是烏克蘭危機爆發及伊斯蘭國崛起之後。這三次行動所產出的報告都是兩黨共同努力的成果，並且針對美國在世界所扮演的角色，提供了我們極具野心且十分相似的藍圖。

普林斯頓國家安全計畫（The Princeton Project on National Security）：打造一個法治之下的自由世界（二〇〇六）

在二〇〇三年和二〇〇六年間，普林斯頓大學伍德羅・威爾遜國際與公共事務學院發起了一項具野心的跨黨派計畫，人們稱之為普林斯頓國家安全計畫，目的在於「為美國發展一套可持續且有效的國家安全戰略」。這項計畫是由史勞特和約翰・伊肯伯理（John Ikenberry）主持，名譽聯合主席為前國務卿喬治・舒茲（George Shultz）和前國家安全顧問安東尼・雷克（Anthony Lake）；資助人包括福特基金會和凱雷集團（Carlyle Group）的慈善家大衛・魯賓斯坦（David Rubenstein）。這項計畫號召了來自外交政策共同體將近四百位與會者一同參加一系列的會議、工作坊、圓桌會談以及工作小組，其意圖在於「共同撰寫一篇『X文章』*，一起著手面對在我們這個高度專業化且急速變化的世界中無人能夠獨自處理的問題」。[65]

計畫完成於二〇〇六年，其成果為一份長達六十頁的厚重報告，名為《打造一個法治之下的自由世界：二十一世紀的美國國家安全》（*Forging a World of Liberty Under Law: U.S. National Security in the 21st Century*，以下簡稱為FWLL）。這份報告集結了冷戰結束以來新保守派和自由派人士的觀點，針對自由主義霸權策略提供了教科書式的表達。

ＦＷＬＬ的第一句話起始於一份堅定的警告：「在九一一事件五週年之際，這個世界似乎要比過去任何時刻顯得更加充滿威脅。」美國「感到愈來愈孤單」，並且面臨「許多現存危險」。

一個深遠且具野心的回應是必要的：美國的國家安全戰略「必須回應所有我們所面臨的危險——儘管它們是如此地擴散、游移和不確定——並且抓住所有向我們敞開的機會，以確保我們與這個世界都更加安全。」簡言之，猶如多數的國家安全文件，這份報告的開頭也是描繪了一個滿是威脅的世界，且所有的威脅都需要美國的回應。

報告中接著提出一套令人驚心動魄的國家安全必要之務，全是建立在「美國必須代表、尋求並確保一個法治之下的自由世界」此項首要信念之上。簡言之，美國外交政策的終極目標不是保護美國人民的福祉，而是確保地球上的每一位公民都生活在一個穩定且管理良好的自由民主體系中」。為此，美國不能只是做為一個現況下的強權；它「必須發展出一套更加複雜的策略，以認可且推廣一個成功的自由民主體系所需之先決條件」。尤其，美國的力量必須用於在世界各地創造「受歡迎、當責且重視權利的政府」（Popular, Accountable, and Rights-regarding〔PAR〕governments）；這個過程在報告中被（不帶嘲諷地）形容為「讓世界達到標準」（bringing the world up to PAR）。

然而，這並非全部。華府也必須「將聯合國改革列為優先事項，做為重建自由主義國際秩序的廣泛努力之一」。報告中建議創造一個「民主國家的音樂會」，呼籲「振興北約同盟」，並且聲明華府必須帶頭「改革主要的國際金融與貿易機構」。為了保存「對於自由民主體系有利

* 譯注：「X文章」一名源自於一九四七年七月由美國外交官喬治．凱南（George Kennan）以X化名於《外交事務》雜誌上所發表之文章，篇名為「蘇聯行為的根源」（the Sources of Soviet Conduct），內容鼓吹美國應該對蘇聯採取遏制政策。

的權力平衡」，高額國防支出是必要的，而且美國必須在維持自身的核威懾力量的同時，也致力於「恢復核不擴散的局面」。為達成後者目標，美國需要祭出「一系列反擴散的手段」，包括「預防性軍事行動」(做為最後絕招)。面對一個崛起中的中國，美國的「首要任務」是說服北京當局接受，它可以「在現行的國際秩序下，達成其正當的野心抱負」，雖說北京的野心抱負是否「正當」要交由華府來決定。

等等，話還沒說完！美國還必須「在我們的公共衛生體系中做出關鍵投資」，「建立一個集結各大強權的東亞安全機構」，「為公共教育投資更多」以及在以色列和巴勒斯坦之間「盡一切可能達成和平協議」。此外，美國也不可以逃避介入其他國家的政治體系；反之，「美國策略必須包括了建立必要之機構與機制，以便讓國際社會……在國與國之間鼓勵合理的作為，而無須動用武力或不正當的威脅形式。」

上述所列只是整份報告中提出之建議的範例，並額外插入諸如「糾正我們不負責任的財政政策」，以及重新分配「足夠的公共資源以為美國勞工提供足夠的經濟安全」等忠告。當讀者閱讀完整份報告，大概很難想到任何一個國際議題不是被作者視為美國的重要擔憂，即便沒有一位總統能夠嘗試——更不用說達成——其中的大部分提案。

普林斯頓計畫之所以有過分的奢望，部分原因在於其包容性的設計：如果你請求四百位專家規畫總體戰略方向，那麼你就必須提及他們每個人的小計畫，而一大堆互相吹捧的現象就顯得無可避免。然而，由於FWLL反映出了後冷戰時期整體戰略的其他重要聲明，包括了柯林頓任內的《交往與擴大的國家安全戰略》（*National Security Strategy of Engagement and Enlargment*, 1995）以及布希任內後九一一時期的《國家安全戰略》（二〇〇二），這份報告幾乎不能算是離群值。一如這些較前期的文件，FWLL描繪出了一個潛藏著諸多危機的敵意世界，它將美國權力視作一貫的良善力量，並且相信美國必須在不妥協自己試圖提倡的原則之下，重新打造世界的樣貌，這份報告的結尾是季辛吉的觀察，即「美國外交政策的終極試驗」存在於保護「已經浮現的絕佳機會以重塑國際體系」。若是那個崇高的目標確實是美國外交政策的「終極試驗」，那麼美國還有一大堆該做的事呢。

「為了一個團結且強大的美國」計畫（二〇一三）

大約在普林斯頓計畫啟動了十年之後，第二個跨黨派的特別小組針對美國整體戰略提出了一套新的建言。由身為民主黨員的美利堅大學國際服務學院的戈德格爾，以及身為共和黨員的亞歷桑那州立大學麥肯學院（McCain Institute, Arizona State University）的科特．沃爾克（Kurt Volker）共同主持這項跨黨派的「為了一個團結且強大的美國」計畫，其目標近似於普林斯頓計畫，即：檢視「美國應該在世界上扮演的」角色。

「愈是物換星移，愈是一如既往。」（Plus ça change, plus c'est la même chose.）這句話雖然是寫在二〇〇八年金融危機爆發之時，當時也是布希主義（Bush Doctrine）*在伊朗和阿富汗崩潰之後，這個計畫的最終報告和早先的普林斯頓版本一樣充滿野心。確實地，其核心訊息在於，海外的挫敗和國內的財務壓力不能做為縮減美國在全球介入程度的理由。基於相信「任何短期的儲蓄都會在長期拉高成本」，這份報告呼籲美國「維持其增進民主價值及實踐強勁全球領導的原則」。

作者透過常見的修辭手段和論點來做為自己的立論基礎。美國被形容成一個特別的國家，擁有「獨特的領導能力，且為了保護自己的國家利益與價值，務必要起而領頭」。美國「依舊穩坐全球非凡強勁的地位」（使得具野心的外交政策可行），但是「美國利益和價值所面臨的挑戰仍舊龐大且複雜」。這些挑戰「從一系列的安全威脅」到經濟、環境、意識形態、政治與人道方面的挑戰皆有。除此之外，網路和全球化「為個人與小型行動者開啟了前所未見的培力機會」也造成了「史無前例的風險」。美國做為全球強權，或許沒有可與之匹敵的競爭對手，但它面對的仍是一個充滿麻煩與危險的世界。

一如既往地，解答總是美國「領導」，而終極目標則是散播民主。美國「必須在各個事件中扮演積極的角色」，並且透過「有形且持久的行動」（包括動用武力）以「盡力促進自由、民主世界的秩序」。

當然了，這份報告承認財政壓力可能促使美國必須「減少一些國防支出」，但是不須達到任何可觀的程度，因為它也呼籲美國要維持「足以阻止任何軍事勁敵，以及擊敗任何潛在對手的能力」。此外，美國必須保護全球的平民百姓、抑制核武擴散、執行全球反恐行動，並且在數個遙遠地區「確保區域穩定」。華府應該在可行範圍內與同盟國一起行動，但同時仍保存「以一己之力在世界任何一處執行成功任務的能力」。

理由為何？很簡單：因為必要的利益無所不在。「在面對全球挑戰時，歐洲依舊對於我們的共同努力成果至關重要。」報告中表示，並指出「美國也必須……優先經營與亞太地區的同盟關係」，同時「也需要對於中東地區的安全夥伴關係投入類似的努力」。然而，這並不是全部：美國也應該提升與巴西、印尼、土耳其的夥伴關係，阻止伊朗達到製造核武的能力、避免阿富汗的穩定局勢被逆轉、重建與巴基斯坦的合作關係、對抗（世界各地的）蓋達組織，並且終結敘利亞內戰。在讀完整份報告之際，讀者會發現整個地球沒有一吋土壤被遺漏在報告之外。

警覺於經濟上的限制，這份報告也建議美國要立即採取行動以減少國家外債、強化經濟競爭力，並且維持在全球市場的影響力。毫不掩飾地，這些行動的理由並非為了美國人民的福祉；反之，這份報告將「強化國內體質視作優先事項，為的是鞏固美國在世界上所扮演的角色」。一個強勁的經濟體是令人期待的，但不是因為它能讓美國人擁有更豐裕或滿足的生活；而是因為它是美國得以在世界揮大棒必不可少的要素。

＊ 譯注：布希主義意指小布希總統的一系列外交政策原則，包括單邊主義（Unilateralism）及預防性戰爭的運用等。

擴張美國力量：在一個競爭世界秩序中擴張美國承諾的策略（二〇一六）

最後一個捍衛自由主義霸權的一流案例是新美國安全中心發表於二〇一六年五月的《擴張美國力量》（*Extending American Power*）。一如前兩份已經討論過的報告，它將美國視作當今世界秩序「不可或缺」的關鍵，警告美國在世界所扮演的角色若有任何改變，都可能會導致災難般的後果。報告中並提出一份冗長的計畫清單，是為華府必須在全球各地著手的行動。

看到這個特別小組的組成，這些結論的確是人們會預期的內容。這個計畫是由柯林頓時期的國務院官員詹姆斯・魯賓（James Rubin）和曝光度極高的新保守主義專家卡根所共同主持，小組成員包括經驗豐富的外交政策大人物：傅洛依、佐利克、坎貝爾、哈德利、史坦柏格及艾德曼。還有一群受邀參與這個團隊所召集之工作會議的見證人，其中也都是很令人熟悉的面孔，包括史蒂芬・謝斯塔諾維奇（Stephen Sestanovich）、阿布拉姆斯、羅斯、努蘭及馬丁・英迪克（Martin Indyk）。其中唯一抱持溫和反對立場的見證人是歐亞集團（Eurasia Group）的伊恩・布雷默（Ian Bremmer）及約翰・霍普金斯大學進階國際研究學院的納瑟，但他們兩人皆未在外交政策主流之外工作。

結果是——驚喜！——另一場對於自由主義霸權的過時防衛。這份報告起始於讚美當今世界秩序所產出的「龐大利益」，並且宣稱「欲保存與強化這個秩序，將需要美國領導在這個國際體系中重獲新生」。然而，它從頭到尾未告訴讀者究竟這個「秩序」是什麼，也未承認近來美國「擴張」的努力已經導致其陷入代價高昂的泥淖中，並正在破壞美國與其他強權的關係。報告中亦未質問現有秩序中是否有些要素應該被重新思考。反之，這份報告只是單純地假定一套自由世界的秩序是存在的，而且它需要美國勢力的廣泛應用才得以存活下去。

為了維持美國的「領導角色」，這份報告呼籲大幅提升國家安全支出，並且建議美國擴張於三大區域的軍事行動：歐洲、中東地區與亞洲。同時，它亦保留了美國或許必須在其他地方做更多事的可能性，所以報告中所涉及的真實議程可能要更具野心。

在歐洲，華府必須「穩定烏克蘭，使之安處於歐洲」、「在中歐和東歐國家建立更穩固的美國地位」以及「重建歐洲戰略領導的能力」。然而，其中最後一項目標不是美國可以獨立做到的，而其中所顯示出來的矛盾令人難以忽略。要是美國保留自己做為領導者的角色，而歐洲領袖們依舊可以仰賴山姆大叔的救援，那麼人們為何應該期待歐洲重新發展其「戰略領導」的能力呢？

在亞洲，美國應該繼續遵循歐巴馬政權的「樞紐」戰略，並促使TPP生效。它或許還需要讓中國為其在南海的行動「付出區域代價」，並且承受「相等的經濟懲罰以減緩中國的主宰」。與此同時，華府應該「設法讓中國更易於持續整合，以致中國不再如過往一般地擔憂『壓制』。」換句話說，美國應該不斷努力地牽制中國——或許甚至要盡力減緩其崛起的速度——但是北京當局不會在意華府採取的行動是否有禮貌。

在中東地區，這個特別小組想要由美國領頭，「擴張」對抗伊斯蘭國的努力。它也呼籲在敘利亞劃定一個禁飛區，聲稱華府「必須將澆熄伊朗想要主宰中東地區的決心定為政策目標之一」。這份報告沒有解釋身為波斯人的伊朗將如何「主宰」以阿拉伯文化為主的中東地區，尤其伊朗的國防預算不到美國的百分之五，還面對著軍力更強大的潛在敵對國家的威脅，諸如以色列、埃及、沙烏地阿拉伯、土耳其及其他好幾個國家。[66]

簡言之，新美國安全中心的報告建議美國維持現有的每一項國際承諾，更堅定地下注在已經反覆失敗的政策上，並且在數個地區一次展開昂貴、高風險且不確定的計畫。雖然它們提出的建議中有一些或許是合理的，但整體而言，就和蘇聯瓦解以來的美國外交政策方針一樣，是無止境的美國「領導」版本。

如同先前兩份報告，《擴張美國力量》未提及美國地理位置、資源稟賦、人口特性、根本經濟利益或是核心戰略需求等等。它沒有嘗試排列出重要利益的前後次序，評估這些利益的潛在威脅，或是考慮其他或許能降低危險的方式。這份新美國安全中心的報告就和前兩份報告一樣，只是宣稱美國在世界各地皆存在重要利益，而一套自由世界的秩序將能有助保護美國利益，並且主張維持這套秩序需要的是在世界每個角落拓展及運用美國勢力。

我的重點並非認為這三份研究（以及其他與它們相似的研究）提供了特定的行動藍圖，而對於某一政權的外交政策造成直接且立即的影響。反之，我認為這些報告只是揭露出了美國外交政策共同體的心態。事實上，它們讓讀者更了解的是這個共同體的想法，而非針對美國面臨的實際戰略挑戰提出它們的因應辦法。[67] 這種文件定義了外交政策共同體內部「可接受的」意見範圍，因此對於可以提出的政策選項設下限制，而不致危及任何人的專業聲譽。藉由從一開始就排除掉其他選項，這種操作讓美國的整體政策維持在同樣狹隘且熟悉的範疇內。

關於這三次主流的策略制定練習，最令人訝異的一點或許是它們對於世界的真實狀態是多麼地不敏感。不論美國位於地球的什麼方位、不論美國的內部條件為何、不論其中潛藏的主要危險為何、不論各區域內的權力平衡可能怎麼改變，也不論美國所面臨的主要挑戰是否為一個龐大且軍力堅強的競爭者如前蘇聯、一個崛起中的修正主義強權如中國、一個由區域強權互相競逐的多極世界，或是一個隱暐不明的恐怖主義網絡如蓋達組織。不論問題是什麼，答案總是相同的：美國必須領頭解決每一個全球議題，而且為了確保自由世界的秩序得以存續，它必須持續干預其他國家。

小心落差：菁英vs.大眾

儘管上述所言，美國民眾抱持的卻是不同觀點。外交政策共同體的成員或許擁有相似的政策偏好，但是以政治學者羅倫斯．雅各（Lawrence R. Jacobs）和班傑明．佩吉（Benjamin I. Page）的話來說：「一般大眾多少有點站在另一端。」[68]外交政策已經堅定地守護自由主義霸權，但是美國民眾對於什麼才是他們想要且可行的政策抱持更為敏感且實際的觀點。

根據佩吉和另一位共同作者傑森．巴拉巴斯（Jason Barabas）的說法，「民眾與領袖之間最顯著的落差是長期存在且耳熟能詳的：相較於民眾，有更多的領袖是傾向於『國際主義』，至少最簡單地來說，他們聲稱自己偏好美國在世界事務上『積極參與』。[69]」在一份較近期的作品中，佩吉與芝加哥全球事務委員會的馬歇爾・鮑頓（Marshall Bouton）記載了菁英階級與社會大眾之間對於外交事務的態度所長期存在的「斷裂」。他們相信這樣的「斷裂」代表了「民主價值的嚴重問題」。以他們的話來說：「美國官方的外交政策經常是顯著地不同於多數美國人所想要的政策。」（意即，美國人所想要的是一套成本、野心與負擔皆較低的外交政策。）[70]

無須多言，這正是川普在二〇一六年所利用的氛圍。一方面，多數美國人反對絕對的孤立主義，超過六成的民眾聲稱美國應該「活躍參與世界事務中」（相對於「置身之外」）；另一方面，多數美國民眾並不相信美國應該做為唯一的「全球領導者」，而且他們依舊謹慎看待單方面的美國行動。值得注意的是，自從一九七〇年代末期以來，這個比例一直是或多或少持平的狀態。[71]舉例而言，在二〇一六年，低於百分之十的民眾認為美國應該做為「解決國際問題的卓越世界領導者」，而只有百分之三十七的人認為美國「應該在主要國家中成為最積極的一個」。[72]

美國公民也相信美國正在承擔比例過高的全球負擔，而且針對「行動主義」式的外交政策，他們顯得要比多數的外交政策共同體成員更加抱持懷疑態度。以二〇〇二年為例，緊隨著九一一攻擊事件之後，公眾對於美國軍事行動和國際事務中的一般利益支持度大幅激增。然而，即使是在當時，也仍有百分之六十二的美國民眾相信美國沒有責任扮演「世界警察」的角色，而百分之六十五的人感到華府正在扮演那個「超出其本分」的角色。[73]二〇〇六年，百分之五十七的美國人認為美國幫助世界其他地區的行為已經「超出比例」。[74]到了二〇一三年，超過百分之五十二的受訪美國人認同「美國應該在國際間管好自己的事務就好，讓其他國家自行想辦法找到最好的做法」——自從一九六〇年代首次調查這個問題以來，這是比例最高的一次。在一九六四年，百分之五十四的美國人相信，「我們不應該從國際立場想那麼多，而應該專注在自己的內政問題，在家鄉逐步積累力量」；到了二〇一三年，支持這種想法的比例升高到了百分之八十。[75]在二〇一六年，百分之六十四的民眾感到「美國正在過度扮演世界警察的角色」。[76]

當針對特定情景進行民調時，這個存在於菁英階層與一般大眾之間的落差也是一樣地顯著。以二〇〇九年為例，百分之五十的外交關係協會成員支持歐巴馬的阿富汗「增兵」行動，並聲稱美國在阿富汗的軍力應該提高；然而，同時間僅有百分之三十二的一般大眾同意此一觀點。百分之八十七的外交關係協會成員認為美國最初動用武力的決定是正確的，但僅有百分之五十六的民眾抱持相同觀點。（諷刺的是，外交關係協會成員對於美國軍事行動的成果感到較為悲觀，有百分之九十的人相信戰事發展不佳，同時僅有百分之五十七的民眾感受相同。）[77]在二〇一三年也可以觀察到相似的落差：百分之五十一的民眾相信美國在世界事務上「做得太多」，而百分之十七的人則認為「做得太少」；但相對地，僅有百分之二十一的外交關係協會成員認為美國做得太多，而百分之四十一的人堅信美國「做得太少」。[78]

當歐巴馬政府面對阿薩德政權於敘利亞內戰使用化學武器，激起是否應該採取軍事行動的辯論時，同樣的情景再度重演。根據《紐約時報》的一場民調結果顯示，雖然百分之七十五的美國人相信阿薩德政權使用了化學武器，且百分之五十二的人將這個行為視作對於美國的潛在威脅，超過百分之八十的多數民眾聲稱他們「非常」或是「有些」擔憂美國的干預行動會導致平民傷亡，不只耗時冗長且成本高昂，還會「導致一場更加廣泛的戰爭」。不同於外交政策共同體對於擴張美國價值所抱持的反射性承諾，當一般民眾被問及美國是否「應該試圖盡其所能地將一個獨裁政權改變為民主政體」或是「不要介入他國事務」時，百分之七十二的民眾選擇「不要介入」，而只有百分之十五的民眾回答「應可能改變」。[79] 一場由美國有線電視新聞網所做的民調也得出了相似結果，百分之六十九的應答者聲稱，介入敘利亞衝突對美國並無益處。[80]

公眾對於全球行動主義的支持也連續多年地持續下滑。一份由《華爾街日報》與NBC新聞於二〇一四年四月所做的民調結果發現，只有百分之十九的受訪者希望美國「更活躍」於世界事務（二〇〇一年的比例為百分之三十七），而偏好「較不活躍」的比例則從二〇〇一年的百分之十四上升到了百分之四十七。[81] 隨著二〇一六年的總統大選選情在當年春季達到白熱化的狀態，皮尤研究中心（Pew Research Center）報導指出，百分之五十七的美國人相信美國應該「處理自己的問題就好，讓其他國家盡它們所能地去處理它們自己的問題」，同時僅有百分之三十七的人感到美國「應該幫助其他國家處理它們的問題」。百分之四十一的民眾如今認為美國在世界事務中「做得太多」；只有百分之二十七的人認為「做得太少」。[82] 在二〇〇七年，針對總統應該較為著重於國家內政或外交政策，公眾意見的分野較為平均（百分之三十九對百分之四十）；到了二〇一三年，百分十八十三的人回答認為應以內政為重，而僅有百分之六（！）的人選擇了後者。[83]

公眾意見可能是反覆無常的，而且通常會反映出當時的事件或是菁英階級所提供的線索。舉例來說，在二〇一四年夏天，當極端主義團體斬首了兩位美國記者之後，民眾支持以軍事行動對抗伊斯蘭國的比例激增許多，但直到幾個月之後又滑落到了谷底。[84]除此之外，當菁英們強力團結起來支持某項外交政策行動時，公眾意見也會傾向於跟隨之。[85]就如下一章節將會展示的內容，美國人一直以來容許一套過度懷抱野心的外交政策，有部分正是因為外交政策當局持續告訴人們這是必要的、可行的，而且是美國負擔得起的。

儘管如此，在外交政策共同體對於自由主義霸權——以及隨之而來的成本與風險——所抱持的熱情以及多數美國人民的觀點之間，存在著一條持久且重大的鴻溝。美國民眾並非想要撤退到美利堅堡壘（Fortress America）之後、關閉國務院或切斷所有外交同盟，只是有更多的民眾對於外交政策當局自從冷戰結束以來，所發起的那些野心勃勃的東征行動抱持明顯低得多的支持態度，同時他們更加關注的是國內的情況。

因此，問題很顯然地在於外交政策菁英如何克服了公眾的不情願，而挑起了那些昂貴的海外承諾——這股不情願是源自於美國已經享有的高度安全而形成的嗎？我將在下一章節直接回應這個問題。

CHAPTER 4

推銷一套失敗的外交政策

Selling a Failing Foreign Policy

當一個國家如美國這般安全，欲說服其人民接受全球領導的角色將不會是個簡單的任務。事實上，美國人看待外交事務時，一項長久以來的傳統在於強調保存該國優良特質之必要——例如對於自由的深刻承諾——因此他們對於與權力政治相關的陰謀、競爭和殘暴行為始終抱持冷淡態度。舉例來說，喬治・華盛頓（George Washington）在一七九六年的告別演說中，警告他的同胞們不要讓自己陷入其他國家的事務，聲稱美國所處之「超然且遠離於世的情況，讓我們得以追求一條不同於他人的途徑。」[1]或者，又如一位傑出的反帝國主義者查爾斯・艾姆斯（Charles Ames）在一八九八年提出的警告，「一旦我們以強大的陸海軍力踏入國際紛爭的領域，我們就會是一群壞蛋中更壞的那位。」[2]意識到這樣的傳統，柯林頓在剛當上總統之時即告訴他的白宮發言人喬治・斯蒂芬諾伯羅斯（George Stephanopoulos）：「美國人在根本上是孤立主義者。」[3]鑒於這個國家幸運的地緣政治位置與歷史，說服美國人追求自由主義霸權應該會是很難推銷出去的目標。

為此，自由主義霸權的倡議者必須說服大眾，自由主義霸權是必要的、可負擔的，且從道德角度看來是值得追求的一件事。不過，擁護自由主義霸權的一方並不需要說服每個人都擁抱這些政策，只要贏得多數菁英支持就足以讓剩下的民眾追隨之。如果成本不是太高，且支持者可以獲得一定程定的成果，那麼偏好自由主義霸權的力量將不會面臨太多的反抗。

然而，「當政策愈是需要號召美國人民投入資源或生命，就務必需要追求愈廣泛且深刻的支持。」歷史學家約翰．湯普森（John A. Thompson）警告道。[4]因此，外交政策共同體利用了若干言論來說服大眾支持（或至少容許）其依照美國設計的藍圖來形塑世界政治的努力。

首先，行動主義的倡議者**膨脹威脅**（inflate threats）以說服美國人民相信，這個世界是一個危險的地方，而人們的安全仰賴的是活躍的美國參與。其次，支持者**誇大自由主義霸權的利益**，聲稱這是減少潛在危險、增進繁榮及散播珍貴政治價值的最佳方案。最後，政治官員試圖隱瞞**那些野心勃勃的外交政策成本**，意在說服美國人相信這是一筆好交易，即使當成功的次數稀少且久久才有一次。

操縱觀念的自由市場

事實上，推銷自由主義霸權或許要比你以為的來得容易，因為有關外交與國家安全政策的辯論並不是一場公平的競賽。

一如第三章的討論，獲得資訊與公開辯論（意即「觀念的自由市場」）本應有助民主政治免於陷入重大的政策疏失，即使這樣的情況真的發生了，也能將後果極小化。然而，當辯論主題是外交政策時，這些機制通常會崩解。政府內部既得利益者與廣泛的外交政策當局擁有極高的優勢可揑塑大眾對於國際政治與外交政策的認知，而這些優勢使得各個政策選項之間的競逐倒向對他們有利的方向。換句話說，觀念的自由市場受到操縱了。

操縱資訊

首先，民眾缺乏管道直接取得多數有關外交政策議題的可靠資訊。假如是經濟大崩潰、上百萬民眾失業、道路和橋梁倒塌，或是政府機構搞砸一場災後復原行動，一般民眾可以親眼看到那些狀況。然而，幾乎沒有幾個美國人可以取得諸如蓋達組織內部活動、美國貿易協定細節、伊朗核子研究計畫歷史、美國無人機作戰的範疇與影響等事項的獨立資訊，或者是俄羅斯是否真的在二〇一六年駭入了民主黨全國委員會（Democratic National Committee）的電腦。針對以上這些及其他數不清的國際議題，民眾必須仰賴政府官員或關係良好的專家所言，而報導這些議題的媒體也依賴這些相同的資訊來源。因此，外交政策共同體的內部人士擁有極大的空間得以形塑大眾對於關鍵議題的看法。

政府透過將資訊分級，也可以影響民眾所知，甚至能讓人們對於高級政府官員所採取的行動一無所知。[6]舉一個明顯的範例，參議院針對中情局嚴刑拷問的做法進行了一項牽涉廣泛且成本高昂的調查行動，但至今尚未公諸於世——即使是高度編修過的內容——縱然此事意謂著美國納稅人所繳的稅被用來資助這些受到調查的犯罪行為，而且還有上百萬美元是用來製作這項調查報告。[7]

高級官員也可以洩漏機密資訊，以便為他們偏好的政策創造出有利條件。舉例來說，為了說服美國人民支持入侵伊拉克的行動，小布希政府精心策劃資訊的洩漏和錯誤言論的散播，以讓美國人民相信海珊正在囤積大量的生化武器，積極尋求核子彈頭，並且和賓拉登是一夥的。[8]時任副總統的迪克．錢尼（Dick Cheney）在二〇〇二年三月告訴美國有線電視新聞網，海珊「正積極試圖取得核子武器」，到了八月，他又宣稱：「毫無疑問地，海珊現已握有大規模毀滅性武器。」在二〇〇二年九月，小布希總統告訴記者：「當你談論的是反恐戰爭時，你無法區分蓋達組織和海珊的不同。」而時任國防部長唐納．倫斯斐（Donald Rumsfeld）則在某次受訪時表示，海珊與蓋達組織之間所謂的關聯是「正確且無庸置疑的」。國家安全顧問康朵麗莎．萊斯（Condoleezza Rice）回答美國有線電視新聞網的訪問時則說：「我們不想要一般的煙硝變成蕈狀雲。」暗指伊拉克或許已經擁有核子武器。而小布希總統在該年十月再次提出相同的警告。[9]約翰．舒斯勒（John Schuessler）觀察道：「民主程序或許可以約束領導人發動戰爭的能力，但詭計騙術也提供了繞道而行的途徑。」[10]

可以取得機密資訊的官員也能夠藉由洩漏機密來約束總統的行為。當新上任的歐巴馬總統在二〇〇九年春夏之際，考慮軍方所提出之向阿富汗增派軍力的要求時，軍中長官洩漏了由美軍司令史丹利．麥克里斯特爾（Stanley McChrystal）所撰之報告，其中警告若是這項增兵要求沒有獲得批准，戰爭「的結局很可能是一場失敗」。這個意圖一拳擊倒新總統的透明開局法奏效，於是歐巴馬在同年稍後下令大幅增派軍隊至阿富汗。[11]

意圖掌控民眾所知的欲望也鼓勵了政府官員追查獨立的告發人士和記者，以揪出洩漏消息的人。事實上，儘管歐巴馬總統許諾要領導一個美國有史以來最「開放」的政府，但洩密人士受到公訴處分的案件數量在二〇〇八年之後卻是急劇激增。[12]

洩密和選擇性的起訴，這兩個現象使得那些掌控資訊的人更有影響力，也讓評論人士更難衡量政府的功勳。[13]根據佩吉和鮑頓的看法，這種資訊不對稱的現象有助解釋為何政府官員經常能夠忽視民眾對於外交政策的意見。以他們的話來說是：「主管機關可以利用資訊控管來隱瞞或是故意對於海外發生的事件做出錯誤報導，此舉削弱了選民要求官員當責的能力。」[14]

聚焦的利益vs.國家的利益

因自由主義霸權而興的聚焦利益對於公共辯論的影響力要比民眾來得大，因此使得觀念的自由市場更加被扭曲。這個現象在民主國家的學生之間為人所熟知：如果關鍵族群對於某一特定政策帶有聚焦利益，而同時多數人民對這個政策要不是漠不關心、就是受到分心，那麼那些聚焦的族群會對於政策發揮不成比例的影響力，即使他們不總是能夠得到稱心如意的結果。[15]

在本書第三章所形容的智庫與遊說團體就是這種趨勢的最佳範例。這些族群花上許多時間宣傳他們的工作，讓他們的專家登上談話節目、報紙社論版面，或是其他公開管道，並且在外交政策的辯論中占據不成比例的分量。由於大多數的外交政策智庫和遊說團體都支持自由主義霸權及美國的「全球領導」(即使他們有時候會對於促進該目標的最佳途徑出現相左意見)，大眾所接收到的這些議題資訊便會傾向干預主義。

想當然耳，當彼此競逐的利益團體勢力相近時，他們為了影響菁英階層與大眾意見所相對付出的努力便會產生豐富與生動的辯論，如同「觀念的自由市場」此一隱喻所描繪的狀況。一個恰當的案例，是二〇一五年與伊朗的核協定所激起的熱烈辯論：正反兩方陣營皆充分地組織起來，並擁有相似的機會闡述自己的論點。[16]然而，在美國外交政策的許多領域中，勢均力敵的平衡辯論並未發生——尤其是關於自由主義霸權本身的辯論。

自由主義霸權的支持者也受益於國家主義持久的威力，包括人們對於軍隊做為愛國精神的體現所賦予的崇敬心態。當一個國家裡，體育活動通常會以國歌開場，並且有樂旗隊表演、對老兵的頌詞，甚或由B－2轟炸機低空飛越表演時，軍事支配與全球領導就享有了強大的言辭優勢，而支持限縮風險的一方就會被視作偏好一個軟弱的美國。也難怪國防部花費了一千萬美元，支付至少五十支職業運動隊在比賽中進行愛國儀式，以做為強化大眾支持與招募入伍的宣傳手法。因此事實上，美國納稅人繳的稅金有部分是這麼被用來資助那些意圖說服他們掏出更多錢支持軍事行動的公關宣傳。[17]

在此的含義很清楚：各種針對外交政策與重要戰略的辯論並不是一場公平的競爭，更不可能是一個真正能讓最佳意見勝出的「自由市場」。

禁忌、教條與「傳統智慧」

當辯論主題變成禁忌，且質疑它們會對自己的職涯造成傷害時，公開辯論的益處就會進一步減少。當我們說一個特定主題是禁忌，並不是指沒有人會提起這個議題，或是挑戰盛行的正統觀念，而是指人們普遍認為這個議題會為任何想要在政府或外交政策當局謀求高位的人帶來政治風險。約翰・加爾布雷斯（John Kenneth Galbraith）*所稱之「傳統智慧」並未受到挑戰，而人們更可能會重蹈覆轍，而非糾正錯誤。或者又如華特・李普曼（Walter Lippmann）†曾經警告過的，「當所有人的想法都趨近一致時，沒有人會想得很透徹。」[18]

如同前一章提及的特別小組，偏好自由主義霸權的菁英共識完全是跨黨派的存在，也根深柢固地深植於外交政策當局的骨子裡。懷抱野心追求其外交政策目標的人幾乎不會質疑諸如以下問題：美國領導地位是否值得嚮往、是否需要追求核武優勢、北約存在是否必要、與以色列

* 譯注：蘇格蘭裔美國經濟學家。曾多次擔任美國總統的經濟顧問，繼承美國制度學派的傳統，從制度角度分析資本主義社會，並聲稱欲解決資本主義社會的問題，需進行制度改革，透過國家的力量來實現平等。

† 譯注：美國作家、記者暨評論家，在傳播學史上具有重大影響。曾兩次獲得普立茲獎的殊榮。

的「特殊關係」是否為人們所盼、是否需要確保取得中東石油及捍衛亞洲同盟，以及與「流氓國家」如北韓和伊朗的衝突是否無可避免等。[19]這些無庸置疑的教條來源會改變，但是每一項教條都在美國應該執行的全球任務清單上又加上一條。直到最近，任何對這些基本原則提出質疑或是建議採行更節制之外交政策的人，都要冒著被貼上「孤立主義者」標籤的危險。這個承載了許多負擔的字眼，會使人們聯想到那些曾經反對美國投入二次大戰而如今名譽掃地的人，而貼上這個標籤的用意便在於將其他非主流的觀點邊緣化。[20]

關於動用武力的討論也遭受到類似的曲解。外交政策專家確實會針對特定軍事行動的優劣之處（例如干預敘利亞內戰是否值得）進行辯論，但不會針對隨時隨地隨心所欲地動用武力是否為美國的基本權利一事來進行辯論。這項原則的必然結果便是，華府內部人士不願將「和平」設定為美國外交政策的中心目標——即使它對於美國來說非常有益——因為擔心這麼做會被視為「軟弱」之舉。[21]一如外交關係協會名譽主席——同時也是一位典型的外交政策內部人士——吉爾伯在二〇〇九年所承認的，他對於伊拉克戰爭一開始的支持「預示著外交政策共同體內部一連串不幸的傾向，即藉由支持戰爭以維護政治與專業可信度的性格與誘因。」[22]

就最壞的一面看來，諸如這些禁忌促使政治人物及其顧問群避免表露出自己的真實信仰，以確保自己待在「可接受」的意見範疇內。這種非正式的禁律，也使得外交政策共同體的成員不願針對已為眾人接受的政策提出困難的問題，即便那些政策已經很顯然地失敗。可疑但政治上安全的觀點污染了公共辯論的環境，幾乎沒有人會說國王身上沒穿衣服，而那些敢於公開點出事實的人，其意見往往不會被人們認真看待。

對媒體的約束

我們也無法仰賴媒體來挑戰那些為自由主義霸權打下基礎的主流論述，或許偶爾會有例外發生，但至少不是一貫的現象。舉一個明顯的實例，最著名的週日電視訪談節目很少呈現出主流以外的觀點，而是非常偏向鷹派立場。這個現象有部分可以歸咎於節目設計，因為諸如國家廣播公司（NBC）的《與媒體見面》（*Meet the Press*）和美國廣播公司（ABC）的《本週》（*This Week*）之類的節目主要目的在於將鎂光燈打在資深官員或其他知名政客身上，而非加深公眾意識或強化內容廣泛的辯論。支持侵略性美國政策的一方要比主張節制做為的一方更常出現在這些節目中，其中又有三位強硬派的國會議員——約翰．麥肯（John McCain）、林賽．葛拉翰（Lindsey Graham）和羅傑斯——在近年來尤其突出。[23]即使我們略過一直以來做為鷹派大本營的頻道如福斯新聞，整體看起來仍是有人暗中布局。

除此之外，如同我們在第三章所見，許多突出的媒體人物真心相信美國應該在世界各地積極投入，因此很快地就為自由主義霸權促使美國扮演的擴張角色辯護。[24]例如，在一九九〇年代，《華盛頓郵報》、《洛杉磯時報》（*Los Angeles Time*）、《紐約時報》的主流媒體報導嚴重地偏好增加國防支出，而鷹派人士與國防部官員的發言被引用的次數，更要比主張縮減支出者的發言多出三倍。[25]一如格倫農指出，許多主跑外交政策與國家安全的記者和專欄作家都是出自相同的華府內部文化，也都承受著慣常的服從壓力。背離自由主義霸權背後的共識也可能會危害到自己接觸高層官員的管道（這對於任何有野心的記者來說都是生存的命脈），並且等於是將現有的友誼與未來的職涯危機都置於險境之中。[26]

當然了，政府官員很清楚一點，要讓公眾持續支持具野心的外交政策，必不可少有利的媒體報導，所以他們很努力地爭取之。以二〇〇八年為例，《紐約時報》記者大衛・巴斯托（David Barstow）透露，五角大廈徵召了一群退休軍官，對他們進行VIP簡報並提供機密資訊。各家試圖邀請專業「軍事分析家」上節目的媒體後來都獲知了這批軍官的姓名。一份五角大廈內部的備忘錄寫道，退休官員會是「訊息影響力的加乘器」及政府政策宣傳的「代理人」，能讓大眾感受到他們是支持布希政府政策的獨立權威意見。參與這項計畫的人被告知不得透露出他們與五角大廈的關係，並且被期待其言論要始終支持政府政策。如果你不守規則，一位成員告訴巴斯托，「你將會失去所有的訊息管道」。有一位前官員確實在告訴福斯新聞說美國入侵伊拉克的行動「並不順暢」之後，就被踢出了這項計畫。[27]

隨後由五角大廈的監察總長與審計總署進行的調查中發現，這項計畫並未違反任何聯邦法規，但是真正的問題在於美國人受夠了帶有偏見但看似「權威」的言論說明戰事進展。這種偷偷摸摸的公關宣傳沒能幫助美國贏得在伊拉克或阿富汗的戰爭，但確實有助誤導美國人民對於戰事進度的認知。

今日將記者「嵌入」作戰部隊的做法或許也有相同的效果。允許記者陪同作戰部隊有助做出生動的報導，理論上應該可以產出訊息更充足的故事，但是這種做法也讓記者們更加仰賴五角大廈以取得「來自前線」的故事，並促使他們將戰士們描繪成保護他們安危的人物。[28]

最後，媒體對於重要外交與國家安全政策議題的監督也受到它們尊重政府機密的意願影響。尤其在九一一事件之後，媒體高層便不情願報導那些可能幫助到美國敵人的故事，而政府官員也很快地利用這層顧慮來影響一些具爭議的主題被報導的方式。

舉例來說，在二〇〇四年，《紐約時報》屈服於政府壓力——包括來自布希總統本人的直接請求——將一篇揭露國家安全局執行之國內竊聽計畫的報導延後近一年才刊登。理由何在？政府官員告訴《紐約時報》，這則故事「可能會損及進行中的調查，並且等於是在警告那些意圖進行恐怖行動的人，讓他們知道自己或許已受到監視」。[29]

在前一章曾經討論過，一些記者、學者和媒體人物對於近年美國外交政策的一些關鍵要素做了重要工作，並且對於美國在全球活動的傳統論述提供了一套有用的對立論點。[30]相較於極權國家，美國內部對於外交政策的論述是較為多樣化，畢竟前者的審查制度與官方媒體讓不同的聲音更難以被聽見。事實上，歐巴馬在二〇〇八年及川普在二〇一六年的勝選，可以被視作許多美國人確實認知到美國外交政策已經偏離了軌道。因此，若是斷定「觀念的自由市場」一點也運作不了，或是將媒體對於外交事務的報導視作一文不值，只是設計來欺瞞美國人民的「假新聞」，那可就錯了。

儘管如此，觀念與政策提案之間的衝突並不是一場公平競爭。擁有財富與地位的個人、團體享有龐大的優勢，對於特定議題懷抱強烈偏好的特殊利益團體通常也會利用不成比例的影響力來主導被書寫、印刷或傳播的訊息。前一章曾經提到，這些團體多半會強烈偏好某種形式的自由主義霸權。因此，在競相爭取民眾支持時，自由主義霸權的擁護者還是相對較易於證明自己有理，即便是在政策反覆失敗之後。

然而，這一切究竟確切是如何運作的？外交政策當局為美國的全球參與及自由主義霸權目標所採取的主要論述是什麼？

第一步：威脅膨脹

欲推銷一套具野心的外交政策，有一種長久以來採用的方式，就是誇大海外的危險。如果民眾相信國家正面臨來自海外的迫切威脅，他們就愈可能會支持採取積極作為，以抑制、脅迫、孤立、貶低或消除那些威脅。

威脅膨脹在美國外交政策界已有悠遠歷史，尤其是自從美國在第二次世界大戰後披起全球領導的大衣至今。[31]例如，在冷戰初期，參議院外交委員會主席亞瑟・范登堡（Arthur Vandenberg）建議杜魯門總統，如果想要通過一項引人爭議的對希臘與土耳其援助計畫，最好的做法就是進行一場會「讓美國人嚇得屁滾尿流」的演講。杜魯門照做了，而美國人很快就被說服而相信來自「整體共產主義」的龐大威脅正在逼近他們。強硬派倡議團體如當前危險委員會（Committee on the Present Danger）大肆宣傳這些危險，某些官方文件也是如此，例如國家安全會議一份編號為NSC－68（一九五〇）的文件，其中對於蘇聯能力與意圖的描繪令人心惶惶，並聲稱莫斯科近期取得的核武器會威脅到整個自由世界，因此必須組成一個以美國為主的防禦系統。[32]

到了一九五〇年初期，美國人相信國際共產主義正在流行，許多人接受參議員約瑟夫・麥卡錫（Joseph McCarthy）所言，許多共產黨員已經潛入國務院及其他重要的美國政府機構。在接下來的二十年間，美國領導人焦慮於「轟炸機差距」*「飛彈差距」†，以及「脆弱漏洞」‡，即使美國一直到一九六〇年代末期都握有清楚的核武優勢。在越戰期間，美國領導人反覆聲稱，戰敗或撤退會導致骨牌效應，讓多國陸續赤化，而美國的盟友則會失去信心，進而侵蝕美國的全球整體態勢，將這個國家轉變為「可憐、無助的巨人」。[33]然而，在西貢淪陷十四年之後，卻是蘇聯變成了歷史的灰燼。

* 譯注：冷戰時期，美方相信蘇聯長程航空司令部已經率先布署了噴氣動力戰略轟炸機。在多年間，這項美俄之間的轟炸機戰力差距一直被做為美國政府應增加國防支出的論據。

† 譯注：一九五八年，約翰・甘迺迪在競選總統期間，提出「飛彈差距」一詞，聲稱當時蘇聯軍方布署的飛彈數量與攻擊力高於美軍，藉此抨擊艾森豪政府對於國防投入不力。

‡ 譯注：意指冷戰期間，有些論點認為美國的陸基導彈很容易成為蘇聯的首次攻擊目標。

簡言之，美國在整個冷戰期間的政策經常受到事態演變至最壞情況的假設所驅使。話雖如此，蘇聯畢竟是一個擁有工業化經濟體的強權國家，其強大的傳統軍力與核武器庫存確實威脅到了美國在歐洲與亞洲的同盟國。蘇聯領導人從未正式放棄布爾什維克的革命目標，而世界各地有上百萬的支持者真心擁抱馬克思列寧主義的意識形態。美國領導人或許過度誇張了這些現象和其他危險，但是美國所面臨的威脅也很難說是一場幻覺。

事實上，威脅膨脹在今日可能是一個更重大的問題，因為美國正面臨的海外危險不若早年那般令人畏怯。當我們在處理一個嚴重威脅時留下允許失誤的空間，這是一回事；但是，要說服全國說一個小問題其實是既嚴重又急迫的危機，這又是另一回事了。如果美國人被說服而相信那些小問題其實都是存在的風險，他們將會浪擲大筆金錢去追殺自己想像出來的怪獸。更糟糕的是，政策制定者可能會採取在實際上會造成反效果的預防性行動，進而將原本微小的問題變成麻煩的大問題。那些膨脹威脅的人主要都採取了什麼言辭手段來為更大規模的海外行動辯解呢？

「拖延意即戰勝；現在行動保證會成功」

膨脹威脅的人將這個世界視作充滿了危險，無法立即反應將會導致不祥的後果。然而，他們也說，如果他們的建議被快速地採納與實行，那樣的威脅就很容易克服。換句話說，典型膨脹威脅的人會將世界形容為高度彈性：要是我們不立刻反應，我們的整個生活方式都會陷入險境，但只要有力且迅速的回應，我們的對手將會被擊潰，而我們也得以擁有長期的和平。

這種說法經常建立在對於世界政治本質的獨特信念上。膨脹威脅的人通常會拒絕權力平衡的邏輯——即認為強大或具侵略性的國家通常會面臨不斷升高的反抗力道——反而堅稱，國家更可能跟隨其具威脅性之國家的潮流。如果美國不維持決定性的軍事霸權，或是無法回應地球上某些遙遠地區的事件，那麼它的盟友將會對美國失去信心，很快地轉而與美國的敵人結盟。國家安全會議NSC－68文件的作者保羅．尼采在文中寫道：「當我們未採取積極行動（即重大軍事集結）……我們的朋友將會不再只是我們的責任，而會變成蘇聯的助長因素。」[34]若是這種趨勢廣泛擴散，即使是最微小的權力平衡變動都可能導致不祥後果。

與此相關地，膨脹威脅的人相信美國的可信度極其重要，而且在本質上是脆弱的。一如馬克斯．費雪（Max Fisher）注意到的，這種想法「無處不在，幾乎成了華府外交政策共同體中的共識」。[35]任何時候，只要美國選擇不回應某些外在事件，膨脹威脅者就會警告這樣的決策將會摧毀美國的可信度，侵蝕盟友的決心，並且讓美國的對手壯起膽子。因此，鷹派人士聲稱，在阿薩德政權於二〇一三年使用化學武器（從而跨越了歐巴馬總統曾經暗示的「紅線」）之後，美國未能出動攻擊一事對於美國的可信度有「災難性」的效應。[36]然而，一旦美國做出反應，那樣的效應就飛逝而去，華府必須展現出其意志與本領對抗下一回潛在挑戰的浮現。

針對名譽和可信度曾有過多次學術研究，皆顯示出這個世界並不是以這種方式運作：一國判斷其他國家將如何回應時，主要是基於緊要關頭的利益，而非基於那個國家在極端不同的情況下會如何行動。[37]一個顯著的例子是，美國如何回應遠方某一弱權國家內部發生的危險，並不能告訴我們它會如何回應在美國本土發生的直接攻擊事件，或是某個重要的美國盟友所遭遇的攻擊事件。然而，膨脹威脅的人卻持相反的意見，暗示即使是對美國利益無足輕重的地方所發生的危機，美國也必須回應，才能說服它的對手相信美國將會在其他攸關自身利益的地方做出反應。

最後，鑒於美國既富裕，軍事能力又強，而且在國土周遭沒有強大的勁敵，膨脹威脅的人必須建構出一連串精心打造卻又未必會發生的事件，以說服美國人相信遠方的事件或許最終會對於他們自身造成重大的傷害。[38]舉例來說，他們聲稱任何失敗的國家都可能變成反美恐怖分子的安全天堂，但這種論點將阿富汗或葉門這類脆弱且戰略上不重要的地區變成了活生生的戰場，並進而合理化了無限制反恐行動與打造國家的努力。然而，這種論點需要以下的所有陳述皆為真才得以成立：（1）遠方的恐怖分子團體將攻擊美國視作高度優先事項；（2）他們可以規避所有在後九一一時代為強化美國本土安全所採取的措施；（3）如果一場攻擊事件確實發生，將會導致鉅額代價，以及（4）他們目前活躍的地區對於他們的成功至關重要，而且替代的「安全天堂」並不存在。恐怖分子以大規模毀滅性武器發動攻擊的可能性極其微小，而且也沒有其他想像得到的外部恐怖攻擊可能導致類似大規模毀滅性武器所造成的傷害。除此之外，試圖將所有可能渴望攻擊美國的團體都根除，同時消除任何想像得到的安全天堂，這種做法所需之成本，會遠大於這些團體可能致使美國承受的傷害。

誇大敵人的能力

在冷戰期間，膨脹威脅的人會慣常地將蘇聯描繪成一個軍事巨人，即使美國和它的盟友每年在國防上的花費高過華沙公約組織（Warsaw Pact）*整體達百分之二十五。[39]蘇聯勢力經常被誇大，但它並非一個妄想。隨著蘇聯瓦解，誇飾敵人能力的傾向反而變得愈來愈常見，且愈來愈重大。

舉例而言，自從一九九〇年代初期，美國官員和專家對待三流軍力的國家如伊拉克和伊朗的態度便彷彿他們是主要的傳統威脅，即使這些國家皆沒有任何能力直接攻擊美國，也缺乏能力威脅美國的其他利益。美國和它的盟友在一九九一年的波斯灣戰爭輕而易舉地打敗伊拉克軟弱的軍隊，而且在經過十多年的禁運懲罰之後，海珊總統在二〇〇三年所擁有的軍力只是更加脆弱。儘管如此，柯林頓和小布希政府還是一直將伊拉克形容為一個強大且危險的對手。

誇大伊拉克的能力也是小布希政府得以發動預防性戰爭的重要成分之一。美國官員指控伊拉克試圖取得核子武器，並聲稱該國擁有一個龐大且複雜的生化武器兵工廠。舉例來說，國務

* 譯注：華沙公約組織曾經是歐洲社會主義陣營為對抗由資本主義國家所組成的北大西洋公約組織而成立的政治軍事同盟。自從一九九〇年東西德統一，東德退出華約之後，該組織即陷入癱瘓，直到隔年正式解散。

卿鮑爾某次向聯合國安全理事會所做的的簡短報告中，令人警戒地宣稱伊拉克在進行大規模毀滅性武器計畫，但這項說法在日後證實是大錯特錯。

類似的情況也發生在伊朗，強硬派人士長期以來也將伊朗描繪成一個即將要主宰波斯灣的重要軍事強權，即使伊朗幾乎沒有傳統的軍事投射能力（power projection capability），且其二〇一六年的國防預算僅有一百二十三億（相較之下，沙烏地阿拉伯為六百三十七億、以色列一百七十八億，以及美國六千億）。[40]為了找到經濟制裁和未來可能的預防性攻擊的理由，強硬派反伊朗團體反覆指控德黑蘭試圖擁有核子武器（就如同他們曾經對海珊提出的指控），即使《國家情報評估》（*National Intelligence Estimates*）已經多次作結指出伊朗沒有進行中之核子武器計畫；此外，伊朗的核潛力亦已受限於二〇一五年通過之《聯合全面行動計畫》。[41]儘管如此，他們堅稱伊朗在各地的代理人（例如黎巴嫩的真主黨、敘利亞的阿薩德政權及葉門的胡塞武裝組織）形成了一個崛起中的「波斯帝國」，這個觀點誇大了這些不同團體的影響力以及伊朗指揮它們的能力。[42]

威脅膨脹持續形塑了美國面對國際恐怖主義的回應。當然了，情勢絕不是零危險，但是蓋達組織、伊斯蘭國或其他恐怖組織所帶來的真實威脅並不值得我們如此過度的關切。即使將九一一攻擊事件的死傷人數考慮進來，一個美國人將在一場恐怖事件中傷亡的風險仍是微乎其微——或許每年四百萬人當中僅有一人——然而，美國官員仍然繼續以不祥的措辭來形容外國恐怖分子。[43]舉例而言，在二〇一四年，國防部長查克・赫格爾（Chuck Hagel）形容伊斯蘭國為一個「超越任何我們曾經見過之事物」的威脅，接著在二〇一五年，聯邦調查局局長詹姆士・柯米（James Comey）說，伊斯蘭國是「我們在本土尤其擔憂的危險」。[44] 二〇一六年六月，當時的中央情報局局長布倫南告訴參議院情報特別委員會（Senate Select Committee on Intelligence），「我從未見過我們的國家曾經一度面臨如此多樣的國土安全威脅。」[45] 諸如伊斯蘭國這類的組織對於受他們所統治的人們造成極鉅的危險，並且導致其他地方也承受了一定程度的傷害，但是他們仍是一群弱小且資源不足的人，一點也不構成存在的威脅。[46]

例如，根據美國國家反恐中心（U.S. National Counterterrorism Center）的統計，在二〇一二年至二〇一六年間，共有四十七場伊斯蘭恐怖攻擊行動發生在西方國家。這些事件導致了兩百六十九人喪生，其中有半數以上是死於二〇一五年十一月於巴黎一家夜店所發生的單一攻擊事件。[47] 相較之下，每年約有一萬五千名美國人死於槍擊，但聯邦政府並沒有花多少力氣去處理這個問題，甚至是在二〇一二年十二月發生的桑迪・胡克（Sandy Hook）大屠殺，或是二〇一七年十月於拉斯維加斯發生的五十八位演唱會參加者被槍殺案之後，情況也沒有多少改善。雷擊和浴室意外帶走的美國人生命數量要比恐怖攻擊來得多，但是沒有任何政治人物向暴風雨宣戰，或是發起一場全國反溼地磚活動。

聲稱政府官員、智庫專家和各式各樣的利益團體將威脅膨脹，意思並不是指美國沒有面臨任何危險，也不是在影射敵對勢力無法影響美國利益。然而，當過分誇大敵人造成的危險，使得美國領導人從別的問題上分心，或是導致他們做出會讓問題更糟糕的行為，將會使美國付出昂貴代價。

「我們的敵人是不友善、不理性且不可能制止的」

除了誇大敵人的能力，膨脹威脅者典型地將潛在敵人形容為無可救藥地懷抱惡意、不理性，且不可能被制止。這種說法隱含著他們必須被袪除。舉例來說，在伊拉克戰爭的籌備階段，布魯金斯研究會的資深研究員肯尼斯・波拉克（Kenneth Pollack）著有一本具影響力的作品《險惡的風暴》（*The Threatening Storm*），書中將海珊描繪成一位成癮的風險承擔者，無法被制止——這種警世的描述有助說服帶有疑心的自由派人士，若是放任海珊會使得情勢過於危險。[48]

幾乎類似的做法，有些呼籲要對伊朗祭出更嚴厲制裁或發動預防性戰爭的人們將其領導階層形容為狂熱的宗教極端分子，既歡迎殉道行為，便會很快地動用核子武器。前中情局局長伍爾西則是將伊朗的領導者形容為「遵循神權政治、極權主義，且是發動大屠殺的一群瘋子」；專欄作家史蒂芬斯（前《華爾街郵報》作家，現為《紐約時報》撰稿）為了為發動預防性戰爭的正當性辯護，將伊朗形容為「極端熱衷於殉道行為，是一個懷抱全球野心的非西方文化」；還有美國企業研究所的麥可・魯賓（Michael Rubin）聲稱，「（伊朗領導人）似乎真的相信，為了伊斯蘭社會的利益，讓伊朗承受一場報復性的核子攻擊是值得一試的作為。」[49]這種描述有時候到了荒謬的境界，就如新保守主義派的歷史學家柏納・路易斯（Bernard Lewis）在二〇〇六年《華爾街郵報》社論對頁版上警告道，伊朗或許會規畫一場對以色列的核子攻擊，而路易斯甚至連日期都具體提出：八月二十二日。[50]路易斯聲稱這個特定日期是很重要的，因為「那天晚上是許多穆斯林紀念先知穆罕默德乘坐著神獸布拉克（Buraq）*，首次來到『最遠的清真寺』（通常被認為是耶路撒冷），然後前往天堂又回來的日子（引用自《古蘭經》第十七章第一節）」。這很可能被視作一個適合讓以色列迎來末日的日期，而且必要的話，可能是整個世界的末日。」在路易斯的描述中，伊朗的領導階層是一群具有自我毀滅傾向的宗教狂熱分子，等待著一個象徵性的日子以發動足以連自己也被死亡的大規模屠殺行動。八月二十二日過了，當然沒有任何攻擊事件發生，而今日的伊朗也沒有活躍中的核子武器計畫。令人注意的是，這次詭奇且無根據的警訊並非出現在某個隱晦的極右派網站中，而是出現在全國最具影響力的報紙社論對頁版上。

同一個主題有一種變形，是聲稱那些對美國的憎恨不是源自於直接的利益衝突，或是對於特定美國政策的反對，而是源自於根深柢固地厭惡美國所代表的價值。小布希在九一一事件之後曾經眾所周知地解釋道，恐怖分子是「討厭我們的自由」。隨後，他在一場黃金時段的新聞談話節目中提及自己「震驚於那些憎惡我們的人們……因為我知道我們是多麼好的人。」事實上，許多獨立調查曾經指出，全世界的反美主義大多是面對美國政策的回應——而非對於「美國價值」的排斥。[51]

* 譯注：布拉克是一種身形如馬、帶有翅膀的神獸，傳說中來自天上，供先知騎乘。有關布拉克最有名的傳說就是七世紀伊斯蘭教的先知穆罕穆德騎著布拉克，一夜之間往返麥加和耶路撒冷，即「夜行登霄」的故事，記載於《古蘭經》中。

儘管如此，膨脹威脅的人依舊將海外的反對力量描繪成對於美國本身極度憎惡的結果。這種觀點強化了自由主義霸權支持者所抱持的一項重要信念——美國是一個獨特的國家，是永遠為了世界的善而努力的一股力量——並且隱含了惟有被誤導或邪惡之人才有可能反對美國在世界各地的所作所為。如此一來，堅持認為反對美國的人就是「厭惡我們的自由」，便可方便地免除華府對於海外敵對行動的任何責任，也隱含了沒有任何辦法可以減少這些敵意。如果說不論美國怎麼做，其敵人還是會執拗地懷抱敵意，那麼唯一的選項就只剩下殲滅他們了。就如二〇〇三年時任副總統錢尼曾如是說道：「我們不與惡魔協商；我們打敗它。」52

「邪惡軸心」

另一種明顯用來放大威脅的方式是假設反對者會形成一個團結的同盟，意圖使美國利益承受最大的傷害。舉例來說，在冷戰期間，鷹派反覆警告「共產黨一體化」（Communist monolith）的危險，很慢地才意識到國際共產主義運動中存在的深刻裂痕。即使是在中俄分裂如此明顯之際，且有大量證據顯示莫斯科難以與大多數第三世界的共產國家維繫關係，美國的高級官員還是將各左翼政府視作可靠的蘇聯同盟。

直至今日，美國官員和外交政策分析師仍持續採用相同的論述，反覆地將幾無共同點的國家和團體兜在一起。例如在一九九〇年代，美國高級官員和國外政策專家多次警告要小心來自一群混雜的「流氓國家」的威脅，其中包括伊拉克、古巴、北韓、塞爾維亞、利比亞和敘利亞。[53]在這些頑強的政權之中，沒有任何一個國家是特別強大的，而且它們之間幾乎沒有合作；事實上，其中一些國家（例如伊朗和伊拉克）還是充滿仇恨的勁敵。

然而，在一九九二年，美國眾議院反恐特別小組（Task Force on Terrorism）發布了一份內部報告，報告名為《德黑蘭、巴格達與大馬士革：新軸條約》（*Tehran, Baghdad & Damascus: The New Axis Pact*）。報告中提出警告，有一條「被德黑蘭掌控的策略性軸線正在從地中海地區延伸至伊朗……這是由德黑蘭鞏固起來的『伊斯蘭聯盟』整體的一部分，其中也包括了蘇丹和中、南部非洲的穆斯林國家。」大約同一時間，柯林頓的第一位國家安全顧問雷克則是警告，有一股增長中的威脅來自他所謂的「後座力國家」（backlash state），他並呼籲美國積極地採取行動以抑制它們。[54]列於雷克名單上的國家——古巴、伊拉克、利比亞、伊朗和北韓——都因不同理由而與美國不合，但其中沒有一個國家對美國安全造成嚴重威脅，而且它們之間幾乎沒有任何協作。再加上塞爾維亞及阿富汗的塔利班政權，這些國家在一九九八年的整體GDP僅有一千六百五十億美元，比起美國同年度的國防預算，還小了大約三分之一強，並且略等於美國經濟規模的百分之二。然而，將這些分歧且高度被孤立的國家全部歸納到「流氓國家」的分類之下，讓它們聽起來像是一群危險的國際麻煩製造者所組成的幫派。

小布希總統在他二〇〇二年的國情咨文演說中，將伊朗、伊拉克和北韓列為「邪惡軸心」。根據前白宮演說撰稿人大衛・傅朗（David Frum）的說法，這個誤導人心的用詞是經過特意挑選以誇大威脅，並有助為出兵伊拉克的軍事行動辯解。[55]小布希政府也費盡心思將海珊與賓拉登、蓋達組織連結起來，以便讓伊拉克顯得充滿敵意、危險，值得美國出兵攻打。這個假消息的宣傳運作地很成功，大多數的美國人因而錯誤地相信伊拉克曾經直接介入九一一攻擊事件。

隨著後九一一的「反恐戰爭」繼續發展下去，其他鷹派人士開始提及一股來自「伊斯蘭法西斯主義」(Islamofascism)的威脅正在滋長，並進而聲稱一些不同的伊斯蘭恐怖主義團體擁有共同的行動計畫及一致的策略。一如「軸心」這個詞，鷹派人士的說法暗示了這些不同的團體之間具備高度協作，並且透過言辭將它們與納粹德國連結在一起——一個人們可以清楚想像到的邪惡範例——藉此表達伊斯蘭極端分子和(或)流氓國家等同於一九三〇年代世界所面臨的危險。這些用詞也微妙地令人想起第二次世界大戰美國的勝利故事——在這場「好戰爭」中，善良的美國人團結起來拯救世界免於淪入一系列激進的獨裁政權手中。也難怪強硬派人士很快地將反恐戰爭貼上「第四次世界大戰」的標籤，也隱含了美國受到近似於一九四一年所遭遇的相同威脅，因此需要做出同等的努力以打贏這場戰爭。[56]

不幸地，諸如此類草率的歷史類推法會讓人更難規畫出有效的策略以孤立、分化並最終打敗這些不同的敵人。將每一個採用恐怖手段的團體都視作一場共同運動的一部分，也反而會給其中一些團體更大的誘因去加入恐怖主義的陣營，而這是美國最不想見到的一件事。

「我們的盟友既脆弱又不可靠（但我們還是必須保護他們）」

誇大對手的團結，以及誇飾美國許多盟友的脆弱或不負責任，這兩種做法是一體兩面。相較於潛在的敵手如伊斯蘭國、中國或伊朗，美國也很幸運地擁有一些富裕且有能力的夥伴。舉例來說，在全球國防預算最高的十個國家之中，就有六個國家是美國的正式盟友。中國和俄羅斯是十國之中唯一與美國關係不佳的國家，而且這兩個國家並沒有其他具備全球影響力的盟友。

事實上，當我們考慮到當代的同盟國家，美國的戰略地位在某種程度上好過冷戰時期的高度。一九八〇年代，美國與其盟國整體的國防預算超過所有潛在具威脅性的國家（例如蘇聯、華沙公約組織、古巴、伊朗、伊拉克、利比亞、北韓、敘利亞和越南），比例達到二比一。當蘇聯解體時，儘管美國的國防預算也下滑了，兩方陣營之間的差異仍進一步擴大到了五比一。[57]

在這些有利的現實之下，一位忠心的威脅膨脹者會怎麼做？有一種做法是他們會假設美國的盟友都是不可靠的，並且提出警告說，要是美國不保護盟友們免於任何可以預見的危險，它們將會拋棄美國，轉而與美國的敵人們結盟。據此，鷹派人士預告，若是伊朗取得核子武器，美國在波斯灣的盟友會很快地拋棄美國以迎合伊朗。[58]

另一種做法是詆毀同盟的能力，聲稱維持許多盟友會讓保護美國的關鍵利益變得更加困難——而非簡單。[59]這種說詞裡頭存在著幾分真實，但僅限於一些美國曾經承諾要保護的國家（例如愛沙尼亞、拉脫維亞或蒙特內哥羅），它們幾乎沒有任何軍事潛力，而其他美國盟友們（例如德國）已經變得過度依賴美國的保護，任由它們的軍事力量萎縮。事實上，美國現有的一些同盟關係更像是一方的「保護國」關係，僅為加重美國的國防負擔，卻沒能增添所需的新軍事力。[60]

然而，若是有些盟友徒增美國的國防負擔而無助於強化美國安全，適當的回應當是在擴張對外保證時更加仔細地挑選，並且堅持讓這些盟友們承擔更大份額的集體負擔。話雖如此，若是美國的領導人繼續相信，不論何時為其他國家挑起代價高昂的安全責任，對於美國來說都是一次重大的戰略成就，那麼如此敏感的挑選做法便不會實現。

利用不確定性

威脅膨脹會在危險難以衡量的時候蓬勃發展。坦克、飛機、軍艦和國防預算很容易計算與比較，但是估計其他危險可能是更加困難的事。任何人只要有相當的想像力，都可以想像出無數的嚇人情景，而我們有時候很難證明某些假設性的危險是否過度誇大了。

今日，我們看待這個問題的方式傾向於透過恐怖主義以及較小限度的網絡戰大肆宣傳威脅的嚴重性，因為恐怖組織是祕密籌劃行動（同時散布駭人聽聞的威脅），我們永遠無法百分百地肯定一場具毀滅性的攻擊不會發生。即使在後九一一時代多數對抗美國的密謀要不是在FBI「刺激」之下發生的行動，要不就是由笨拙的無經驗者所發起，而且美國真正面臨到來自蓋達組織或其分支（包括「伊斯蘭國」）的威脅已被廣泛地誇大其辭，我們還是沒辦法完全確定下一場恐怖攻擊的計畫會失敗。[61]

類似的情況，因為網路威脅一直在演化，也因為人們需要複雜的科技知識才能精準地評估風險，膨脹威脅的人（或是好萊塢的劇作家）方可輕易地捏造出擾亂人心的情境：駭客、恐怖分子、外國政府或是聰穎的年輕人會矇蔽我們的軍隊，導致空中交通監控系統崩潰、關閉電力網絡、毀壞世界經濟，或是發起其他任何他們想像得到的可怕場景。[62]布魯金斯研究會的班傑明．衛慈（Ben jamin Wittes）及哈佛法學院的蓋布利亞．布魯（Gabriella Blum）精準地描繪出這種幻想新興威脅的能力，他們寫道：「在我們的新世界中，你可以對地球上的每個國家或每個人的安全造成威脅——而且他們也可以反過頭來威脅……今日相較於十年前，我們每個人都必須對於極高數量的個人與實體感到擔憂。如今會對你的個人安全造成威脅的不只有政府與企業，也包括了世界各地的其他個人：跟蹤者、竊資達人、騙子、垃圾郵件發送者、詐欺者、競爭者和敵對者——從中國政府到美國國家安全局的每個人、每件事物都必須小心防範……你可能會在任何地方（並且被幾乎任何人）受到攻擊。[63]簡言之：要害怕。要非常害怕。」

我的意思並不是指這些危險都是虛構的。事實上，俄羅斯試圖影響二〇一六年總統大選的努力，以及伊朗、北韓、俄羅斯、美國和一些私人機構所使用的破壞性病毒、勒索軟體及阻斷服務攻擊（denial-of-service attacks，簡稱 DoS 攻擊）等，都在在向世人證明威脅並不是一時的。[64]然而，更廣泛地看來，環繞著這種無處不在且快速演化的科技而存在的不確定性讓我們更可能會誇飾或誤判我們所面臨的真實危險。

舉例來說，一群專家異口同聲地警告網絡戰、網絡間諜行動、電腦犯罪和網路恐怖行動的精密型態，但他們顯然沒能預期什麼才是現下數位科技在政治層面上最重大的應用。當然了，我指的是俄羅斯試圖在臉書、推特、Instagram及其他社群媒體平台上以假帳號散布騙人的故事與訊息，以深化美國內部的分歧，並弱化民主黨總統候選人希拉蕊的聲勢。俄羅斯沒有駭入電子投票機，也沒有在選舉那天讓整個電力系統崩潰，但是它透過低科技的努力，據說光是在臉書上就將假故事傳達給了一億二千六百萬名美國人。[65]一些有先見之明的網路學者在早先就警告過，社群媒體平台可能會對於選舉結果造成強大但普遍不被發現的影響力，但是似乎沒有人預期到一個外國政權會使用這些平台來促進自己於美國的政治議程。[66]

這個事件也顯示出了美國民主的脆弱程度與兩極化的情形，這讓俄羅斯的干預行為更加具影響力。保羅・皮拉（Paul Pillar）於二〇一七年一月提到：「當然了，俄羅斯人的作為應該受到譴責，但是美國人應該更不安的是，（在現有的民主秩序中）已經有夠多理由來動搖他們的信念，即俄羅斯人早就意識到他們所面對的是一個脆弱的目標。」[67]無論如何，在此的核心論點還是有效的：當威脅難以衡量，膨脹威脅的情形就愈可能蓬勃發生。

若是我們想像中的一場攻擊（不論任何形式）會是極其具破壞力的，那麼採取極端措施以避免它的發生就可以被充分地論證。這是副總統錢尼在其不知名的「百分之一學說」（one percent doctrine）中所採取的推理邏輯：若是僅有百分之一的機率會發生任何可怕的事件（例如巴基斯坦密謀提供核子武器給蓋達組織），錢尼吩咐他的副手要將事情視作肯定會發生。[68] 因為憑空想像出駭人的場景只是兒童的扮家家酒（尤其當我們對照到進行嚴謹的威脅評估所需付出的心力），而「百分之一學說」保證威脅將會被誇大。這種做法沒能告訴我們在那些無窮多的「非常糟糕至我們無法完全排除的事件」之中，有哪些值得我們最仔細的關注，或是值得我們付出最多的政府資源。儘管如此，這個學說確實讓自由主義霸權顯得更吸引人：若是在任何地方有百分之一的機率可能會發生真的很糟糕的事情，那麼美國最好是在潛在危險可能浮現的地方多做點事，以根除這樣的可能性。

為什麼威脅膨脹運作得如此之好？

外在危險確實存在，美國並非總是在誇大它們。儘管如此，威脅膨脹仍舊是一個嚴重的問題，因為它將資源從其他優先事項中轉移過來，可能導致制定出來的政策讓現存危險變得更糟。嚇壞美國人的做法或許可以贏得民眾普遍支持具野心的外交政策，但是它也可能導致我們做出代價高昂的錯誤決策。不幸的是，政治人物和專家學者都太了解，當大眾沒有獲得充分資訊時，很快地就會接受諸如「一個新慕尼黑」（a new Munich）或是「另一個希特勒」（another Hitler）的說詞，而且都會樂意屈從於其心中對於恐怖攻擊策劃者、狡猾獨裁者與廣大密謀所存有的最深恐懼。

部分問題存在於政治領袖在處理不確定的危險時所面對的誘因。如同傑克・戈德史密斯（Jack Goldsmith）所言，美國領導人對於恐怖行動過度反應的原因在於，他們每天都收到關於潛在攻擊的報告，而且他們擔憂自己顯得不夠警戒將會造成的政治後果。以戈德史密斯的話來說：「行政機構內部負責保護美國民眾安全的人士不斷收到威脅報告，這對於其判斷力所造成的影響是很難誇大的。」[69]過度警戒是浪費的，但是它可保護官員們免於受到保衛國家不力的指責。

威脅膨脹流行之因也包括了誇大威脅對於愈來愈多的個人與組織是有益的，而且這些人與組織要比試圖揭穿真相的一方獲得更多資助，通常也享有更大的政治聲望。整個軍工產業界顯然擁有誇大國外危險的誘因，以說服政府給予額外資源。鷹派智庫從國防承包商與個人那兒獲得慷慨的支持；相較之下，對於情勢評估較不嚇人的團體則普遍較無資金挹注，也較缺乏影響力。

前外交關係協會道格拉斯・狄倫（Douglas Dillon）資深研究員米卡・岑科（Micah Zenko）的不尋常事例在這方面是頗具啟發的。岑科針對許多類型的國家安全議題做過重要研究，但其中值得注意的是他願意挑戰危言聳聽的觀點，儘管那些觀點在國安當局中占有優勢。更引人注目的是，他是做為外交關係協會裡的一員而提出這些挑戰，而外交關係協會可是主流外交政策界的核心組織。岑科打破舊習的做法實在不尋常，以致《美國保守派》（*The American Conservative*）以〈反戰士〉（The Anti-Warrior）為題，為他做了特色側寫。這篇文章將岑科的研究形容為「持續地努力將威脅景象從哈哈鏡中抽離出來，並還原某種觀點：主張緊縮威脅的溫和侮視。」[70]岑科不是在當代政策辯論中唯一主張緊縮威脅的聲音，但他是少數在主流外交政策智庫中占有顯著地位的人物。

仰賴美國保護的外國政府也會盡其所能地讓美國民眾感到害怕，藉此確保美國會持續保護它們。舉例來說，當歐巴馬政策決定不介入敘利亞內戰時，阿拉伯世界的官員——例如前沙烏地阿拉伯情報首長杜基·費瑟親王（Prince Turki al-Faisal）——為美國的「可靠性」不復存在而嘆息，並警告美國的被動態度會對伊朗造成鼓舞作用。[71]烏克蘭的危機則引發了北約裡的東歐會員國異口同聲地提出相似抱怨，進一步強調它們對於美國保護的仰賴。不遑多讓，面對一個崛起中的中國，美國在亞洲的同盟國也慣常地質疑美國的可靠性，同時又拒絕大幅增加它們自己的國防支出。[72]

美國國內的鷹派人士當然很快地響應這些警告，他們稱之為「獨立」的證據，以支持自己危言聳聽的觀點。結果，前副總統錢尼在九一一事件後所提出的建議大幅動搖了中東情勢的穩定，又在二〇一三年提出警告：「我們的盟友不再仰賴我們、不再相信我們，而我們的對手則不再害怕我們。」[73]無須多言，這種在自由主義霸權支持者與受益於美國保護的外國政府之間所存在的共生關係，使得人們更加認同回應世界每個角落的微小事件都是必要的。

再次重申：我的論點並非意指美國沒有面臨任何來自國外的危險，或是其重大利益十分穩固而不受到任何挑戰。我也不是在聲稱膨脹威脅的做法會直接、且無可避免地導致美國採取自由主義霸權的策略。事實上，當美國領導人獲得充分警訊時，自由價值就幾乎不受重視，而領導人會很樂意地與友善的獨裁者合作，只要後者有助於美國處理其手中的問題。

總而言之，威脅膨脹會激發具野心、修正主義式的策略，例如自由主義霸權。畢竟，如果這個世界確實充滿危險，而美國人不想要讓這些危險繼續滋長，那麼華府勢必要運用其力量來形塑其他許多地方所發生的事件。

第二步：誇大益處

努力說服美國人相信這個世界充滿了危險之後，捍衛自由主義霸權的第二步是說服公眾接受，美國居於支配地位和「全球領導」的角色可以提供最佳策略以應付這些風險。尤其，辯護的一方堅稱，自由主義霸權（包括必要的時候在其他國家促成政權轉移）將有助加強美國安全，提升美國繁榮，並且散播基礎的自由價值。如同在本書第一章所討論到的，這些說詞在冷戰期間構成了合理化美國主要戰略的核心論點，而且它們為美國今日在全球所扮演的廣泛角色打下論據基礎。

安全

關於首要目標——安全——自由主義霸權的支持者聲稱，美國的全球軍事地位若有任何退縮，都將誘發世界各地的混亂，而最終置美國於險境之中。少了美國的主導與「深入參與」，強權競賽將會在歐洲、中東和亞洲地區再次興起。現在享受美國保護的國家將會再次武裝起來，並且很可能取得核子武器。因此，外交關係協會主席哈斯聲稱「在過去七十五年來，比起其他因素，美國有形的手創造並維持了穩定的條件。」他接著陰鬱地警告，「美國若持久地從世界舞台淡出，後果會是可怕的。」[74]美軍勢力和情報資產也被認為是處理恐怖主義、毒品藥頭、難民問題及其他非傳統國安威脅的關鍵。[75]簡言之，一般認為自由主義霸權能夠隔離各種不同的危險，以確保美國人更安全。

不幸地，這些耳熟能詳的邏輯論據誇大了自由主義霸權可以提供的國安益處。美國所做出的許多全球承諾，以及在各地廣泛的活動並非為了讓美國免於被攻克或脅迫；美國投入遠方事務，為的不過是避開未來有一天可能——再次重申，「可能」——以某種非特定的方式衝擊到美國安全的事態發展。不論華府做了什麼，所謂的益處只是一種避險，且是或許永遠不會發生的不確定風險。

其次，為了避免區域間的競爭不再發生，是否非得要美國軍力投入世界各地，或者這些努力能否如承諾般地運作，都是不明確的。舉例來說，當哈斯聲稱美國長期以來已經「創造並維持了美國穩定」的同時，他也忽略了美軍在許多地方（中南半島、中東、中美洲等）的干預其實造成了反效果。例如，深度的美國參與確實有助抑制歐洲在冷戰期間的安全競賽，但是無論美國在可見的未來做了什麼，如今要讓競爭程度回到一九四五年的水平幾乎是不太可能發生的事。杞人憂天的人現在擔心俄羅斯重新崛起，但是全歐盟的人口要比俄羅斯多出三倍以上，而且每年的國防支出超過俄羅斯達四倍以上。事實上，俄羅斯根本談不上崛起成為霸主，反而是一個衰敗中的盜賊國家，一個人口老化與萎縮的國家，其經濟仰賴的是價值很可能在未來滑落的能源出口。俄羅斯總理普丁一直以來將手中的弱牌打得很好——某種程度上多虧了美國犯下的一些無心之錯——但是俄羅斯實在太弱而不足以直接挑戰美國，或是威脅其他在歐洲與亞洲的強權國家。

第三，雖然美國的安全保證讓某些國家打消了尋求核子武器的念頭，卻不是讓那些潛在核武國家放棄的唯一理由。英國、法國和以色列儘管與美國有緊密的軍事連結，仍都發展了核子武器，而印度甚至在與美國的關係強化之後，還擴張了兵工廠的規模。因此，美國的領導地位與其核武屏障並非阻止某些國家追求核子武器的必要或充分要素。甚至，北韓、伊拉克、敘利亞、利比亞和伊朗都想要取得核武制止力量，雖然只有北韓成功，其主要原因就在於它們感受到來自美國的威脅。因此，在遏止核擴散方面，自由主義霸權的好處實是被誇大了。

自由主義霸權也不是面對恐怖主義的最佳應對方案。在過去至少二十年間，美國的情報機構與軍事單位一直位居反恐行動的最前線，但是今日的暴力極端分子以及他們活躍的地區數量，相較於一九九〇年代早期蓋達組織第一次浮現時還要來得多。這個令人失望的結果應該並不令人意外，反對美國廣泛的全球角色——尤其是在中東地區反覆地干預——已經是長久以來刺激蓋達組織、伊斯蘭國與其他暴力極端團體形成的關鍵要素。

相較於讓美國人更安全，自由主義霸權實是讓美國人變得更不安全。維持軍事優勢與全球活躍度能夠為美國人帶來的實際安全益處，要比人們經常聲稱的程度小得多了。

繁榮

捍衛自由主義霸權的人也會誇大軍事優勢和「深入參與」可以提供的經濟益處。理論上，領導地位可以強化美國的繁榮，因為（1）它讓美國成為一個對外資更具吸引力的國家，並有助鞏固美國做為儲備貨幣的角色；（2）它讓華府得以從其他仰賴美國保護的國家身上榨取經濟租及其他報酬；或者（3）它有助維持一個讓美國人（與其他人）可從中獲益的全球化世界經濟。然而，一如丹尼爾．德雷茲納（Daniel Drezner）具說服力地主張，「單從軍事優勢中獲得的經濟利益，似乎在最低限度上已經被政界與學界過分誇大了。」[76]舉兩個例子，美國在冷戰後的優勢並沒能阻止其盟友快速地擴張與中國的經濟關係，也沒能讓華府取得較其他大型先進經濟體（例如歐盟）更優惠的貿易協定。[77]

事實上，捍衛自由主義霸權的人很少會引用第一項或第二項論點。[78]反之，他們將美國優勢與其全球軍事角色視作維護一個開放型世界經濟的核心要件。在這個觀點下，廣泛的全球經濟合作需要地緣政治的穩定、航行的自由、強健的機構如世界銀行或世界貿易組織，以及提供其他公共財的一方。[79]自從一九四五年以來，美國就是這類公共財的最重要供應者，而且基於單純的自我利益考量，它必須繼續扮演這樣的角色。若是美國的軍事地位衰退，自由主義霸權支持者聲稱，航行的自由度就會受到波及，取得能源與其他必要資源的管道可能也會被截斷，保護主義會再次浮現，而全球化的優勢則會喪失，讓許多美國人的生活更糟糕。

在所有經濟秩序某種程度上仰賴一套政治與軍事權力的基本結構下，這種說法或許存在著幾分真實。[80]除此之外，許多自由主義霸權支持者所偏好的全球性機構，也確實有助於讓經濟議題上的合作變得更容易。若是美國要全面恢復保護主義，燃起一場全球貿易戰（如同川普政府此刻可能正在進行中的情況），美國與世界的下場可能會是一場災難。

然而，整體而言，自由主義霸權與全球軍事支配力可帶來的純粹經濟利益，要比其支持者所聲稱的來得少。美國公民受益於全球貿易與投資，但是我們並不必然需要美國軍事的支配地位才得以維護一套開放貿易秩序，或促使開放貿易可行的多邊機構。[81]鑒於幾乎所有國家都或多或少地受益於今日的全球化經濟，即便美國縮減其全球軍事角色，也看不出來任一國家有任何理由退出現今的經濟體系。舉例來說，若是美國將其多數軍力自中東地區撤離，並且減少在歐洲的軍事角色，為什麼日本、中國、歐盟或其他任何G20的會員國會決定提出新的保護主義式障礙、廢除世界貿易組織，或是採取其他只會讓它們變得更窮的手段呢？

除此之外，用來為自由主義霸權辯護的駭人經濟情節或許根本不會如那些散布恐懼者所言的那般糟糕。維護取得波斯灣能源供給的管道一直以來被視作美國的重要利益，因為大幅縮減波斯灣的石油生產會導致能源價格飆漲、減少全球經濟成長幅度，並且直接傷害到美國消費者。為此，美國致力於確保石油與天然氣從波斯灣出口至全球市場，而且正是為了這個目的而在波斯灣地區以高昂代價快速部署兵力。

幸運的是，石油與天然氣供給被截斷的風險很低。石油價格在過去四十年間大幅波動，某些巨幅震盪有時會導致經濟問題，但是全球經濟未曾接近過崩潰境地。一九七三年，阿拉伯石油禁運曾經對於許多國家（包括美國）造成劇烈的負面影響，但是一九七九年的伊朗革命或是長期的兩伊戰爭，皆未對於世界或美國經濟造成重大傷害。更近期的事件——包括二〇〇三年的伊拉克戰爭或是自「阿拉伯之春」興起的一系列衝突——所造成的影響則更加微小。[82] 如果在蘊含石油的波斯灣地區所發生的嚴重衝突都只會對於全球榮景產生微弱效應，那麼以軍力保護這樣的榮景可以創造出來的利益也會是渺小的。[83]

這並不是意指美國安全承諾與美國繁榮之間沒有任何關聯。若是美國不再投入所有的海外承諾，而這樣的決策最終導致了在歐洲、中東或亞洲地區發生重大衝突，因此造成全球貿易的急劇衰退，那麼美國經濟很顯然地會受到重創。然而，若是其他國家之間的關係只是變得稍微多一些爭議，美國依然可以繼續與它們進行貿易。在此又一次地發現，自由主義霸權的支持者誇大了自由主義霸權的好處，包括它對於美國繁榮的貢獻。

推廣美國價值

最後，外交政策當局裡的多數成員皆相信，美國領導與全球優勢有助維護並促進美國最珍視的政治價值。威爾遜總統曾經承諾過，第一次世界大戰會讓這個世界「安於民主」；羅斯福總統提出「四大自由」（Four Freedoms）*來為美國人做好第二次世界大戰的心理準備；杜魯門總統則是為了辯護美國對希臘與土耳其伸出援手的正當性，而聲稱這是為了捍衛「一種……以自由機構、代議政府、自由選舉，及對於個人自由的保證著稱之生活方式」的必要舉措。這類宣言有助於團結起公眾對於具野心且艱難的國際挑戰之支持；當國內情勢達不到公開聲稱的美國理想或是當美國發現自己在他方轟炸平民、折磨俘虜或違反國際法時，這類宣言或許也有助於讓批評聲浪轉向。儘管這種作為明顯不符合公開宣稱的美國價值，它卻可以在美國奮力終止暴政及（最終）創造一個更良善世界的過程中，以「必要之惡」之名受到捍衛。84

前面章節曾經形容過，在蘇聯瓦解之後，缺乏一個足以匹敵之競爭者的現實讓這種傳道者般的脈動突然充滿精力地爆發出來。對於散播自由價值的承諾，是柯林頓的「交往與擴大」戰略、小布希的「自由議程」（Freedom Agenda）以及歐巴馬口頭擁抱阿拉伯之春等言行的基礎。它也是北約擴張行動背後的道德原則，以及所謂自由主義鷹派人士支持伊拉克戰爭的主要原因。

聲稱自由主義霸權可促進美國所代表的道德價值，因此在近代美國外交政策的複雜圖譜中成了反覆出現的思路，也成為了反思美國在世界舞台上所作所為的一項正當理由。雖然自從美國建國以來，這種脈動便一直存在著，但它隨著美國勢力的增長而變得愈加顯著。

但就如同我們所見，散播美國價值的努力幾乎沒有如其支持者所堅稱地那般有效。過分熱心地向外宣傳美國理念反倒在無意間破壞了這些理念在國內外的形象，而自冷戰結束以來所存在的一股對於美國政治制度優越性的樂觀信仰，直到二〇一六年之時，已經被人們對於同一套制度的暗黑質疑所取代。[85]

第三步：隱瞞成本

威脅膨脹讓自由主義霸權看似必要；誇大其益處以使之看似令人嚮往。對於其支持者來說，最後防線在於聲稱這項戰略的成本是低廉的。例如，在一次響亮的捍衛「深入參與」的論述中，布魯克斯、伊肯伯理和沃爾福思指出，美國國防支出占GNP的比例相較於一九五〇年代或六〇年代的水平下滑許多；他們並堅稱，稍微提高國防支出並不會阻礙經濟成長。在他們的觀念中，追求自由主義霸權並不是那麼地昂貴。或者，正如記者科爾（前新美國基金會總裁、現任哥倫比亞大學新聞學院院長）所言，「做為共享繁榮（或者稱之為全球霸權，如果你偏好這種說法）中的一項投資，美國軍力的運作成本可能算是歷史上較划算的交易之一。」[86]

＊譯注：羅斯福總統在一九四一年的國情咨文演講中，提出世界上任何地方的人都應該享有四項基本自由，分別為言論自由、宗教自由、免於匱乏的自由，以及免於恐懼的自由。這段內容被寫入聯合國的《世界人權宣言》中。

若是這種說法有幾分真實就好了，但是我們有很好的理由去質疑它。相較於過去，美國或許在國家安全方面的花費占GNP比例較小，但是應該問的是美國是否付出了超過其應支出的份額。國防支出稍微高一些，或許不會對於整體經濟成長有很大影響，但是花費在軍事活動上的每一分錢還是意謂著可以留在美國納稅人手中或是花在公共財上的錢少了一分，包括為了未來榮景所做的長期投資。

除此之外，美國的全球角色對於經濟所造成的影響可能要比自由主義霸權捍衛者所堅稱的來得有害。當韓戰、越戰或是九一一恐怖攻擊這類緊急事件發生時，國家安全支出就會激增。美國通常不是透過增稅來支應這些支出——這麼做會導致戰爭成本變得明顯且立即——而是藉由向海外借債。如同莎拉·克萊普斯（Sarah Kreps）所示，這種做法隱藏了這些戰爭的立即成本，並且將負擔轉移至未來的世代（由他們來償還貸款[87]），因此有助維持大眾對於戰爭的支持度。不幸地，仰賴借債也會創造國內的資產泡沫，導致諸如二〇〇八年華爾街崩盤這樣的金融危機更可能發生。[88]以這種方式，自由主義霸權所授予的全球角色以及想要對美國納稅人隱瞞成本的想法，便導致了更大程度的金融不穩定。

若是採行自由主義霸權的成本真的比較低，那麼說服美國人相信此一策略是可負擔的就會相對比較容易，這就是為何柯林頓與歐巴馬都很小心警惕地不將大量的地面作戰部隊送至險境中。柯林頓授權對於伊拉克實施「禁飛區」長達八年，並且偶爾會下令對這個不開心的國家進行空中攻擊，但是他拒絕以軍事力量推翻海珊。柯林頓也不介入盧安達，在一九九六年才不情願地將維和部隊送至波士尼亞，爾後於一九九九年科索沃戰爭中選擇只從空中進行攻擊，拒絕軍方所要求的派遣地面部隊。札卡瑞亞貼切地將柯林頓對於全球領導如此小心翼翼的做法喚作「空洞的霸權」，反映出柯林頓所察覺到的現象，即美國人對於昂貴的海外參與之接受度是有限的。[89]

歐巴馬為了類似的理由而幾乎做了一樣的事。雖然他在上任前期即同意對阿富汗增兵，但同時也設下了增兵的時程限制，並且試圖堅守之。他從伊拉克撤出了多數的美軍地面部隊，另派出小群的特種部隊與情報人員至葉門、利比亞、索馬利亞、敘利亞與奈及利亞的衝突區域。他同樣地也對於公開派遣軍隊或顧問至敘利亞抱持謹慎態度，擔憂這麼做會加深衝突，並將美國置於愈陷愈深的境地中。歐巴馬了解到，這些衝突所涉及的利害並不能做為大規模派兵的正當理由，而美國人同意這樣的看法。因此，歐巴馬政府仰賴無人機攻擊、訓練任務及網絡攻擊等形式，讓美國維持全球領導地位的成本相對較低。即便如此，這些克制的做法（尤其是歐巴馬決定不干預敘利亞情勢）典型地面臨到外交政策當局的強烈批評，因為他們的「劇本」偏好於歐巴馬日後所謂的「軍事化回應」。[90]

然而，歐巴馬更小心謹慎的做法並非拒絕自由主義霸權，也非擁抱較不具野心的總體戰略。歐巴馬沒有減少美國對外的安全承諾；事實上，在歐巴馬的監視下，美國做出了更多承諾。他沒有終止任何自前代傳下來的戰爭，也不只一次禁不住支持政權轉移的誘惑，並且沒有減少使用無人機、鎖定目標狙殺或是特殊作戰的軍力（事實上，他們的數量在歐巴馬任內還增加了）。歐巴馬尋求將自由主義霸權的戰略成本壓低，但從未質疑過這項戰略本身。

小布希在九一一事件後著手改造中東的決定是從入侵伊拉克開始，那只是這個背景下的一部分例外而已。這個決定的好壞極需碰運氣，但是政府官員自我催眠地相信戰爭會很快地結束，且不會花上太高代價。當小布希的頂尖經濟顧問群之一賴瑞・林賽（Larry Lindsey）預估這場戰爭可能會花上兩千億美元，國防部長倫斯斐駁斥其估算為「胡說八道」，而林賽就在幾個月後丟了飯碗。類似的情況，當陸軍參謀長艾力・新關（Eric Shinseki）預測占領伊拉克會需要幾十萬大軍，國防部副部長保羅・伍佛維茲（Paul Wolfowitz）告訴某個國會委員會，這種預測是大錯特錯的，他並聲稱伊拉克的石油收益可以用來支付戰後的占領成本。當然了，他的目標是說服懷疑者們相信這場戰爭的成本很低廉——或許還能轉虧為盈。[91]

隨著伊拉克和阿富汗變成令人愈陷愈深的沼澤地，小布希政府盡其所能地隱瞞這兩地戰事的真實成本。他沒有透過正常的國防部預算來支應戰事，而是要求國會通過「增補」預算。然而，如同諾貝爾經濟學獎得主約瑟夫・史迪格里茲（Joseph Stiglitz）與琳達・比莫（Linda Bilmes）曾經記錄過的數字，這些增補預算——總額約八千億美元——只涵蓋了兩場戰事最終將花費美國納稅人荷包共四至六兆美元的一部分罷了。[92]

自由主義霸權的捍衛者也傾向於忽略其機會成本。超過半個世紀以前，艾森豪總統試圖將全國的注意力放在過度的軍事支出所導致的犧牲，他告訴一群報社編輯「每一把生產出來的槍支、每一場發動的戰爭、每一記發射出去的火箭都代表著，最終，有某位因為飢餓不得果腹、受寒不得衣裝的人犯下竊盜案件。」[93]做為一名五星上將，且為領導第二次世界大戰勝利的指揮官，艾森豪幾乎不需要被說服，即明白國家安全的重要性。然而，他也在提醒他的同胞們，若是忽略了過度野心的外交政策目標所需之機會成本，國人們將會面對一個陰鬱的未來。

艾森豪的謹慎如今似乎顯得古怪，甚至激進。確實地，在前一章節所討論到的三個特別小組的故事（普林斯頓的國家安全計畫、為了一個團結且強大的美國計畫，以及新美國安全中心的《擴張美國力量》報告），以及諸如哈斯的《外交政策始於國內》（*Foreign Policy Begins at Home*），皆認可了財政責任的需要。但他們偏好財務謹慎的原因並非為了讓美國人得以享有更繁榮的生活，而是為了確保美國政府擁有所需的資源來維持在全球事務上的「不可或缺」。「為了讓美國繼續在海外成功地行動，」哈斯寫道，「這個國家務必要恢復其勢力於國內的基礎。」改善一般美國民眾生活的重要性僅為次要之務，對於外交政策界的菁英們來說，真正重要的是維護美國在世界各地形塑事件的能力。[94]

抑制傷亡人數：全志願役部隊

最早於越戰即將終了之時，美軍首次採取全志願役部隊，如此一來以兩種方式掩飾了擴張性整體戰略的成本：首先，雖然必須支付較高的薪資予招募而來的志願士兵，社會所付出的總成本卻是下降的，因為具生產力的青年如今不再被轉移至軍隊工作；從一個純經濟學的觀點看來，強迫一位有才華的軟體設計師、生物化學家或是工程師受訓並進行純軍事任務，這並非最有效率分配他們才華的做法。[95]

其次，由於軍隊成員是自願加入，他們不會因為被派遣至危險的境地而輕易抱怨，也比較不會質疑在海外動用美國軍力的好處。一些近期對於軍隊人員的調查可證實這一點，多數軍人在退伍後仍維持高度愛國心，對於自己的服役感到驕傲，相較於一般大眾也更支持美國近來的軍事行動。[96]

全志願役部隊還可使得政治當局不必承受到殘酷的全球激進主義所造成的直接後果。由於當這些戰事惡化時，只有一小部分的美國社會會直接被影響，也因為付出血淋淋代價的男男女女們多是教育程度較低，或是較不易受到政治動員的人，政治人物不需要擔憂因為戰事惡化而承受強烈的政治衝擊。近期的學術研究顯示，徵兵制致使公眾對於戰爭的支持度普遍下滑，意即恢復徵兵制會使得政治人物更加小心留意派遣美國軍人赴戰場的決策。[97]想像一下，若是伊拉克、阿富汗與其他地方的戰事是由一群純粹因為運氣不佳、抽到壞籤而被迫從軍的年輕人所執行，那麼美國大學生可能會做何反應呢？

希望將自由主義霸權的有形成本維持在低水平的想法，或許也解釋了如今為保護美國人員不受傷害所設入的龐大心力上頭——一名評論家嘲笑那是「部隊防護的盲目崇拜」。[98]在某種程度上，這種擔憂源於一種信念，即如果美軍的傷亡人數很多，公眾對於海外軍事行動的支持就會快速減少，尤其是當戰事並不攸關美國的重大利益時。類似的擔憂也解釋了為何五角大廈在一九九一年至二〇〇九年間禁止攝影師拍攝運回美國本土的沙場屍體：一旦美國人民較少看到一些國旗包覆的棺木照片，他們就會較容易忽視美國軍事干預所付出的人力成本。[99]

美國人民或許不會如當前學說所暗指的那般敏感地看待人員傷亡。[100]然而，重要的是美國政界與軍事領袖顯然相信人們是敏感的。根據《美國陸軍戰場手冊100-5》(*U.S. Army Field Manual 100-5*)：「美國民眾期待的是決定性的勝利，並且厭惡不必要的傷亡。他們寧可快速地解決紛爭，而且一旦這些條件之中有一項沒能被滿足，他們寧可保留權利重新思考自己對於戰事的支持。」[101]

保護戰場上的男男女女是一項值得讚美的目標，但若是做得過頭則會造成反效果。護身盔甲、醫療與撤退團隊，以及其他保護措施都需要花錢，而如果指揮官過度避免將軍隊置於險境，就可能會損及重大的軍事目標。[102]想要保護軍隊的想法也鼓勵了美方過度仰賴空中戰力，導致更大的平民傷亡，並逐漸削弱「贏得民心」的努力。結果是另一場矛盾：五角大廈必須保持美軍傷亡人數之低，以維護國內民眾對於戰事的支持，但是這種做法使得打贏戰爭變得愈加困難，而民眾對於開戰的支持度最終將會煙消雲散。

這些觀點並非直指恢復徵兵制之必要，或是暗示美國不應該試圖保護它的士兵。反之，它們反映出來的是，菁英們認知到一旦美國人民戰死沙場的數目過高，民眾就會反對自由主義霸權。這項限制的出現不是因為美國人對於人員傷亡極其敏感（雖然關心三軍將士的性命絕對沒有錯），而是因為民眾知道過去二十年間所發動的多數戰鬥任務並非必要之舉，因此不值得我們犧牲那麼多的血汗或財富。

後座力

自由主義霸權的支持者也會遮掩其地緣政治的成本，做法通常是否認美國政策有時候也可能激起他人更強烈的反抗。他們有一個技巧是否認外國敵意與美國政策有關，而只是將那些敵意解釋成嫉妒、憤恨或是對於美國價值根深柢固的排斥。這種反應尤其在九一一事件之後十分流行，當各式各樣的外交政策專家魚貫擠上廣播節目與報紙社論，否認蓋達組織的攻擊與美國對以色列的支持、美國與沙烏地阿拉伯的緊密關係及軍事布局，或是與其他任何美國中東政策中的有形成分有關。[103]即使是最高層級的《九一一調查報告》（*9/11 Commission Report*）也是小心翼翼地處理這個議題，將大多數有關美國政策誘發九一一事件的討論放在報告附錄中，幾乎沒有人會去閱讀。[104]

然而，還是有極其龐大的證據顯示，反美恐怖主義經常是受到美國在世界各地的所作所為而被激發。當然了，這個事實並非在為恐怖主義辯解，也不是在暗示美國政策必定是錯誤的，但是它確實意謂著，恐怖主義高漲的風險必須被計入美國所作所為的代價之中。此外，一份由FBI反恐單位於二〇一二年所做的研究發現，「在『本土出產』的恐怖行動中，最常被涉案人士提及的動機是對於美國在海外發動之軍事行動的憎惡」。[105]若是這個發現屬實，那麼自由主義霸權的成本就要比我們一般所想的還要龐大。

其次，當美國人沒有意識到政府的作為時，就會低估美國外交政策的成本。如果美國人不知道美國無人機攻擊與特種部隊作戰的完整範疇，那麼他們就不會了解為何有些攻擊的受害者是如此憤怒且迫切地想要報復。查默斯・詹隼（Chalmers Johnson）將這個現象稱作「後座力」，並且定義為「不為美國人所知的政策所造成的非預期後果」。[106]有些人或許注意到政府作為中令人起疑的事件——例如無人機攻擊或水刑——但是他們可能為忽略掉那些一次性行動與多年後、其他地區所發生的負面反應之間的關聯。以此方式，自由主義霸權的完整成本就被進一步掩蔽了。

所謂伊斯蘭國的興起便完美地闡明這種動態。伊斯蘭國興起自伊拉克和黎凡特地區（the Levant）的蓋達組織，其形成是對於美國在二〇〇三年占領伊拉克的回應。伊斯蘭國首領阿布・貝克爾・巴格達迪（Abu Bakr al-Baghdadi）是一名被美軍囚禁過的傳教士，爾後變得愈來愈激進。[107]當歐巴馬在二〇一四年將美國軍隊送回伊拉克以「削弱及摧毀」伊斯蘭國，他實是試圖解決一個由美國創造出來的問題。

多數社會都難以認知到它們自身的行動可能會是某些團體的敵意源頭。在這方面，美國幾乎不算是最糟糕的冒犯者，而且它有時候會顯現出令人崇敬的意願去面對自己過去的過失。然而，鑒於其所掌握的權力、野心及全球觸角，隱瞞美國政策催化海外反抗的角色，確實導致了美國人低估自由主義霸權的完整成本。

忽略其他人的死

捍衛自由主義霸權的人堅稱其他國家從美國的全球角色中獲益。對於許多享受美國保護的國家來說，這種說法無疑地是真實的，美國的保護讓它們更加安全，也讓它們得以將更多資源投注在其他國家目標。然而，在其他許多情況下，這種說法顯然是錯誤，而大多數的美國人仍未意識到這個現實。如同世界上大多數人的想法，相較於其他國家人民的生死，美國人更在意的是自己國家同胞所承受的損失。即便如此，若是能對他人所犯下的傷害具備較高度的意識，無疑地會讓更多人質疑華府的行為。[108]例如在二〇一六年，有幾份可靠的報告描述沙烏地空中襲擊所造成的葉門平民死傷，便在媒體界廣為流傳，也引發國會的批評，而在最終導致美國禁止對沙烏地阿拉伯出售某些軍事武器，也改變了美軍對沙烏地軍隊的訓練流程。[109]

因此，為了限縮民眾對於美軍行動的反對聲浪，美國政府盡可能地不提供有關美國外交政策下的軍事與平民受害者相關訊息。「我們不數屍體。」美軍司令湯米·法蘭克（Tommy Franks）在首次入侵阿富汗時提及，而這個觀點也受到前國防部長倫斯斐的附和。[110]儘管如此，小布希政府官員反覆地宣稱一些民間獨立團體針對美軍入侵伊拉克和阿富汗所造成的傷亡所作的估計數目太高，而小布希總統更告訴記者，那些估計美軍入侵後造成數十萬伊拉克人「額外死亡」（excess deaths）的說詞「純然地不可信」。[111]然而，由維基解密公布的機密報告顯示，美國政府自己對於伊拉克的傷亡人數估計值約等同於伊拉克死亡統計網站（Iraq Body Count）及其他獨立團體的數據。[112]還有其他估計值大幅地高過前述估計，包括在英國醫學期刊《刺胳針》（*The Lancet*）上發布的一份對於額外死亡的詳細調查。[113]

美國政府也盡可能地隱瞞其軍事無人機和鎖定目標狙殺的完整應用範疇，以致很難確定有多少平民是死於這些行動。獨立研究團體曾經估計，在二〇〇二至二〇一四年間，美國的無人機攻擊和鎖定目標狙殺行動大約奪走了三千七百條生命（以及大約五百位平民），但是美國政府直到二〇一六年才提供它們自己的計算，而且它們最終提報的數字之低，引起人們廣泛爭議。

同樣的情形一直持續到二〇一七年。根據美國中央司令部（U.S. Central Command）發言人所言，美國空軍對抗伊斯蘭國的行動是「軍事史上最精準的空中作戰行動之一」。五角大廈表示有四百六十六名伊拉克平民死於聯合空襲，並聲稱大約每一千五百次的美軍空襲才有一次會造成任何平民傷亡。然而，一場由《紐約時報》所做的詳細調查（基於數百份現地採訪結果）得出結論表示，大約五分之一的美軍空襲會造成至少一名平民死亡，這個比例高出五角大廈的估計值達三十一倍之多。[114]

想要將美國所付出的成本壓低，以及忽略美國行動致使他國承擔的代價，這兩者的結合使得今日戰爭更容易持續進行，明日戰爭更可能爆發。國際危機組織（International Crisis Group, ICG）的羅勃・馬利（Rob Malley）和史蒂芬・龐波（Stephen Pomper）回應前述《紐約時報》的報導時觀察到，「這是一場奸詐的三部曲：承諾更高的精準度與確保更少的美方傷亡人數，如此一來使得美國在更多樣化的場合更頻繁地動用武力，卻又不需要派出大量的地面部隊；也不需要更佳的能力在每一場行動之前去蒐集攻擊目標的資訊，以及評估在行動之後會發生什麼事。隨著作戰的人力成本大大地移轉至另一方，對於美國來說，發動戰爭、持續之，而後忘卻之，也變得愈來愈容易了。」[115]

如同在下一章節即將大篇幅討論的內容，美國政府不情願承認美軍過度或殘暴的行徑。對於反恐戰爭最引人爭議的面向如拷問、特殊引渡及積極跟監等，小布希政府將這些行動列為機密，企圖將盡可能地壓低反對聲浪。舉例來說，當二〇〇五年美國海軍在哈迪塞（Haditha）屠殺了二十四位伊拉克平民，五角大廈首先將死因歸咎於一場叛亂的炸彈攻擊，而不承認美方對此案的責任，直到當地記者提出令人信服的證據，才駁倒了官方說詞。[116]而當美國空軍在二〇一五年轟炸國際救援團體「無國界醫生」（Médecins sans Frontières, MSF）所經營的醫院時，美國官方一開始還聲稱那座醫院是受到「連帶波及」，隨後才承認美軍沒能注意到適當的交戰規則，而錯誤地將目標瞄準這座醫院。[117]國防部的內部調查結論指出，這場攻擊「不是蓄意的」，十六名相關人員受到懲戒，但是沒有人遭指控罪行。[118]

在一個享有媒體與言論自由的民主體制中，一套成本高昂又效果不彰的外交政策不可能在眾人渾然不覺的情況下繼續運作著。隨著如上所述的證據與傳聞一一揭露，真相終將大白，而某種程度的公判就有可能展開。然而，若是自由主義霸權支持者可以愈長時間地隱瞞正在發生的事情、拖延事件曝光的時機，那麼自由主義霸權就愈可能如常地運作著。等到證據浮現、失敗顯得一清二楚時，美國將會掉入某些新興的問題中，而繼續重蹈同樣失敗的覆轍。

結論

用來推銷自由主義霸權的論點形成一個無縫網絡。如果美國人被說服而相信他們面臨了一系列形形色色的強大敵人，既無法改變之，亦無法制止之，那麼他們就會支持採取積極行動以消滅敵人，也不會擔心動用武力可能會使問題惡化。如果他們相信深入地參與會使美國更加繁榮，並有助提倡美國的關鍵價值，那麼他們就更可能會支持美國在世界各地扮演更廣泛的角色。若是美國做這些事情的成本似乎很低，而美國人又沒有意識到其他人所承擔的成本，那麼他們就更不可能會去質疑政府的行為。

用來推銷自由主義霸權的各個論點或許具備互相強化之效，不過，向美國人推銷自由主義霸權的宣傳行動，並不是一套由不擇手段的菁英階級私底下在阿斯彭（Aspen）、達沃斯（Davos）、畢德堡（Bilderberg），或是在三邊委員會（Trilateral Commission）主辦的密會上所精心規畫出來的複雜陰謀。相反地，美國的外交政策共同體極其全面地進行他們多數的工作：撰寫書籍、文章、部落格、特別小組報告；在網路上張貼媒體活動；現身於電視與廣播節目中；在國會山莊裡作證；做為政府機構的顧問；而且他們自己往往就在公部門裡服務。並沒有什麼祕密陰謀集團在主導美國外交政策；它看似隱蔽，實則攤於眾目睽睽之下。

然而，大多數偏好積極外交政策的團體與個人也是或多或少地受益於之。主要負責執行美國外交政策的政府機構很明顯地有動機去追求一套具野心的全球目標，因為如此一來就可以合理化他們所要求的高比例聯邦預算。軍火製造商、政府公僕、種族遊說團體、人權運動分子，以及其他特殊利益團體皆有明顯的理由去支持自由主義霸權，尤其要是他們可以說服公眾支持自己所偏好的特定計畫。當美國外交政策愈試圖成功，外交政策專業的需求就愈大，而具野心的外交政策官員也愈有機會崛起突出。不論他們私人的信仰是什麼，今日大多數的外交政策共同體成員都知道，挑戰自由主義霸權的核心前提並不是一個明智的職涯舉動。

因此，我們很容易理解為何外交政策當局會堅持這項戰略，以及為何大多數的成員會從過去直到現在仍保持對川普的敵意。自由主義霸權強化了外交政策共同體的權力和地位，讓美國的全球領導權顯得必要、可行，且在道德上是可取的。然而，鑒於自由主義霸權在近年來所產生的可觀成本與令人懷疑的益處，我們要如何解釋它的留存？為什麼美國人這麼長久以來選擇容忍失敗，而非要求更好的選擇？現在正是時候去仔細思考這個問題。

CHAPTER 5
有人出來負責嗎？
Is Anyone Accountable?

當兩黨的外交政策專家在二〇一六年總統大選期間異口同聲地譴責川普成為候選人，川普立即回擊，稱他們「不過是一群失敗的華府菁英，試圖維持自己的權力，而現在是時候讓他們為自己的行為負責了。」[1]他們對於川普的擔憂或許是有根據的，但是川普對他們的形容也沒錯：這是一群與現實脫節的外交政策VIP，而且他們對於自由主義霸權的盲從幾乎沒有創造多少成功，反而造成許多代價高昂的失敗。

在一個完美世界裡，負責執行或形塑美國外交政策的機構會從經驗中記取教訓，並且一次又一次地改進。運作不佳的政策會被放棄或修正，而證實有效的做法則會延續下去，個人的點子若是會幫助美國變得更強大、更安全或是更繁榮，就會被認可與獎勵，而官員的行為若是反覆發生事與願違的結果，人們就不會再給予他們新的機會。顧問所提出的建言若是證實有效，其聲望就會高漲；那些建議不足的人則會被邊緣化，或是被忽略。

這個概念聽起來或許很理想化，但是它並不牽強。任何努力朝成功邁進的組織都必須讓他的會員——尤其是它的領導人——對結果負起責任。沒有一家追求持續經營的企業會留著一組從未達到每季目標的管理團隊，也沒有一支棒球隊會在過去五年的賽季皆被淘汰的情況下，還留著原有的球隊經理與球團成員。在一個競爭世界中，讓人們負責任只是常識。

然而，美國政治圈的遊戲規則並非如此，尤其是外交政策界。相反地，失敗的政策通常會延續下去，不足為信的想法也經常會死灰復燃，同時那些經常出錯的專家總是能「愈挫愈勇」，而影響力變得愈來愈大。美國領導人有時候會一次又一次地向相同的人請益，即使當那些人已經多次未能完成授予的任務。相反的情況有時候也會發生：做對事情的人們可能不會被認可或獎賞，而且他們甚至會為了揭露不受人歡迎的真相而付出鉅額代價。

簡言之，當提及外交政策，史考特・費茲傑羅（Scott Fitzgerald）的想法恰恰是顛倒的。外交政策人士不僅非他所言之「在美國人的生命裡沒有第二次機會」（no second chances in American life）*，他們反而顯得握有無窮無盡的機會。這種令人不安的趨勢適用於概念與政策，也適用於那些構思與執行政策的人們身上。

為什麼壞主意會存活下來

我們想要認為政府會變得愈來愈聰明，過去的無知之錯不會再重演。在某些領域（例如公共衛生、環境保護或交通安全）確實已有顯著進步。但是外交政策學習曲線是膚淺的，而壞主意則具有高回彈力。例如馬唐草或野葛，被誤導的觀念很難根除，不論它們會製造多少麻煩，或是有多少反面證據排列在眼前。

舉例來說，看看名聲不佳的「骨牌理論」（domino theory），自從艾森豪總統時期就廣為人知。在越戰期間，美國官員和具影響力的專家反覆聲稱，撤兵會破壞美國的可信度，產生一股重新結盟的浪潮，會使得蘇聯的勢力強大起來，而且在最糟的情況下，美國會被孤立和圍攻。這個隱喻會喚起人們的記憶——假設各國真的像骨牌一般動作——它利用人們的恐懼，擔心其他國家會向任何看起來最有可能勝利的強權趨近。[2]然而，當美國在一九七五年從越南撤兵之後，沒有任何重大的骨牌效應發生；反而是蘇聯在十四年後瓦解。學術界針對這個概念所做的調查幾乎找不到任何證據可以佐證骨牌效應的中心主張，而且上述兩個歷史事件應該已經讓這種想法不再為人所信。[3]儘管如此，在最近關於阿富汗、敘利亞及伊朗核子協議的辯論中，骨牌效應又再次出現在人們的言論中。美國人再次被告知，若從阿富汗撤兵，會讓美國的可信性受到質疑，使得美國的敵人受到鼓舞，並且讓美國的重要盟友失去信心。[4]以相同的手法，歐巴馬總統不願意干涉敘利亞情勢，而一般相信他與伊朗達成核子協議的決定是讓俄羅斯總統普丁對於烏克蘭展開進一步侵略行動的原因。[5]儘管缺乏佐證，似乎幾近不可能平息人們對於骨牌傾倒的恐懼。

類似的情況，法國與美國在越南的經驗或許已經告訴我們，占領勢力無法在貧窮或高度分

* 譯注：費茲傑羅在一部他未曾完成、死後才發表的小說《最後的大亨》（*The Last Tycoon*）中，曾經寫下一句名言：「美國人的生命裡沒有第二幕。」（There are no second acts in American lives）。在此被作者轉而引用。

裂的社會中做到有效的「國家建立」，而這個教訓或許已讓未來的總統謹慎看待發展中世界的政權轉移企圖。此外，一九八〇年代蘇聯在阿富汗的挫敗，以及一九九二年美國在索馬利亞所面臨的混亂都應該讓國內的人更加記取教訓。然而，今日的美國已經花費超過十五年的時間失敗地嘗試在伊拉克、阿富汗、利比亞、葉門及其他數個地方進行政權轉移和國家建立——成本高昂但幾乎稱不上成功。在歐巴馬於二〇〇九年入主白宮時，這項任務的徒勞無功已經是再明顯不過了，但他仍然選擇擴大在阿富汗的戰事，默許在利比亞推翻格達費，並且持續在整個阿拉伯與伊斯蘭世界進行干預，儘管有大量證據顯示這類行動強化了反美恐怖主義。

為什麼對於國家來說，記取教訓是如此困難的呢？而且在很少見的情況下，即便他們真的記取了，為何重要的教訓還是那麼容易就被遺忘？

知識的局限

外交政策是很複雜的工作，而觀察家總是為政策失敗提出相應解釋，從中汲取不同的教訓。美國在越戰的失敗是因為採取了錯誤的軍事戰略，因為它所支持的南越陣營無可救藥地貪污且無能，抑或是因為媒體報導逐漸削弱了國內的支持力道？二〇〇七年在伊拉克的衝突減緩，是因為「浪湧戰略奏效」，因為蓋達組織高估自己手中的牌，或是因為早先的種族清洗將遜尼派從什葉派之中分離出來，因此使得他們更難瞄準彼此為敵？由於政策的含義全憑我們是如何轉譯與解釋過去，對於某一特定政策所帶給我們的「教訓」為何，其實並不容易取得共識。

「這次不一樣」

當政策制定者相信，新知識、新科技或一套明智的新策略會讓他們從前任的失敗中獲得成功，那麼從過去經驗汲取的教訓也可能會被拋棄。如同肯尼斯．羅格夫（Kenneth Rogoff）和卡門．萊因哈特（Carmine Reinhart）在他們獲獎的著作《這次不一樣：金融風暴是可以預測的？》（*This Time Is Different : Eight Centries of Financial Folly*）*中所示，經濟學家與金融專家已經反覆地（且錯誤地）聲稱他們設計出肯定成功的新方法以避免金融恐慌再次爆發，但只讓人們在下一場風暴發生時再次驚訝罷了。[6]

幾乎相同地，越戰讓一代美國領導人學會謹慎看待鎮壓叛亂的行為，但是這場教訓隨著時光流逝就被遺忘了，而新科技與學說讓他們再次尋求軍事手段。越戰經驗激發了所謂的「鮑爾主義」(Powell Doctrine)，指示美國只應在重大利益面臨存亡之際才可干預，仰賴龐大的軍力，並且事先確認一套清楚的退場戰略。[7]然而，在二〇〇一年擊潰塔利班政權之後，美國高層官員相信藉由特殊作戰部隊、精確導引彈藥（precision-guided munitions, PGM）與高科技資訊管理的

* 譯注：繁體中文版於二〇一〇年九月由大牌出版社出版。

結合，會讓美國得以快速且成本低廉地推翻敵對政策，避免長期占領。鮑爾主義所提出的警告被拋諸腦後，導致美國陷入在伊拉克和阿富汗的新泥淖中。

這些不愉快的經驗讓歐巴馬對於軍事干預採取更謹慎的做法，在多數情況下決定仰賴空中軍力與無人機而非地面部隊。然而，隨著支持更強硬外交政策的陣營開始堅稱，真正的問題不是一開始決定入侵的策略，而是在全盤勝利尚未達成之前就撤退的決定，這些早期潰敗所給予的教訓到了二〇一四年便開始消散。[8]參議員馬可・魯比歐（Marco Rubio）在一次訪問中提到：「入侵伊拉克不是一次失誤。」而參議員葛拉翰則宣稱：「到頭來，我會將伊拉克和敘利亞的混亂怪罪於歐巴馬總統，而非小布希總統。」除了掩飾早年所犯下之錯誤的罪責，這些評論也意圖說服菁英們與社會大眾支持更多這類型的行動，並且在必要的時候，支持這些行動更長期地延續下去。[9]在這些重寫歷史的努力成功之前，較早期的教訓將會被遺忘，而相同的錯誤則將一再重演。

如果你夠強，就不需要聰明

一個富裕如美國的國家，擁有一系列資金充裕的大學、智庫和情報機構來分析全球議題，並且找出對應的方法。這些珍貴的資產應該也能幫助這個國家從經驗中學習，並且糾正無法運作的政策。然而，因為美國已經很強大且安全，其所犯下的錯誤很少是致命的。相較於美國地位若是較不穩固的情況下，現在的美國並沒有那麼大的學習需求。

當某些政策組合與美國的核心價值及認同緊密相連時，人們將會特別傾向於墨守可疑的想法或是失敗的做法。儘管宣揚民主的紀錄令人洩氣，美國領導人仍固執地追求之。歷史顯示，建立穩定與安全的民主體制是一個漫長且易引起爭論的過程，而採取海外軍事干預通常是錯誤的做法。[10]如同第一、二章所討論到的，美國出口民主的努力，或是更廣泛的國家建立，已經是失敗的次數遠比成功來得多。儘管如此，自由和民主理念的深刻信念，使得美國領導人更難接受其他社會無法以美國形象重塑的事實。

因此，當一場大規模劇變如阿拉伯之春發生時，美國領導人很快地將之視作一個散播美國信念的新機會。「我們的國教是民主。」敘利亞專家喬舒亞．蘭迪斯（Joshua Landis）在二〇一七年提到，「當遇到質疑時，我們就回歸到民主的論據……此事關乎的是信念。」[11]即使當美國領導人體認到，他們無法創造「某種中亞的瓦爾哈拉（Valhalla）*時，他們也發現幾乎不可能停止嘗試了，就如前國防部長蓋茨在二〇〇九年所言。

* 譯注：此乃北歐神話中的天堂，亦意譯作英靈神殿；掌管戰爭、藝術與死者的主神奧丁命令女武神瓦爾基麗（Valkyrie）將陣亡的英靈戰士帶來此處服侍，享受永恆的幸福。

對誰有利?:壞主意不會自我形成

最後，當強大的利益有誘因使壞主意存在時，它就會持續下去。雖然公開辯論理應消除可疑的概念，允許事實和邏輯指引政策過程，追求自我利益、深刻投入某一特定議程的人也可能打斷這個評價的過程。厄普頓．辛克萊（Upton Sinclair）曾經嘲諷過：「當一個人的薪水仰賴的是他對於某事的無知，我們便難以讓他了解那件事。」

自我本位的個人與團隊干預政策過程的能力顯然是愈來愈糟，很大一部分原因在於與特殊利益相關的智庫和「研究」機構愈來愈多。他們存在的理由不是為了追求真相或是累積新知，而是為了宣傳其贊助人所偏好的政策。下文將以較大篇幅討論到，這些機構也可能讓我們更難要求官員們為重大政策錯誤負起全責。

舉例來說，對於規畫與推銷戰爭的新保守派人士來說，在伊拉克發生的悲慘戰爭應該有破壞到他們的名譽，迫使他們退出，因為該場戰事顯示出了他們對於政治的大多數假設都存在深刻的缺陷。然而，一旦卸下公職之後，他們之中大多數的人都會回到在華府資金充裕的閒職，繼續推銷他們為政府服務時所採行之高度軍事化的自由主義霸權。當外交政策菁英的關鍵成員被隔絕在他們自己的失誤之外，且幾乎沒有任何人必須為失誤負責時，從過去失敗記取教訓就變得幾乎不可能。

事實上，在某些情況下，具影響力的團體或個人可以介入，以促使他們所不贊同的觀點被噤聲或受到壓迫。在二〇一七年，美國猶太人大屠殺紀念博物館資助了一場細心的學術研究，其中探討的是歐巴馬政權處理敘利亞內戰的做法。這次研究質疑美國較大規模的介入是否得以大幅減少那兒的暴力。這份一百九十三頁的報告不帶有政治目的，而且是非常小心地完成，但是它的發現激怒了先前呼籲美國介入的高層人士，他們並說服了博物館館長將這項研究撤回。[12]

因此，即使是在一個自由主義霸權的國家，也無法保證不成功的政策會受到恰當地評估，且形成這些政策的概念會永久地失去聲譽。毫不意外地，這個原則同樣適用於設計與捍衛這些政策的人。

向上失敗

若是美國的政治體制會獎勵成功、懲罰失敗，那麼美國外交政策會運作地較好一些。理想上，表現良好的人會贏得更大的權力與影響力，而那些表現不佳的人則會繼續做為邊緣人。然而，這種直覺的管理原則並未在政治界（包括外交政策）一致地運作。這個政治體制並沒有讓官員們必須當責，同時淘汰掉表現不佳的人，而是經常顯露出極度漠視當責的態度。

大到不能倒？

對於當責的厭惡從政府最高層級就開始了，那些發生在最高層級的瀆職行為經常受到豁免。舉例來說，在九一一事件之後，小布希和共和黨掌握的國會不情願地同意任命一個獨立、跨黨派的委員會來調查這起事件，並提出建議。然而，從一開始就很清楚看到領頭的政治人物並不真的想要嚴格調查：委員會的初始預算是不足掛齒的三百萬（後來追加到一千四百萬），而小布希政府的官員更是不斷阻礙委員會的調查。[13]

除此之外，雖然委員會的重要任務之一是發掘柯林頓與小布希政府可能犯下的錯誤，兩位副主席托馬斯・基恩（Thomas Kean）和李・漢彌爾頓（Lee Hamilton）選擇了歷史學者澤利科做為執行總監，而未顧慮到他與當時做為國安顧問的萊斯交情久遠、他在小布希的過渡團隊*裡所扮演的角色，以及他在政府團隊中低調的參與。[14]

這個委員會最終針對九一一事件的密謀產出了動聽的解釋，但是它拒絕對於任何美國官員做出評論。九一一事件是自從珍珠港事件以來，對於美國國土最嚴重的一場攻擊，超過兩千八百人死亡，但顯然地在美國政府中沒有人是有罪的，連一點小過失也沒有。如同《新聞週刊》（*Newsweek*）記者湯瑪斯日後的評論道：「不想要將手指指向任何人或說出任何人名……在九一一委員會的包庇之下，任何人皆不必為此事負責」，並且「在最終責怪是結構性的缺失導致政府未能保護國家。」曾經協助撰寫委員會報告並為委員會的努力辯解之歷史學者厄內斯特・梅

（Ernest May）在日後承認，責任只被推向了組織（例如ＦＢＩ或ＣＩＡ），他形容那份報告「太過平衡」，並承認「個人，尤其是兩任美國總統及他們的貼身顧問，受到更縱容的對待。」[15]

在美國軍人於阿布格萊布（Abu Ghraib）監獄虐待伊拉克戰犯的情事被揭露之後，一場類似的粉飾太平做法也發生了。對於關塔那摩灣（Guantanamo）拘押中心的「加強偵訊」技術轉移至阿布格萊布監獄，以及在阿布格萊布監獄裡普遍鬆懈的情況，高級官員應是直接負責的。然而，即使「在伊拉克土地上所發生的違法與殘酷行為明顯地源自於小布希政府高層的政策」[16]，一系列內部報告——包括少將安東尼奧·塔古巴（Antonio Taguba）、美軍總監察長辦公室，以及由倫斯斐指名、前國防部長詹姆斯·施萊辛格（James Schlesinger）領導的一隊前官員所著——皆將過錯責怪於現地指揮官或士兵。[17]

尤其，美軍總監察長的報告將虐待事件歸咎於「少數個人未經授權的行為」，《紐約時報》編輯團隊所下的結論將這份報告說成是「三百頁的粉飾」。[18]施萊辛格的報告只是簡短指出「在較高層級的組織與個人有責任」，但是免除了所有高級官員的責任。事實上，一位退休空軍將領查爾斯·霍納（Charles Horner）明確地留意不責怪任何人，聲稱「任何來自媒體的流言指出這個那個是有罪的，而誰又應該為此辭職等等，這類性質的事情會抑制國防部在未來找到正確做法。」[19]在發表這份報告的記者會上，施萊辛格（做為一位長期的華府圈內人）公開地聲稱，國

* 譯注：過渡團隊意指從十一月美國總統大選結果揭曉到隔年一月二十日新任總統就職日之間，負責協調新舊總統交接相關事宜的團隊。

防部長倫斯斐的辭職「對於所有美國的敵人而言是一份恩賜。」[20]最終，一些士兵被判處些微刑責，一位將軍收到懲戒，並以較低的軍階被迫退休，但沒有一位監督他們行動的官員受到懲罰。人權觀察的分析師在日後作結道，這些報告「避免做出符合邏輯的結論，即高級軍事將領和政府官員應該為阿布格萊布及其他地方所發生的罪行受到調查。」[21]反之，職涯受到影響的官員是那些試圖揭露事實的人。尤其是塔古巴少將，他遭到不實指控說他洩漏了自己的報告，許多軍隊裡的同袍都迴避與之接觸，爾後被迫提早退休。[22]

歐巴馬政府也決定不調查或起訴小布希政府中，被指控違反美國國內法律有關拷問與戰爭罪行的官員。儘管有大量證據顯示小布希總統與錢尼副總統授權拷問，法務部仍拒絕指派一名特別檢察官去調查他們或其他官員是否違反了美國法律或國際法。[23]

歐巴馬總統對於這項決定的說辭是「我們必須向前看而非向後看」，而且這類調查的政治成本或許會超出其收益[24]。儘管如此，他決定延後拷問加害人的審判日使得未來重蹈覆轍的可能性升高，並且對於美國公開聲稱捍衛人權與法治的承諾鋪上了一層疑問。[25]

在此刻，指出美國官員從未對於嚴重違反美國與國際法律的行為負責，並不盡然是一項揭露。更重要的一點在於，這類事件實是某個更廣大脈略之下的一部分。

新保守主義的九條命

當提到美國外交政策，擁有「第二次機會」和「向上失敗」的世界紀錄保持人無庸置疑地是美國的新保守派。發跡於一九九〇年代中期，這個具影響力的網絡是由強硬派的專家、記者、智庫分析師和政府官員所組成，他們發展、提供與推銷一套美國權力做為全球事務正向力量的擴張願景。他們構思與推銷入侵伊拉克與推翻海珊的點子，並且堅稱這項大膽的舉動會讓美國得以將大部分的中東地區改變為親美民主政權。

這些導致國家走向災難性大潰敗的聰明策士們所提出的觀點結果如何呢？那些樂觀的願景都沒有實現，而如果外交政策界將「讓人們負責任」奉為圭臬，那麼這些人現在就會是邊緣人物，其影響力大約會如同查爾斯・林白（Charles Lindbergh）在一九三〇年代對希特勒做出天真且略帶同情的評論之後所面臨的情境*。

不過，新保守主義分子的遭遇並不盡然相同，舉例來說，看看克里斯托，他曾經在做為《旗幟週刊》的編輯及新美國世紀計畫的共同創始人期間，以他的職權孜孜不倦地為伊拉克戰爭辯

* 譯注：林白對於德國人的科技與組織頗為佩服，還曾接受過納粹空軍元帥戈林代表希特勒頒贈的勳章。第二次世界大戰期間，林白是美國孤立主義的代表人物，他到處演講反對美國介入歐洲戰事，並公開宣稱挑起二戰的是英國人、猶太人和羅斯福政府。他力陳美國不是納粹的對手，不應參戰，爾後遭羅斯福總統撤銷其後備軍官資格，被譴責為納粹分子，直到艾森豪總統任內，才於一九五四年恢復其資格，並升為准將。

護。儘管他提出過許多不正確的預測和可疑的政治建言（包括聲稱莎拉．裴琳〔Sarah Palin〕會是麥肯在二〇〇八年總統大選的理想競選搭檔），克里斯托還是一直做為《旗幟週刊》的編輯，並且多次為《華盛頓郵報》和《紐約時報》撰寫專欄，並且定期出現在福斯新聞及ABC的《本週》節目中。[26]

類似的情況下，國防部副部長伍佛維茲雖然錯估了入侵伊拉克的成本與後果，並協助搞砸了入侵之後的占領行動，小布希總統最終仍於二〇〇五年提名他做為世界銀行總裁。他在世銀的任期也沒有一點成功，兩年之後由於遭指控道德方面的缺失而黯然離職。[27]伍佛維茲離開後又獲得了在美國企業研究所的一份閒職，並且在小布希總統最後一年任內獲指名為國務院國際安全諮詢委員會（International Security Advisory Board）主席。

對於那些相信官員們應該當責，且升官應該基於功勳的人來說，阿布拉姆斯多變的職涯是更令人煩擾的例子。針對一九八〇年代軍售伊朗醜聞事件，阿布拉姆斯先是在國會聽證會上做出不實證詞，而後又承認自己對國會隱瞞資訊的罪行。一九九二年十二月，小布希總統赦免了他*，而且不論他在早先的不當行為，仍安插其於國家安全會議中擔任一資深要職，專注於中東事務。[28]

接著，當阿布拉姆斯未能預測到哈瑪斯在二〇〇六年巴勒斯坦立法委員選舉的勝利之後，他協助煽動一場由競爭派系法塔巴（Fatah）成員穆罕默德．達蘭（Muhammad Dahlan）在加薩走廊所發動的軍事政變。這個輕率的策略完全失敗且激起反作用：哈馬斯很快地得知這項計畫，並且先發制人，輕鬆地擊潰達蘭的軍力，將他驅逐出加薩走廊。阿布拉姆斯的陰謀不但未能削弱哈馬斯，反而讓它全面掌握該地區。[29]

儘管如此不可靠的個人經歷，阿布拉姆斯最終仍取得了一項理想職位，做為外交關係協會的資深研究員，而他令人質疑的行徑仍持續著。在二〇一三年，他宣稱曾經受勳的越戰老兵，同時也是前參議員的赫格爾「和猶太人有某種問題」，以試圖阻撓其受任命為國防部長。這個沒有根據的誹謗促使外交關係協會主席哈斯公開地將協會與阿布拉姆斯的個人行為之間拉開距離，但是哈斯並沒有採取其他措施以懲戒阿布拉姆斯。[30]二〇一七年，當新任國務卿提勒森意圖任命阿布拉姆斯成為副國務卿時，唯一能阻止他的，顯然是川普總統受到阿布拉姆斯在二〇一六年選戰期間的一些批評言論所激怒的情緒。[31]

在一個開放社會中，新保守主義和其他自由主義霸權的支持者應該和其他人一樣自由地表達他們對於當代政策議題的觀點。但是實踐那樣的自由並不需要社會其他人的注意，尤其不需要將注意力放在那些重蹈昂貴覆轍的人身上。然而，新保守主義分子繼續做為重要政治人物的顧問，在美國媒體高層占據具影響力的位置，包括《華爾街日報》、《紐約時報》和《華盛頓郵報》。鑒於他們之中幾乎沒有任何人願意承認以前的過失，或是重新考慮曾經造成那麼多錯誤的世界觀，新保守主義持續坐擁的突出地位就顯得更加引人側目了。[32]

＊譯注：阿布拉姆斯在國會聽證會上的偽證罪行本應是重罪，但他僅獲判五十美元罰金、兩年緩刑和一百小時社區服務。

中東和平處理器：一扇旋轉門

在美國漫長的以巴「和平進程」的管理工作中，當責也是不存在的。終結以色列與巴勒斯坦的長期苦澀衝突，對於美國、以色列和巴勒斯坦人來說都會是好的，然而，儘管共和黨和民主黨政府皆付出了一次次費時的努力，華府一直以來偏好的兩國解答，如今卻顯得停滯不前。儘管如此，兩黨的總統還是繼續指定相同的熟悉面孔擔任重要職位，而每一次也都得到了相同的悽涼結果。

舉例來說，在小布希的第一輪任期中，國務卿詹姆斯・貝克（James Baker）在以巴問題上的首席顧問是羅斯、亞倫・大衛・米勒（Aaron David Miller）及丹尼爾・庫爾策（Daniel Kurtzer）。貝克和他的團隊在一九九一年召開了日內瓦和平會議（Geneva Peace Conference）——為未來協商工作立下基石的一項正面措施——但是他們沒能阻止以色列建立屯墾區的行為，或是開啟一場正式和平協議的直接對話。除了上述人士之外，包括英迪克和羅伯特・馬利（Robert Malley），相同的一群人又組成了柯林頓政府的中東團隊核心，在一九九三年至二〇〇〇年間負責達成一項最終地位協議，依然是徒勞無功。

如同米勒在日後所承認的，美國在這些年來並非扮演公平無私的調停者，而更像是「以色列的律師」。美國的和平提議是事先與以色列談好的，而以色列對巴勒斯坦人的提議經常顯得像是美國人的提議。[33]難怪巴勒斯坦領袖對於美國的真誠幾無信心，也沒什麼理由相信美國對於保護巴勒斯坦利益所提出的保證。

這個失敗的過往開啟了另一個更不成功的未來。一位傑出的親以色列智庫羅斯在小布希在位時擔任華盛頓近東政策研究所（Washington Institute for Near East Policy, WINEP）顧問，而後參與了二〇〇八年歐巴馬總統競選團隊，並且在歐巴馬第一次任期間回到國家安全會議。一開始被指派研究美國對伊朗政策，但隨著時光流逝，羅斯愈來愈深入參與以巴議題，據稱曾經與歐巴馬所指派的中東特使、前參議員喬治・米切爾（George Mitchell）交鋒。[34] 羅斯也對於與伊朗完成核協議的可能性抱持強烈懷疑態度，直到他在歐巴馬第一次任期將訖之時離開白宮後，二〇一五年的美伊核協議才有了顯著進展。[35]

類似的情況下，英迪克在小布希總統任內做為布魯金斯研究會的薩班中東政策中心創始主任時，曾於二〇〇三年公開支持伊拉克戰爭。[36] 當國務卿約翰・凱瑞（John Kerry）於二〇一三年決定重新推動一次協議時，他沒有選擇帶有新點子的新面孔，而是找了過時的英迪克，而英迪克則選了大衛・馬科夫斯基（David Makovsky）做為他的副手，那是一位來自華盛頓近東政策研究所的鷹派新保守主義者，曾經在二〇〇八年與羅斯共同撰寫一本著作。[37]

據了解，柯林頓的中東團隊中有一位成員曾經難以回到公職工作，就是馬利，他也是對於美國的傳統做法最感遲疑的人之一。馬利在二〇〇八年曾經短暫參與歐巴馬的競選團隊，但很快地被人發現他曾經在為非政府機構「國際危機組織」（International Crisis Group, ICG）工作期間與哈馬斯的代表見過面，於是離開了歐巴馬團隊。這些活動不應該做為他不夠格擔任總統候選人顧問的理由——他當時並非服務於美國政府，而且與哈馬斯溝通是他在ICG工作的一部分職責——但是因為政治責任太過龐大，歐巴馬很快地跟馬利保持距離。在歐巴馬第二次任期中，馬利回到國家安全會議，但他的職責被限縮於伊朗和波斯灣事務。

對於任何人來說，要解決這個漫長且苦澀的紛爭都會是一項艱鉅的任務，而在一九九三年至二〇一六年間完全不一樣的幾個美國官員組合皆無法達成一項協議。或許有人會聲稱，唯有經驗豐富並且對於這個議題了解深入的外交官，以及對此議題具有關鍵影響力的人士會有任何機會達成一項協議。即便如此，總統與國務卿願意重複起用曾經失敗的協商人士，實是一件麻煩事。多次未能創造和平的人不太可能是美國唯一充分了解這些議題的人，而若是柯林頓、小布希或是歐巴馬將這個問題交給擁有全新且更平衡觀點的專家們，美國漫長的和平進程工作或許會是更加成功的。鑒於一九九三年之於今日的衝突情勢，以及美國對於事件要角的潛在影響力，華府過去的表現簡直是糟得不能再糟了。

情報界的內部人士

同樣不情願讓個人或組織負責的現象，也可以在美國龐大的情報界管理與監督中發現。在二〇一六年以前，即便是一般的觀察者都很明顯地看到情報單位的監督已經嚴重地迷失。這些組織不僅沒能偵測到或預防九一一攻擊（儘管曾經有過許多警示跡象），在小布希政府對於伊拉克的大規模毀滅性武器計畫及海珊與蓋達組織的假設性連結所編造出來的童話故事中，情報單位也扮演了支持的角色。[38]當二〇〇九年十二月，一名原以為是線人的人（結果是一名雙面間諜）於阿富汗發動一場自殺攻擊，導致七名中情局及外包人員死亡時，美國的情報單位進一步受到打擊。情報體系花了九年才找到賓拉登，也沒能預測到阿拉伯之春、烏克蘭的親歐盟示威運動，或是俄羅斯於二〇一三年奪取克里米亞的行動。在二〇一八年一月，《紐約時報》透露，一名前中情局幹員因為提供超過一打中情局線人的名字給中國而遭到逮捕。被人稱作「美國政府近年來最糟糕的情報敗筆之一」。[39]

最後但同樣重要的是，前國家安全局外包技術員艾德華・史諾登（Edward Snowden）所洩漏的大量有關電子監聽計畫的訊息，透露出了在國安局內部嚴重的安全缺失，以及許多違反美國法規的行為。隨後針對國安局在海外執行監聽活動（例如駭入德國總理梅克爾的手機）的揭露也顯示出，國安局現在行動時並不夠留意潛在風險或政治後果。

然而，儘管這些反覆的缺失與權力濫用，情報界沒有人被追究責任。事實上，在二〇一一年，一場由美聯社針對中情局人資政策所進行的一次漫長調查發現，「這是一個充滿紀律的體系，做出決策需要許久的時間，祭出申誡的標準不一致，而且內部觀點認為這個體系易於偏袒與操縱。」在其他方面，這項調查發現，當一位分析師錯誤的辨識導致一名無辜的德國人遭到綁架，並且被關在阿富汗的一座祕密監獄達五個月之久，即使是內部檢視委員會已經提出懲戒，有問題的員工還是被拔擢至中情局反恐中心的高階職位。其他涉入阿富汗囚犯死亡事件的官員們，不但沒有遭到懲戒，還獲得晉升。在少數情況下，當情報機構員工被迫辭職，他們有時候會轉而做為獨立的承包商。[40]

當人向高位攀升時，免疫力也會隨之增加。二〇一三年三月，國家情報總監詹姆斯・克拉珀（James Clapper）在一場國會監督委員會上告知，國家安全局並非「自願地」蒐集美國公民的數據，日後當史諾登的檔案揭露出國安局確實在做這件事時，克拉珀才承認他的說法有誤。[41]對於國會說謊是一項刑事罪，但是克拉珀並沒有受到調查。反之，一位白宮發言人很快地確認歐巴馬總統對克拉珀有「完全的信心」。

前中情局局長布倫南的職涯則展現出類似的不沾鍋性質。據說布倫南是歐巴馬在二〇〇九年挑選該職掌時的第一人選，但是因為他在小布希時代曾經參與對嫌疑人刑求的活動而受到質疑，於是跳過了他。反之，布倫南進入了白宮，管理政府的「暗殺名單」，其中的人物皆符合致死的「特徵攻擊」（signature strikes）。[42]在那個崗位上，布倫南曾經於二〇一一年六月的一場公開演說中為政府的這項政策辯護。在回應來自聽眾的問題時，他聲稱，「在過去將近一年間，沒有任一相關（以反恐無人機攻擊）死亡事件是肇因於我們所發展出來的優異能力與準確性。」[43]

然而，根據獨立的調查報導局（Bureau of Investigative Journalism），就在布倫南發言的三個月前，一場由中情局在巴基斯坦發動的無人機攻擊殺害了四十二位參加部落會議的人。巴基斯坦政府為此發出強烈的公開抗議，嚴重懷疑布倫南所聲稱的對於平民遭殺害一事「一無所知」。儘管如此，歐巴馬仍在二〇一三年一月任命他為中情局局長，而參議院亦很快地確認這項人事案。

接著在二〇一四年三月，參議院情報委員會主席黛安・范士丹（Dianne Feinstein）指控中情局針對一些正在調查該局涉入恐怖分子拘禁刑求，與其他非法活動的國會人員進行監控。這種詭計不全然是新鮮事了，至少在此之前，中情局探員曾經摧毀九十二份記錄刑求行為的錄影帶，這種行為幾乎肯定是意圖保護加害者免於受到進一步調查或起訴。[44]其他報告則指出，中情局官員也在監控情報界負責處理洩密案件的官員丹尼爾・邁爾（Daniel Meyer）與強力主張保護洩密者的參議員查克・葛雷斯利（Chuck Grassley）之間的電子郵件往來。[45]

在這些行為背後明顯的意圖，是要讓參議院調查人士不會追究中情局對於刑求或其他非法行為的責任。布倫南強烈否認這些指控，而法務部也拒絕調查他們，但是一份由中情局內部監察總長所進行的調查則確認了范士丹的大部分指控屬實。[46]

對此，布倫南只做了有限的道歉，並且指定一個內部審查委員會來考慮祭出懲戒。[47]幾個月之後，這個審查委員會將問題歸咎於「溝通不良」，而免除了所有中情局人員涉入不當行為的指控。[48]儘管這些針對布倫南誠實度的疑慮可謂其來有自，也有明顯證據顯示對於「加強審訊（即刑求）」的依賴已經讓美國的聲譽與戰略地位蒙受嚴重傷害，歐巴馬仍然再次肯定他對於布倫南的「全面信任」，就如同他對待克拉珀的方式。[49]

由於祕密無處不在，對情報界維持有效的監督與追究責任是一項長期挑戰。雖然參議院與眾議院的情報委員會理應提供這樣的監督，但他們缺乏資源、人力或選舉誘因來持續挑起這項任務。反之，國會傾向於只在重大濫權事件曝光後才認真介入，而它不可避免地會面臨到本應接受監視的情報單位強烈抗拒。在這個情況下，有效監督和真正的當責勢必會很少見，甚至不存在。[50]

加諸在這個困難之上的還有情報界本身不受外界影響的性質。克拉珀是前美國美軍官員，後來在國防情報局（Defense Intelligence Agency）服務，指揮國家地理空間情報局（National Geospatial-Intelligence Agency, NGA），並且做為負責情報工作的國防部次長，監督國家安全局、地理空間情報局，以及國家偵察局（National Reconnaissance Office, NRO）。布倫南也是一名擁有二十五年中情局經驗的人，在共和黨與民主黨政府之下皆曾身居高位。在他進入白宮工作並被任命為中情局局長之前，曾經主掌跨機構的國家反恐中心。布倫南在中情局的一名前輩麥可·海登（Michael Hayden）是一名退役的空軍將領，也曾經擔任國安局局長和美國網戰司令部（U.S. Cyber Command）指揮官。另一位前國安局局長基斯·亞歷山大（Keith Alexander）亦曾在軍中擔任過多個不同的情報職位，並且主管過中央安全局（Central Security Service）和網戰司令部。至於前國防部長蓋茲的職涯大多數時間皆在中情局度過，在他於小布希任內被拔擢至五角大廈之時，已經晉升到了中情局副局長的位置。[51]

在這些位置上擁有經驗豐富的幫手顯然有好處，而若以未經訓練的業餘人士來取代情報專家可能會輕易地把事情搞得更糟。但是如此大量仰賴「合夥人」，無可避免地會創造出一群領導階層，強烈地傾向於保護組織而反對嚴格的當責。因此，在前中情局局長麥克·蓬佩奧（Mike Pompeo）被任命為國務卿之後，接管中情局的吉娜·哈斯佩爾（Gina Haspel）協助審查小布希時代的刑求計畫，據稱曾經授權將這些非法活動的紀錄影帶送去絞碎。一名同事在日後如是形容她道：「她去為中情局揮棒，而結果顯示她的忠誠度是無可挑剔的。」[52]情報世界近親交流與自我保護的性質或許有其優點，但也並非沒有重大缺失。

無所不在的祕密與國安人員的半永久階級，兩者結合起來極有助於解釋小布希政府與歐巴馬政府之間的高度連續性，以及歐巴馬不願意追究小布希或其手下將領對於可能的犯罪事實與失敗之責任。當相同的一群人為共和黨與民主黨總統研擬政策及提供建言，當民眾幾乎無法獲得關於他們所行所為的獨立訊息，以及當國會監督受到處處受到抗拒，糟糕的判斷與嚴重的不當行為就可能在長期不被發現也不受懲罰。若是這些情報機構與他們的領袖真如他們所偽裝地那般全知全能，而且如果他們令人安心地承諾接受真正的外在監督與嚴格的內部當責，那麼上述缺失或許不是一個嚴重問題，但是過去幾十年來的歷史經驗告訴我們，現實並非如此。如同外交政策共同體裡的其他子群，「當責」在情報界是例外，而非規則。

軍隊

當美國捲入戰爭時，人們的性命就面臨危險。我們或許會因此期望美國軍隊是一間非常菁英的企業，不容許糟糕的表現，並且要求它的員工嚴格地負起責任。有一些清楚的例子顯示這個原則為真，例如美國海軍最近在一場導致七名船員喪生的商船相撞事件*之後，決定懲戒司令官與一群在費茲傑羅號驅逐艦（USS Fitzgerald）上的船員們。[53]

不幸地，如同外交政策當局的其他成員，美軍已經變得愈來愈不當責，而這個趨勢使得美軍完成其既定任務的能力大打折扣。[54]國防部長喜歡說美國「擁有全世界最佳的軍力」，但是這個受到良好訓練、擁有優秀裝備的作戰部隊已經收集到自從一九九一年波斯灣戰爭以來最慘敗的紀錄。自一九九〇年以降，美國已進行了半打戰爭，而除了某些龐大的錯置之外（一九九〇年與二〇〇三年在伊拉克，以及一九九九年在科索沃），其表現一直都不是很亮眼。[55]歷史學者暨退休陸軍上校巴切維奇就很好地做出結論：「事實上，美國在整個二十一世紀以來都在『打仗』，但美軍還在尋求它的第一場勝利。」[56]

首先，考慮到近年來令軍方尷尬的醜聞數量。五角大廈的官方報告顯示出在軍隊官階中普遍存在的性騷擾現象，估計每年約有一萬九千件強暴或非自願性接觸（受害者包括男性與女性）案件發生。[57]同樣的這段期間也見到數起顯著的欺騙醜聞，就如同當時有三十四位洲際彈道飛彈發射控制員密謀在他們的操作測驗上篡改成績。阿布格萊布監獄的刑求事件為人所知，但其實美國軍方還有犯下其他戰爭罪與暴行，包括二〇一二年羅伯特·貝爾斯（Robert Bales）上士殺害十六名阿富汗平民事件。[58]

除此之外，就近幾十年來美國軍官所展現出來的所有科技複雜度、戰術熟練度，以及個人禮貌的言行等條件而言，他們已經反覆地失敗。儘管花費了幾兆美元、犧牲了上千條士兵的生命，美國並沒有達到它所宣稱的目標，不論是一個穩定、民主的伊拉克，或是一個穩定、民主的阿富汗。儘管投入多年努力與上億美元，美國仍未能在阿富汗建立有效的安全。一支勇敢的美國突擊隊最終發現並擊斃了賓拉登，但是十年以來在數個國家進行的無人機攻擊與鎖定目標狙殺仍未能消除恐怖威脅——而且或許還導致事態惡化。[59]

然而，就如湯瑪斯．瑞克斯（Thomas Ricks）所指出的，「儘管這些在領導方面的問題持續不斷，很明顯的解方之一——讓糟糕的司令官解職——仍然是極為少見的。」[60]反之，讓軍官解職最常見的理由是性別方面的不當行為，在二〇〇五年之後大約每三位司令官就會有一位被解僱。[61]但是軍隊在近年戰爭中的失敗紀錄顯示出，司令官們不僅沒有將軍隊領導得好，也沒有好好說服他們的文官同僚不再做出不能獲勝的戰爭選擇。

軍官們也沒有被要求當責。舉例來說，在阿富汗戰爭剛爆發的階段，陸軍指揮官湯米．法蘭克斯（Tommy Franks）未能將美軍突擊隊送去參與托拉波拉戰爭（Battle of Tora Bora），這是使得賓拉登（美國入侵的關鍵目標）得以逃至巴基斯坦的一個錯誤。[62]幾個月之後，森蚺行動（Operation Anaconda）期間又犯下了類似的錯誤，導致數百名蓋達組織成員也逃脫逮捕危險。儘管如此，法蘭克斯在二〇〇三年又被選為入侵伊拉克的指揮官。這一次，他的表現也沒有比較好：占有優勢的伊拉克軍隊很快地被打敗，但是法蘭克斯沒能準備好後占領時期的工作，致使

＊ 譯注：二〇一七年六月十七日，費茲傑羅號在日本靜岡縣南伊豆町外海進行U型迴轉時，與日本郵船所租用的貨櫃輪ACX CRISTAL相撞，造成費茲傑羅號右舷側面大面積損壞，水下也有破損，艦上七人喪命、三人受傷，貨櫃輪上則無傷亡。

二〇〇四年之後爆發全面的叛亂。[63]

更糟的是，軍隊有時候沒能讓官員或士兵為更嚴重的不當行為負起全責。在二〇〇四年一月，陸軍中校指揮官內森·薩沙曼（Nathan Sassaman）強迫兩位帶上手銬的囚犯跳進底格里斯河，結果其中一人溺斃。當事件發生時，薩沙曼並不在現場，但是他後來命令士兵在他的指揮之下妨礙軍方對於此事的調查。當真相浮現時，師團指揮官雷·奧迪爾諾（Ray Odierno）發出一份紙本申誡，將薩沙曼的行為形容為「不正當」與「邪惡的」，但是並沒有解除他的指揮權。雖然他曾經充滿前景的軍涯很快地終止了，薩沙曼只是「被允許安靜地退休」。[64]

類似的情況下，即使在法蘭克·烏特里奇（Frank Wuterich）上士這位海軍陸戰隊隊長的手下於哈迪塞（Haditha）殺害二十四名非武裝伊拉克平民，且他本人承認自己曾經告訴手下「先射擊再發問」之後，他與軍事檢察官達成協議，而得以將他的罪行簡化為「怠忽職守」。他的軍階被降至二等兵，沒有入監服刑，而最終獲准「在榮譽條件下的一般性退伍」（general discharge under honorable conditions），因此可享有完整的退伍軍人優待。其他八位涉案的官兵更是不曾受到審判。[65]

即使是如此高位的指揮官如裴卓斯將軍和麥克里斯特爾將軍的職涯，也闡明了某種程度上不情願讓指揮官完全負責的心態。做為一位在公關方面有才華的軍人，裴卓斯因為在背後促成二〇〇七年伊拉克「浪湧」行動而享有響亮的名氣。麥克里斯特爾也被譽為有幹勁的反叛亂專家，在他的領導下，美軍得以扭轉在伊拉克的運勢，而做出相同於在阿富汗的行為。這兩位將軍最終都承受了難堪的個人挫折：在《滾石》雜誌的一篇報導形容麥克里斯特爾與其下屬針對歐巴馬總統與喬．拜登（Joe Biden）副總統做出毀謗評論之後，遭解除指揮權；而裴卓斯則在與其傳記作家出軌的消息曝光之後辭職。隨後他遭指控曾經將機密訊息告知情婦，並且對ＦＢＩ說謊，但他只是被判緩刑與罰款，亦沒有入監服刑。

這些失足都沒絆住任何人太久。裴卓斯加入一間私募股權公司，成為哈佛甘迺迪學院的非常駐資深研究員，與他人一同主持外交關係協會的一個特別小組，並且在紐約城市大學教授一門課。到了二〇一六年，他在眾目睽睽之下回歸鎂光燈下：經常性地出現在媒體上、至國會山莊作證、出現在《金融時報》每週專欄「與ＦＴ共進午餐」，並且因為是川普政府的國務卿潛在人選之一而接受訪問。麥克里斯特爾則是逃到耶魯大學，在那兒為精心篩選的大學生教授領導力課程。兩人皆在退休之時收到了大筆講師費，如同其他前官員。

在他們個人決定的光環之中，鮮為人注意的是他們做為軍事將領所達成的有限成就。如同其他在伊拉克與阿富汗的美軍指揮官，裴卓斯與麥克里斯特爾沒能達到任何勝利。大幅預示的二〇〇七年伊拉克浪湧行動是一項戰術上的成功，但是策略上的失敗，因為它意圖加強的政治和解從未實現。[66]在和解缺席的情況下，就無法創造任何可行的政治命令，所以美國加強的努力大致上是徒然無功。[67]類似的情況下，麥克里斯特爾在阿富汗的短期任命並沒有翻轉戰事，而他協助在不情願的歐巴馬身上施加的增兵壓力也沒有創造出一個穩定的阿富汗。

當然了，是否有任何策略可以在二〇〇四年之後為美國帶來在伊拉克或阿富汗的勝利，這一點是令人懷疑的。不論是裴卓斯或是麥克里斯特爾皆沒有為這些失敗擔起主要責任。如同巴切維奇所寫道，在戰事受到拖延的反叛亂軍事行動中，要讓指揮官負起責任是更加困難的，「因為衡量將才的傳統標準失去了它的顯著性」。[68]不過就如同在越戰中的前輩們，裴卓斯、麥克里斯特爾與其他美軍將領確實承受不向美國人民解釋這些現實的責任。相反地，這兩人一貫呈現出來的是對於美國在這兩個國家的努力抱持樂觀（或是小心地避免做出正面回覆）的評估，並且反覆地主張只要美國不貿然地撤兵、繼續打仗，勝利就可保證達成。[69]

更近期的事件顯示出，情況幾乎沒有什麼改變。二〇一七年十一月，雖然塔利班掌握住了自美國入侵以來最多的疆土，美軍在阿富汗的指揮官約翰·尼可森（John Nicholson）仍宣布美國終於「扭轉局勢」。[70]不幸地，這個局勢在之前就被轉了許多回：陸軍總司令官丹·麥尼爾（Dan McNeil）在二〇〇七年提到「大進展」，而裴卓斯、歐巴馬與國防部長潘尼達（Leon Panetta）皆曾在二〇一一年與二〇一二年聲稱美國已「扭轉局勢」。[71]同時，美國阿富汗重建特別監察小組（Special Inspector General for Afghanistan Reconstruction, SIGAR）報告表示，喀布爾的軍官已經開始將阿富汗人的傷亡人數與軍事準備度的表現數據列為機密，使得外部人士更難確定戰事是否順利，也更難確定戰場上的指揮官表現是好是壞。[72]

這些軼事（以及它們所描繪出的更大脈略）不意謂著當責完全不存在。前國防部長蓋茲在入主五角大廈的兩個月之後就解除了他手下的第一位指揮官，之後在他的任期之內還繼續解僱實力不佳的軍事將領。[73]更近期，美國第七艦隊司令官約瑟夫·奧庫安（Admiral Joseph Aucoin）

在一連串涉及美國軍艦的碰撞與意外之後遭到解職。資深軍事將領也表達了他們自身對於腐蝕中的道德標準感到擔憂，並且據稱正在試圖應對。[74]儘管如此，整體而言，對於讓領袖們負責任一事，美軍呈現出了與外交政策共同體其他成員一樣的不情願心態。

這種慢性失敗與缺乏當責的結合，反覆地讓自由主義霸權所鼓勵的國家建立受到妥協。舉例來說，在二〇一六年，為了幫助阿富汗人員、強化喀布爾政策，以及將塔利班邊緣化，美國已經在各式各樣於阿富汗進行的重建計畫上花費了超過一千一百億美元。不幸的是，由五角大廈內部的阿富汗重建特別監察小組所做的審計工作記載了一套充滿浪費、詐欺與重大失誤的紀錄，以及許多未能達成既定目標的計畫。[75]然而，一如特別監察長約翰・索普科（John Sopko）在二〇一五年受訪時所言，「在我們的政府中沒有人被要求過要負責，沒有人錯失加薪，也沒有人失去升職的機會。這是一個問題。」[76]

公平地說，這些失敗主要並非源於那些曾經在美國近年戰爭中指揮或作戰的人，美軍也還是有能力達成令人印象深刻的軍事行動。反之，這個糟糕的紀錄反映出了自由主義霸權所需要的戰爭類型——也就是在戰略價值一般的國家所進行的長期反叛亂行動。這個錯誤並非出在於那些被送往戰場的男女軍人，而是出在於那些堅信戰爭是必要且可獲勝的文官領袖與專家身上。

媒體界的當責

如同前面幾個章節曾做過的討論，一個充滿活力的點子市場仰賴的是一個警戒的、好懷疑的且獨立的媒體，以確保多樣的觀點會被聽見，並且讓大眾知道他們政府表現如何。這個任務也需要記者與媒體組織的當責，那麼錯誤、偏差或可疑的記者行為才不會破壞大眾對於關鍵議題的理解。

人們或許會認為，數位革命所產生的新媒體爆發會使得查核政府公權力的頻率增加，而在不同媒體之間增加的競爭或許會激勵它們採行較高標準。唉，看起來事實似乎是相反：有線新聞頻道、網路、線上出版、部落格以及社群媒體愈來愈吃重的角色似乎並沒有形成一個更加警慎的「第四權」，反而使得媒體環境相較於過去更缺乏當責。公民們可以在近乎無限的「現實」中選擇自己想要閱讀、聆聽或觀看的版本。匿名的個人與國外情報機構散布的「假消息」，經常被人們嚴肅看待，而「新聞」頻道如布萊巴特、德拉吉報導和資訊戰等的競爭手法並非更努力地揪出事實，而是買賣謠言、無事實根據的指控以及陰謀理論。領導的政治人物（尤其是川普本人）曾經多次引用這些媒體的言論，同時視其他知名媒體公司為帶有偏見且不可靠的，使得前者在大眾眼中的可信度上升。[77]

這種現象的淨效應在於，凡是任何資訊來源挑戰到人們自身對於事件經過的理解，就會遭到懷疑。若是有夠多的人真心相信「《紐約時報》是假新聞」，如同前國會議員紐特・金里奇

（Newt Gingrich）在二〇一六年所言，那麼所有的資訊來源會變得同樣有效，而民主體系的一項關鍵支柱就在實際上被中性化了。[78]當所有的新聞都不可信，公眾就不知道該相信什麼，而有些人就會接受拿著最大擴音器的人（或是擁有最多推特跟隨者的人）所告訴他的任何事情。

不幸地，美國媒體業站在制高點上，卻在某些關鍵外交政策上犯了重大錯誤，而且沒能自我承擔起這些錯誤的責任，在在使得這個問題更加嚴重。這些插曲暗中侵蝕了媒體們的可信度，並且為較不可靠且不擇手段的競爭對手們開了大門。

近期主流媒體所犯下最顯著的不當行為案例，是那些具有聲譽的新聞組織在二〇〇三年伊拉克戰爭爆發前夕所扮演的角色。《華盛頓郵報》與《紐約時報》皆針對聲稱伊拉克在進行的大規模毀滅性武器計畫發表了錯誤報導，而報導的資料來源幾乎完全仰賴小布希政府所提供的虛構材料。如同《紐約時報》編輯群在日後所承認的，這些報導並沒有被好好地處理，也沒有做好事實查證，其中包含了無數的錯誤，而小布希政府在推銷戰爭方面的努力毫無疑問地因為這些錯誤報導而更加容易一些。[79]

不過，《紐約時報》與《華盛頓郵報》並不孤單：自吹自擂的《紐約客》雜誌也在記者傑佛瑞・哥德堡（Jeffrey Goldberg）的筆下發表了一篇長幅文章，其中描述了賓拉登與伊拉克獨裁者海珊之間的假想關聯，且日後被發現那完全是虛構的。[80]其他突出的媒體人物——包括《華盛頓郵報》的柯恩、海亞特與克勞塞默；《紐約時報》的比爾・凱勒（Bill Keller）和佛里曼；《華爾街日報》的保羅・吉戈特（Paul Gigot）；以及福斯新聞的喬・斯卡伯勒（Joe Scarborough）——以及暢銷電台主持人拉許・林博（Rush Limbaugh）等人，全都搭上了支持戰爭的浪潮。

然而，除了《紐約時報》記者茱迪思・米勒（Judith Miller）——她寫了幾篇錯誤的報導，而最終在二〇〇五年帶著有污點的名聲離開報業——是唯一的例外，其他幫忙推銷戰爭的記者或專家之中，無人為自己的過錯付出任何代價。[81]哥德堡從誇張宣傳伊拉克的威脅，到錯誤警告美國與伊朗即將爆發戰爭，但是這些行徑與其他可議的記者行為都沒有阻礙到他於二〇一六年成為《大西洋》主編的職涯之路。[82]其他支持戰爭的記者們則繼續在媒體界的高位上長年為戰爭辯護，顯然對於他們協助策劃的戰事造成上千人死亡不感到一點責任或罪惡感。[83]在少數情況下，有一兩個人會承認自己錯了（例如《紐約時報》的總編輯凱勒最終所為），低頭認錯伴隨著一大堆藉口，以及「其他許多人也錯了」的提醒。[84]

這個情況在《華盛頓郵報》並沒有比較好。海亞特在接掌社論版之後，聘僱了多位強硬派的新保守主義分子，以詹姆斯・卡登（James Carden）及雅各・海爾布朗（Jacob Heilbrunn）的話來說，就是將社論版轉變成「為執迷不悟的好戰知識分子服務的擴音器」。[85]在二〇〇三年，《華盛頓郵報》滿腔熱血地宣傳入侵伊拉克行為（藉由一次印出二十七篇倡導戰爭的社論文章），並形容國務卿鮑爾在聯合國安全理事會上帶有偏見且錯誤百出的報告是「毋庸置疑」的。《華盛頓郵報》的社論寫手視入侵行動為一場勝利，在二〇〇四年五月寫道：「我們無法不做出如此結論，美國與其盟友已經為伊拉克的兩千三百萬人民做了一次絕佳的服務。」他們並且有自信地表示，伊拉克不存在的大規模毀滅性武器最終將會被發現[86]。《華盛頓郵報》在幾年後又為入侵的決定說話，其社論版副編輯傑克森．狄爾（Jackson Diehl）表示，戰爭的真正成本不在於喪失的生命或是浪費了幾十億美元，而是這次經驗可能會讓華府在未來拒絕干預其他地方的可能性。」[87]

然而，《華盛頓郵報》令人煩擾的紀錄不只局限於伊拉克。社論版成功地激起輿論，讓美國傅立民大使於二〇〇九年被提名為國家情報委員會主席一事無疾而終，而二〇一二年阻擋赫格爾成為國防部長的努力則是失敗了。在這兩個案例中，傅立民與赫格爾過去的紀錄與當下人們的觀感都遭到扭曲。一則於二〇一〇年的社論鄙視歐巴馬相信「德黑蘭的激進派最終將會同意協商」其核武計畫，而伊朗最終也確實這麼做了。[88]《華盛頓郵報》專欄作家馬克．蒂森（Marc Thiessen）否認水刑是刑求，並聲稱在天主教教義下是被允許的行為，蒂森後來被《華盛頓郵報》自家的事實檢核員查到一篇二〇一二年的專欄文章錯誤指控歐巴馬總統缺席每日情報簡報，因而被稱作「三位小木偶」。接著在二〇一四年，蒂森又撰寫了一篇危言聳聽的專欄文章，聲稱恐怖分子可能會給自己注射伊波拉病毒，然後飛來美國以引發感染，而這個說法很快地就被專家駁斥。[89]

做為一國之都最突出的報紙，《華盛頓郵報》對於菁英意見有極大影響。如果在這個國家首都的領導報社曾經有過適度的當責，甚至承諾要發表更具代表性的見解，那麼海亞特做為重要的守門員角色，其表現早就該讓他被解僱了。而如果《華盛頓郵報》的領導團隊真的有興趣在社論對頁版面上發表各式各樣的言論，那麼該報的定期專欄作家陣容應該會和目前的這組人馬很不一樣。然而，這並不是這片自由之地上的主要媒體運作方式。

重要媒體人物惹上了什麼麻煩？如同傑森・布萊爾（Jayson Blair）、史蒂芬・格拉斯（Stephen Glass）和珍妮特・庫克（Janet Cooke）所揭露的，完全捏造出來的報導故事或資料來源可以終結一名記者的職業生涯。類似的道理，NBC新聞播報員布萊恩・威廉斯（Brian Williams）在虛報自己跟隨一支美軍直升機部隊潛入伊拉克之後便失去了工作（雖然他最後在MSNBC有線頻道獲得一個新聞職缺），而福斯新聞主播比爾・歐萊利（Bill O'Reilly）、《今日》（*Today*）節目主持人馬特・勞爾（Matt Lauer）以及MSNBC的政治分析師馬克・赫柏林（Mark Halperin）都在持續的性騷擾行為被可靠消息公諸於世之後遭到解職。[90]公開做出種族歧視、性別歧視、憎惡同性戀或是下流的言論，可以導致解職的下場，對於以色列過度批評的言論也可能有類似後果，就像合眾國際社（United Press International, UPI）的海倫・湯瑪斯（Helen Thomas）與CNN的吉姆・克蘭西（Jimmy Clancy）、奧克塔維亞・納瑟（Octavia Nasr），都受到教訓。[91]

公開擁護和平、對於軍事干預抱持懷疑也可能會是一個問題。以二〇〇二年為例，脫口秀傳奇人物菲爾・唐納修（Phil Donahue）被MSNBC炒魷魚，據稱原因是他的節目中存在反戰言論，從而讓主管階層感到焦慮，他們相信在九一一事件之後，該台頻道應該做更多「愛國主義」的表現。[92]不過，一貫地犯錯或是公然地偏頗，即使是在一些美國最具聲望的出版品中，似乎也不會成為保有飯碗與職涯發展的障礙。

我在本書中所引用的一些資料來源，顯示出確實有許多當代記者產出挑戰官方政策的報導與評論，並且企圖讓政府官員負起責任。然而，當責在媒體界仍非穩定的原則，而可疑的報導行為一直持續至今。當這個現象與布萊巴特這類另類媒體的崛起（更別說其他更極端的「假新聞」來源）結合時，也難怪公眾對於一般媒體的信任度降到了歷史新低。[93]這個情形對於我們的民主秩序是一項嚴重的威脅，因為假如公民們不相信來自官方圈子以外的訊息，那麼那些掌權者就更容易隱瞞自己的過失，並且操縱公眾所相信的事物。

無榮譽的先知者：當你對了的時候會發生什麼事？

未能讓容易犯錯的人負責，會造成一個反效果——也就是，當某些人的分析或政策建言不同於社會共識，即使日後因其他事件而證實為真，仍會被社會忽略或邊緣化。反覆錯誤的人幾乎不會受罰，而正確的人則經常不受到獎勵。

舉例來說，在二〇〇二年九月，三十三位國際安全學者付錢買下《紐約時報》社論對頁的半版，宣稱「與伊拉克打仗並不符合美國的國家利益」。[94]發布當時，大多數位於華府的機構都強烈支持開戰，該文警告入侵伊拉克會分散掉美國對付蓋達組織的資源，並且指出美國看似合理的退場策略，或許會因此困在伊拉克許多年。自從該文印發之後的十六年餘來，當初連署的人當中，沒有一位被邀請擔任公職，或是做為總統大選的顧問。他們之中也沒有人是菁英外交政策集團如阿斯彭戰略集團的成員，更沒有人曾經在外交關係協會或阿斯彭安全論壇的年會上發表演說。他們之中有許多人擁有傑出的學術地位，並且持續地參與有關國際事務的公開演講，但是他們在二〇〇二年所做出的預言普遍地未受注意。

美國陸軍上校保羅．英林（Paul Yingling）的案例給予我們類似的教訓。英林在伊拉克服役過兩輪，第二次是做為第三裝甲兵團的副司令官。他在那裡的經驗激發他於日後針對軍隊高層所撰寫的強力批評，發布在二〇〇七年三月的《軍力週刊》（*Armed Forces Journal*）上，名為「將才的失敗」（A Failure of Generalship）。英林在隨後的文章中提到，「糟糕的建議與決策並非意外，而是一個獎勵糟糕行為的體制所造成之結果」。這篇文章指出在伊拉克反覆發生的指揮敗筆，並且成為陸軍作戰學院（Army War College）、陸軍指揮參謀學院（Command and General Staff College）及其他一些美國軍事機構的指定讀本。但是英林在二〇一〇年才勉強獲得晉升為上校。在他錯失派任至陸軍作戰學院的機會之後（這個跡象透露出他未來的仕途黯淡），便選擇從軍中退伍，成為一名高中教師。[95]

弗林特與希拉蕊．曼恩．勒維瑞特夫婦的職涯則在不同的外表下呈現出相同的問題。直到二〇〇三年，勒維瑞特夫婦都在外交政策當局中占有一席之地。弗林特擁有普林斯頓大學博士學位，曾撰寫過數篇頗受好評的學術作品，並且曾在中情局擔任資深分析師、曾為國務院政策規畫團隊的一員，以及在二〇〇二至二〇〇三年出任國家安全會議中東事務的資深主任。卸下公職之後，弗林特短暫地在布魯金斯研究會的沙班中心工作過，接著跳槽到新美國基金會參與美國策略專案。希拉蕊．曼恩則是畢業於哈佛法學院，曾短暫工作於美國以色列公共事務委員會，也曾在九〇年代擔任過多項國務院職務。兩人在任職於公務體系期間認識，並於二〇〇三年結為連理。

伊拉克戰爭與美國中東政策的大方向導致勒維瑞特夫婦的理想破滅，很快地變成從根本上改變美國對伊朗策略的強力提倡者。除了經常在媒體上爆光，並且開始經營一個廣泛處理伊朗議題的網站，他們在二〇一三年也出版了一本具煽動性的書籍，名為《前進德黑蘭：為何美國必須接受伊斯蘭共和國》（*Going to Tehran: Why America Must Accoupt the Islamic Republic*）。[96]《前進德黑蘭》一書中建議美國放棄政權轉移的目標，持續努力地與伊朗接觸。它挑戰了在美國蔚為主流的信念，即伊朗政府缺乏足夠的群眾支持，而更緊縮的經濟制裁會迫使它放棄整個核武研究計畫。最具爭議的一點在於，他們針對民意調查與投票結果所做的分析致使他們做出結論表示，時任總統的馬哈茂德．阿赫瑪迪內賈德（Mahmoud Ahmadinejad）贏得有爭議的二〇〇九年伊朗總統大選，而在選舉過後興起反阿赫瑪迪內賈德的綠色革命運動並沒有獲得廣大民意支持。

勒維瑞特夫婦並不否認那次選舉過程中存在不尋常行為，也不否認許多伊朗人反對神職政權，而且他們形容伊朗政府對於綠色革命的壓迫（期間約有百人喪生）涉及「犯罪行為」，反政府者受到「具體地虐待」，或者在某些情況下被刻意謀殺。然而，他們仍堅稱選舉結果與許多選前民調結果是一致的，而即使沒有發生詐欺舞弊，阿赫瑪迪內賈德還是會贏得大選——儘管勝選幅度會小一些。

一如人們可能的預期，勒維瑞特夫婦偏離華府正統思維的言論激起了激烈回應。批評者譴責他們為德黑蘭辯護，控訴他們收受德黑蘭的好處，並將這對夫婦描繪成殘酷地冷漠看待在選後示威遊行中遭到殺害或抗議之受害民眾的命運。然而，針對勒維瑞特夫婦的強烈反應並非出於他們犯下反覆的分析或預測錯誤；他們遭受社會唾棄之因在於他們挑戰了人們的共識觀感，即認為伊斯蘭共和國在伊朗國內極度不受歡迎，因此對於美國的施壓並無反抗之力。

例如在二〇一〇年，《新共和》中對於這對夫婦的一則評論承認「勒維瑞特夫婦的分析不見得為錯」，而弗萊徹學院的德雷茲納也在日後認可他們正確地預測到綠色革命不會成功。[97]此外，勒維瑞特夫婦聲稱伊朗不會同意廢除其完整的濃縮鈾產量（而該國確實未同意），並且堅信儘管制裁行動已經證實日漸嚴格，這個政權並未面臨崩潰的險境。他們正確地質疑伊朗二〇一三年的大選結果是否早已預先決定，並聲稱最終的勝選者——羅哈尼——確實有機會勝出，即使其他的傑出專家都不看好他的前景。[98]

重點並不在於勒維瑞特夫婦總是正確的，或是針對他們的批評總是錯的。[99]反之，在此想強調的是他們現在成了邊緣人物，儘管他們做為分析家的紀錄並沒有比那些批評他們的人來得糟，而且有時候還表現得更好，主因在於他們魯莽地挑戰了社會對於伊朗政府無所不在的妖魔化作為。雖然勒維瑞特夫婦不是華府圈內唯一積極強硬的人，但他們自身的好戰或許使得潛在的盟友變得疏離，也導致了他們現在的局外人地位。[100]同時，那些持續與熟悉的反伊朗共識維持同調的人，儘管多次做出錯誤的分析，仍然被視為可靠的權威，也依舊在主流的外交政策組織中占有領銜地位，而只要政治風向對他們有利，就還是合適的公職人選。

一個嚴肅看待當責的世界——而非偏好只會效忠與擅長「待在線內」的人們——會追尋有勇氣堅定自身信念的人，會願意在適當的時機挑戰權威，並且表達出那些終將被證實屬實的觀點。在這樣的世界裡，一名不情願的異議人士如馬修．侯（Matthew Hoh）或許會有不太一樣的生涯。做為一名前海軍上尉暨國務院官員，侯曾經在伊拉克服役過兩輪，他首次吸引到大眾的注意是當他相信美國在阿富汗的努力未能成功，而在二〇〇九年辭去於阿富汗扎布爾省的資深官員職位時。他的說法是：「對於美國在阿富汗現身的戰略意義，我已經失去了理解與信心……我的辭職決定不是基於我們如何追尋這場戰爭，而是基於我們為什麼要打這場戰爭，以及要打到什麼程度才肯罷休。」侯的上級視他為一名才華出眾且專注奉獻的官員，於是試圖說服他留下來，但是他很堅定於自己的決定，最終在新美國基金會的阿富汗研究團隊擔任短期主管，而該團隊偏向於支持美國快速從戰事中脫身。

後續事件顯示出侯對於美國在阿富汗的前景感到懷疑是正確的。外交關係協會將他的辭職信視為阿富汗戰爭的「重要文件」，而侯在二〇一〇年更獲得了國家學會（Nation Institute）的瑞登奧爾揭發真相獎（Ridenhour Prize for Truth-Telling）。然而，他發現「華府的國家安全與外交政策當局」不僅沒有獎勵他的先見之明與政治勇氣，反而在實質上對他關上了大門——「不論他的言行有多麼正確」。[101]受到困擾已久的創傷後壓力症候群及其他源自戰場經驗的問題，侯後來失業了好幾年。同時間，那些為不成功的阿富汗增兵行動推銷與護航（因此幾無意義地延長了戰事）的人們則是在政府、智庫、私部門與學術界裡獲得了具聲望的職位。

某種程度上來說，侯的案例與其他近來的異議者和揭密者下場相同，包括拉達克、范布倫、湯瑪斯．德雷克（Thomas Drake）、約翰．克里亞庫（John Kyriakou）以及最有名的史諾登和雀兒喜．曼寧（Chelsea Manning）。然而，不若史諾登或曼寧這兩位的行為確實觸犯法律，侯唯一的「錯誤」是有勇氣向大眾揭露他對於美國戰略的疑慮。[102]

上述這些（與其他）案例激起了一個根本問題：如果反覆將重要的外交政策議題搞砸的人們幾乎不必為他們的錯誤承受任何懲罰，而同時那些正確審視相同議題的人卻被普遍地排除在擁有責任與權力的職位之外，美國人該如何期望在未來能做得更好呢？

結論

確實地，若是一些編輯與專家被替換掉，若是更多將軍因為表現不佳而遭到解職，或是如果顧問會因為提出的建言被證實錯誤而不再被給予另一次失敗的機會，美國外交政策也不會因此就變得萬無一失。外交政策是很複雜且充滿不確定性的活動，沒有任何與世界事務交手的人能總是把每一件事做對。

除此之外，想要讓人們負責的意圖有時可能會太過頭。我們不想要在一看到麻煩發生就驅逐政府官員或是解僱一名記者，只因為他把一件複雜事物的某些部分搞砸。沒有人是不會犯錯的，而人們通常會從自己的錯誤中汲取教訓，一次又一次做得更好。此外，如果我們想要鼓勵官員們大膽創新、聰明地利用機會，並且考慮具創建性的提案，我們就必須接受他們有時候會失敗。與其在人們第一次犯錯時就摒棄他，一個更好的做法會是辨明導致問題的點子、個人或政策，公開地承認錯誤。但是當無心之過反覆發生，而犯錯的人無法或是不願承認之，我們就應該找其他人來做這份工作了。

可惜的是，現行體制並不鼓勵系統性學習，它也不要求人們負責，即使當錯誤反覆發生的頻率之高。如同本書第二章所討論到的，任由當責缺席的條件之一，是美國偶然地享有權力與安全兩者之組合，以致這個國家不受到政策錯誤的影響，並允許愚蠢的行徑繼續下去而不受糾正。

然而，或許真正的當責所面臨的最大障礙是外交政策當局本身的自我利益。其成員不願意嚴厲地評斷他人，並且準備好原諒錯誤以免自己反而受到批判。即使當重要的圈內人士做出違法行為，他們也會毫不困難地集結其他知名友人與前同事來組織活動，以求無罰判決或特赦。 103

「隨遇而安」是一句古老的政治諺語，而它很有助於解釋為何外交政策當局既能寬恕誠實的錯誤，也能原諒比較不無辜的不當行為。嚴格當責會危害到友誼——尤其在一個如此緊密交融的城鎮如華府——而將批評之言公諸於世，或是將嚴重的弊端洩露出去，會讓人在這個重視忠誠更甚於能力或正直的世界裡付出昂貴代價。只要他們不對抗共識、挑戰禁忌或是架出太多拐子，外交政策共同體裡的既定成員就可以有信心地留在圈內，不論表現如何。

新任參議員伊莉莎白・華倫（Elizabeth Warren）在她二〇一四年出版的著作《一次戰鬥的機

會》中，讓我們有機會看到這個現象。甫當選並準備前往華府的華倫，向她在哈佛的同事、曾經是財政部長並擁有長期華府經驗的勞倫斯・桑默斯（Lawrence Summers）徵詢如何令人印象深刻的方法。她回溯道：「他是這麼開場的：我曾經有過機會。我可以做為圈內人，或者我也可以做為圈外人。圈外人可以說出任何他們想說的話，但是在圈內的人不會聆聽他們的話。相反地，圈內人有很多管道與機會去推動他們的點子，人們（有權勢的人）會聽他們要說的話。然而，圈內人也了解有一項不可打破的金律：**他們不批評其他圈內人**。」[104]

直到川普出現。一位富裕的紐約地產開發商暨繼承了一大筆財富的實境秀主持人，幾乎不算是一位真正的圈外人，但是川普從競選期間、交接期間至入主白宮的頭幾個月間，對於兩黨的重要人物幾乎沒有展現什麼尊重，尤其對於外交政策當局及其許多核心信念表現出蔑視的態度。即使川普自己的想法似乎也很貧乏，且他的個人特質令人極度擔憂，但他對於外交政策界的懷疑態度是可以理解的。

在此還有一個關鍵問題未被回答：一名容易衝動、運用推特的總統，以及一群未經過試驗的顧問團隊是否能夠與自由主義霸權做出清楚的切割？他們是否能夠克服外交政策共同體的反射性抵制，或者是後者最終會控制並收編他們？如果川普試圖挑戰外交政策變形怪體，他是否能夠落實更佳的政策，或者只是把事情搞得更糟呢？下一章節會說明川普至今做了什麼事，以及他的進展如何。

有雷：結果並不漂亮。

CHAPTER 6 如何不修補美國外交政策 How *Not* to Fix U. S. Foreign Policy

若是希拉蕊在二〇一七年一月成為總統，美國外交政策的中心成分還是會和之前一模一樣。希拉蕊會擁抱美國自己宣稱的角色，做為世界「不可或缺」的強權，繼續將美國的戰略重心「再平衡」至亞洲，很快地面對一個更剛強的俄羅斯，並繼續對北約全心投入。與美國傳統的中東客戶之間的關係不會改變，且希拉蕊會毫不猶豫地尋求保留二〇一五年與伊朗達成的核協議，同時反對德黑蘭在該地區的活動。她的政府裡會充滿有經驗的自由國際主義分子，並小心地審查新進人士是否與她擁有相同的主流觀點。希拉蕊或許會在某些議題上較歐巴馬採取更強硬的手段（例如敘利亞內戰），但是她在外交政策上的整體做法，會與過去四分之一個世紀以來美國在海外的行動一致。在希拉蕊政權下，自由主義霸權會繼續完整地被實踐，儘管它存在著許多缺失，也不會受到質疑。

然而，成為總統的人是川普，一部分是因為他強打希拉蕊所辯護的那些失敗的重大策略，並承諾會承擔希拉蕊所擬人化的系統結構*。由於有夠多的美國人認同他對於過往那些失敗的粗糙指控，以致他在選戰中獲得勝利，成功入主橢圓形辦公室。

做為總統，川普有絕佳機會將美國外交政策放在一個更穩固的立足點上。如同本書第三章所示，外交政策共同體與多數美國人之間對於外交政策的觀點始終存在一個落差。一般大眾拒絕孤立主義，但是他們所偏好的策略大方向要比外交政策共同體的多數成員心之所想更來得節制。理論上來說，川普大可以在這樣的民意基礎之上，在外交政策共同體中找到那些認同自由主義霸權的追尋已經迷失了方向的成員，並且與美國的夥伴一起合作，在避免造成關鍵地區之局勢不穩的同時，將美國利益與承諾拉回一個比較好的平衡點。在某些議題上（例如國際貿易），川普大可以要求針對現行組織與貿易協定做出明智的調整，同時保留一套開放的經濟秩序，捍衛美國在這套秩序中的中心位置。在恰當地執行之下，小心地轉移至一套更符合現實的整體策略，會讓美國得以維持安全與繁榮，同時釋放出需要的資源來處理迫切的國內事務。

但事態並未如此發生。在做出「甩掉美國外交政策的鏽蝕」此一承諾之後，川普一上任就以一連串非典型的作為強化了對於外交政策當局的懷疑態度，致使外交政策界的一些重要分子更加強烈地團結起來對抗他。全球局勢的現實以及來自外交政策「變形怪體」的反抗開始勒住川普，而正向轉換策略的機會也就溜走了。一年之後，川普自前任總統手中所承接下來的政策大多還在，而自由主義霸權的重要成分也沒有受到影響。在川普與傳統之間的戰爭中，傳統贏了多數的前期戰役。[1]

並不是說川普沒有造成影響。現代總統在外交政策的執行上享有極大的空間，他們的言論與表達方式——不論是親自發言或是在推特上發言——都可以和他們的所作所為一樣重要。儘管面對反抗，這些權力仍讓川普得以對美國外交政策與美國在世界的地位具備重大影響。

不幸地，川普的影響幾乎完全是負面的。美國還在追求一套被誤導的整體策略，但是這個國家的掌舵者卻是一位所知不多、能力不足的船長，沒有準確的圖表、能幹的船員，或是清楚的目標。美國在世界各地還是過度投入，其軍隊在許多國家活躍地打擊暴亂。相較於其他任何國家，美國在國家安全上的花費一直是多出許多，儘管國內反覆爆發財政問題與重大需求。長期以來做為全球經濟的關鍵角色，美國對於開放貿易秩序的承諾受到嚴重質疑。與此同時，川普古怪、好鬥、自我放縱與顯然不符合總統身分的言行已經讓重要的同盟國感到警訊，並且為美國的對手創造誘人機會。川普沒有精心策劃出一套行動方案讓美國遠離自由主義霸權、轉向一套更理智的策略，反而為了看不出來的收益而放棄難得贏來的影響地位，也讓人們對於是否能夠仰賴美國實踐一套成功的外交政策感到質疑。川普不僅沒能「讓美國再次偉大」，反而是加速了美國的衰敗。

做為總統，川普最終擁抱了自由主義霸權最糟糕的特色——過度仰賴軍事力量、不關心外交，以及單邊主義的傾向——同時不理會自由主義霸權所懷抱的那些正面抱負，例如支持人權，以及保護一個開放且以規則為基礎的世界經濟。當上述情況再加上川普本人的無知、混亂的管理風格與衝動的決策，下場就是美國正在穩定敗壞中的全球地位。

* 譯注：希拉蕊曾經在二〇一六年競選期間與川普的一場辯論中，將過去三十年間造成今日局面的系統暴力（system-violence）擬人化。從工業化活動對黑人的箝制、全球化之下的就業機會流失，到伊拉克戰爭。

川普所承諾的

川普在他的就職演說上，緊扣了他在競選期間的核心主題。「從這一天起，」他保證，「將會只有美國優先。」美國不會再為歐洲或亞洲的盟國安全做擔保；從現在開始，「我們所捍衛的國家必須為此支付代價，如果不這麼做，美國必須準備放手讓這些國家保護自己。」[2]

一如本書序言所及，川普至今的表現要比二〇一六年競選期間更離譜。某一刻他將北約喚作「陳舊的」，並指責長期以來的同盟國如沙烏地阿拉伯支持恐怖主義與其他罪惡。[3]他承諾，美國在他掌權之下會「擺脫國家建立的生意」，說服墨西哥付錢在美墨邊境上築一道牆，並且針對「激進的伊斯蘭極端主義」採取更強硬的立場。川普說過，他會退出TPP，撕毀NAFTA，將中國視作匯率操縱者，並阻止中國與其他貿易夥伴「偷走」美國人的工作。川普誓言要退出有關氣候變遷指標性的巴黎協定，放棄阻止伊朗核武計畫的協議，還稱之為「最糟糕的協議」。他發誓要將美國大使館從特拉維夫（Tel Aviv）遷至耶路撒冷，還提到解決以巴衝突的渴望——稱之為「終極協議」。川普也期待看到俄中關係改善，多次表達他對於俄羅斯總統普丁的敬仰，稱之為「強勁的領導者」，並告訴他的支持者，「我們會與普丁和俄羅建立很好的關係。」[4]

整體看來，川普一開始的外交政策手法顯現出一套零和的民族主義世界觀。美國會追求自己的利益，不太關心甚或不關心他人。川普的一些宣言也反應出一種對於美國白人、盎格魯薩克遜與猶太基督文化至上的懷舊觀點，而這些傳統文化面臨到了外來影響、移民、尤其是伊斯蘭文化的威脅。[5]這種直覺或許解釋了川普對於恐外的愛國主義分子如普丁、匈牙利的奧班和法國的勒龐所抱持的明顯親和，以及對於多元文化包容的捍衛者所挾帶的鄙視，包括歐盟的許多政治人物。[6]

因此，川普的到來似乎預示了與自由主義霸權背後的兩黨共識一刀兩斷。美國不會再利用它的權力去擴張民主，或是提倡自由價值，而會與自己過去曾經協助創立、培植與擴張的跨國機構拉開距離。美國不再試圖強化與擴張以規則為基礎的國際秩序，而會跳出來獨善其身。從今以後，與其他國家的關係會單純藉由美國是否能從中獲得與對方一樣多或甚至更多的利益來決定。[7]如同川普在二〇一七年九月聯合國大會上的演說中反覆強調國家主權的重要性，「我將會永遠把美國放在第一位，就如同你們，做為你們國家的代表，將永遠會、也應該要將你們的國家放在第一位。」[8]

川普所做的

川普早期的人事任命顯示出他完全打算要動搖現況。雖然他短暫地考慮了一些熟悉的人物如退休將軍暨前中情局局長裴卓斯，以及二〇一二年共和黨總統候選人米特・羅姆尼（Mitt Romney）來擔任高階外交政策職位，但多數他的早期人事任命都選擇了圈外人。忽略歐巴馬總統明確的警告，川普選擇了一名充滿爭議的退休將軍麥可・弗林（Michael Flynn）做為他的首位國家安全顧問。[9] 一位政治立場極右派、自由世界秩序的批判者麥可・安東（Michael Anton）則被任命為國家安全委員會的發言人，而他的白宮幕僚團隊還包括了多位經驗有限、不確定是否夠格的助理——例如前布萊巴特評論員暨自稱為反恐專家的塞巴斯蒂安・戈卡（Sebastian Gorka）。[10]

至於川普的內閣組成，他挑選了埃克森總裁提勒森做為國務卿，儘管提勒森缺乏政府或外交經驗。川普也提案削減百分之三十的國務院預算，很慢地才為高層政策職位提出幾名候選人。他在四月一日告訴福斯新聞：「我不想要填滿那麼多職位……他們是不必要的。」[11] 他的這席話確實不假：經過一年之後，許多外交政策的高層職位仍舊空缺，或是由臨時的官員暫代。[12]

自從杜魯門總統以降，五角大廈的領導人就都是文人，但川普沒有這麼做，他選了退伍海軍陸戰隊上將詹姆斯・馬提斯（James Mattis）做為國防部長，也選了另一位退伍上將約翰・凱利（John Kelly）做為美國國土安全部部長，並且授予他的三十六歲女婿、地產大亨繼承人賈里德・庫許納（Jared Kushner）好幾個受人矚目的行政外交任務，而不論庫許納缺乏政治經驗或外交官資格。

不同於過去實務操作的還包括，川普首先將國家情報總長（Director of national intelligence）與參謀長聯席會議主席（Chairman of the Joint Chiefs of Staff）排除在國家安全會議的「首長會議」（Principals Committee）之外，反而將他的首席策略長，前布萊巴特新聞執行董事長史蒂芬・班農

（Stephen Bannon）安插進了會議中。經濟學家彼得·納瓦羅（〔Peter Navarro〕著有抨擊中國的《致命中國》〔*Death by China*〕一書）為川普新成立的國家貿易會議（National Trade Council）帶進了保護主義的觀點。硬派國貿律師羅伯特·萊特希澤（Robert Lighthizer）成為美國貿易代表，而前共和黨南卡羅萊納州州長妮基·海莉（Nikki Haley）則成為美國駐聯合國大使，儘管她在外交事務方面的個人經歷有限。

然而，這些非常規的安排之中，有一些人事案的結局驚人地短暫，而川普的外交政策團隊很快地便由更為一般的人物接手。對於曾經與俄羅斯官員會面一事說謊，弗林在上任二十四天之後就辭去國安顧問一職；前福斯新聞播報員麥法蘭（K.T. McFarland）接著在幾天之後離開。弗林的後繼者是陸軍中將麥馬斯特（H.R. McMaster），其外交政策觀點與整個當權派的共識非常穩固地契合。麥馬斯特很快地帶進了布魯金斯研究會的費歐娜·希爾（Fiona Hill）來負責國安會裡的俄羅斯事務，希爾本人曾著有非常批評性的普丁傳記，而此一動作也意謂著川普政府將採取更傳統的做法來面對美俄關係。在四月，白宮宣布首席策略長班農將不再出席國安會的首長會議，而國家情報總長丹·科茨（Dan Coats）與參謀長聯席會議主席約瑟夫·鄧福德（Joseph Dunford）則會恢復他們在這個會議上的慣常角色。[13]

二〇一七年夏天，一場大換血重新填充川普的白宮幕僚，意謂著進一步傾向華府傳統。飽受批評的白宮新聞祕書尚恩·史派瑟（Sean Spicer）在七月離職，而川普雖安插前避險基金經理安東尼·史卡拉穆奇（Anthony Scaramucci）為白宮聯絡室主任，卻在十天之後就解僱他。[14]國土安全部部長凱利取代雷恩斯・蒲博思（Reince Priebus）成為白宮幕僚長，他與麥馬斯特繼續在國安會進行人事大掃除，解僱了一些川普最初任命的人，並帶進有經驗的主流專家。[15] 班農在愈來愈被孤立的情況下，很快就離開了白宮，也等於移走了川普政府中最為支持激進改變整體策略的人物。

不意外地，這些人事異動有助削弱許多川普較激進的傾向。雖然他的行為與言辭繼續挑戰傳統規範與期待，美國政策的主軸變得愈來愈熟悉。二〇一八年初又發生了新一輪人事異動——國家經濟會議（National Economic Council）主席蓋瑞・寇恩（Gary Cohn）主動辭職，提勒森與麥馬斯特則遭到解職，分別被中情局局長蓬佩奧與前駐聯合國大使約翰・波頓（John Bolton）取代——但即使是這些最近期的劇變，也沒有改變美國外交政策的大方向，除了貿易政策與伊朗事務。如同上文所討論到的，即使是這些改變，也不算是美國政策的廣泛輪廓做了一百八十度的轉彎。

北約終舊不是「陳舊的」

川普在競選活動中將北約形容為「陳舊的」且「過時的」，但是他在二〇一七年四月時又改變立場，聲稱這已不再是現況，「因為他們已經改變了」。[16] 除此之外，副總統麥克・彭斯（Mike Pence）、國務卿提勒森與國防部長馬提斯皆於二〇一七上半年前往歐洲，協力安撫美國盟友。川普在五月的北約高峰會上立刻激起新的擔憂，因為他拒絕支持北約協定中的共同防禦條款（第五條），並且斥責其他與會的國家元首未能做到自己應盡的義務，但是他在下個月就翻轉了說詞，告訴記者：「美國將會支持第五條款……絕對會。」為了把重點說清楚，他在六月拜訪德國與波蘭時又重申了一次。[17]支持北約防禦俄羅斯的努力——包括「歐洲安全保障倡議」（European Reassurance Initiative, ERI）與共同軍事演習「大西洋決心行動」（Operation Atlantic Resolve）——在整個二〇一七年皆持續進行，而北約的二〇一八年度預算要求美國增加十四億美元以資助ERI，等於大約百分之四十的增加。在顛簸的開頭之後，美國對防禦歐洲的承諾完好如初，儘管是如履薄冰。[18]

除此之外，川普對於北約的主要抱怨——即歐洲會員國沒有貢獻出他們對等應負擔的份額——也不是新鮮事了。關於負擔分享的爭論就與北約本身的歷史一樣久，而許多前任總統、國防部長與國會議長都曾提起這個議題，他們所使用的語言經常與川普一樣的直率。舉例來說，在二〇一一年，國防部長蓋茲在他於北約總部所做的告別演說中預測，若歐洲會員國們不增加支出，這個同盟組織會面臨「一個若非陰鬱也是黯淡的未來」；他並警告「在美國國會裡——以及在整個美國政治體系裡——對於那些顯然不願意為自我防禦而投入必要資源或……做為認真能幹的夥伴國家們，人們將會愈來愈沒興趣與耐心為了他們耗費日漸珍貴的資金。」歐巴馬在二〇一四年六月訪問波蘭時也發出類似的指責，並且在二〇一六年七月的華沙高峰會上再次重申。[19]國安顧問麥馬斯特形容川普對待北約的做法是一種「為迫使對方解決自身問題而採取的強硬手段」，而川普很快地便聲稱他鐵石心腸的做法奏效了。[20]因此，就內涵而言，川普對待北約的做法相較於前任政府並沒有多大差別。

對抗俄羅斯與中國

雖然川普聲稱他想要讓美國與中俄兩國建立正向關係，美國對待這兩國的政策還是維持謹慎與競爭，就如同在歐巴馬與小布希時代的情況。白宮在二〇一七年的《國家安全戰略》中，把俄羅斯與中國列為美國所面臨的長期挑戰之首，宣稱這兩國「挑戰美國權力、影響力與利益，試圖破壞美國安全與繁榮。」[21]川普無法阻止共和黨掌握的國會在二〇一七年對俄羅斯祭出新的經濟制裁，導致俄羅斯總統普丁下令關閉美國政府於俄羅斯境內所設的兩處設施，而川普後續也同意國務院的建議，關閉三座俄羅斯的外交單位（包括位在舊金山的領事館）。在該年十二月，前北約大使沃爾克赴任烏克蘭特別代表，硬派路線的歐洲政策分析中心前執行長魏斯·米契爾（A. Wess Mitchell）則成為主掌歐洲與歐亞事務的助理國務卿，川普在此時授權了對烏克蘭的四千一百五十萬軍售案——包括反坦克標槍飛彈——此舉贏得前歐巴馬官員的讚賞，但是受到莫斯科的憤怒指責。[22]

二〇一八年，俄羅斯的僱傭兵與美國在敘利亞支持的民兵起衝突，此外也被揭露出來俄羅斯特工曾經使用化學武器意圖謀殺一位住在英國的前俄羅斯間諜，於是導致莫斯科與華府之間的嫌隙擴大。白宮與英國、法國和德國一同發表了聯合聲明指責這項攻擊，同時財政部也對俄羅斯祭出新的制裁，以懲罰俄羅斯介入二〇一六年的總統大選。[23]雖然川普與普丁在二〇一八年七月的一場高峰會上試圖修補關係，但在川普上任的頭十八個月間，美國對俄政策的火藥味比起歐巴馬時期並沒有少到哪兒去。

川普與他的前任（尤其是歐巴馬政府）相同，也將中國視作主要的長期敵人。二〇一七年間，川普與中國國家主席習近平在兩個場合見過面，並聲稱跟習建立了「良好關係」，而兩個領導人也授權針對關鍵的雙邊議題召開年度「戰略對話」，就如同先前的美國政府曾經做過的。[24]然而，川普對於習近平拒絕向北韓施加更多壓力一事感到失望，也一直煩惱於不平衡的美中貿易關係。習近平在二〇一七年十月中國共產黨第十九次全國代表大會上自信且驕傲地做了一場民族主義式的演講，讓人們對於北京日漸增長的野心不再有一點懷疑。而白宮的《國家安全戰略》與五角大廈的《國家國防戰略》（*National Defense Strategy*）皆把中國視作「戰略競爭對手」，批評中國試圖擴張其影響力與「破壞區域穩定」的作為，並宣稱「在世界秩序的自由與壓迫願景之間，地緣競爭正在印度－太平洋地區發生」。《國家安全戰略》也強調美國盟友（包括台灣）的重要性，並聲明美國「會加倍對於既有同盟與夥伴關係的承諾」。[25]

國防部繼續將中國視作它主要的長期軍事對手，就與小布希和歐巴馬政權之下相同。[26]美國海軍在二〇一七年間增加於南海地區的「自由航行」（freedom of navigation）*頻率，清楚表態美國還是反對中國在這片重要的國際海域上所宣稱的領海權利，亦附和了國務卿提勒森在他自己的人事任命同意案聽證會上所提出的一點。[27]中國做為重大長期競爭對手的觀點，也讓川普在二〇一八年三月決定對中國祭出特定商品的關稅與投資限制，以報復中國違反世貿組織的貿易規範，以及對美國智慧財產權的偷竊行為。[28]川普的戰術不同於先前的政府，但是對抗崛起中的中國早在川普之前就已經展開了。

北韓：曾經與未來的敵人

北韓，在柯林頓、小布希與歐巴馬時期皆是個棘手的問題，而現在它仍然是令川普感到頭痛的麻煩。自從一九九〇年代早期，美國曾經擔憂平壤的核子武器計畫，而美國領導人也曾經不只一次慎重考慮要採取預防性軍事行動。隨著北韓的核子與長程飛彈能力繼續成長，歐巴馬於是警告當選的川普，北韓會是他做為總統所要面對「最迫切的問題」。[29]

在川普與中國國家主席習近平的第一次會面結束之際，他提出一個挑戰，宣稱：「如果中國不解決北韓，我們會！」[30]川普接著在他的第一年任期間，與北韓領導人金正恩展開互相挑釁的口水戰。他將金正恩喚作「小火箭人」，並警告說，如果北韓繼續威脅美國，這會是「玩火的行為，會激起世上未曾見過的怒火。」二〇一七年十二月，在金正恩吹噓「整個美國領土都在我們的核武射程內，而且啟動鈕一直都在我的辦公桌上」之後，川普在推特上回應道，「我也有一個核武按鈕，但是它比金正恩手邊的還要更大且更有威力，而且我的按鈕是可以運作的！」[31]

儘管雙方喋喋不休地以言語恫嚇、炫耀武力，川普最終選擇仰賴經濟制裁和外交手段，就和他的前手們一樣。[32]川普一開始宣稱，北韓「不會發生」更多的彈道飛彈試射，但是面對新一輪的核試，川普政府並沒有採軍事行動，而是發起聯合國安全理事會無異議通過一項決議，對平壤施加新的一輪的制裁。[33]美國官員繼續警告「時間正在流逝」，暗示美國是有可行的軍事選項，但是川普仍然拒絕發動戰爭。[34]

川普的問題與其他總統一樣，若想要清除北韓的核武兵工廠或摧毀它的彈道飛彈試射裝置，就很可能引發一場殺害幾十萬名南韓人民的全面戰爭，與中國公開衝突，並且令全亞洲質疑美國保護的價值。[35]因此，直到二〇一七年底，川普同意延後與南韓的聯合軍事演習，直到首爾辦完冬季奧運會之後，並且支持南韓所主動提出的與北韓面談。川普在二〇一八年一月告訴記者：「我想要看到（北韓）參加奧運，或許事情就會從那裡展開。」[36]

接下來的事態演變是完全超出預期的：三月，一場由金正恩與南韓總統文在寅所進行的雙邊領袖高峰會導致金正恩向川普發出會面邀請，以討論核武議題和其他兩國之間的爭執點。儘管許多人懷疑一場這樣的會議是否為明智之舉，且事前準備也不足，川普還是很快地就接受邀

* 譯注：這是國際習慣法中的一個原則，即除了國際法規定的例外情況之外，懸掛任何主權國家旗幟的船舶不受來自其他國家的干擾。該權利已被《聯合國海洋法公約》第87（1）a條加以法典化，但是海洋法公約並未獲得全部聯合國成員國批准，例如美國宣稱會遵守該公約（但不包括第十一章有關成立國際海底管理局的規定），柯林頓也曾於一九九四年同意加入該公約並提請參議院批准，但美國迄今尚未簽署該公約，國會亦未批准。

請。[37]或許這樣的衝動回應對川普來說是很典型的作風，但它也突顯出來川普本人已勉強地認知到，美國與北韓之間的嫌隙還是以外交手段處理為佳。

六月，兩位領袖於新加坡做了簡短會面，並簽署了一份模糊的協議以「致力達成去核化」的目標。川普後來聲稱，來自北韓的威脅已經消失，但是平壤真正的核能力尚未改變，而這場會議大致上來說是一場形式上大過實質上的勝利。

儘管如此，如今川普放在處理北韓威脅上頭的優先事項已經與他二〇一六年競選時所採取的立場不同。在成為總統之前，川普曾經聲稱，相較於依賴美國的保證，讓南韓與日本發展自己的核子武器或許會是更好的選項。[38]如今川普已意識到，美國應該率先找到解答。

在中東走在既定的方向上

川普針對中東的做法也沒有任何重大的偏離。[39]川普上任後不久即與埃及、以色列、約旦和沙烏地阿拉伯的領導人見面，再次確認美國對這些長期以來的盟友們的支持。自從他在二〇一七年五月的第一趟海外出訪至沙烏地阿拉伯，他就放棄了對伊斯蘭的嚴厲攻擊，以及他早先對這個王國的批評，並且呼籲形成一個團結的阿拉伯聯盟以對抗激進主義、恐怖主義與伊朗。川普特別熱情地支持沙烏地王儲穆罕默德・賓・沙爾曼（Mohammed Bin Salman）所推動的野心改革*，而無視於王儲的魯莽，以及他在葉門、黎巴嫩與卡達試圖對抗伊朗的影響未果。[40]然而，這也不是一項新政策：歐巴馬也幾乎沒有做什麼事來箝制沙烏地的冒險主義，而任一位美國總統應該都會歡迎減少宗教限制與多樣化沙烏地經濟的努力。

面對阿薩德政權在二〇一七年四月重新使用化學武器一事，川普強勁的回應也顯示出他拾起了人們熟悉的華府劇本。川普先前曾經說過，美國不應該介入敘利亞內戰（即使只是動用空中戰力），但是他下令海軍艦隊向啟動化學武器攻擊的敘利亞空軍基地發射飛彈之舉震驚了每個人。[41]這種擁抱華府正統的做法對於內戰本身沒有影響——當然了，阿薩德的地位在那一年間持續增長——但是它為川普贏得了來自共和黨員、民主黨員以及重要媒體人物的喝采。如同CNN的札卡瑞亞所言：「我認為川普（在昨夜）成了美國總統。」[42]

類似的情況下，川普對伊朗的政策完全符合美國自從一九七九年巴列維王朝垮台之後所遵循的反伊朗共識。他反對並退出二〇一五年為阻止伊朗取得核子武器而協商出來的多邊協議，這是明顯偏離歐巴馬的做法，但是在美國外交政策共同體內部並不是一個激進的立場，儘管此舉確實受到來自其他政黨與許多民主黨員的廣泛批評。[43]

很重要的是，必須記得《聯合全面行動計畫》從一開始就極受爭議，而歐巴馬政府必須發

* 譯注：賓・沙爾曼於二〇一七年六月被立為王儲，亦為國家的實質領袖。他在成為王儲之前即開始推動「願景二〇三〇」社會經濟改革計畫，目標是讓這個全球最大石油輸出國加速擺脫單一經濟模式，變得更「開放」。該計畫內容包括將國營能源巨擘沙烏地阿美石油公司（Saudi Aramco）部分私有化、成立兩兆美元主權基金，也逐步放鬆對女性的束縛，提升女性在勞動市場的角色，並大量投資娛樂產業。

動一場艱難的戰役來贏得國會不情願的支持。在華府內部一些資金充裕的團體與個人不屈不撓地試圖顛覆這項協議，而即使是許多支持協議的人也將伊朗視作一個尤其危險的對手，美國必須更努力地箝制它。[44]我們也不應該忘記柯林頓、小布希與歐巴馬都曾經對伊朗祭出經濟制裁，支持中東地區反對伊朗的勢力，授權祕密行動來對付之，也都曾浮現或公開支持在德黑蘭促成「政權轉移」的目標。[45]川普單方面放棄這項協議的決定或許是愚蠢的，但它也不算是與先前的美國政策激進決裂的做法。事實上，《聯合全面行動計動》才是真正的例外，而川普拋棄它的決定只是單純地回歸到美國對伊朗長期以來的對抗政策，目標就是政權轉移。[46]

川普與其前任之間最明顯的差異是他面對以巴衝突的做法。川普選擇了一名對於以色列占領運動毫無歉意的捍衛者大衛．弗里曼（David Friedman）擔任以色列大使，這個動作清楚地顯示出他不打算就這個議題對以色列施壓。[47]不像柯林頓、小布希或歐巴馬，川普本人並不全心支持以「兩個國家」做為解決方案的想法。二〇一七年二月，他曾經在受訪時表示：「我正在看著『兩個國家』和『一個國家』的選項，而我喜歡的是雙方都喜歡的那一個選項。」[48]接著，在同年十二月，川普遵循他的競選承諾，承認耶路撒冷是以色列的首都。當巴勒斯坦領袖提出抗議時，他譴責他們沒有對美國表現出「感激或尊重」，並且威脅要切斷美國對巴勒斯坦當局的援助。[49]

川普針對耶路撒冷的決定，尖銳地打破了國際上對於這個城市的地位應該透過協商而非以色列單方面行動的共識，這也是為何先前的總統皆忽視他們自己也曾有過的類似競選承諾。[50]

然而，川普盲目地接受以色列，以及他不願意反對以色列占領行為的態度，與其說是美國政策的徹底改變，更像是表象的轉變罷了。[51]先前的總統曾經在無數的場合上抱怨過以色列占領行動，也曾經試圖推動以色列朝和平協議努力，但是沒有人曾經藉由威脅減少美國援助或外交保護來嘗試強迫以色列屈從。相反地，柯林頓、小布希與歐巴馬都非常明顯地表現美國對猶太國家的支持是「不可動搖的」。[52]

除此之外，在二〇一七年沒有任何「和平進程」可談，而過去幾任總統曾經偏好的「兩個國家」選項已經奄奄一息。[53]在極不可能的情況下，萬一這個選項死灰復燃，川普對耶路撒冷的象徵性大動作也不會妨礙到巴勒斯坦人在東耶路撒冷擁有他們自己的首都。總的來說，川普對於這個議題的做法只是清楚表達了老練的觀察家早已知道的事：美國政府很堅定地站在以色列這一邊，也不會動用它的影響力來促成公平的占領。講難聽一點，川普的動作只是卸下了美國所偽裝出來的公平，讓任何人不會再被這樣的外表所愚弄。[54]

國防政策與反恐行動

在競選期間，川普曾經指責歐巴馬政府忽視美國的國防工作，堅稱美國已經變成了一個「脆弱的國家」，即使美國的國防支出同等於排在它後頭的一打國家之國防支出總合，也接近中國國防支出的三倍。在堅稱「我們的軍事主宰地位必須是無庸置疑的」的同時，川普承諾會「付出必要的代價來重建我們的軍隊」。[55]

甫上任，他就立刻提案要增加百分之十的基礎軍事支出。眾議院最終同意了一個比總統的要求還要大的預算數額。[56]如上文所述，資深軍事官員占據了決定政策的關鍵職位——包括國防部長、國家安全顧問以及白宮幕僚長——川普給予地域性司令官更大的空間去發動作戰指令而不需要白宮的准許。五角大廈於是在幾個戰場上籌劃了戰鬥任務，而美軍在川普上任的頭一百四十二天內所發動的空襲數量，是歐巴馬任期最後一百四十二天的六倍以上。[57]川普也試圖推翻歐巴馬政府准許跨性別者服役的決定（顯然沒有徵詢過資深軍官或他的國防部長），結果他的這項行政命令被聯邦法庭宣告無效。[58]

即便如此，這些行為加總起來也很難說是國防政策方面的重大轉變。川普或國防部長馬提斯皆未曾針對美國在海外的承諾、軍事戰略或是五角大廈官僚體制的每日管理提出重大轉變。雖然川普試圖將他所提出的增加預算描繪成一次史無前例、為強化軍力的作為，非屬任一政黨的戰略與預算評估中心所做的一場詳細比較顯示出，這次預算增加的幅度要比過去十次的總合來得少，「遠談不上是一次歷史性增加」。[59]

川普也沒有改變持續進行之反恐戰爭的大輪廓。美軍對抗伊斯蘭國的行動延續著歐巴馬時期所規畫與執行的戰略——儘管節奏稍微快了一些——而川普也同意了在索馬利亞、敘利亞與其他幾個戰場上些微增兵。[60]然而，從多數面向上看來，美國的反恐政策很緊密地跟隨著川普從前人手中傳承下來的藍圖：國防部繼續為他國軍隊執行訓練任務、針對可疑的激進分子進行空襲與無人機攻擊，並且偶爾由美軍特種部隊發動突襲。根據美利堅大學國際服務學院的約書亞．羅夫納（Joshua Rovner）所言，「川普政權對抗恐怖主義的做法與它的前任政權很相似。」[61]約翰霍普金斯大學的哈爾．布蘭茲（Hal Brands）同意此一觀點，並說道：「在川普的反恐戰略中，其軍事部分與歐巴馬總統在後段任期所追求的沒有什麼本質上的差異。」或者，如《長期戰爭雜誌》（*Long War Journal*）的反恐文章編輯比爾．羅吉歐（Bill Roggio）所言：「（川普）基本上做了與歐巴馬相同的事，或許只是稍微更強烈一些。」[62]

無論如何，對美國總統來說，堅定不移地支持美國軍事力量幾乎不算是一個異常的政治立場。自從杜魯門以來的每一位總統皆誓言要維持美國的軍事霸權，而至少自從九一一事件以來，對於「軍隊」不加批評的支持已經成為美國政治人物必要的禮貌之舉。前面章節曾經提過，軍事在美國外交政策之實踐上所扮演的角色已經擴張了好幾十年；人們或許甚至會看到川普的身邊充斥了過多的將軍，可說是好一陣子以來的潮流高峰。[63]因此，整體而言，川普在國防政策方面的操作只是「一切照舊」，不過多花了一點錢、多用了一些炸彈。

保護邊境

在競選期間針對國外恐怖分子、罪犯與其他「壞傢伙」所提出的駭人警告，以及反覆承諾要在美墨邊界築一道牆之後，不意外地見到川普在移民議題上擺出強硬態度，堅持拒絕不受歡迎的國外人士踏上美國國土的必要性。川普政府試了三次才提出一紙可以通過司法審查的行政命令，禁止來自六個以穆斯林為主的國家人民入境美國。最高法院最終同意讓政府的第三次嘗試保持效力，推遲對於這個議題的審查。[64]川普亦催促法務部加速非法移民的遣返作業，並且廢除一項二〇〇一年的計畫，其內容是針對兩萬名左右來自薩爾瓦多的民眾發給人道簽證、授予「暫時保護身分」，這個決定讓這些薩國民眾也符合了遣返資格。[65]在二〇一八年一月，川普點燃一場新的騷動，因為他將好幾個發展中國家說成是「鳥國家」，並且質疑美國是否應該准許來自這幾個國家的移民。[66]

然而，在他受爭議的「零容忍」政策（該政策試圖將拘留中的小孩與父母分開以阻止移民）之外，川普的行為與前幾任總統並沒有什麼實質上的差異。自從九一一事件以來，國土安全一直都高過一切的優先事項（如同任何一位空中旅客所知），而用在海關與邊境安全的聯邦預算在二〇〇三至二〇一四年間增加了百分之九十一。在歐巴馬任內大幅地擴張了移民及海關執法局（Immigration and Customs Enforcement）的服務等級，而他最後一次的國土安全部預算被用來聘僱超過兩千位增補的海關與邊境巡警。事實上，歐巴馬在兩次任期間遣返了超過五百萬人，而川普第一年的遣返速度其實比二〇一六年還慢。[67]彼得．東布洛斯基（Peter Dombrowski）與西蒙．萊克（Simon Reich）在檢視過川普的移民與邊境安全政策之後，做出結論道：「當評斷美國自從九一一事件以來的行動時，（川普的）目標與言語皆不代表美國政策存在著根本改變。」[68]

川普不是第一位提議在美墨邊境上築牆的總統，也不是第一位難以蓋成這道牆的人。小布希會經也試圖在美墨邊境上建起一道障礙，但是國會以數十億美元的花費為由阻止了這份提案，只有七百哩左右的圍籬被建了起來。川普的經驗差不多是一樣的：墨西哥或共和黨掌握的國會都不同意出資築牆，迫使川普難以令人信服地斷言墨西哥「最終、只是稍晚一些」會買單。[69]直到二〇一八年一月，川普告訴國會領袖們，這道牆不需要了。白宮幕僚長凱利解釋道，當總統一開始承諾要修築一道牆時，他還沒有「獲得完整資訊」，而現在他的觀點已經「演進」了。[70]

因此，在許多重要的外交政策議題上，川普的行動並不構成與過去急劇的一刀兩斷。在幾個面向上，他確實與主流共識不同，但即便如此，那些轉變或許也沒有如他一開始所承諾的那般深遠。

緩刑中的全球化

長久以來，美國都在極力推廣一套以規則為基礎的國際秩序，大量地將其他國家引進由美國扮演中心角色的多邊機構。與川普的「美國優先」口號一致，他反覆地質問這些機構的價值（尤其是經濟面向上），在他眼中，這些機構不是美國發揮影響力的工具，而是局限華府行動自由的「糟糕交易」，有害美國主權，且嚴重削弱美國經濟。

川普毫不猶豫地將這個新的議程付諸行動。在他上任的第三天即宣布美國要退出ＴＰＰ這個極具野心的多邊貿易協議，那曾經是歐巴馬政府在亞洲「再平衡」戰略的一項關鍵要素。

川普接著在四月讓美國退出有關氣候變遷的多邊巴黎協定，這一步導致美國成為全世界唯一否決此一協定的國家。[71]二〇一七年三月的G20高峰會聯合公報在美國的堅持之下，放棄其原先承諾的「拒絕所有形式的保護主義」，而財政部長史蒂芬·馬努欽（Steven Mnuchin）在後來提醒記者：「我們有一個新的政府，以及新的貿易觀點。」[72]

川普接著抱怨與加拿大和墨西哥所簽訂的NAFTA，稱之為「單邊協定」，造成美國六百億美元的貿易赤字。川普亦聲稱「（世界貿易組織）的設立是對於美國之外的所有人有利」，於是他阻止提出新的人選參加世界組織的七人上訴機構，這個動作威脅到了世貿組織解決未來貿易糾紛的能力。[73]在二〇一七年七月，川普否決他的顧問意見，拒絕中國所提出的自願縮減鋼鐵產能，據傳他催促美國官員找到理由施加更廣泛的關稅。[74]此外，川普威脅取消二〇一一年簽署的「韓美貿易協定」，迫使首爾當局接受針對協定的些微修訂，爾後在二〇一七年九月，商業部開出超過六十項所謂的進口補貼審查，為可能祭出的懲罰性關稅做準備。[75]官方於二〇一七年十二月發布之《國家安全戰略》中提到，美國還是會「與承諾進行公平且互惠貿易的國家追求雙邊貿易與投資協議」，但其中並沒有提到較廣泛的多邊協議。

即便如此，川普在上任初期從全球化浪潮中退出的做法，比起他在競選期間熱烈的華麗辭藻所做出的承諾，更像是試探性的。川普拒絕將中國視作「匯率操縱國」，或是排除進出口銀行（如同他在競選期間所做出的承諾），而且他最終選擇重新協商NAFTA及「美韓自由貿易協定」（Korea-U.S. Free Trade Agreement），而非單純地放棄它們。在某部分來說，這些轉變是出於美國商會及想要直接從這些協定中受惠之商人（包括在關鍵「紅洲」*的農業生產者）的反對，但它同樣地也反應出政府本身深度的分裂。雖然班農、萊特希澤和納瓦羅持續地在推動一套更偏向保護主義的議程，財政部長馬努欽、國務卿提勒森和國家經濟會議主席寇恩都很小心翼翼地避免觸發一場懲罰性的貿易戰爭，以及避免與重要的美國盟友切斷連結。[76]

十二月，當參議院銀行委員會拒絕川普所提出的進出口銀行行長人選史考特・葛瑞特（Scott Garrett）時，他的「美國優先」經濟議程又受到了一次挫折。葛瑞特長期以來是進出口銀行的對手，因此受到商會、全國製造業者協會及其他商業利益團體的激烈反對。[77]接著在二〇一八年一月，川普在達沃斯的世界經濟論壇這個曾經被他嘲笑的全球化國際主義最高殿堂上以較溫和的語氣演講，說道：「美國優先不是美國獨自。」他重申自己支持自由但公平的貿易，並強調「美國很歡迎人們來做生意」。[78]

然而，川普並沒有變成一位皈依全球化的信徒，或是不害臊的自由貿易擁護者，他也毫無疑問地了解支持者們期望他實現曾經許下的承諾，也就是從海外找回流失的工作機會。在二〇一八年二月，這些本能回來了。當時川普拒絕寇恩與提勒森的建議，宣布要對鋼鋁進口產品祭出嚴厲關稅，他在推特上寫道：「貿易戰爭是好的，而且容易贏。」[79]寇恩在抗議之下選擇辭職，而提勒森則在幾週之後被解僱，以致貿易代表萊特希澤和國家經濟會議主席納瓦羅——兩

＊ 譯注：紅洲意即當地選民投票傾向較支持共和黨，多分布於美國中部與南部的農業州。

位皆為堅定的經濟國族主義者——擁有更大的影響力。[80]他們的優勢地位讓現今的貿易秩序更可能直接受到攻擊。首先是二〇一八年三月，針對中國所謂的貿易違規和偷竊美國智慧財產權行為祭出懲罰性關稅，接著是在六月針對自歐盟、墨西哥與加拿大進口的鋼鋁產品施以嚴厲的關稅。到了夏季中期，一場貿易戰爭全面爆發的可能性已經不可能排除了。

即便如此，我們必須在一個更廣泛的背景之下檢視川普針對現存貿易秩序高漲的攻擊。對鋼鋁產品祭出關稅的決策在國內外皆引發廣泛的公開反對，而政府很快地便宣布，這項措施會是「選擇性地」執行，因而激起各方一陣瘋狂的遊說浪潮以確保自己被排除在外，也讓人清楚地了解到這項提案並不如它一開始顯現地那麼影響深遠。[81]川普不是近代第一位打出這張牌的總統：小布希也曾在二〇〇二年針對進口鋼鐵課徵關稅，而尼克森在一九七〇年更曾針對所有進口品課徵百分之十的額外費用。

還有重要的一點，要意識到自由貿易在美國一直都是頗具爭議的。雖然外交政策當局的多數成員支持降低外國貿易與投資的障礙，在自由主義霸權的諸多要素之中，自由貿易仍是面臨到精心組織且政治上有說服力之反對聲浪的一環。國內產業與工會組織的立場受到國外競爭的威脅，因此它們長期以來很警慎地看待自由貿易，並冀望政府的保護，而他們通常可以從選區也許受到某一特定貿易協定負面影響的國會議員那兒贏得支持。基於這樣的理由，貿易自由化的重大條例——例如NAFTA或TPP——一直都很難推銷。因此，我們不意外地看到在川普政權底下，無視來自某些顧問的阻力，自由主義霸權的這個要素或多或少承受了持續的壓力。即便如此，川普的頭一年半任期所呈現出來的情況是，反轉全球化並不如他所承諾的那般容易或是無痛。

提倡民主、人權與國家建立

川普第二個明顯偏離自由主義霸權的做法，是對於提倡民主或人權的極小承諾，以及他對於國家建立的厭惡。在二〇一六年競選期間，川普幾乎沒有提到民主和人權，在與沙烏地阿拉伯的薩勒曼國王（King Salman）、中國的習近平及菲律賓的羅德里戈·杜特蒂（Rodrigo Duterte）見面時，他也拒絕提出這些議題。二〇一七年的《國家安全戰略》中只有一處提及人權，而且只說到「不可以將美國人的生活方式強加於他人之上」。[82]

除此之外，川普有時候對自由媒體的嚴厲攻擊，以及他對於既定之民主規範的漠視，意謂著他個人對於傳統自由價值的承諾就如紙片一般薄，一些國外的獨裁者為了為他們自己破壞自由的行為開脫，會利用一些川普所稱之「假新聞」，很快地引起他經常性的譴責。[83]整體而言，川普對於積極散布美國理想與制度的興趣之少，或許是他與自由主義霸權核心原則之間最明顯的裂痕。如同巴瑞·波森（Barry Posen）所言，川普的整體策略或許會被稱作是「反自由主義霸權」之一：美國還在尋求霸主地位，而它的全球軍事角色仍未被削弱，但是它不再強烈地全心投入對自由價值的提倡了。[84]

不過，即便是在這一點上，川普也沒有完成一百八十度的美國政策翻轉，或是帶領華府完全放棄這些擔憂。二〇一七年版的《國家安全戰略》堅稱，美國會繼續「捍衛美國價值」，並主張「尊重公民權利的政府還是邁向繁榮、人類幸福與和平的最佳媒介」。事實上，在一段很可能是為柯林頓、小布希或歐巴馬所寫的文章中宣稱道，美國「將會永遠與那些尋求自由的人站在一起」，而且會維持「做為世界各地追尋自由與機會的明燈」。[85]

儘管如此，這些普世原則是被選擇性地採用。一份為國務卿提勒森所寫的內部筆記清楚表達出來，在關乎人權的面向上，政府相信「盟友相較於敵人應該受到不一樣——且較佳——的對待。」[86]換句話說，人權是美國可以用來削弱與羞辱如中國、俄羅斯、北韓和伊朗這些敵人的議題，但是在面對與美國友好的政權拒絕給予其公民完整民主權利或是嚴重侵犯人權時，人權就是必須被輕描淡寫帶過的議題。

這種選擇性的做法當二〇一七年十二月反政府示威行動在伊朗爆發時，顯得再清楚不過了。突然間，一個長期以來不重視這些議題的政府猛然地再次面臨這些議題的挑戰。川普一如往常地在推特上發了一連串推文，聲稱「良善的伊朗民眾已經多年受到壓迫」，他並公然抨擊政府「許多侵犯人權的行為」。[87]國務院發出官方聲明譴責伊朗政府逮捕「和平抗議者」，並由國務卿提勒森在國會聽證會的證詞中宣示他對於「伊朗內部可導致和平政權轉移的那些要素」之支持。[88]其他政府官員，尤其是中情局局長蓬佩奧（日後接替提勒森成為國務卿）也偏好繼續在伊朗推動政權轉移的努力。

政權轉移與民主推廣也仍是美國在敘利亞的終極目標。二〇一八年一月，在史丹佛大學的一場公開發言中，國務卿提勒森宣布在最終擊敗伊斯蘭國之後，美國軍隊會無限期地留在敘利亞，他指出「為了成功確保一個穩定、團結且獨立的敘利亞，我們最終會需要後阿薩德時代的領導權」。[89]

除此之外，川普個人對於人權或民主的漠視，並不影響其他政府單位繼續提倡這些價值。[90]在二〇一七年八月，基於關切人權的理由，國務院推遲了對埃及價值將近兩億美元的經濟與軍事援助，而該院針對宗教自由的年報中亦直白地抨擊中國、巴林、土耳其、沙烏地阿拉伯與其他數個國家。國會議員與美國外交官公開批評匈牙利對於媒體與學術自由的持續打壓，而白宮本身也發出一項聲明譴責在柬埔寨增長的政治壓迫，儘管柬埔寨總理洪森（Hun Sen）在二〇一七年十一月東南亞國協（Association of Southeast Asian Nations, ASEAN）高峰會上公然地討好川普。[91]

民主推廣沒有進展，人權也呈現退步，但是這些目標並沒有從美國的外交政策議程中完全消失，政權轉移的目標也沒有消失，至少在面對公認的對手如伊朗或敘利亞的阿薩德政權時。川普政府的公共立場很顯然地與柯林頓的民主「擴大」承諾或是小布希的「自由議程」這類理想主義的辭藻不同，但它也是對於美國過去所作所為頗為合理的正確描述。事實上，前幾任政府的作為經常與捍衛這些原則不一致，而川普所任命的官員只是公開地說出他們的前輩們試圖掩飾的事情。

最戲劇化地透露出川普被現況困住的跡象，或許是他在二〇一七年八月做出向阿富汗增兵的決定。儘管他反覆堅稱美國必須「脫離國家建立的生意」，他還是不情願地屈服於軍方壓力，同意在阿富汗提高美國軍力至超過一萬五千名士兵。在他宣布這項決定的演說中，川普堅稱美國軍力會專注在反恐行動而非國家建立，且為避免出現讓恐怖分子「立刻趁虛而入」的真空期，增兵為必要之舉。[92]防止阿富汗再次成為恐怖分子的安全天堂，這是歐巴馬在二〇〇九年為他自己的「增兵」決定辯解時所採取的相同理由。

川普聲稱為了這場長達十七年之久的衝突，美軍司令官有一套「新的策略」，取決於戰場上的情況而非任意設定的期限。然而，只要缺乏一個有效且正當的阿富汗政府，就沒有新的策略或新的辦法可以阻止它變成恐怖分子的「安全天堂」。如同布魯金斯學院的夏迪・哈彌德（Shadi Hamid）在川普演說之後觀察道：「反對『國家建立』是沒關係，但你無法兩全其美……在國家治理沒有大幅改善的前提之下，就沒有辦法『打敗』塔利班。」無論如何，美國還是承諾了每年會提供數十億美元的援助給阿富汗軍隊與中央政府，而其中多數資金會用在「能力建構」上。[93]因此，在川普掌權下，美國還是試圖利用軍事力量、經濟援助與政治建議在阿富汗創造一套可行的民主制度。不論川普如何不情願承認，「國家建立」依舊在他的眼底發生。

為什麼川普失敗了

因此，在幾個關鍵面向上，川普掀起美國外交政策革命的意圖是胎死腹中了。雖然他做為總統的行為挑戰了傳統，在國內外皆引起人們的關注，他對於政策本質的影響卻是更加有限。不幸地，在川普發動真正變革的項目上，他卻只是削弱了美國地位，而非強化之。

到底什麼地方出錯了？公平地說，川普在贏得選戰的那一刻就面臨了無法逃避的兩難。他對於自由主義霸權的尖銳批評造成了外交政策界多數人之間的分裂，使得他不論在政府內外皆缺乏強大或有經驗的盟友。如果他試圖只聘僱與其世界觀相當的人進入政府內工作，那麼許多職位會找不到人來填補空缺，而他所任命的人肯定會犯下無數初級錯誤。然而，如果他轉而起用較有經驗的外交政策專家，他們了解如何讓政府這台龐大機器運轉起來，但還是會堅定地遵循自由主義霸權的多數面向，而川普所承諾的外交政策革命就永遠不會發生。

事實上，這就是事情的演變情形：一旦川普所任命較為極端的外交政策官員退場、被取代，他身邊的人就會拚命馴服他最糟糕的直覺。如同布魯金斯學院的湯瑪斯・萊特（Thomas Wright）在川普上任頭一年將至之時所做的觀察：「這或許是歷史上首次，重要顧問進到政府裡去阻止總統，而非成為總統的助力。」[94]

川普也沒辦法贏過外交政策界對他的懷疑，或採取「分而治之」的手段。這項失敗並不令人意外，因為川普毫不遲疑地在任何方便的時候中傷外交政策與國安官僚體系中的關鍵要素——包括情治機構、國務院與ＦＢＩ。想當然耳，這種做法讓許多華府內部「變形怪體」的成員團結起來反對他。

舉例來說，川普反覆地批評情報界幾乎一致形成的結論，即俄羅斯曾經藉由傳播假新聞以及發送從民主黨全國委員會（Democratic National Committee）的電腦駭出來的尷尬電郵，試圖影響二〇一六年的總統大選結果。川普相信這些報告玷污了他贏過希拉蕊的成果，也是對於他做為總統的正當性提出質疑，並且刺激了人們對於他和俄羅斯之間串通勾結愈來愈高漲的懷疑。被這些謠言激怒的情況下，川普在上任前告訴記者，「情報機構讓任何最後證明是如此錯誤且虛假的訊息流露出來，實是很可恥的，這是納粹德國才會做的事情。」無須多言，川普此言暗示了中情局或其他情報機構的作為類似納粹，當然激起一陣激烈的回應。前中情局局長布倫南公開抨擊川普的評論是「可惡的」。[95]

川普在上任後隔天拜訪中情局總部，卻讓情況變得更糟。當時他在一面紀念殉職中情局人員的牆面之前發言，簡短地表達他對於中情局與其任務的支持，但卻在演講中花了更多時間在攻擊媒體，以及捍衛他所聲稱的出席其就職典禮的人要比歐巴馬那時來得多。一位資深情報官員後來將那次演說形容為「我所見過最令人困惑的演說之一」。[96]

川普對於國務院的處置也沒有幫上什麼忙。急劇縮減預算的提案以及提勒森發起一場由上而下之長期改組的決定，掀起了一陣辭職風波，國務院的士氣很快地跌至谷底。兩黨開始齊聲地嚴肅斥責川普摧毀了一個重要部門，而前國務院顧問（也是顯著的川普批評者）寇恩評價提勒森為「有記憶以來最糟糕的國務卿」。[97]儘管如此，總統似乎毫不在意，當記者在十一月問起一堆空缺的外交職位是否仍待補齊人選，川普回應道：「讓我告訴你，重要的是我。我是唯一重要的人。」[98]

然而，川普在撼動美國外交政策方面的努力陷入癱瘓狀態，或許正是因為他未能以信念相似的信徒塞滿國務院的職位，導致關鍵的政策領域落入背景為專職公務員的臨時性官員手中，而非由與川普觀念相當的外來人士掌握。諷刺的是，川普與提勒森皆設法削弱了美國外交政策的一項重要工具，但又未能將它轉換成川普自己的世界觀。鑒於中情局局長暨鷹派立場的前國會議員蓬佩奧自己對於軍事手段的鍾愛，以及對於傳統外交術的明顯鄙視，由他來取代提勒森的做法也不太可能重振國務院的命運。

不意外地，身居要職的新保守主義者與自由國際主義者皆把握時機為美國全球領導地位的衰退發出嘆息，而主流媒體如《紐約時報》和《華盛頓郵報》針對川普的外交政策提案也一致地提出批評觀點。[99]到了二〇一七年夏天，即使是較有同情心的《華爾街日報》都發表了狠狠一擊的文章與評論，質疑川普的外交政策處理方式，以及他的整體領導風格。[100]在川普的第一年任期間，儘管經濟頗有成長，股市飆得老高，其民意支持度仍然穩步下滑，在某一刻還打破了自從現代民意調查出現以來，第一年總統任期的民意支持度新低點。[101]

他自己最大的敵人

協調促成美國政策方面的重大轉變會挑戰到羅斯福或林肯總統的政治遺緒，而川普與這些精明、敏銳且具遠見的領袖是很不一樣的。他到了晚年才進入政界高層，在他的經商事業被司法案件與破產事件搞得起起伏伏之後，有一長串對他心懷不滿的客戶與前合夥人，以及他對於事實所抱持的彈性態度，或可如此仁慈地形容之。[102]在他成為總統之後，這些特點全被攤在眾目睽睽之下接受檢視，而他的管理風格或許可以在一個家族房地產事業中勉強運作得來，卻證實是幾乎不適用於橢圓形辦公室。結果，比起其他任何人事物，川普成了他自己最大的敵人。

首先，他對於起用人才的判斷力很差。他多次承諾會聘僱「最棒的人」，但是沒有哪位前任總統會在二十四天之後就將自己的國安顧問首選炒魷魚；還不及兩週就換掉他精心挑選的白宮聯絡室主任，或是在不到八個月的時間之內讓他的「政治策略長」走人。川普在上任五個月之後，就贏得了「華府最糟糕老闆」的名聲，許多內部人士將他形容作無知、變化無常且不關心詳細政策討論的人，對於批評極為敏感，又極需人們的諂媚。[103]據說他自己的國務卿提勒森在一場資深國安官員的會議上說他是「白痴」，而提勒森拒絕明確地否認這則傳聞。[104]一名資深的共和黨人士將白宮形容為一個「蛇窟」，而一位不具名的白宮人士則稱之為「地球上最毒的工作環境」。在川普第一年任期結束之前，其高階幕僚的流動率是驚人的百分之三十四，打破有史以來的紀錄。[105]

這樣的騷動在川普的第二年任期間持續發生：三月，川普透過一則推特就解僱了提勒森；國家經濟會議主席寇恩被羅倫斯・庫德洛（Lawrence Kudlow）取代，一名經常在電視上露面的保守黨人士，擁有波折的過去與極少的政策經驗；而國安顧問麥馬斯特最終也是被解僱，川普改而起用前聯合國大使波頓，同時也是美國企業研究所的一名強硬派資深研究院。針對這些循環的人事案，川普提出的理由是「事情總是會有改變。我想你們也想要看到變化」。在把他的原始團隊稱作「有史以來最出色的內閣團隊之一」後，川普如今在上任超過一年之後，聲稱許多解僱的決定意謂著他「快要擁有自己想要的內閣」。[106]

除此之外，川普甚至在接下總統一職之前就捲入了潛在的醜聞中，因他的事業所存在的利益衝突以及其他傳言指出川普、他的兒子或是競選團隊的成員曾經與俄羅斯共謀影響二〇一六年選舉結果的可能性。不論這些指控是否為真，川普防禦性的回應讓事態變得更糟。尤其是他在二〇一七年五月解僱聯邦調查局局長柯米的決定——在柯米拒絕中止針對前國安顧問弗林所進行的調查之後——導致司法部副部長羅德・羅森斯坦（Rod J. Rosenstein）任命一名特別檢察官、前聯邦調查局局長羅伯特・穆勒（Robert Mueller）來調查俄羅斯與川普競選活動之間的可能關聯。[107]川普的政治對手或許急於對這些糾結的議題做出評斷，但是總統本人與他的一些親信透過一貫地表現出他們好像有什麼不可告人之事來煽動這些指控。[108]結果便是造成持續令人分心的事件，進一步破壞川普做到有效治理的能力。[109]

此外，川普著迷於在推特上發出自誇的、無禮的、幼稚的且經常出錯的推文，此舉或許幫助了在他的基礎支持者之間維持支持度不墜，但那些推文也強化了人們對於川普那些醜聞的擔憂，並且似乎讓人更持續地懷疑川普的適任性。[110]根據一項統計，川普在上任的頭十個月之內所做出的錯誤陳述數量，是歐巴馬在八年任期間所做出之錯誤陳述數量的六倍。[111]讓事態更糟的是，川普隨後公開吹噓他曾經對加拿大總理賈斯汀・杜魯道（Justin Trudeau）說謊，這個承認的舉動不太可能讓其他政治人物更相信他。[112]沒有人期待政治人物會一直說出完整實情，但是見到某人如此輕易且頻繁地說謊，他國領導人要如何對他有任何信心呢？[113]

川普不經心的評論有時候會傷害到其他美國官員，例如他在十月的推文中提到國務卿提勒森在「浪費他的時間」試圖與北韓協商。[114]同時間，這些言論只是在散播疑慮，因為沒有人能夠分辨川普的推文真的是針對美國政策的發言，或者他只是在發洩脾氣。時日一久，這些不符合總統身分的古怪行徑對於美國的可信度顯然造成負面影響，前法國駐美大使暨前歐盟對外事務部執行祕書長皮耶·維蒙（Pierre Vimont）在二〇一八年一月時提到，川普的推文令人更難領會「華府真正的政策界線……我們難以理解美國的領導權在哪，以及他們真正尋求的是什麼。」[115]

將這些問題攪和在一起的是川普反射性的好戰性格。如同川普面對國內的反對者，他也會毫不猶豫地污辱或貶低反對他的國外領導人。舉例來說，他與墨西哥總統安利奎·潘尼亞·涅托（Enrique Peña Nieto）、澳大利亞總理麥肯·滕博爾（Malcolm Turnbull）本應是友好的「互相了解」電話會談，很快地惡化成針對貿易與移民政策的火爆爭論，而川普還告訴滕博爾，他們的對話「是一整天下來最不愉快的一通電話……太荒謬了。[116]」早先與英國首相泰瑞莎·梅伊（Theresa May）的會議雖然過程平順，但在梅伊說川普轉推一系列煽動性的反穆斯林影片是錯誤行為之後，川普旋即大發雷霆，要梅伊「專注於英國境內正在形成的毀滅性激進伊斯蘭恐怖主義！」[117]同樣地，當川普曲解倫敦市長簡薩迪（Sadiq Khan）於一場恐怖攻擊發生之後的發言，並以之錯誤指控簡薩迪對恐怖主義沾沾自喜時，也點燃了英國人的強烈怒火。[118]

川普對於盟國領導人暴躁的蔑視在二〇一八年六月的G7高峰會上達到了新高點。據傳言指出，他當時將糖果丟在德國總理安格拉．梅克爾（Angela Merkel）桌上，說道：「別說我沒給過你任何東西。」他提前離席，將他的簽名從官方公報中移除，並且在加拿大總理杜魯道對於美國向加拿大的鋼鋁製品祭出新關稅表達失望之際，宣稱杜魯道是「非常不誠實」的人。[119]

最後，川普或許直覺地領會到自由主義霸權最糟糕的缺失，但他並沒有一套深思熟慮過的替代方案。他將世界政治視作一場純粹的零和競賽，其中只有贏家和輸家，但是他對於（1）美國的核心戰略利益為何；（2）哪些區域最重要（以及為什麼重要）；或是（3）為什麼一個由主權國家組成的世界仍然需要有效的規則來管理共同活動中的關鍵領域等議題，似乎沒有清楚的意識。此外，他對於國際事物最深刻的某些信念——例如他對於國際貿易的新重商觀點，或是他對於氣候變遷的否認——都是錯誤的。

另一方面，川普在二〇一六年選戰期間鄙視的外交政策共同體（即「變形怪體」）確實有一套世界觀：自由主義霸權，而且它確實有能力捍衛之。如同波特注意到的情況，「變形怪體享有許多優勢。除了在國安官僚體系內部所具備的影響力，變形怪體也可以攻擊那些反傳統手段的正當性。它可以透過公僕們的寧靜反抗來行動，並且透過資金雄厚的智庫來清楚表達替代方案。它在國會有強勁的制度化平台，與龐大的企業界及非政府組織網絡有聯結。在某些領域上，「變形怪體」無法阻止川普改變政策，但是它有一套持續的剎車系統來回應川普最糟糕的本能。[120]

這些特質加上川普做為一名管理者與領袖的局限，造成了一連串或大或小的錯誤。有些錯誤是較輕微，例如在官方公報中將外國領袖的名字與職銜寫錯，或是發布官方聲明時出現基本的拼字錯誤、事實誤差，或是顯露出無知。[121]舉例來說，在二〇一七年七月G20高峰會的場合上，白宮新聞稿誤將中國國家主席習近平寫成台灣領導人，並且錯誤地把日本首相安倍晉三寫成「總統」。[122]川普本人也犯下一些尷尬的錯誤，例如在二〇一七年五月與俄羅斯外交部長謝爾蓋・拉夫羅夫（Sergei Lavrov）、俄羅斯大使謝爾蓋・季瑟雅克（Sergey Kislyak）會面時，他在無意間洩露了敏感的機密資訊。[123]

其他的失誤是更為嚴重的。舉例來說，川普明顯地視中國為經濟與軍事上的敵人，其他美國的高級官員也是如此，而他意識到美國需要面對中國崛起的勢力及增長的野心。但若是如此，放棄TPP就是一步嚴重的失足，導致美國與重要亞洲盟友之間的關係被削弱，給予北京誘人的機會去擴展其影響力，並且未給美國帶回任何好處。純粹從經濟面向上來看，這一步也是錯誤的，因為TPP的其他成員還是持續協商，讓美國出口商失去了更開放的機會進入一個龐大的成長中市場，而華府也無權對於協定中嵌入的衛生規範或勞動標準做任何置喙。[124]

類似的情況下，川普與他的顧問正確地意識到北韓的核武與飛彈計畫是需要密切關注的嚴重問題，但是他的恐嚇、淨空威脅與幼稚的推文不太可能說服北韓相信它沒有必要握有強大的牽制力量。反之，川普炫耀武力的做法只是沒必要地讓該區域內的美國盟友感到警覺。除此之外，鑒於維持一個團結前線以對抗平壤的重要性，川普沒道理與南韓就貿易問題起爭執，或是為了華府早先已經同意提供的飛彈防禦系統該由誰買單一事吵架。違背與（從未造出一件核子武器的）伊朗的核協議也是很愚蠢的做法，而同時還試圖說服北韓同意放棄其早已製造出來的核彈頭。

另一方面，雖然鼓勵美國的中東盟友為打擊極端主義或對抗伊朗做更多的事是一個合理的目標，川普處理這項複雜任務的方式卻是笨拙的。尤其，對於沙烏地阿拉伯的改革派王儲薩勒曼給予無條件的支持更是一項錯誤。這位年輕領導人魯莽的做法削弱了川普聲稱想要建立的團結前線。讓事態更糟糕的是，川普的推文表示他鼓舞了沙烏地阿拉伯在二〇一七年六月對卡達祭出的制裁行動，此舉危害到美國在卡達境內使用某一重要空軍基地的權利，迫使國務卿馬提斯與提勒森不得不跳進來平息該事件。[125]

話說回來，如果川普真心相信伊朗是一個逼近的威脅而必須要被壓制，那麼面對已經降低伊朗核武計畫威脅的多國協議，川普決定退出的舉動就是一次戰略上的錯誤。除了導致更多人對於美國承諾的可靠度起疑，撕毀核協議（或甚至一點一滴地損害該協議之精神）終究會使得世界強權的同盟瓦解，而這個同盟對伊朗施加的壓力曾經協助說服伊朗領導人妥協。川普的做法強化了伊朗內部的強硬路線派系，讓德黑蘭有更多理由擁有自己核威懾能力，並且最終讓華府只能在接受擁有核武的伊朗或是開啟一場預防性戰爭之間做選擇。從川普所捍衛純粹自利的「美國優先」觀念來看，他的做法幾乎沒一點道理。

最後，川普在耶路撒冷上所做出爭議決定（據稱是為了滿足他對於一位狂熱的猶太復國主義者謝爾登．阿德爾森〔Sheldon Adelson〕的承諾，阿德爾森曾經是川普競選期間的最大資助者）一點也無助提升美國的安全或財富，或是增進美國價值。[126]前任總統們了解，承認耶路撒冷為以色列首都，並將美國大使移到耶路撒冷，此舉是一根珍貴的紅蘿蔔，有一天或許可以用來贏得一份最終的和平協議，但是川普就這麼一無所求地放棄了這根紅蘿蔔。美國唯一得到的回報是國際間幾乎一致的批評，包括一份聯合國大會的決議文件都譴責這項舉動，即使美國駐聯合國大使海莉威脅要減少美國的資金，會中仍以一百三十五票對九票的懸殊比數通過這項決議。[127]

對於川普在二〇一八年二月開始改組其外交政策團隊之舉，一些觀察家視之為川普想要擺脫他身邊一些較主流顧問對他施加的限制，回歸到他在競選時曾經清楚表達的較激進路線。[128]這樣的評估在貿易政策方面顯然是正確的，但是提勒森、寇恩、麥馬斯特等人的離開，以及蓬佩奧、哈斯佩爾與波頓等人的任命幾乎算不上是對於主流思維的反動，或是在美國政策上的激進轉變。以上這些人物當中，每一位都曾在主流外交政策界中占據令人尊敬的職位，而他們對於關鍵外交政策議題的觀點雖然截然不同於光譜上鷹派的那一端，卻仍然是在「可接受的」華府共識中。[129]他們之中沒有人可能偏好減少對於軍事力量的依賴、擴大對於多邊外交的重視，或是支持大幅地減少美國在海外的承諾。

要說有任何改變的話，這些人事任命案更像是回歸到小布希、錢尼與新保守主義派所捍衛的激進單邊主義，而較不像是川普主義原始形式的勝利。因此，這些人事任命案提供我們附加的證據來佐證前一章節所提出的觀點：美國經常無法從過去的錯誤中記取教訓，反而傾向於遺忘它或許暫時吸收過的教訓。幾乎沒有人被要求負責，而紀錄糟糕的官員還經常得到新的機會重蹈覆轍。[130]

能力不足的影響

整體看來，川普要「甩掉美國外交政策的鏽蝕」的努力成了一大步倒退。他沒有減輕美國過度延伸的軍力負擔、減少國家在海外的責任，反而是保留了美國每一份現存的承諾，增加在阿富汗的軍力，加速在數個遠方戰場的作戰步伐，並且使得人們對於與北韓或甚至伊朗開戰的恐懼愈燒愈旺。

川普處理美國對外經濟政策的做法也是不恰當的。他挑起貿易戰的恐懼，但是卻沒能帶來什麼正面成果：他所承諾的「美好」貿易協定尚未實現，而在他的第一年任期結束之際，他曾經誓言要反轉的貿易逆差達到了二〇一二年以來的最高點。[131]雖然川普試圖與中國接觸以壓制其掠奪式的貿易與投資行徑，他處理問題的做法卻是與意圖不一致的。如同外交關協會的埃利．拉特納（Ely Ratner）所觀察到的：「川普說『真是夠了』是對的，但是他的政府只是錯誤地如常運作。」與其單純仰賴美國的單邊制裁，結合其他重要世界經濟體的同盟來壓迫中國，並與現今的世界貿易組織體系合作會是比較合理的做法。然而，川普已經放棄了TPP（其設計在某種程度是為了對抗中國的貿易手段），接著對潛在夥伴威脅說要對它們也祭出關稅與配額。

他還多次批評世界貿易組織，採取手段削弱之，使其變成較無力量挑戰中國的工具。川普或許曾經認真地想要中國改變其行為，但是他拙劣的做法反而讓效果大打折扣。[132]

長期以來，川普將自己形容成鐵石心腸的談判者，精通於「協商的藝術」，但是他在外交政策方面的做法，以《紐約時報》專欄作家佛里曼的話來說，可以更精準地形容成「免費給予的藝術」。[133]他對於耶路撒冷與退出TPP的決定就是很明顯的例子，他衝動地接受金正恩的邀請出席高峰會，卻沒有事先談妥討論的要點也是一例。只是透過與金正恩的會面，川普就等於給了北韓領導人一直以來渴望的地位與正當性。他在會面過程中更進一步同意取消與南韓的年度軍事演習，而沒有事先知會首爾當局。川普從這兩項讓步中得到什麼？只有一個模糊的「努力實現」最終去核化的承諾。

川普與他的支持者相信，美國增加的壓力——透過不斷緊縮的制裁與軍事行動的威脅——已經迫使金正恩改變他的行為。他們認為，終於對北韓強硬起來，才致使金正恩提出與川普會面的要求，停止測試會打到美國的飛彈，追求與南韓達成和平協議，並且放棄他的核子武器。然而，北韓在過去已經多次同意對話，而在二〇一八年金正恩願意這麼做，更可能是因為北韓最近在改善其核彈頭設計（包括測試一顆氫彈頭）及長程彈道能力上有了重大斬獲，如此使得北韓當局擁有更強而有力的核威懾能力。無論如何，都很難想像金正恩會接受美國定義下的「完全去核化」，那意謂著北韓必須快速、永久且完全接受檢驗地拆解整個核武設施。

除此之外，即使雙方達成一項更溫和的暫時性協議——例如暫時停止長程飛彈測試——美國在亞洲的盟友們還是會曝露在北韓的核子攻擊威脅下，令人懷疑美國對於它們的安全承諾。北韓一直以來堅持，若要它們大幅縮減兵工廠規模，對於北韓政權的外在威脅也必須同步移除，意謂著美國在南韓的軍事規模必須大幅減少，而且或許必須將美軍完全撤離朝鮮半島。即使是伴隨著韓戰的正式終結，諸如此類的協議也會破壞美國在亞洲的角色，形成北韓與其中國大老哥的一場重大勝利。川普處理北韓的方式一定會攪起這些紛爭，但是淨效益卻是近一步削弱美國在亞洲的地位。

更糟糕的是，川普幾乎獨自揮霍掉其他國家對於美國判斷力的信心。自從冷戰結束以來，隨著追求自由主義霸權的努力失敗、金融危機玷污了華爾街正直與敏銳的名聲，人們有愈來愈多的理由去質疑美國的智慧與能力。黨派之間的爭執與政治僵局讓人們更加懷疑美國是否有能力處理國內外的問題與挑戰。在歐巴馬政府相對較成功地處理好危機過後的經濟復甦之後，人們的質疑也只是部分地緩和。然而，川普卻把這些擾人的擔憂刺激到了前所未見的高點：突然之間，全世界的領袖與人民們皆有理由質疑美國總統是否知道自己在幹嘛。對照到其他某些國家——尤其是中國——這其中的差異很難被忽略。[134]

舉例來說，在接近歐巴馬的第二次任期將至之時，一份針對三十七個國家的調查發現，大約六成四的應答者仍然對於美國領導有信心；經過不到六個月之後，在川普任內的調查顯示，「有信心」的百分比已經滑落到了兩成二，而且在日本與南韓這些國家的百分比更是掉得特別明顯。更值得關注的是，世界各地有愈來愈多的人相信，相較於美國現任總統，中國國家主席習近平與俄羅斯總統普丁「更可能在全球事務方面做對事情」。[135]一年之後的數據也沒有比較好：二〇一八年一月公布的一份針對一百三十四個國家所進行的蓋洛普（Gallup）民調顯示，「美國領導的總體同意度」已經從二〇一六年的百分之四十八掉到了二〇一七年的百分之三十，不僅是歷史新低，某些最大幅度的滑落還是發生在美國的長期盟國。[136]

隨著搖擺不定、前後矛盾與令人尷尬的情節激增，其他國家開始為它們的賭注避險，排除美國而在彼此之間達成協議。歐盟與日本在二〇一七年簽署了一項重大的貿易條約，從德國到加拿大的領袖皆公開談論他們對於美國所缺乏的信心，以及為他們自己的命運負起責任的必要性。[137]同時間，中國繼續在中亞地區擴張它那極具野心的「一帶一路」政策，並且與十六個亞洲國家（不包含美國）協商「區域全面經濟夥伴協定」。RCEP是中國一開始為因應美國領導的TPP所提出的反制手段，但是川普退出TPP的決定給了中國「一個不可抗拒的機會」。[138]而造成這些令人擔憂之發展的指責便恰好地落在川普頭上。

結論

回頭檢視川普的第一年表現，我們可以輕易想像得到若是希拉蕊入主白宮，大概也會採取其中大部分的政策。幾乎可以肯定希拉蕊會在阿薩德使用化學武器時動用武力反制，她也毫無疑問地會重申美國對北約及傳統中東盟友的支持，就如川普的做法。與川普不同的是，她會維持與伊朗的核協議，但是她會在其他面向上對伊朗採取強硬態度，並且會持續對抗伊斯蘭國的軍事行動，以及美國廣布的反恐作戰。希拉蕊會對於北韓的飛彈測試高度不滿，但是對協商採取開放態度，而我們沒什麼理由認為她會反對增加國防支出，或是拒絕軍方提出的阿富汗增兵要求。[139]她會更公開地談論民主與人權的重要性，但是當美國的親密盟友未達標準時又視而不見。為了更有效地與中國抗衡，希拉蕊恐怕是不會反對TPP，但是我們可以輕易想像得到她會推動將該協定做些微改變，也會尋求更新NAFTA內容與改革世界貿易組織。

不過，我們較難想像的是希拉蕊在追求這些目標時會和川普一樣笨拙。她不會像川普一直以來的做法，利用推特挑起與對手、盟友、媒體及美國政府底下各單位的戰爭，她會在一開始就延攬有經驗的內部人士進入她的政府，避免引起如川普的白宮團隊從第一天起已造成的密集混亂。[140]在希拉蕊掌權下，美國還是會追求一套有瑕疵的整體策略，而不會有多少成功，但是希拉蕊與她的同事們毫無疑問地在執行這項不明智的方案時會做得好一些。

本章顯示出，川普的言辭與觀點在許多面向上與自由主義霸權是衝突的，但是他的政府現今所採行的政策實是延續了最糟糕的趨勢。美國繼續擁抱一套有瑕疵的整體策略，而它的實踐卻是落在了當代記憶中最不勝任的總統手裡。愚蠢政策致命地結合了笨拙的治國之道，結果已經很明顯：美國的影響力與地位在下滑，但是它的全球負擔還是一樣地重。而且川普可能還會掀起一場使美國與世界上幾乎每一國家蒙受額外傷害的全球貿易戰爭。[141]

遺憾的是，川普做為總統的經驗提供了我們一個如何不修補美國外交政策的課本實例。它也提醒了我們，不論事情可能有多糟，它們總是可以變得更糟。在最後一章，我會解釋必須做些什麼事才能讓局勢有轉圜的餘地。

CHAPTER 7 更好的辦法 A Better Way

美國近來為管理與形塑世界政治的努力並沒能讓美國變得更安全或更富裕，而且它們也沒能提升美國的核心政治價值。相反地，美國的外交政策造成了更多的敵人，也使得世界上一些重要地區情勢不穩，浪擲了上千條人命與幾十億美元在失敗的戰爭上，導致海外發生嚴重的侵犯人權行為，並且犧牲了重要的公民自由。

本書試圖解釋這一切發生的原因。這些失敗的發生與持續，是因為民主黨與共和黨都在尋求一套被誤導的自由主義霸權策略。這套策略已經多次未能達到其所承諾的成果，但是外交政策當局仍然貞堅地信仰之。

川普在競選時挑戰了這套共識，並且試圖（雖然是胡亂地）改變事態的發展。然而，川普缺乏敏銳、紀律與政治支持以明智地修正美國外交政策，而且他對於這些議題笨拙的處理方式已經傷害到美國的影響，而沒有減輕美國的負擔。當川普稱美國外交政策為「一場徹頭徹尾的災難」時，或許大致上來說他是正確的，但是他沒能發展出一套條理清楚的替代方案以取代自由主義霸權，而他所做的判斷失誤、糟糕的個人選擇以及不明智的決定，只是讓事態變得更糟罷了。

反駁

即使是認同美國外交政策不及完美的人，或許也會反對我對於美國近來所付出之心力的指控，以及我對於這些失敗的解讀。例如，有人或許會說美國外交政策並沒有比過去來得糟。美國在一九四〇年代才緩慢地意識到法西斯主義的危險，而後在第二次世界大戰過後，面對共產主義的威脅顯得過度反應。前東部當局中「最優秀且最聰明」的人帶領這個國家在中南半島陷入一場無用的戰事，還困在其中太久了，同時沒能處理好中東地區的事件，支持各式各樣令人厭惡的獨裁者只因為他們聲稱反共產。從這個觀點看來，現今的美國外交政策跟過去任何時候一樣好（或糟），而且它最近的失策舉止與美國的霸主地位或是外交政策共同體對於自由主義霸權的承諾幾無關聯。

就過去的美國總統們自己所犯下的無心之過而言，上述觀點確實存在著幾分真實。話雖如此，較早期的某些美國政權整體表現還是頗令人印象深刻的，尤其當我們考慮到他們當時較勁的對象是極度擴張的勢力（在兩次世界大戰的德國或日本），或是面臨了規模如一個大洲、具備了核子武器的超級強權，且其革命性的意識形態吸引了世界各地相當多的支持。美國領導人或許誇大了國際共產主義的危險，但是它們的威脅也不可說是虛構的。超過四十年來，共和黨與民主黨皆專注於抑制與消滅蘇維埃勢力，同時避免全面開戰。他們結合使用經濟、軍事與外交工具以達成和平的勝利。儘管犯了各種錯誤——其中尤以越戰最糟糕——他們也做對了許多重大的事情。相較於四位後冷戰時期的總統所錯失的一連串機會以及自己所造成的創傷紀錄，早期的總統們所犯下的失誤紀錄還算是好一些了。

為美國外交政策緩頰的人或許會聲稱其他國家做得更糟。美國官員或許在以巴和平進程上處理不當，眼睜睜地踏進阿富汗與伊拉克的泥淖中，又未能與俄羅斯建立具建設性的關係，但是他們的表現還是比利比亞的格達費（被外來干預行動推翻，並在最終遭殺害）、伊拉克的海珊（輸了三場戰爭，並在最終被後繼者處決），或是土耳其的埃爾多安（讓土耳其從十年前的「與鄰居毫無問題」到今日與所有的鄰居都有問題）好得多。美國的外交政策官方言論或許有些頻繁地出錯，但或許是因為他們一直試圖解決那麼多的困難問題。

這套說詞一開始聽起來是吸引人的，但是它禁不起仔細檢視。若是一個國家的外交政策是透過它是否讓那個國家更安全、更富有，以及它是否促進了某些核心價值，那麼有許多國家至少都做得和美國一樣好，而且有一些還做得比美國好得多。舉例而言，藉由遠離多數的紛爭而專注在經濟發展，中國已經大幅地改善了人民的生活，贏得了比起三十年前更加重要的國際影響力。伊朗在一些硬派人士的想像中幾乎排不上區域性的巨人角色，但是它充分利用了美國的失策來強化自己的區域地位，即便面臨美國與其他國家的強大反對。俄羅斯或許在經濟與人口方面的表現不佳而被視作衰退中的勢力，但是它絕非一九九〇年代的那個廢柴，普丁在過去十五年間把一手爛牌打得挺好的。[1]

類似的情況下，美國有許多富裕的盟友在過去幾十年來大幅享受了「免費」的安全，主要是因為華府承擔了不成比例的全球安全負擔，讓它的盟友們可以把錢花在別的目標上。我們也不應該忘記有幾千條國內外的生命因為華府近來的失策而犧牲。相較於美國導致的這些創傷，近年來是有幾個國家對他國造成更大的傷害，不過這樣的國家數量並沒有很多。

除此之外，即使美國外交政策一直表現得比其他國家來得好，那也不是真正的問題。真正的問題在於，美國外交政策的表現是否跟人們的合理預期一樣好，或是美國領導人所做下的決策是否促使美國人承擔了他們本來可以避免的成本或是風險。當我們還有很大的改善空間時，表現比其他某些國家來得好並不是一個很有說服力的說詞。

懷疑論者或許也承認，那些關鍵的外交政策單位並沒有表現得很好，但他們還是主張，軍隊、外交使節團、情報機構以及外交政策共同體的其他成員表現要比其他公共政策部門來得好。美國的外交政策或許是笨拙的，但是政府在教育大眾、預防犯罪、管理經濟或是維護公共建設方面有做得比較好嗎？如果答案是否定的，那麼本書所做的指控或許太過嚴肅，而我們應該更溫和地評斷那些負責美國對外關係的人。

這種藉口也沒有抓到重點。並沒有任何基準或是衡量方式可以用來為不同的政府部門作排名，因此精確地在它們之間做比較大多是沒有意義的。不過，我們並不難挑出一些比起許多近來的外交政策提案更成功且受歡迎的公共政策領域——例如社會安全、醫療保險、預防接種宣傳，或是聯邦政府對於科學研究的支持。[2]即使相較於維護基礎建設、治安或是槍火管制，聯邦政府確實在外交政策方面的表現較佳，它可能還是在追求錯誤的目標，因此未能讓美國人過上更安全或是更繁榮的生活。

最後，或許有人會說，我對於近期美國外交政策的指控只是建立在為數不多的事件上（尤其是在伊拉克和阿富汗的失敗），而外交政策的整體表現事實上還是頗為正面的。若是沒有那些失策的決定，某些捍衛自由主義霸權的人現在就會說，美國的全球領導前景看起來極佳。對於他們來說，課題顯然是要維持美國的「深度參與」，在繼續追求自由主義霸權的同時，避免犯下諸如伊拉克戰爭這類愚蠢的錯誤。[3]

這類論述有兩個明顯的問題。首先，自由主義霸權的失敗並不僅限於伊拉克，但也包括了北約擴張的連帶影響；在阿富汗、葉門、利比亞與其他地方推動政權轉移的後果；無特定時間表的「反恐戰爭」；中東和平進程的不當處置；大規模毀滅性武器的持續擴張；以及自從二〇〇八年金融危機以來所爆發的反民主衝擊。美國若是在二〇〇三年以降「將海珊關在一個盒子裡」*，那麼現在毫無疑問地會處在一個較佳的位置，但是美國外交政策的其他面向依舊會是令人失望的。

其次，釘住對伊拉克戰爭的責難就忽視了自由主義霸權如何更輕易地犯下這類錯誤。一旦美國決心要散播它的價值、把獨裁政權轉變為民主政權，並解除那些追求大規模毀滅性武器

* 譯注：此言出自《紐約時報》二〇〇三年二月的一篇社論標題，由米爾斯海默與本書作者華特所撰。該文主張反對小布希當時準備對伊拉克發動的預防性戰爭，並聲稱當時的伊拉克已經很虛弱，美國只需維持警戒的壓制政策，「把海珊關在他的盒子」就可以了。

之獨裁者的武裝，而且一旦美國宣稱自己要做為那「不可或缺的勢力」，掌握國際局勢穩定必要的領導權，那麼美國就不可避免地會在其他工具皆無法達成目標的情況下，走向動用武力一途。[4]此刻，美國人或許不甘願重蹈伊拉克的覆轍，但是就如同我們在第五章所見，那次教訓已經受到那些為入侵決定護航、堅持美國應該要在伊拉克待更久的人所挑戰。

總而言之，這些不在場證明皆不足以赦免近期幾任美國總統造成外交政策失敗的責任，也不足以證明柯林頓、小布希與歐巴馬總統皆追尋——儘管略有不同的方式——且川普未能拋棄的自由主義霸權策略是有效的。因此，直到美國領導人採取新的方式（一套新的整體策略）來處理與外在世界的互動之前，美國的外交政策不太可能改進。那套新的策略應該是什麼，以及有什麼方法或許能夠說服這個國家採行之呢？

替代方案：離岸平衡

鑒於過去十二年來反覆的失敗，我們幾乎不會驚訝地發現今日的美國人要比先前記憶中的任何時點更樂於接受一套不同的總體策略[5]。如同本書一開始所言，川普在二〇一六年十一月的勝利，本身就是人們極度不滿的證明。美國人想要他們的國家維持「共享領導」的角色，但是較少人會想要他們的國家做為「具支配力」的世界強權。只有為數不算多的人會支持在一些不同的情境下動用武力。[6]事實上，一份於二〇一八年早期所做的調查發現，超過百分之七十的美國人會支持立法要求「授權海外軍事行動之前必須清楚定義目標，包括勝利或成功構成要素，以及一套清楚的時間表」。[7]

除此之外，如今開始活躍地參與政治生活的「千禧年」世代以非常不同於先前世代的觀點在看待美國與外在世界的互動。千禧年世代眼中的外在危險較少，也不若前輩那麼反射性地愛國，並且顯然不那麼支持以軍事手段解決當代的全球問題。[8]在二〇一六年的選戰中，右翼的川普與左翼的桑德斯都在一路上發現對於新思潮接受度高的受眾，不論是當他們質疑美國強烈偏好提倡民主、補貼同盟國的國防支出，以及運用軍事力量介入時，使得希拉蕊——其外交政策的「非正式顧問」皆為主流外交政策共同體的活躍體現——是唯一捍衛現狀的人。[9]

幸好，我們還有一個優質選項——離岸平衡——這是美國傳統的總體策略。離岸平衡並不試圖將世界重塑成美國的形象，它主要關乎的是美國在全球權力平衡中的位置，並且專注於避免其他國家以可能威脅到美國的方式行使權力。據此，它呼籲美國唯有當海外出現對美國重要利益造成直接威脅的事物時，才將它的勢力擴展到海外去。

尤其，離岸平衡相信世界上只有幾個地區對於美國安全或繁榮有不可或缺之重要性，因此值得派遣美國大兵去戰鬥，甚至為此犧牲生命。首要關鍵的地區是西半球本身，美國在此所擁有的支配地位可確保沒有鄰國能夠對美國本土造成嚴重威脅。這個偶然的情勢是其他主要強權未曾享受過的奢侈。[10]

然而，不同於孤立主義者，離岸平衡的支持者相信有三個遠方的地區也會影響到美國：歐洲、東北亞以及波斯灣。歐洲和亞洲極其重要，因為那裡包含了工業力量與軍事潛力的關鍵中心，波斯灣也很重要（至少目前為止），因為那個地區生產了全球大約百分之三十的石油，並握有大約百分之五十五經證實的儲量，而石油與天然氣至今仍是對世界經濟至關重要的資源。

對於離岸平衡者來說，首要擔憂會是這些地區之中出現任何地方霸主的崛起，就如同美國現在對西半球的主宰。一個這樣的國家出現在歐洲或東北亞都會握有對經濟相當大的影響力、發展精密武器的能力，以及在世界各地施展其力量的潛勢。它或許最終會得以掌控比美國更龐大的經濟資源，並能夠在一場軍備競賽中投入更多的經費。若是它想要，這樣的國家還可以與西半球的國家結盟，介入靠近美國本土的地區，因為它自己的國土不會受到當前鄰居的嚴重威脅。

因此，美國在歐洲與東北亞的主要目標應該是維持地方勢力之平衡，那麼這些地區最強的國家必須擔憂周遭鄰國的威脅，就沒有餘裕在西半球或是其他被認為對美國至關重要的地區遊盪。例如，若是在波斯灣地區出現一個地方霸主就不好了，因為它可能會干預這個地區流出的石油產量，藉此破壞世界經濟、威脅美國繁榮。美國不需要直接控制這些地區，它只要協助確保這些地區不會落入另一個強權的控制之中，尤其不要是一名足以匹敵的競爭對手，那麼它就可以達成其核心戰略目標。

離岸平衡會是如何運作？

在離岸平衡的策略下，美國國家安全當局的適當角色與規模取決於在關鍵地區的權力分布。如果在歐洲、東北亞或是波斯灣沒有潛在的地方霸主出現，就沒什麼理由在那裡布署美軍地面或空中作戰部隊，也沒什麼必要擁有一個矮化其他主要強權的國安當局。

若是一個潛在的地方霸主確實浮現，美國應該以當地軍力做為第一道防線，它應該預期那些軍力會為了自身利益而支持該地區的權力平衡，也會自己去處理當地的安全挑戰。華府或許會提供一些實質的協助，並且保證在某些地區性勢力面臨被征服的危機時，出面支持它們，但是華府應該在大多數的情況下停止布署重兵。在某些條件下，華府或許會謹慎地在海外維持一些軍事小分隊、情報蒐集設施或是儲備裝置，但是總的來說，華府會將責任推給當地勢力，因為他們要比美國更有誘因避免任何國家崛起控制那個地區。

若是當地勢力無法自行抑制某個潛在的地方霸權，美國就必須派遣足夠兵力至那個地區以改變當地平衡至對美國有利的狀態。只要當地勢力無法靠自己的力量維持住平衡，那麼在戰爭爆發之前，美國軍力或許就需要介入。舉例來說，在整個冷戰期間，美國在歐洲維持了大量的地面與空中作戰部隊，因為美國領導人相信西歐國家無法獨力抑制蘇聯。[11]

在其他時候，當一場戰事開打，若是其中一方似乎可能崛起成為區域霸主，美國或許也會介入。美國參與兩次世界大戰就符合這個模式，兩次都是在戰事較後期，當德國顯得勝算頗大，有可能主宰歐洲時，美國才介入。

本質上，這個策略的目標是要讓美國力量盡可能長久地維持在「離岸」，同時又承認美國有時候必須要上岸，即使是在一場衝突爆發之前。若是這個情形發生，美國應該讓該地區的盟友盡可能地扮演吃重角色，並且在戰勝威脅之後立刻回到離岸狀況。

離岸平衡的優點

離岸平衡有若干明顯的好處。首先且最重要的，它可減少華府為保護遙遠地區所必須花費的資源，使得國內有更大的投資與消費空間。藉由限制美國承諾要保護的地區數，這個策略可置更少的美國人於險境。

其次，離岸平衡會延長美國現今的主宰地位，因為它避免成本高昂又適得其反的長征行動，讓美國有餘裕在實現繁榮的長期要素中做更多投資：教育、基本建設，以及研發。美國在十九世紀成為強權之因，在於它置身於遠方戰事之外，致力建立世界上最大且最先進的經濟體，就如同中國在過去三十年來試圖做到的事。隨著中國在國內穩固力量，美國卻浪費數十億美元追求自由主義霸權，讓它的支配地位面臨危機。回歸離岸平衡會有助於解決這個問題。

離岸平衡也會減少其他國家「搭順風車」享受美國保護的趨勢。自從冷戰結束以來，這個問題就一直在擴大中。舉例來說，美國的GDP不及整個北約的百分五十，但它卻負責了大約百分之七十五的北約軍事支出。[12]在亞洲，當地強化國防力量的努力還是頗為溫和，重要的美國盟友如日本（世界第三大經濟體）以及澳洲都只花了不到百分之二的GDP在國防事務上。如同麻省理工學院的巴瑞．波森的觀察，美國補助其盟友國防支出的意願經常相當於「給有錢人的福利」。[13]

在離岸平衡策略下，美國的恐怖攻擊問題也會比較不那麼令人擔憂。自由主義霸權使美國致力於一些不熟悉的地方散播民主思想，有時候需要用上軍事占領的手段，而且總是會牽涉到指示當地政治布局的嘗試。這類作為總是會強化在那些社會中增生的民族主義不滿情緒，有時候更會觸發暴力反抗，包括恐怖攻擊。[14]同時，透過政權轉移來散播美國價值的嘗試也在無形中破壞了當地體制，創造出不受控制的空間，而殘暴的極端分子就可以趁虛運作。因此，自由主義霸權不僅啟發了恐怖分子，還使得他們的行動更便利。

離岸平衡藉由迴避大規模的社會工程、最小化美軍的足跡來減輕這個問題。惟有當關鍵地區的某一特定國家受到當地潛在霸主崛起的威脅時，美軍才會駐紮在他國的土地上。在這些條件下，潛在的受害人會感激美國的保護，而不會視美軍為占領者。一旦威脅消失，美軍就會從地平線上消失，不再暗中干涉當地政治。藉由尊重其他國家的主權，離岸平衡較不可能強化民族主義的憤怒，也就是反美極端主義的一項強大來源。它不會在一夕之間消除恐怖攻擊的問題，但是它幾乎肯定會隨著時間流逝而減輕問題。

一段令人寬慰的歷史

在今日，離岸平衡或許看似一個激進的點子，但是它其實在幾十年來為美國外交政策提供了引導邏輯。在十九世紀，美國政府忙著在西半球建立一個強大的國家、建立地方霸權。它大約在一九〇〇年代達成了這些目標，但仍持續地讓強權牽制彼此，唯有當權力平衡在一個以上的重要戰略區域被打破，華府才會以軍事力量介入。

同樣的邏輯在整個冷戰時期引導著美國政策，但是當時的情勢需要不一樣的回應。因為美國在歐洲與東北亞的同盟國無法靠自己的力量牽制蘇聯，美國沒有選擇的餘地，只能在歐洲與東北亞「上岸」。據此，華府在這兩個地區皆形成同盟，並且駐紮了可觀的軍力，而它還介入了韓戰，以維持東北亞的權力平衡，防止蘇聯對日本造成更大的威脅。

然而，在波斯灣地區，美國維持離岸狀態直到一九六八年，華府仰賴英國的勢力去防止任何國家主宰富含石油的地區。隨著英國退出該地區，美國轉而期盼伊朗的沙王以及沙烏地阿拉伯能夠達到相同的目的。當沙王在一九七九年被推翻，華府立刻組建了快速部署部隊（Rapid Deployment Force）以確保伊朗或蘇聯不會主宰波斯灣區地區。雷根時代也曾在兩伊戰爭（一九八〇至一九八八）提供海珊軍事情報與其他形式的協助以阻礙伊朗戰勝。

美國維持著將快速部署部隊置於離岸，直到一九九〇年當海珊奪取科威特，威脅要提升伊拉克的力量，置沙烏地阿拉伯及其他波斯灣地區的石油生產國於險境中。小布希採取了與離岸平衡原則一致的做法，集合大批盟友，派遣一支強大的遠征軍去解放科威特，粉碎海珊的軍事機器。

簡言之，將近一個世紀以來，離岸平衡預防了危險的區域性霸主崛起，維護了最大化美國安全的全球權力平衡。除此之外，每當華府放棄這項策略，試圖採取不同的做法，其結局都是一場代價高昂的失敗。越戰就是一次違反離岸平衡的明顯案例，畢竟中南半島不是必要的戰略利益所在，而越南的命運對於全球權力平衡並沒有影響。[15]

如同我們在本書中通篇所示，自從冷戰結束以來的事件提供了一項相似的警告。在歐洲，無既定時間表的北約擴張阻礙了與俄羅斯的關係，點燃了在喬治亞與烏克蘭的凍結衝突（frozen conflict）*，驅使莫斯科更靠近中國。在中東地區，「雙重壓制」導致幾千名美軍在一九九一年波斯灣戰爭之後仍滯留於波斯灣地區，而他們在當地的存在更助長了九一一攻擊。後續美國在阿富汗、伊拉克與利比亞為推動政權轉移所做的努力也導致了代價高昂的大潰敗，而美國在葉門與敘利亞對於反政府力量的支持也無法產出穩定、親美的政權。這些戰事皆不是為了維持一個關鍵地區的權力平衡而發動；反之，每一場戰事皆牽涉到推翻不受歡迎之政權、以一個更受美國喜愛之政權取代之的意圖。這些努力都未能成功。在冷戰過後，放棄離岸平衡的做法只是

* 譯注：意即在沒有達成正式和議下長期暫緩衝突，有時候一拖就是好幾十年。通常會形成「凍結衝突」是因為有強權大國在背後資助，動機或是基於財政或戰略考量，強權希望鞏固在當地的影響力，例如俄羅斯對待仰賴其供應天然氣的烏克蘭，為免烏克蘭脫離其勢力範圍，便想盡辦法讓烏克蘭東部的凍結衝突持續不斷。

不斷造成了災難。

事實上，想像一下若是美國在冷戰結束之時就擁抱離岸平衡，這個世界可能會是什麼樣貌呢？首先，北約擴張就不會發生；反之，美國會追求其原本的想法——所謂的和平夥伴關係（Partnership for Peace, PfP）——並且更致力於將俄羅斯整合進一個泛歐洲的安全框架之中。少了任何國家成為地方霸主的威脅，美國於歐洲安全事務上所扮演的角色就會穩定縮減，而華府也會積極地支持英法兩國努力建立一套共同的外交與安全政策。

平心而論，這個做法或許會導致一九九〇年代的巴爾幹半島衝突延長，讓米洛塞維奇這樣的領導者得以繼續掌權。從道德面看來，這樣的結果會是令人不快的，但是它不會對美國安全與繁榮造成太大的影響，甚至完全沒有影響。我們也不應該忘記一九九五年在達頓以及二〇〇〇年科索沃戰爭之後所設計出來的「魯布・戈德堡」（Rube Goldberg）式解答*，皆是遠談不上理想，還十分脆弱。

更重要的是，縮減美國的角色、避免北約擴張，如此可以避免觸發長期對於俄羅斯的安全恐懼，藉此移除俄羅斯在喬治亞維持「凍結衝突」、占領克里米亞，並致使烏克蘭政局不穩的誘因；美國也不會再一心捍衛波羅的海地區脆弱的同盟國。歐洲的安全環境很可能會平靜下來，與俄羅斯（一個衰敗中但依然很有影響力的區域性強權）的關係會比今日好得多。

在波斯灣地區，柯林頓政府若是擁抱離岸平衡，就會認知到「雙重壓制」的愚蠢，讓伊朗和伊拉克繼續牽制彼此。如果美軍依循離岸平衡的指導原則，在第一次波斯灣戰爭之後就離開沙烏地阿拉伯，賓拉登或許永遠不會決定攻擊「遠方的敵人」。我們無法確定九一一事件（或是任何類似的事件）不會發生，但是發生的機率大體上會小得多。

無須多言，若是離岸平衡蔚為主流，伊拉克戰爭就不會發生。與其試圖將這個地區「轉變」為親美民主世界，華府只會在伊朗或伊拉克（或其他國家）攻擊美國盟友或是有機會主宰波斯灣時，才會以軍事力量介入。這項政策會為美國省下幾兆美元，並且免於犧牲上千名美國大兵與幾萬名無辜伊拉克人的性命。伊朗在該地區的影響力也會比平日小得多。

除此之外，一位遵循離岸平衡的人會更理智地回應伊朗多次試圖與美國達成某種形式的緩和局勢。在一九九〇年代以來，德黑蘭多次與華府接觸，但每一次都在最後被屏棄。[16]若是遵循離岸平衡，一名可惡的丑角如阿赫瑪迪內賈德會比較不可能當選成為伊朗總統，而伊朗或許還會早一點同意控制其核濃縮能力，甚至降至較低水平。我們無從確知若是採取了不同的策略，美伊關係是否會比今日好得多，但是機率頗多。

離岸平衡不是奇蹟靈藥，所以它或許無法克服以色列與巴勒斯坦之間達成兩國方案的障礙。但是避免美國與以色列之間形成「特殊關係」，轉而追求正常關係的話，或許會迫使以色列領導人更仔細地思考持續擴張屯墾區的長期後果。一份持久的最終地位協議或許還是難以達

＊ 譯注：美國漫畫家魯布·戈德堡在他的作品中創作出一種設計過度複雜的機械組合，以迂迴曲折的方法去完成一些其實非常簡單的工作，人們稱之為「魯布·戈德堡機械」，爰被作者用來隱含當年的達頓協議與科索沃戰爭後的處置方法也是如此。

成，但是一套不同的美國策略會讓這件事發生的可能性高一些。

離岸平衡也會讓美國更加準備好面對一個崛起的中國。不因中亞地區與伊拉克的衝突而分心，美國領導人就會有更多時間與心力去處理與北京當局的關係，強化美國與亞洲的結盟。浪費在伊拉克與阿富汗的金錢會因此省下來，而可以用來加強美國勢力、維持其前端科技於不墜，並且投資在關鍵的區域性夥伴關係上。回顧過往，追尋自由主義霸權的失敗可說是北京當局在近幾十年來所收到最大的禮物之一。

最後，更大膽的推測是，離岸平衡會對美國經濟較有助益。美國可以享有較長期且較大量的「和平紅利」，重建其傾頹中的基礎建設，讓聯邦預算更平衡，並且避免九一一事件之後持續擴大的赤字以及寬鬆貨幣政策，它們助長了二〇〇八年以前的房地產市場泡沫，以及後續的金融危機。華爾街或許無論如何都會脫軌，但是一套不同的總體策略或許能讓脫軌的可能性降低一些。

當然了，這些反事實的猜測無法被證明，而一套離岸平衡的策略或許也會造成一些預料之外的後果，迫使政策制定者必須去處理。儘管如此，我們還是很難想像離岸平衡的表現會比自由主義霸權來得糟，甚至還有好理由去認為它會表現好得多。

今日的離岸平衡

今日的離岸平衡會像是什麼樣子呢？好消息是，在西半球出現一個對於美國霸權造成挑戰的對手是不太可能之事，而目前在歐洲與波斯灣也沒有潛在的地方霸主。現在的壞消息是：如果中國持續崛起，就有可能會在亞洲占據支配地位。美國應該要將主要的心力用於避免中國成功，因為中國在亞洲稱霸會讓北京有空間在世界各地投射其力量——非常像今日的美國——包括西半球。從美國國家安全的立場看來，最好是讓中國必須將其注意力與心力放在鄰近地區就好。

在一個理想世界裡，華府會仰賴地方勢力去抑制中國，但是那樣的策略或許不會奏效。不只因為中國很可能比周遭鄰居們強大得多，也是因為這些國家的地理位置並不相鄰，也不總是相處得好，使得它們更難維持一套有效的平衡同盟。美國幾乎是肯定得去協調它們的力量，或許也必須在它們背後提供強大的支援。在接下來的幾年之間，亞洲可能會是美國領導權「不可或缺」的一個地方。[17]

在歐洲，美國應該逐漸撤出其軍力，把北約還給歐洲人去管理。美國參與兩次世界大戰的一大動機在於避免德國控制整個歐洲，但是今日的局勢看不出未來會有類似的事情再發生。德國與俄羅斯都將變得相對積弱，因為兩國的人口都在逐漸下降，變得愈來愈老，該地區也沒有潛在的地方霸主出現。把歐洲安全交給地方勢力去負責，或多或少會增加麻煩發生的可能性，但是就算在那裡發生一場衝突，儘管不是大家所願，也不會導致某個國家主導整個歐洲，因此不會對於美國的重大利益造成嚴重威脅。美國應該利用它運作良好的政府機關去協助解決歐洲強權之間的歧異，鼓勵它們在許多議題上攜手合作，但是對美國來說，並沒有誘人的戰略需求要花上每年幾十億美元（並且押上美國人民的性命）在歐洲維持和平。

關於波斯灣局勢，美國應該回歸到一九四五至一九九三年間運作頗佳的策略。沒有一個地方勢力在目前有能力主宰整個區域，所以美國可以撤出它的多數軍力。在處理中東問題時，美國領導人應該尊重國家主權的原則，也應該揚棄它對於政權轉移與社會工程的錯誤努力。中東地區在未來的許多年間還是會很不安定，而美國沒有必要也沒有能力解決現在使得該地區動盪不安的複雜衝突。

就目前而言，華府也應該試圖改善與伊朗的關係。伊朗放棄或不更新現有的核協議，再次啟動核武競賽的話，對美國來說並不有利。如果伊朗擔憂美國的攻擊，它就更可能會這麼做，這就是為什麼華府應該暫時試圖修補與德黑蘭的嫌隙。除此之外，中國在未來可能會想要在波斯灣地區爭取盟友，而伊朗或許就是它的名單之首。[18]美國顯然有必要阻礙中國與伊朗之間的國防合作，而這就需要緩和與伊朗的關係。與德黑蘭對話也是一個提醒美國在中東其他盟友的好辦法，讓它們知道華府有許多選項，藉此給它們一個誘因以確保美國會在必要時刻支持它們的方式來行動。

比起波斯灣地區其他國家，伊朗的人口數與經濟潛力都要大得多，而且它很可能在最終占據足以支配該地區的地位。[19]如果伊朗開始依照這個方向行事，美國就應該協助其他地方勢力來平衡德黑蘭的勢力，將美軍與當地軍隊的力量結合起來，以達足以應付如此危險的規模。

綜上所言，這些做法會讓美國的國家安全支出相對GDP比重減少至相近於其他強權國家的水平。[20]美國的政策制定者會將首要重心放在亞洲，縮減打擊恐怖主義的花費，終結阿富汗戰爭，並且停止多數的海外干預行動。美國會維持相當數量的海軍與空軍，同時保留數量較少但能幹的地面部隊，並且會以足夠的預算確保其軍事科技與人力是世界第一。它也應該要準備好隨時在情勢所需之時就能擴張其能力。無論如何，至少在可見的未來裡，美國政府可以選擇把更多的錢花在緊急的內政需求上，或是留在納稅人的口袋裡。

把外交術帶回來

藉由設計及必要性，離岸平衡會將美國外交政策的焦點從現在所強調的軍事力量與威脅恫嚇，轉移回到外交術上。在過去二十年間，華府不斷透過發出威脅、祭出制裁，以及在必要的時候派出其無敵艦隊如無人機、特種部隊、巡弋飛彈、祕密戰機與傳統地面部隊艦隊等出場，以試圖強迫弱小的勢力順從於美國的指令。同時，國防部更強大的資源使它得以霸占許多原本由其他政府單位所負責的功能。[21]

前面的章節曾經反覆提到，這些努力大多數都未能達到聲稱的目標。即便如此，每當有些新的問題浮現——敘利亞的內戰、烏克蘭的衝突、北韓或伊朗的彈道飛彈試射，或是中國再次「要求收回」南海的淺灘與暗礁——美國的反射性回應就是將軍火賣給當地的盟友，提出經濟制裁、派遣航空母艦、搬運武器與訓練師去支援當地力量、發出威脅與警告、劃出「禁飛區」或是發動空襲、巡弋飛彈與無人機。外交政策專家總是爭辯著這些（與其他）提案的優點，很少詢問美國可以透過什麼說服與和解的手段來改善或消除潛在的問題根深。外交術尚未完全地從這個國家的外交政策工具箱中消失，但是它經常讓位給武力與恫嚇的運用。

然而，身為前大使與國防部助理部長的傅立民提醒我們：「外交術關乎的是一個國家如何提升其利益，以及如何以最小程度的暴力解決與外國人之間的問題。」[22]將外交術擺在第一位，並不會減少軍事力量的需求，而是將武力視作最後手段而非優先手段，並且視之為治國的工具而非目的本身。將外交術視作優先，意謂著努力與他人得出彼此皆可接受的解答，而非單純地命令他們。一個崇尚外交術的國家會授權它的代表仔細地聆聽他人；即使與他人意見不合，也會試圖了解他們的觀點；雖然看事情的視角不同，也會嘗試同理他人；並且尋求可以增進彼此利益的創意協議，理想上會讓訴諸武力變得沒有必要。[23]

在離岸平衡的策略下，外交術占據了中心舞台。要成功執行這個策略，美國領導人需要對於戰略趨勢有精密的理解，也必須熟悉關鍵地區內各國的利益、目標與可能的回應。華府必須在潛在的地方霸主浮現之時就辨認出來，並且與該崛起勢力的地方競爭對手協調出應對方案。離岸平衡並不鼓勵孤立主義或是分離主義，它首要仰賴的是明智、熟練的外交術，以協助美國達成更廣博的策略目標。

離岸平衡也很重視彈性。如同英國，做為最初的「離岸平衡者」，美國「沒有永遠的朋友或敵人」，而是有「不朽且永恆」的利益。[24]因為它最主要的目標是維持關鍵地區的在地權力平衡，美國必須在必要的時候夠敏銳地換邊站。這種陣營轉換的彈性也有助制衡危險的區域性競爭對手，因為它們如果知道挑戰現況會導致美國把可觀的力量轉而用來對付它們，就會比較不願意這麼做了。

然而，當眼前沒有潛在的地方霸主，華府應該盡力與愈多的國家維持熱切關係愈好。與所有國家培養如同做生意般的關係，會讓國與國之間在利益重疊之時更容易合作，也會強化美國的外交影響力。簡言之，相對於和某些國家建立「特殊關係」，而視其他國家為賤民，離岸平衡者會維持與每個人溝通的管道暢通無礙。

在其他好處方面，離岸平衡提醒現有夥伴不要將美國的支持視作理所當然、不鼓勵搭便車行為，並且同時給予競爭對手與合作夥伴誘因去競逐爭取華府的注意力與支持。美國將會在未來的許多年間持續強大，其支持依舊是一份重大的資產，而其他國家若是知道華府不僅與它們擁有良好的合作關係，也與它們的敵人關係頗佳，就會更加留意美國所關心之事。在離岸平衡的策略下，美國不會回頭說服地方盟友相信其承諾是百分百可靠，而會利用其有利的地緣政治位置，讓他國覺得「難以贏得」。

理想上，重新強調外交術會需要付出龐大心力改革美國的外交階級，並且使之專業化。美國是唯一會依慣例讓無經驗的業餘人士盤踞重要外交職位的強權國家，並且經常把幾無公職經驗的個人安插在具影響力的外交政策位置上。沒有哪位總統會任命一位富有的競選捐款者出任裝甲部隊或軍艦的司令官——更不用說擔任區域性作戰指揮官——但是大約有三分之一的美國大使任命是分給了協助競選的人，而非受過訓練的專業外交官，有時候結局就頗令人尷尬的。[25]

舉例來說，當烏克蘭危機於二〇一三年爆發時，俄羅斯駐德國大使弗拉迪米爾·格里寧（Vladimir Grinin）正擔任他自一九七一年展開外交職涯以來（包括在德國十七年的時光）的第四次大使職位，他口操流利的德語與英語，並且與重要的德國官員維持熟識關係。相反地，當時在柏林的美國大使約翰·艾默森（John Emerson）先前是洛杉磯的娛樂業律師，也曾經是歐巴馬競選總統期間的重要捐款者。他在上任之前並沒有外交經驗，也不會說德語。艾默森的政治技巧或許很優異，但是他與格里寧之間哪一位比較準備好了在德國外交人士面前代表其國家的利益與觀點，並且在國內的長官面前解釋德國的觀點呢？[26]

美國外交官也苦於缺乏一套規畫良善的人資系統，以及一套系統性、資金充裕的職涯發展計畫。美國軍方首先在三所軍事學院訓練出許多軍官，而這些職業軍官們上線後，還會依例在許多參謀學院接受額外專業訓練（例如海軍作戰學院或指揮與總參謀學院），或是在政府資助下進修取得進階學位。這種對於職涯長期的學習承諾創造出許多令人印象深刻的軍事將領，也強化了他們與外交政策當局其他關鍵部分的連結。

相較之下，美國外交官的專業職涯發展選項大多是派任海外之前所受的語言訓練。根據前大使查爾斯·雷（Charles Ray）的說法，一名典型的軍官或許在二十年的職業生涯中會有大約四次機會接受一年以上的進階訓練；一位典型的外交人員若是幸運的話，同樣二十年的職業生涯中可以受到一次完整的全年訓練。[27]對於政治任命的高度仰賴也限縮了專業外交人士在外交部內部的升遷管道，使得較少有資深外交官可以指導年輕同仁們。

這些問題又混雜著美國行政體系中任命重要職位的特異方式。當一位新總統走馬上任，過渡時期的團隊必須填補幾千個政府職缺，從部長以降。數百個職位任命需要參議員的確認，這個程序經常就要花上數個月，有時候甚至超過一年。有些受任命者是第一次在政府工作，而許多人只會在他的位置上待一兩年。這個情況就類似於讓蘋果電腦、通用電器或ＩＢＭ每四年換掉整個高層管理團隊，並且讓一些重要職位空著幾個月，甚至幾年。

若是美國的外交政策目標是溫和的，這些診斷病因姑且不是個問題。然而，華府一直以來試圖以一隊短暫任命的業餘人士來執行極有野心的外交政策，同時還有許多重要職位無人擔任。如同國務卿凱瑞在二〇一六年抱怨道：「今日的美國要比歷史上任何一個時點更加深入地投入世界上許多地方更舉足輕重的議題……有時候讓一些對於國家來說重要的職位閒置超過一年……就是沒道理的事。」[28]沒有其他強權國家抱持如此龐大的野心，卻以如此雜亂無章的方式為一個巨大且複雜的外交政策機構處理人事任命。

這類的改革也會翻轉美國外交政策在許多年來令人毛骨悚然的軍事化傾向，並且讓政治與外交工作回歸到正軌上。一個明智的國家會利用國家權力的所有工具來推動渴望的政治目的，但是近年來，政治與外交經常附屬於狹隘的軍事目標之下，包括無止盡的「反恐戰爭」。

以上所述並不是要否認軍事力量的重要性。外交官兼歷史學者凱南幾乎談不上是一位反射性支持軍事解答的人，但是有一次他告訴一群聽眾：「當你有一些武裝軍隊在背後靜悄悄地存在，你不會知道它對於外交界普遍的禮節與愉悅貢獻多大。」[29] 凱南的反應也透露出了思考這些工具時的正確方式：軍事力量是一套必須運用在更廣泛之外交與政治目的的工具，而非以外交與政治做為工具來達到軍事目的。

無須多言，上述方式正恰恰與川普現在做為總統所採取的做法截然不同。除了任命軍官擔綱通常保留給民間人士的職位，川普還增加了已經膨脹的五角大廈預算，同時削減國務院預算。然而，惟有當人們想要參與許多耗時許久的戰事時，這種做法才有道理。否則，就如國防部長馬提斯的警告：「如果你不完整提供國務院預算，那麼我需要買更多的彈藥。」[30]

把和平視作優先事項

回歸離岸平衡也會讓美國領導人減少其專注於發出威脅、強行改變或展現信用等行為上，而把較多的精力用在推廣和平。不只是為了理想或道德理由，也是因為推廣和平攸關美國的國家利益。

有人或許會說，過去美國在戰爭中做得很好。征服北美洲會牽涉到大量暴力行為，以及與墨西哥的「選擇戰爭」。在世界其他地方的衝突會削弱潛在競爭者，或使得它們分心，繼而改善美國的相對地位。然而，這個情況是發生在美國仍是崛起中的力量，而歐洲各強權仍支配著世界其他地方。如今，美國的狀態特別好：沒有其他國家像美國一樣強、一樣地遠離潛在敵人、一樣地不受殘暴的內部劇變影響，或是一樣地與其他危險絕緣。美國的地位並不完美，但是也很難要求更多了。

當一個國家位居全球金字塔的頂端，就如同美國過去數十年來所享有的地位，它最不應該做的事情就是從事充滿風險、可能會把它從高位拉下來的事業。一個如美國的主導強權應該首先追求的是穩定，而非一套刺激的外交政策，榮耀的勝利或震驚的失敗都可能潛藏在各個角落。對於一個如美國一般享有特權的國家來說，激起海外的衝突幾乎不會是個好主意，因為「戰爭的鐵骰子*」在本質上就是不可預期的。美國從戰爭中幾乎沒什麼好賺的，反而還會輸掉很多，而即使是顯得十分成功的戰事，也可以很輕易地演變成代價高昂、無法脫身的困境。除非是被迫投入戰事，否則美國應該尋求和平。

和平對於做生意來說也是好事一樁。國際局勢不安定或許對於洛克希德·馬丁、波音（Boeing）、聯合技術（United Technologies）和雷神（Raytheon）等投入航天或軍事工業的公司有明顯的商業利益可言，但是這些公司對於美國高達十七兆以上的經濟規模來說，其實只占了頗為微小且縮水中的份額。[31]更重要的是，和平讓經濟更容易互相依賴，因此強化更高度的全球成長。

* 譯注：這個隱喻出自一九一四年第一次世界大戰前夕，德國總理希多德·馮·貝特曼－霍爾韋格（Theobald von Bethmann-Hollweg）曾說過：「若是鐵骰子必須滾動，願主協助我們。」（If the iron dice must roll, may God help us.），意即戰爭將開打。

當和平盛行、安全的擔憂不高時，國家就比較不擔心與潛在競爭對手糾纏不清，而企業也不會擔心在海外蓋工廠或是把資本投到遠方去。相反地，當到處都是競爭對手，戰爭在眼前一觸即發，國家與私人投資者就會更加擔心在海外的曝險，而較不願意把他們的財富置於險境中。[32]

和平也傾向於振奮那些致力提升人類福祉的人，不論是透過新奇酷炫的產品、改善健康照護、優化政府服務、激勵人心的書本、藝術與音樂等形式，或是其他可以促進更廣泛之人類身心幸福的事物。相反地，戰爭只會給那些擅長激發與利用暴力，以及堅持從他人的憎恨中收割的人帶來利益：正是那些樂於成為軍閥、恐怖分子、革命者、仇外人士等的人。許多人會拿起武器是受到強大的責任感所驅使，而他們也會渴望能盡快地放下手中的武器，但是其中有些人是真的對於暴力有特殊偏好，也想要贏得他們自己的榮耀與收益。長期和平應該是美國外交政策的中心目標之一，再加上較擅長建立而非搞砸事物的領導者就更難得了。

最後，和平是道德上較令人偏好的選項。戰爭不可避免地會創造大量死亡、毀壞與人類的痛苦，而盡可能地減少戰事發生是本質上比較好的選項。把和平列在美國外交政策議程的首要之務，幾乎不會是美國領導人需要道歉的做法。

因此，從一個自私、頑固、愛國主義的角度來看，和平是一個要去宣告、追求與珍視的目標。然而，當代美國外交政策處在一個以威脅為導向、狂熱於可信度、過度軍事化的世界裡，人們很難發現一位傑出的政治人物、學者專家或是國安專業人士會高談闊論他們對於和平的熱情，也不會承諾待在辦公室裡追求和平，或是為了朝和平目標邁進而追求特定的策略。

這個情形當然很奇怪，因為在美國最遠大的外交政策勝利之中，有幾回並不是透過純粹的軍事力量贏得，而是透過持續、耐心且創意地運用外交與其他非軍事工具。除此之外，這些成功故事中有許多是明確地受到建立與強化和平之渴望所引導。舉例來說，或許對於共產主義的害怕心態激發出了馬歇爾計畫，但是這個外交與經濟上的巧妙舉動，就跟北約的形成或是柏林空運同樣地對於保護美國在歐洲的利益貢獻良多。馬歇爾計畫產出了一九七九年的埃及－以色列和平協議（Egypt-Israeli peace treaty），解除了一九九九年在印度與巴基斯坦之間的卡吉爾危機，促成了北愛爾蘭的受難日協議（Good Friday Agreement）。為免我們遺忘：兩德統一及冷戰的和平收場也都是一次外交上的成就，不是透過戰場上的士兵幫我們贏得勝利，而是透過坐在圓桌兩頭協商的政治家與外交官。[33]

帝國建造者的回擊

無須多言，外交政策共同體的多數人會死命地反對這套更加節制的離岸平衡政策。由於擔憂這種轉變會減少美國投入特定政治議程的心力，長期以來形塑美國外交政策的利益團體、企業與遊說團體會反對這種轉變。外交政策當局的多數成員也會抱持類似的疑心，一部分因為他們認為美國領導是慈善行為，但另一方面也是因為美國若採取一套較不主張干預的外交政策，那麼他們的角色、地位與權力就會隨之減少。[34]

事實上，積極詆毀離岸平衡的宣傳活動已經展開，包括著名專家、前美國官員與學術界人士皆熱烈地捍衛現況，攻擊任何建議美國調整或減少其全球野心的言論。[35]不意外地，他們喚起了所有令人熟悉的言論，關於美國在當今世界的不可或缺性，以及據信美國若是採取了不同的做法會發生的相反後果。當川普暗示他可能會轉向更節制的做法，輿論便異口同聲地快速攻擊他自大地拋棄美國重要的領導角色[36]。

再一次地，美國民眾被告知，他們所面臨的世界充滿了或近或遠的威脅，而美國勢力必須擴散到世界各地，以阻止這些危險蔓延到美國本土。如果美國要轉移到離岸平衡的政策，他們提出警告，重要的盟友們會對於美國的安全保證失去信心，競爭對手們會更加大膽，而強權競賽也會再一次爆發，削弱今日的全球化世界經濟，並且威脅到美國的繁榮。習慣於美國保護的國家會有興趣取得核子武器，而積極擴散民主與人權的努力若遭到攔阻，更會危及到世界各地的自由，導致更廣泛之「民主和平」的希望灰飛湮滅。

同時，自由主義霸權的捍衛者相信，美國可以在成本或風險極低的前提下，預先阻止這些危險，促進美國的理想。在他們的觀點中，美國高達十七兆美元的經濟體可以輕易地負擔起自由主義霸權所需的國防與外交事務費用；必要的話，美國也有能力付出更多。他們堅稱這項政策的風險是極小的，因為在世界各地擴張民主與美國的安全保證將能阻止戰事發生，從長遠來看，為美國節省了金錢。儘管自由主義霸權在近年來的失敗，其捍衛者仍舊視之為可負擔且無風險的保險政策；反之，他們將離岸平衡形容為黑暗中危險的跳躍。根據本書第三章討論到的新美國安全中心特別小組，離岸平衡是「造成不確定、失算與最終導致更多衝突與驚人花費的因素」。[37]

本書第四章討論到，仔細審視上述的論點會發現它們都站不住腳。美國的深度參與不總是能創造和平，尤其是當美國一直試圖推翻獨裁者、散播民主。做為世界警察的代價不總是如自由主義霸權支持者聲稱地那般低廉，不論是實際花費的金錢或是喪失的人命。光是伊拉克與阿富汗戰爭就花費了四兆到六兆美元，將近七千名美國大兵喪命，超過五萬名大兵受傷。從這些戰事中歸國的退役士兵之中，有高比例的人自殺或陷入憂鬱，而美國幾乎沒有為他們的犧牲做過什麼表示。

至於核擴散的問題，沒有任何總體策略可能完全成功地預防核子武器或其他類型之大規模毀滅性武器擴散，但是離岸平衡在這方面會做得比自由主義霸權好一些。畢竟，自由主義霸權並沒能阻止印度與巴基斯坦提高它們的核武製造能力，也沒能阻止北韓在二〇〇六年試爆核子彈頭，或是避免伊朗變成擁有核潛力的國家。追求核子武器的國家通常是因為它們害怕被攻擊，想要擁有強大的威懾力，而美國在政權更迭方面付出的努力導致這種恐懼感高漲。藉由避免政權轉移、限制美國在三個關鍵地區的軍事承諾，以及減少美國的軍事足跡，離岸平衡會讓潛在的核擴散者較沒有理由追求核子彈頭。與伊朗的核協議顯示出，聯合多邊的壓力與強硬的經濟制裁會比預防性戰爭或政權轉移更有效地阻止核擴散。不消說，這種做法是完全與離岸平衡一致的。

當然了，減少美國的安全保證或許會導致一些脆弱國家試圖發展自己的核威懾能力。這種發展並不是人們所樂見了，但是要全面預防也會是很昂貴且不一定成功的做法。此外，負面後果或許不會如悲觀主義者所擔憂地那般嚴重，取得核子彈頭不會讓弱小國家轉變為超級強權，或是讓它們有能力攻擊或勒索競爭國家。自從一九四五年以來，有十個國家跨過了核潛力的門檻，但是這個世界並未在每一次有新成員加入核子俱樂部時就被天翻地覆一次。無論美國做了什麼，核擴散都會一直是個擔憂，但是離岸平衡提供了我們一套較好的策略去處理這個風險。

有些對於自由主義霸權抱持懷疑的外交政策專家仍舊相信，為了維護和平，美國應該在歐洲、亞洲與中東地區維持大規模的軍事布署。這種做法——有時候稱作「選擇性交往」（selective engagement）戰略——聽起來很吸引人，但是也不會產生效果。[38]

首先，這項戰略可能會讓我們回歸到自由主義霸權。一旦承諾要為關鍵地區維護和平，美國領導人基於「民主政體不會互相打架」的普遍信念，也會強烈地傾向將民主散播到那裡去。北約擴張就完美地闡釋了這種傾向，因為它追求的是創造一個「完整且自由」的歐洲，會永遠地生活在和平與和諧之中。當這些努力遇上了困難——這是有可能發生的事——鑒於美國領導人向來對於可信度的重視，華府就會試圖利用其強大的軍事武器去拯救情勢，在真實世界裡，選擇性交往與自由主義霸權之間的界線很容易就會被抹掉。

簡言之，「選擇性交往」的問題在於它並不夠挑剔。一旦華府挑起預防世界各地衝突的全部責任，它就總是會冒險去解決那些對於美國安全或繁榮並不重要的問題，或者會被一些不知道該如何達成的理想性任務所吸引。選擇性交往也沒有解決搭便車的問題，只要華府繼續保護有能力自我防禦的國家，後者就會繼續讓山姆大叔挑起負擔，然後把他們省下來的錢花在自己的國家內政上。

最後，有些人聲稱，散播民主、保護人權與預防大屠殺，對於美國來說是同時有戰略利益與道德責任的事，這種說法是否為真呢？在這個觀點裡，散播民主——必要的時候可動用武力——最終會達到「民主和平」的狀態，戰爭就不可能發生、人權侵犯會很少見，而大規模的暴行也會煙消雲散。只要美國人可以被說服維持在這條道路上，自由主義霸權最終就會帶給我們一個寧靜、祥和且繁榮的世界。

事實上，沒有人知道一個僅由自由主義霸權組成的世界是否會是和平的。不過，我們確實知道，以槍桿子造出來的民主鮮少能夠有效運作，而無經驗的新民主政體很容易發生衝突。[39]美國非但未能推廣和平，結果還捲入了一場又一場的戰事，受困在無特定時間的占領行動中。這些衝突導致美國做出拷問囚犯、執行目標擊殺、擴張政府機密的範疇，以及廣泛地對美國民眾進行電子監聽等行為。諷刺的是，在海外散播自由價值的企圖卻在國內被妥協。

鼓勵散播自由主義霸權與基本人權應該是美國的一項長期目標，但是最好的做法是樹立一個好的典範。其他社會若是相信美國是一個公正、繁榮、和平且開放的社會，而且他們決定自己也想要類似的東西，那麼才會更可能去擁抱美國價值。這就如同另一個主張，即想要散播自由價值的美國人應該做更多能改善國內狀況的事，而非操縱海外政治。離岸平衡正恰恰符合了這套處方。

為何改革將是不容易的

離岸平衡是一套整體策略，源自對於美國核心傳統以及其持久優勢的認知。它充分利用美國幸運的地理位置，體認到其他國家擁有強大的誘因去反對它們所處區域的潛在地方霸權，並且在任何可能的時候把責任推給其他國家。它尊重國族主義的力量，並不試圖把美國價值強加於國外社會，並專注於樹立一個典範讓其他人會想要效法之。它會為美國納稅人省下可觀的財富，讓長期投資灌注在美國的未來財富與力量上，並且限制政府對於美國人身自由的侵犯。出於這些理由，離岸平衡是美國有史以來多數時候的正確策略，也會是今日最佳的整體策略。

然而，外交政策共同體並不是這麼看事情，因此使得有意義的改革不太可能發生。於是，格倫農在他針對國家安全當局深刻見解的分析中，以一項陰鬱的注解作結道，傳統的「制約與平衡」系統實是無效的，我們幾乎沒有什麼辦法阻止現存的「杜魯門式網絡」的力量。以他的話來說，美國政府現在擁有「殺人、逮捕與入獄的力量；看到、聽到與閱讀人們一字一句與行動的力量；逐漸灌輸恐懼與猜忌的力量；撤銷調查與平息演說的力量；形塑或阻斷公眾辯論的力量；以及掩飾其行動並規避軟弱監督者的力量。簡言之，杜魯門式網絡擁有不可逆的力量。」[40]

類似的情況，長期在國會工作的麥克・洛夫格倫（Mike Lofgren）在針對美國的「深入情形」

做評論時，列舉出一系列野心勃勃的改革計畫——消除私人資金介入公開選舉、將和平紅利重新導向國家基礎建設、改革稅制、遠離中東等等——但也只是在結論中承認他的提案是「理想化的，甚至是不諳世事的」。他沒有提出讓國家朝著他所偏好的方向前進的計畫，而只是留下了微弱的希望之語，「美國已經在它的歷史中做過更加令人驚奇的事情，或許在今日也有能力創造類似的驚奇。」[41]然而，如同我們在前文中所見，外交政策共同體幾乎沒有付出什麼心力來重新思考它對於自由主義霸權的深刻承諾。[42]

有什麼辦法或許能夠產出如此「驚奇」的轉變呢？理論上，世界性的事件可以觸發人們對於美國整體政策嚴肅地重新思考，以及付出重大努力去改革現有的外交政策機構。一次悲劇式的外交政策災難（例如一場真實的核子攻擊）或許就會從此敗壞統領的正統性，並且創造出造成重大改變的機會。然而，沒有哪位愛國的美國人應該期盼這樣的悲劇降臨在這個國家，而即使是一次重大的挫敗或許也還不致產生有意義的轉變。如果過去二十年間的失敗、一場嚴重的金融危機，以及歐巴馬與川普的勝選都沒有激發出一場系統性的重新思考，那麼還有什麼事件可以辦到呢？

當然了，當一個真正勢均力敵的競爭對手浮現，或許會迫使美國外交政策屈服，使之較易於取消危險或浪費的計畫。若是中國繼續崛起，並挑戰到美國的地位，外交政策當局或許甚至會開始讓更多人負起失敗的責任，並且更加重視有效的表現。

然而，我們也很難對於這個「解答」感到興奮，因為一個新興的競爭強權勢必會為美國帶來成本與風險[43]。在一個理想世界裡，未來的競爭對手只會是足夠令人感到擔憂而鼓勵改革的程度，但不會強大到讓美國難以招架。唉，這種便利的「甜蜜點」是否會實現，或是美國領導人是否會做出正確的選擇來回應之，都是無可保證的。九一一事件的悲劇會是一個國家可收到最刺耳的鬧鈴聲，但是外交政策當局回應的方式只是讓問題變得更糟。

鑒於在自由主義霸權背後存在著美國充分的安全與菁英共識，外在壓力不太可能自己創造出有意義的改革。官僚利益尤其會抵抗改變，而除非背後有強勁且持久的政治壓力，否則深遠的政策轉移不會發生。在國內缺乏持久的政治行動，關於外交政策的辯論將會持續地發生在相同的熟悉空間中，並且維持在四十八碼線之間。外交政策共同體的成員只會加倍他們的努力，去說服其他國人們讓他們繼續尋求能促使自由主義霸權成功的方法，而不會思考自由主義霸權的替代方案。

該如何打敗變形怪體

因此，我們真正需要的，是在現有的政治體系內部進行一場比較公平的對抗，那麼自由主義霸權就不會再享有崇高的地位，而競爭方式也不會局限於政治論述的差距，或是華府內部一些分離的壁壘。捍衛現況的人已經在政府、學界、媒體，以及智庫與遊說團體糾纏在一起的世界中占有十足的分量，藉此將討論的重心嚴重地朝對他們有利的方向傾斜。因此，唯一能夠在這些議題上擴大公共辯論的方式，是創造出一套可以在「觀念的自由市場」中抗衡戰鬥的組織與機構。

尤其，那些偏好離岸平衡或是其他更節制做法的人必須建立一波更廣泛的政治運動，組織成一套可以活躍地致力於影響公共觀念的機構，將壓力施加在繼續偏好無效政策的政客與官員身上。這樣的運動會建立在一群偏好不同總體策略的團體之上，例如自由意志主義*的卡托研究所（CATO Institute）、現實主義的國家利益中心（Center for the National Interest）或是傾左派的國際政策中心。同時，這樣的運動會致力於與其他議程相容的團體搭建合作的橋梁、組成同盟。

無須多言，這種努力需要大量的財力資助，而來源就是那些擔憂繼續追求自由主義霸權將在長期對美國造成嚴重傷害的美國人。[44]除了支持與重要外交政策議題相關的研究，這個網絡應該採取自由主義霸權陣營曾經用來在華府建立影響力的技巧。尤其，針對一些與較節制的美國總體策略相關的關鍵議題，離岸平衡支持者應該進行一些學術研究、組織會議來精進與散播他們的想法，直接遊說政治與政策制定者，參與各類型可以更廣泛接觸到大眾的活動。特別重要的是號召、指導及支持一群觀念相近的年輕專家，提供他們可持續走下去的職涯選項，那麼

* 譯注：自由意志主義（Libertarianism）是一種右派的自由主義，主張只要不侵犯他人的同等自由，個人應該享有絕對的自由以其自身財產從事任何活動。相較於左派的自由主義（Liberalism）強調要使用政府或集體的力量去保證每一個人的自由與平等，因而主張要有「大有為」的大政府；右派的自由意志主義強調個人權利，保障個人自由發揮的機會，因此主張小政府的「無為而治」。

一些對於外交政策有抱負的人就不必擁抱現有共識才能擁有成功的職涯。

事實上，上述這種運動或許是激起重大策略轉變的必要條件。在《戰爭與民主限制：公眾如何影響外交政策》（*War and Democratic Constraint : How the Public Influences Foreign Policy*）一書中，政治科學家馬修・包姆（Matthew Baum）與菲利浦・波特（Philip Potter）主張：「民主政體的公民要讓他們的領導人當責，有兩項基本條件必須存在。首先，必須有獨立且政治上強而有力的反對黨陣營，當領導人踩錯一步時，該陣營便可以警告大眾……其次，媒體與公關機構必須同時存在，並且足以從這些反對派菁英手中取得訊息傳播給大眾。」[45]

美國擁有許多媒體與健全的法律來保障言論自由；問題在於缺乏一批「政治上具說服力」的反對聲浪來抗衡自由主義霸權的盛行。因此，當主流媒體報導外交政策議題時，他們只會停留在現有共識的範疇之內。他們所仰賴的資訊源頭通常包括了致力於自由主義霸權的政府官員或政策專家，多數著名的主流媒體都是這麼做的。鑒於這種思想上的共識，我們幾乎不會驚訝地發現主要的新聞媒體如《華爾街日報》、《華盛頓郵報》與《紐約時報》都沒有什麼壓力得要提供真正的另類觀點給讀者，頂多偶一為之。

然而，如果提倡一套不同總體策略的人可以建立持久的機構、觸及關鍵多數的民眾，幾大媒體就會注意到，並且提供更多版面來刊登他們的觀點。隨著時間的推移，針對關鍵外交政策議題的辯論會出現更廣泛面向的意見，而美國人會愈來愈意識到現有總體策略的不足，以及另類做法的優點。若是這種運動逐漸形成一股動力，媒體組織諸如《紐約時報》或《華盛頓郵報》

或許甚至會做出結論，認為是時候在他們現有的專欄作家名單中增添一名支持節制外交策略的人。[46]

推銷一套敏感的外交政策

一個在政治上強力支持較節制政策的運動是否能夠形成且持續下去，仍然有待觀察。若是這樣的運動被確立了，它可能會如何贏得大眾的支持呢？什麼才是推銷一套較敏感外交政策的最佳做法？

強調愛國主義

雖然離岸平衡者（包括作者本人）批評許多過去的美國政策，但是離岸平衡策略本身是基於高度的愛國心，也應該總是在這樣的情況下被描述。如同本書通篇所強調的一點，它假定美國外交政策的首要任務在於保護與推動美國人民的利益，協助人們維持安全、繁榮且自由的生活。換句話說，離岸平衡者絕不是「反美主義者」。相反地，他們相信美國人民值得一套比起過去二十年來更好的外交政策。

尊重軍隊

離岸平衡者對於軍事干預行動會採取謹慎態度——除了當有必要在關鍵地區維護權力平衡時——但是他們既非和平主義者，也不是對於武裝行動懷抱敵意。離岸平衡的策略假定軍事力量還是必要的，而保護美國利益有時候會需要動用武力。雖然離岸平衡者注意到外交政策當局，及所謂的軍工產業會為了官僚或預算目的而慣常性地膨脹威脅，他們仍是尊重軍人們代表國家所做的犧牲。他們相信自由主義霸權的支持者並沒有小心地使用美國的軍事力量，對於人員的犧牲也沒有給予足夠的尊重；相反地，離岸平衡者反對為了不重要或考慮欠周的理由而使得士兵性命陷入險境。

事實上，離岸平衡策略追求的是讓穿著軍裝的男女士兵承受最小化的負擔。它不將美國軍隊視作一種可以用來追求非現實目標的順從工具，而是相信應該惟有當重大利益處於緊要關頭時，才可以將三軍士兵送至險境中。尤其，離岸平衡者相信絕不應該將美國軍人們送至注定會輸掉的戰場上，不論是因為事不攸關重大利益，或是因為所謂的任務（例如試圖在不成熟的國度裡發展新的民主）是軍事力量無法達成的。

別再扮演「愚蠢大叔」

強調其他國家也應該為了共同安全而貢獻自己應盡之力，而不是繼續搭著山姆大叔的便車，離岸平衡支持者可藉此加強其號召力。外交政策菁英或許喜歡「全球領導」所帶來的高度與威望，但是一般美國人肯定地會憎惡美國資助富有的同盟國、保護那些無法為美國安全做出貢獻的國家，也不情願忍受某些盟友在美國的保護傘之下，沉迷於魯莽的行動。

將海外的探險與國內的狀況連結起來，將會更加強化離岸平衡的合理性。雖然美國還是過得非常好，但是浪費在海外愚蠢探險上的時間、資源與注意力，無可避免地會影響到國內的生活品質。對美國人解釋我們的外交與國防政策之於國內生活品質的關聯是極其重要的，包括我們被要求支付的稅賦水平、我們必須照顧的受傷士兵數量、美國安全受到侵擾的程度，以及聯邦預算與整體經濟等。我們在世界各地駐紮愈多的軍事基地，就意謂著美國公民將享有愈少的道路、橋梁、地下鐵、公園、博物館、醫院、學校、光纖電纜與Wifi網絡，每個人的生活品質都會下滑。讓愈多人愈清楚地明白這些關聯性，對於讓他們支持一套更明智策略會是至關重要的。

為道德高度辯護

離岸平衡是一套利己本位的策略，但是它並非不在乎道德考量。由於美國還是一個非常自由主義的社會，它的人民們不太可能長期擁抱一套他們相信是不道德或是不在乎道德的總體策略。據此，離岸平衡的支持者也必須強調其正面道德品質，以及它之於核心美國價值的一致性。[47]

尤其，離岸平衡不排除動用美國軍力去嘗試阻止戰爭、停止大屠殺，或是說服其他國家改善其人權表現，但是這套策略確實為動用武力設定了一個高門檻。離岸平衡者特別會願意支持災後救濟，以及其他純人道主義的行動，也甚至會贊成在下列情況下動用武力來阻止大規模屠殺：（1）危險迫在眉睫；（2）美國的預期成本不高；（3）可拯救的外國人生命之於承擔風險的美國人生命多得多；（4）干預行動顯然不會讓事態惡化，或是導致任何無明確時間表的承諾。

離岸平衡也更傾向於在國內保護這些價值。如同開國元老們所清楚認知到的，沒有一個國家可以長期處於戰事中，而不對於人民自由與其他自由主義制度做出妥協。畢竟，戰爭在本質上就是反自由主義的活動；它的性質是暴力的、脅迫的，也是階級制的，而且它讓機密與命令凌駕於透明與自由之上。

事實上，離岸平衡者擁有強大的道德理由是有利於他們所偏好的策略，而他們應該毫不猶豫地提出來。離岸平衡會使得紛爭減少，人們所承受的痛苦也會比自由主義霸權之下來得少。而只要能夠提出一個誘人的模型，並透過有耐性的外交手段與道德勸說而非脅迫或軍事行動來提倡自由價值，美國就會更有機會推動進步的改變。最重要的是，他們不需要將其道德高度讓渡給自由主義或新保守主義的支持者，尤其考慮到後者的政策已經造成多少人類的痛苦。

小心訊息傳遞者

最後但同樣重要的是，離岸平衡需要能幹的倡議者來為它提供充分的理由。近年來，在公眾人物之中，外交政策最接近離岸平衡策略的人是榮（Ron）與蘭德．保羅（Rand Paul）、派特．布坎南（Pat Buchanan），以及二〇一六年的川普。雖然這些人都曾對於美國外交政策的失敗做出一些敏感的言論，他們同樣地也背負著沉重的負面負擔，並且抱持著其他愚蠢、無知或討人厭的信念。

從某種意義上看來，他們的錯誤並不令人驚訝。我們需要一定程度的打破舊習，才能看透為自由主義霸權打下基礎的言辭與傳統智慧——例如持續援引美國的「例外論」，或是聲稱美國領導是文明與深淵之間唯一的障礙。因此，離岸平衡最明顯的支持者是美國政策當局的局外人，也就不是什麼意外了。為了讓離岸平衡重新崛起成美國的預設總體策略，我們將會需要一些聰明、幹練、見多識廣、口齒清晰、愛國且沒有尷尬過往的捍衛者。

然而，若是這樣的人物真的出現，他或她將會發現有一批現成的受眾。美國人還是會願意為了自身的安全與繁榮而挑起某種程度的海外負擔，某些情況下也會願意幫助他人。但是，他們會愈來愈不情願進行那些在過去失敗且未來也注定會失敗的、不切實際的任務，而承諾不會再重蹈覆轍的聰明政客幾乎肯定會吸引到大量的群眾支持。

最後的想法

「這個國家有很多東西毀壞了。」亞當・斯密（Adam Smith）寫道——當一個國家如美國這般享受許多持久的優勢，情況更是如此。好運氣讓這個國家倖免於其隨意的、傲慢的，且在近年來顯得不真實的外交政策作為。即便美國近來犯下不少錯誤，它依舊是一個極度幸運的國家，就如俾斯麥（Bismarck）曾經說過一句嘲諷的話：「似乎有特殊的天意在看顧酒鬼、傻子與美利堅合眾國。」

因此，我們所面臨的真正危險並非精心組織、威力強大且擁有機靈詭計可奪走我們的安全、繁榮與生活方式的一批海外勁敵。相反地，美國所面臨的海外問題幾乎都是自己造成的。如同政治漫畫家華特・凱利（Walt Kelly）在多年前所觀察到的：「我們已經遇到敵人，而他就是我們自己。」

美國的好運氣會在什麼時點用盡呢？我們不可能確知在此描述出來的改革運動是否會生根、成長並茁壯，甚而在最終協助糾正某些導致美國誤入歧途、讓自己與他國付出高昂代價的愚蠢行徑。不論是誰入主白宮、誰占據行政機構的關鍵職位，或是由哪個政黨掌控眾議院或參議院的多數席次，美國完全有可能會繼續走在現在這條跌跌撞撞的道路上。

因此，做為一個國家，我們正站在十字路口上。其中一條路存在的多是同樣令人沮喪的結果，重蹈過去的覆轍或許還是可以忍受的，但是幾乎不可能是人們所嚮往的，而且一旦「單極時刻」成為過往雲煙，這種做法會造成更嚴重的風險。另一條路上存在著一套更符合現實的策略，過去它曾經在這個國家運作良好，而如果今日再次採用也會有相同的效果。這樣的外交策略並非如今主宰橢圓形辦公室的人可以成功實現的，但是它是多數美國人想要且值得擁有的外交政策。唯一的問題是：美國人還需要多久的時間才能獲得之？

致謝
Acknowledgments

在撰寫本書的同時，我欠了許多人情，而很樂意在此感謝他們。諷刺的是，我所欠的人情也包括了外交政策當局本身。在我的職業生涯多數時候也是這個群體的一分子：年輕時曾做為海軍研究中心（Center for Naval Analyses）的研究員；外交關係協會會員；在諸如卡內基國際和平基金會與布魯金斯研究會等智庫擔任客座學者；在普林斯頓大學伍德羅・威爾遜學院、芝加哥大學以及哈佛大學甘迺迪政府學院授課；也曾經參與過許多其他「當局」活動。我肯定是這個世界裡的異類，但是我從一路上結識的朋友、同事與過去的學生身上學到了許多東西。我在這個世界裡所扮演的角色給予了我許多機會，而我也受益於此，至今仍十分感激所有曾經幫助過我的人。

我想要感謝以下這些人對於本書初稿所給予的評語與建議：Andrew Bacevich、Ian Bremmer、Ilene Cohen、Michael Desch、Michael Glennon、Stephen Kinzer、Fredrik Logevall、Ramzy Mardini、Tarek Masoud、Steven E. Miller、Moisés Naím、Barry Posen，以及 Richard Sokolsky。我的父親 Martin Walt IV 非常仔細地閱讀了初期的草稿，給予許多有用的建議，而

John Mearshimer在整個成書過程中所提供的評語與建議，也值得在此特別地感謝。此外，我也想感謝Steve Clemons、Chas W. Freeman、Carla Robbins、Jeremy Shapiro以及Tara McKelvey針對美國外交政策制定的不同面向與我進行的討論，助益良多。Orga Cadet、Gabriel Costa、Kyle Herman、Enea Gjoza與Jason Kwon提供了熟練的研究協助，Leah Knowles則是讓我的職業生涯維持有序不亂。

在過去兩年間，我所教授的美國外交政策課堂上，學生們接受挑戰閱讀本書未定稿的章節，並且毫不遲疑地說出我的論點中令人困惑或錯誤的地方。我的編輯Eric Chinski以其慣常的智慧與熟練度（在必要的時候甚至是殘忍地）改善我的原稿，而我的經紀人Bill Clegg則是從一開始到最後都抱持著支持的態度。在此也很高興地對麻州布魯克萊恩（Brookline, Massachusetts）的Cutty's三明治店主廚與員工們致上特別的謝意，他們令人上癮的創意為我激發了無數個午後的研究與寫作動力。

本書的某些部分運用了下列著作的內容，惟在形式上略有不同："The Case for Offshore Balancing: A Superior U.S. Grand Strategy" (coauthored with John Mearsheimer), in *Foreign Affairs* 95, no. 4 (July/August 2016)；以及"The Donald vs. the Blob," in Robert Jervis, Francis Gavin, Joshua Rovner, and Diane Labrosse, eds., *Chaos in the Liberal Order: The Trump Presidency and International Politics in the TwentyFirst Century* (New York: Columbia Univer sity Press, 2018)。我要感謝外交關係協會與哥倫比亞大學出版社（Columbia University Press）授予我在本書中使用這

些內容的權利。

最後，我要對我的太太Rebecca Stone致上最高的感謝與敬意，當我在思考全球議題時，她做出了在地的行動。她的示範持續地提醒了我與如今已成人的兩個孩子Gabriel與Katherine，只要不煩惱誰贏得了掌聲，人們就可以做到的好事。

史蒂芬．華特
布魯克萊恩，麻州

36 例如，見David Frum, "The Death Knell for America's Global Leadership," *The Atlantic*, May 31, 2017, at https://www.theatlantic.com/international/ archive/2017/05/mcmaster-cohn-trump/528609/; G. John Ikenberry, "The Plot Against American Foreign Policy," *Foreign Affairs* 96, no. 3 (May/June 2017); 以及Robin Wright, "Why Is Donald Trump Still So Horribly Witless About the World?" *The New Yorker*, August 4, 2017.

37 *Extending American Power*, p. 14.

38「選擇性交往」的案例可見於Robert J. Art, *A Grand Strategy for America* (Ithaca, NY: Cornell University Press, 2004).

39 關於這一點，見Edward D. Mansfield and Jack Snyder, *Electing to Fight: Why Emerging Democracies Go to War* (Cambridge, MA: MIT Press, 2005).

40 Glennon, *National Security and Double Government*, p. 118.

41 Mike Lofgren, *The Deep State: The Fall of the Constitution and the Rise of a Shadow Government* (New York: Viking 2016), pp. 269–77.

42 見Patrick Porter, "Why U.S. Grand Strategy Has Not Changed: Power, Habit, and the Foreign Policy Establishment," *International Security* 42, no. 4 (Spring 2018).

43 尤其見John. J. Mearsheimer, *The Tragedy of Great Power Politics* (New York: W. W. Norton, 2013), chap. 9.

44 無論人們怎麼看待大衛與查爾斯・科赫（David and Charles Koch）較廣泛的政治議程，查爾斯・科赫研究所給予離岸平衡或「節制」擁護者的支持是一項鼓舞人心的發展。見the program summary of "Advancing American Security: the Future of U.S. Foreign Policy," at www.charleskochinstitute.org/advancing-american-security-future-u-s-foreign-policy/. 即便如此，擁護自由霸權的團體所享有的資源仍然大幅超越支持節制者的金額。

45 見Matthew A. Baum and Philip B. K. Potter, *War and Democratic Constraint: How the Public Influences Foreign Policy* (Princeton, NJ: Princeton University Press, 2015), p. 4.

46 在二〇一七年，全美主要報社中，對於美國外交政策採取非干預主義觀點的社論專欄作家只有《芝加哥論壇報》的史提夫・查普曼（Steve Chapman），以及《波士頓環球報》（*The Bonston Globe*）的史蒂芬・金澤（Stephen Kinzer）。見Stephen M. Walt, "America Needs Realists, Not William Kristol," *Salon.com*, January 16, 2008; and "What Would a Realist World Have Looked Like?" *Foreign Policy*, January 8, 2016.

47 見Michael C. Desch, "It's Kind to Be Cruel: The Humanity of American Realism," *Review of International Studies* 29 (2003); and idem, "America's Illiberal Liberalism: The Ideological Origins of Overreaction in U.S. Foreign Policy," *International Security* 32, no. 3 (Winter 2007/08).

26 見James Bruno, "Russian Diplomats Are Eating America's Lunch," *Politico*, April 16, 2014, at www.politico.com/magazine/story/2014/04/russias-diplomats-are-better-than-ours-105773.

27 Charles Ray, "America Needs a Professional Foreign Service," *Foreign Service Journal*, July/August 2015. 另見 "American Diplomacy at Risk," *American Academy of Diplomacy* (Washington, DC: April 2015), at www.academyofdiplomacy.org/wp-content/uploads/2016/01/ADAR_Full_Report_4.1.15.pdf.

28 Secretary of State John Kerry, "Remarks to the Press," U.S. Department of State, Office of the Spokesperson, January 7, 2016.

29 摘自Barton Gellman, *Contending with Kennan: Toward a Philosophy of American Power* (New York: Praeger, 1984), pp. 126–27.

30 Nicole Gaouette, "Retired Generals: Don't Cut State Department," CNN, February 27, 2017, at www.cnn.com/2017/02/27/politics/generals-letter-state-department-budget-cuts/index.html. 關於其他重建國務院的做法清單，見Stephen M. Walt, "The State Department Needs Rehab," *Foreign Policy*, March 5, 2018, at http://foreignpolicy.com/2018/03/05/the-state-department-needs-rehab/.

31 見William J. Lynn, "The End of the Military-Industrial Complex," *Foreign Affairs*, November/December 2014.

32 見Barry Buzan, "Economic Structure and International Security: The Limits of the Liberal Case," *International Organization* 38 (Autumn 1984).

33 見Mary Sarrotte, *1989: The Struggle to Create Postwar Europe*, updated ed. (Princeton, NJ: Princeton University Press, 2014).

34 見Michael Glennon, *National Security and Double Government* (New York: Oxford University Press, 2014).

35 見Richard Haass, "The Isolationist Temptation," *The Wall Street Journal*, August 5, 2016; Brooks, Ikenberry, and Wohlforth, "Don't Come Home, America"; Robert Kagan, "Superpowers Don't Get to Retire," *The New Republic*, May 26, 2014; Richard Fontaine and Michèle Flournoy, "Beware the Siren Song of Disengagement," *The National Interest*, August 14, 2014; *Extending American Power: Strategies to Expand U.S. Engagement in a Competitive World Order* (Washington, DC: Center for a New American Security, 2016); Zbigniew Brzezinski, "Toward a Global Realignment," *The American Interest*, April 17, 2016; Kenneth M. Pollack, "Security and Public Order: A Working Group Report of the Middle East Strategy Task Force" (Washington, DC: The Atlantic Council, 2016); 以及 "Strengthening the Liberal World Order," White Paper, Global Agenda Council on the United States, World Economic Forum, April 2016.

pp. 286–91.

17 見Kurt H. Campbell, *The Pivot: The Future of American Statecraft in Asia* (New York: Twelve, 2016).

18 關於未來局勢發展的一個預兆是，中國國家主席習近平於二〇一六年拜訪伊朗期間，與該國簽署了十七份協議。另見Dorsey, “China and the Middle East: Venturing into the Maelstrom,” Working Paper No. 296, S. Rajaratnam School of International Studies, March 2016.

19 有些觀察家堅稱德黑蘭已經「主宰」了該地區，但是這個觀點大幅誇飾了伊朗的現有能力，或是它對於該地區事件下指令的能力。欲了解對於這種觀點的糾正論述，見Justin Logan, “How Washington Has Inflated the Iran Threat,” *Washington Examiner*, August 4, 2015; John Bradshaw and J. Dana Stuster, “Iran Is Hardly on the March,” *Defense One*, July 15, 2015, at www.defenseone.com/ideas/2015/07/iran-hardly-march/117835/; 以及 Thomas Juneau, “Iran's Failed Foreign Policy: Dealing from a Position of Weakness,” *Policy Paper*, Middle East Institute, May 2015, at www.mei.edu/content/article/iran's-failed-foreign-policy-dealing-position-weakness.

20 舉例來說，若是美國在國防事務上花費百分之二．五的GDP，五角大廈的預算就會是大約四千兩百五十億美元，這個數值已超過全球第二大軍事強權中國的兩倍。

21 關於美國外交政策的軍事化，見Rosa Brooks, *How Everything Became War and the Military Became Everything: Tales from the Pentagon* (New York: Simon & Schuster, 2016); Gordon Adams and Shoon Murray, eds., *Mission Creep: The Militarization of U.S. Foreign Policy* (Washington, DC: Georgetown University Press, 2014); 以及 Andrew Bacevich, *The New American Militarism: How Americans Are Seduced by War*, 2nd rev. ed. (New York: Oxford University Press, 2013).

22 Chas W. Freeman, “Militarism and the Crisis of American Diplomacy,” *Epistulae*, no. 20, July 7, 2015.

23 關於這些觀點，見Stephen M. Walt, “The Power of a Strong State Department,” *The New York Times*, May 12, 2017.

24 這種觀點源自巴麥尊勳爵（Lord Palmerston），他在一八四八年對國會下議院說：「我們沒有永遠的盟友，也沒有永遠的敵人。我們的利益才是不朽且永恆的，而且追隨那些利益是我們的責任。」

25 舉例來說，在二〇一一年二月，歐巴馬競選時的重要捐款人暨飯店大亨喬治．楚尼斯（George Tsunis）被提名為駐挪威大使，他在自己的人事任命聽證會上承認自己不曾去過挪威，並且錯誤地將挪威的進步黨說成是一股「邊緣」的運動（而後該黨成為執政的聯合內閣一分子）。見Juliet Eilperin, “Obama Ambassador Nominees Prompt an Uproar with Bungled Answers, Lack of Ties,” *The Washington Post*, February 14, 2014.

ventions," *The Nation*, January 9, 2018.

8 見A. Trevor Thrall and Erik Goepner, "Millennials and U.S. Foreign Policy: The Next Generation's Attitudes Toward Foreign Policy and War (and Why They Matter)," Washington, DC: CATO Institute, June 16, 2015, at http://object.cato.org/sites/cato.org/files/pubs/pdf/20150616_thrallgoepner_millennialswp.pdf.

9 關於希拉蕊的主流顧問團隊，見Stephen M. Walt, "The Donald vs. the Blob," *Foreign Policy*, May 16, 2016, at http://foreignpolicy.com/2016/05/16/the-donald-vs-the-blob-hillary-clinton-election/. 關於她的干預主義傾向，見Mark Landler, "How Hillary Became a Hawk," *The New York Times Magazine*, April 21, 2016.

10 英國好幾次面臨跨渠道的入侵隱憂，但是美國在超過兩個世紀以來，不曾面臨過類似的危險。

11 在冷戰期間，美國領導人不打算於歐洲維持幾十萬大兵，而艾森豪總統更在一九五〇年試圖找到可靠的做法以減少美軍軍力的布署。然而，美國領導人最終做出的結論是，美國的北約同盟國無法自行平衡蘇聯勢力。見Marc Trachtenberg, *A Constructed Peace: The Making of the European Settlement, 1945–1963* (Princeton, NJ: Princeton University Press, 1999).

12 關於GDP與國防支出的數據，見*The Military Balance, 2015–2016* (London: International Institute for Strategic Studies, 2016).

13 Barry R. Posen, "Pull Back: The Case for a Less Activist Foreign Policy," *Foreign Affairs* (January/February 2013).

14 值得謹記的是，賓拉登與塔利班受到激發的一大原因在於對他們家鄉存在的外國軍隊存有反抗意識。

15 相較於鄰近蘇聯與日本、占據關鍵戰略位置的朝鮮半島，中南半島既非工業強權的中心，也不靠近蘇聯領土。

16 前伊朗總統阿克巴爾．哈什米．拉夫桑賈尼（Akbar Hashemi Rafsanjani）與穆罕默德．哈塔米（Mohammad Khatami）在一九九〇年代皆曾多次試圖緩和與美國關係。柯林頓政府雖以一些溫和的正面姿態來回應，但是當柯林頓於一九九六年支持受美國以色列公共事務委員會啟發而通過的〈伊朗與利比亞制裁法案〉（Iran and Libya Sanctions Act）時，伊朗的提案就遭到阻礙。二〇〇三年，伊朗提出的一項新提案又被小布希政府冷淡回絕，而伊朗隨後於二〇〇五年選出阿赫瑪迪內賈德為新任總統。阿赫瑪迪內賈德的攻擊性信念使得和平友好關係不可能實現，而美伊之間真正的對話直到歐巴馬於二〇〇八年當選美國總統、羅哈尼於二〇一三年當選伊朗總統之後才得以展開。見Trita Parsi, *Treacherous Alliance: The Secret Dealings of Israel, Iran, and the United States* (New Haven, CT: Yale University Press, 2007); and John J. Mearsheimer and Stephen M. Walt, *The Israel Lobby and U.S. Foreign Policy* (New York: Farrar Straus & Giroux, 2007),

U.S.," *The Wall Street Journal*, June 6, 2017, at www.wsj.com/articles/canada-says-it-will-chart-its-own-course-apart-from-u-s-1496780439.

138 見Osnos, "Making China Great Again."

139 關於希拉蕊的鷹派傾向，以及她對於軍隊要求習慣性的順從，見Mark Landler, "How Hillary Became a Hawk," *The New York Times Magazine*, April 21, 2016.

140 希拉蕊的總統競選活動並沒有組織得很好，但是她的團隊內部的爭執與暗算還是遠不如川普與其現任和前任幕僚之間如此稀鬆平常。

141 見Tom Nichols, "Trump's First Year: A Damage Assessment," *The Washington Post*, January 19, 2018, at www.washingtonpost.com/outlook/trumps-first-year-a-damage-assessment/2018/01/19/0b410f3c-fa66-11e7-a46b-a3614530bd87_story.html?hpid=hp_no-name_opinion-card-d%3Ahomepage%2Fstory&utm_term=.ade2121af895.

CHAPTER 7——更好的辦法

1 尤其是俄羅斯對喬治亞與烏克蘭的干預行動，有效地停止了北約擴張。

2 彼得．舒克（Peter Schuck）在他的著作《Why Government Fails So Often: And How It Can Do Better》(Princeton, NJ: Princeton University Press, 2014）中解釋了為何政府在一些領域的表現良好，但是在其他領域又表現不佳。

3 因此，布魯克斯、伊肯伯理與沃爾福思主張，伊拉克戰爭是不太可能被重蹈覆轍的例外事件。見他們的著作"Don't Come Home, America: The Case Against Retrenchment," *International Security* 37, no. 3 (Winter 2012/13), pp. 31–33.

4 尤其見John J. Mearsheimer, *The Great Delusion: Liberal Dreams and International Realities* (New Haven, CT: Yale University Press, 2018).

5 在二〇一六年四月，一份由皮尤研究中心所做的調查發現，百分之五十七的美國人相信美國應該「處理好自己的問題，讓他人盡其所能處理他們自己的問題」。百分之四十一的人認為美國在世界事務上做得「太多」，而只有百分之二十七的人覺得美國做得「太少」。Pew Research Center, "Public Uncertain, Divided Over America's Place in the World," May 5, 2016, at www.people-press.org/2016/05/05/public-uncertain-divided-over-americas-place-in-the-world/.

6 見Michael C. Desch, "How Popular Is Peace?" *American Conservative*, November/December 2015.

7 同樣的這份調查，也顯示出人們支持立法給予國會「監督與問責美軍在世界各地駐紮決策的權力」，並且要求接受美軍援助的一方遵守《日內瓦公約》。見"Press Release," Committee for Responsible Foreign Policy, January 2, 2018, at http://responsibleforeignpolicy.org/wp-content/uploads/2018/01/Press-Release-One_Final.pdf; and James Carden, "A New Poll Shows the Public Is Overwhelmingly Opposed to Endless US Military Inter-

過；此外，他也曾有多年在保守主義但主流的美國企業研究所擔任資深研究員。在小布希任內，他曾擔任美國駐聯合國大使，為《華爾街日報》、《紐約時報》與《外交政策》等「激進」的刊物寫過文章。見Stephen M.Walt, "Welcome to the Dick Cheney Administration," *Foreign Policy*, March 23, 2018, at http://foreignpolicy.com/2018/03/23/welcome-to-the-dick-cheney-administration/.

130 見Joshua Keating, "John Bolton and Gina Haspel are the Consequences of Our Failure to Reckon with the Bush Years," *Slate*, March 23, 2018, at https://slate.com/news-and-politics/2018/03/john-bolton-and-gina-haspel-are-the-consequences-of-our-failure-to-reckon-with-the-bush-years.html.

131 見"U.S. Trade Gap Highest Since 2012," at https://tradingeconomics.com/united-states/balance-of-trade. 關於川普處理美國貿易政策的一份批評評價，見Phil Levy, "2017: Trump's Troubled Year in Trade Policy," *Forbes*, December 29, 2017, at www.forbes.com/sites/phillevy/2017/12/29/2017-trade-year-in-review/#6f74ad7a482b

132 Ely Ratner, "Trump Could be Bumbling Into a Trade War with China," *The Atlantic*, March 22, 2018, at www.theatlantic.com/international/archive/2018/03/trump-china-trade-war/556238/; Paul Krugman, "Bumbling into a Trade War," *The New York Times*, March 22, 2018.

133 Thomas L. Friedman, "Trump, Israel, and the Art of the Giveaway," *The New York Times*, December 6, 2017.

134 見Evan Osnos, "Making China Great Again," *The New Yorker*, January 9. 2018.

135 鑒於習近平與普丁在多數國家特別不受好評，這些結果尤其令人震驚。見"U.S. Image Suffers as Publics Around the World Question Trump Leadership," *Pew Research Center*, June 26, 2017, at www.pewglobal.org/2017/06/26/u-s-image-suffers-as-publics-around-world-question-trumps-leadership/; 以及 "Publics Worldwide Unfavorable Toward Putin, Russia," Pew Research Center, August 16, 2017, at www.pewglobal.org/2017/08/16/publics-worldwide-unfavorable-toward-putin-russia/

136 Julie Ray, "World's Approval of U.S. Leadership Drops to New Low," Gallup News, January 18, 2018, at http://news.gallup.com/poll/225761/world-approval-leadership-drops-new-low.aspx?g_source=WORLD_REGION_WORLDWIDE& g_medium=topic&g_campaign=tiles.

137 在五月的北約高峰會之後，德國總理梅克爾與加拿大外交部長方慧蘭（Chrystia Freeland）皆發表演說指出對於美國的信心已縮水，而該國必須更獨立地行動。見James Masters, "Merkel Reiterates Call for Europe to Take Fate into Our Own Hands," *CNN.com*, May 31, 2017, at www.cnn.com/2017/05/30/europe/merkel-europe-fate-modi-india/index.html; 以及 Paul Vieira, "Canada Says It Will Chart Own Course, Apart from

羅斯（Wilbur Ross）在一場訪問中提到，川普在沙烏地阿拉伯的訪問很順利，因為那裡沒有發生公眾抗議活動。羅斯顯然沒有意識到沙國會壓迫這種形式的不滿。

122 見Nicole Lewis and Kristine Phillips, "The Trump White House Keeps Mixing Up the Names of Asian Countries and Their Leaders' Titles," *The Washington Post*, July 10, 2017, at www.washingtonpost.com/news/the-fix/wp/2017/07/08/white-house-press-office-misidentifies-japanese-prime-minister-abe-as-president/?utm_term=.fe4eafac8774.

123 該訊息是從一名以色列籍雙面間諜那兒取得的關於伊斯蘭國在恐怖團體內部運作情形之高度敏感情資。見Carole E. Lee and Shane Harris, "Trump Shared Intelligence Information in Meeting with Russians in Oval Office," *The Wall Street Journal*, May 16, 2017; 以及 Jack L. Goldsmith, "Bombshell: Initial Thoughts on the Washington Post's Game-Changing Story," *Lawfare*, May 15, 2017, at https://lawfareblog.com/bombshell-initial-thoughts-washington-posts-game-changing-story.

124 見Jeffrey Kucik, "The TPP's Real Value—It's Not Just About Trade," *The Hill*, December 7, 2016, at http://thehill.com/blogs/pundits-blog/foreign-policy/309088-the-tpps-real-value-its-not-just-about-trade; 以及Robert D. Blackwill and Theodore Rappleye, "Trump's Five Mistaken Reasons for Withdrawing from the Trans-Pacific Partnership," *Foreign Policy*, June 22, 2017, at http://foreignpolicy.com/2017/06/22/trumps-five-mistaken-reasons-for-withdrawing-from-the-trans-pacific-partnership-china-trade-economics/.

125 關於這次事件，見E. A. Crunden, "Trump, Tillerson Offer Conflicting Statements on Qatar Crisis Within 90 Minutes," *ThinkProgess.org*, June 9, 2017, at https://thinkprogress.org/qatar-tillerson-trump-saudi-incoherent-8d7e180d650d；另見 Noah Feldman, "Fixing Trump's Qatar Blunder (He's Not Helping)," *Bloomberg View*, June 11, 2017.

126 關於川普對阿德爾森所做出的承諾，見Mark Landler, "For Trump, an Embassy in Jerusalem Is a Political Decision, Not a Diplomatic One," *The New York Times*, December 6, 2017.

127 除了美國與以色列，其他反對這項決議的國家包括密克羅尼西亞、諾魯、多哥與東加、帛琉、馬紹爾群島、瓜地馬拉與洪都拉斯。三十五個國家棄權。見Nicole Gaouette, "Despite Haley Threat, UN Votes to Condemn Trump's Jerusalem Decision," *CNN.com*, December 22, 2017, at www.cnn.com/2017/12/21/politics/haley-un-jerusalem/index.html.

128 見Toluse Olorunnipa and Nick Wadhams, "Trump Moves Closer to a Presidency of One with Tillerson Firing," *Bloomberg News*, March 14, 2018, at www.bloomberg.com/news/articles/2018-03-14/trump-moves-closer-to-presidency-of-one-with-tillerson-firing

129 波頓的人事任命激起大量擔憂，但是他幾不可算是當代美國的邊緣人物。他畢業於耶魯大學和耶魯法學院，曾在一間令人尊敬的法律事務所Covington & Burling工作版（導致公眾對於該書更加有興趣）。政府接著發表一份聲明，宣稱前策略長班農（沃爾夫的內部線人之一）先是「丟掉了他的工作，接著失去了他的理智」，而川普又在推特上聲稱「我的兩大資產就是心理穩定度，以及……真的很聰明……我從一名極為成功的商人，到成為頂尖電視明星，到成為美國總統（一試就成功）。我想這不只是聰明，而是天才……而是是非常穩定的天才！」不幸地，這篇推文本身與它試圖傳達的訊息是矛盾的，而讓人反而相信沃爾夫的書中所描述的尷尬軼事。

111 見David Leonhardt, Ian Prasad Philbrick, and Stuart A. Thompson, "Trump's Lies vs. Obama's," *The New York Times*, December 14, 2017, at www.nytimes.com/interactive/2017/12/14/opinion/sunday/trump-lies-obama-who-is-worse.html.

112 見Bess Levin, "Trump Openly Brags about Lying to Justin Trudeau's Face," *Vanity Fair*, March 15, 2018, at www.vanityfair.com/news/2018/03/trump-openly-brags-about-lying-to-justin-trudeaus-face.

113 關於這一點，見Keren Yarhi-Milo, "After Credibility: American Foreign Policy in the Trump Era," *Foreign Affairs* 97, no. 1 (January/February 2018).

114 見https://twitter.com/realdonaldtrump/status/914497877543735296.

115 摘自Steven Erlanger, "Trump's Twitter Threats Put American Credibility on the Line," *The New York Times*, January 7, 2017.

116 這兩通電話的內容在二〇一七年八月流出，可見於www.washingtonpost.com/graphics/2017/politics/australia-mexico-transcripts/?utm_term=.07b5af8a2b68/.

117 見"Donald Trump Hits Back at Theresa May after Re-Tweeting British Far-Right Group's Anti-Muslim Videos," *The Telegraph*, November 30, 2017, at www.telegraph.co.uk/news/2017/11/29/trump-shared-muslim-crimes-videos-tweeted-british-far-right/.

118 在攻擊事件過後，簡薩迪告訴倫敦市民不必被升高的安全警戒而驚恐。川普片面節錄簡薩迪的話，推文道：「一場恐怖攻擊造成七死四十八傷。倫敦市長卻說『沒有理由感到驚恐！』見Martin Pengelly, "Donald Trump Berates London Mayor Over Response to Terror Attacks," *The Guardian*, June 4, 2017, at www.theguardian.com/uk-news/2017/jun/04/trump-berates-london-mayor-sadiq-khan-terror-attacks.

119 見Christina Maza, "Donald Trump Threw Starburst Candies at Angela Merkel, Said 'Don't Say I Never Give You Anything,'" *Newsweek*, June 20, 2018, at www.newsweek.com/donald-trump-threw-starburst-candies-angela-merkel-dont-say-i-never-give-you-987278.

120 見Porter, "Why U.S. Grand Strategy Has Not Changed."

121 在二〇一七年一月，白宮發布的一篇新聞稿中拼錯了英國首相泰瑞莎・梅伊（Theresa May）的名字。四月，白宮發言人西恩・史派瑟（Sean Spicer）聲稱敘利亞領導阿薩德要比希特勒還糟糕，因為後者「沒有用過化學武器」。不久之後，商務部部長威爾伯・

Davis, "Trump's Cabinet, with a Prod, Extols the 'Blessing' of Serving Him," *The New York Times*, June 12, 2017; 以及 Chris Cillizza, "Trump Just Held the Weirdest Cabinet Meeting Ever," *CNN.com*, June 13, 2017, at www.cnn.com/2017/06/12/politics/donald-trump-cabinet-meeting/index.html.

104 見Julian Borger, "Rex Tillerson Says He Won't Quit but Doesn't Deny Calling Trump a 'Moron,'" *The Guardian*, October 4, 2017, at www.theguardian.com/us-news/2017/oct/04/rex-tillerson-trump-moron.

105 見Glasser, "Donald Trump's Year of Living Dangerously"; Jonathan Swan and Mike Allen, "The Most Toxic Work Environment on the Planet," *Axios*, March 14, 2018, at www.axios.com/the-most-toxic-working-environment-on-the-planet-1521061118-87211185-63b7-468b-aa1b-880f3dcaf524.html; Britt Peterson, "Donald Trump Is the Worst Boss in Washington," *The New York Times*, June 9, 2017; 以及 Jeff Shesol, "A Year into the Trump Era, White House Turnover Is 'Off the Charts,'" *The New Yorker*, December 15, 2017, at www.newyorker.com/news/news-desk/a-year-into-the-trump-era-white-house-staff-turnover-is-off-the-charts.

106 Michael D. Shear and Maggie Haberman, "'There Will Always Be Change,' Trump Says as More Personnel Shake-Ups Loom," *The New York Times*, March 15, 2018; Associated Press, "Cabinet Chaos: Trump's Team Battles Scandal, Irrelevance," March 14, 2018, at www.nytimes.com/aponline/2018/03/14/us/ap-us-chaos-in-the-cabinet.html.

107 在柯米未能於白宮的一場一對一會議中對川普保證他的「忠心」，並且拒絕縮短FBI對於俄羅斯介入美國總統大選的調查之後，川普就解僱了他。關於傳聞中的俄羅斯活動有一些詳細報導，包括Evan Osnos, David Remnick, and Joshua Yaffa, "Trump, Putin, and the New Cold War," *The New Yorker*, March 6, 2017; and Greg Miller, Ellen Nakashima, and Adam Entous, "Obama's Secret Struggle to Punish Russia for Putin's Election Assault," *The Washington Post*, June 23, 2017.

108 對於這些事件的一份有用指南是Philip Bump, "An Interactive Guide to Key Moments in the Trump Russia Investigation," *The Washington Post*, July 19, 2017, at www.washingtonpost.com/news/politics/wp/2017/07/19/an-interactive-timeline-of-key-moments-in-the-trump-russia-investigation/?utm_term=.04939963181b.

109 關於後面這一點，見Micah Zenko, "Trump's Russia Scandal Is Already Swallowing His Foreign Policy," *Foreign Policy*, June 6, 2017, at http://foreignpolicy.com/2017/06/06/trumps-russia-scandal-is-already-swallowing-his-foreign-policy/.

110 舉例來說，在二〇一八年一月，當記者麥可·沃爾夫（Michael Wolff）發表了一份名為《怒火：在川普的白宮內部》(*Fire and Fury:Inside the Trump White House*)的作品，內容不討好地質疑川普做為總統的智慧與心理穩定度時，白宮首先試圖封殺該書的出

Coverage of His Inaugural Crowds," *The Washington Post*, January 21, 2017.

97 見Eliot A. Cohen, "The Worst Secretary of State in Living Memory," *The Atlantic*, December 1, 2017. 另見Julia Ioffe, "The State of Trump's State Department," *The Atlantic*, March 1, 2017; Roger Cohen, "The Desperation of Our Diplomats," *The New York Times*, July 28, 2017; Max Bergmann, "Present at the Destruction: How Rex Tillerson Is Wrecking the State Department," *Politico*, June 29, 2017, at www.politico.com/magazine/story/2017/06/29/how-rex-tillerson-destroying-state-department-215319; and Nicholas Burns and Ryan Crocker, "Dismantling the Foreign Service," *The New York Times*, November 27, 2017.

98 見Bill Chappell, "'I'm the Only One That Matters,' Trump Says of State Dept. Job Vacancies," *NPR.org*, November 3, 2017, at www.npr.org/sections/thetwo-way/2017/11/03/561797675/im-the-only-one-that-matters-trump-says-of-state-dept-job-vacancies.

99 例如，見Eliot A. Cohen, "The Rudderless Ship of State," *The Atlantic*, February 14, 2017, at www.theatlantic.com/politics/archive/2017/02/no-one-at-the-helm-of-the-ship-of-state/516591/; G. John Ikenberry, "The Plot Against American Foreign Policy: Can the Liberal Order Survive?" *Foreign Affairs* 96, no. 3 (May/June 2017); 以及 Hal Brands, *American Grand Strategy in the Age of Trump* (Washington, DC: Brookings Institution, 2018).《紐約時報》與《華盛頓郵報》的批評立場被形容於James Warren, "Is the *New York Times* vs. the *Washington Post* vs. Trump the Last Great Newspaper War?" *Vanity Fair*, July 30, 2017, at www.vanityfair.com/news/2017/07/new-york-times-washington-post-donald-trump.

100 例如，見Aaron David Miller and Richard Sokolsky, "Donald Trump's Foreign Policy Is 'America Only,' Not 'America First,'" *The Wall Street Journal*, January 24, 2017; Bret Stephens, "The Vertigo Presidency," *The Wall Street Journal*, March 6, 2017; and Peggy Noonan, "Trump Is Woody Allen Without the Humor," *The Wall Street Journal*, July 27, 2017.

101 見Jen Kirby, "Trump Has Lowest Approval Rating of Any Modern President at the End of His First Year," *Vox.com*, December 21, 2017, at www.vox.com/policy-and-politics/2017/12/21/16798432/trump-low-approval-december-first-year.

102 在川普的經商生涯中，他承認曾經採用過「真誠的誇飾法」。見David Barstow, "Trump's Business Dealings Rely on Being Creative with the Truth," *The New York Times*, July 16, 2016.

103 舉例來說，在二〇一七年六月初，白宮發布了一段影片，內容是內閣首長與高級白宮幕僚對川普說，他做得很棒，而他們很「榮幸」能為他服務。見Julie Hirschfeld

85 *National Security Strategy*, p. 41.

86 這份給提勒森的筆記是由他的資深幕僚布萊恩・胡克（Brian Hook）於二〇一七年五月所寫，並且在二〇一七年十二月被洩露給《政治》。該文連結在此：www.politico.com/f/?id=00000160-6c37-da3c-a371-ec3f13380001.

87 Amanda Erickson, "Trump Rails Against Iran Over Its Human Rights Record. But He Spares Allies," *The Washington Post*, January 4, 2018.

88 見"Press Statement: Peaceful Protests in Iran," U.S. Department of State, December 29, 2017, at www.state.gov/r/pa/prs/ps/2017/12/276811.html.

89 見Alex Shashkevich, "U.S. Wants Peace, Stability in Syria, Secretary of State Rex Tillerson Says in Policy Speech at Stanford," *Stanford News*, January 18, 2018, at https://news.stanford.edu/2018/01/18/secretary-state-rex-tillerson-discusses-u-s-strategy-syria-stanford/.

90 見"Donald Trump's Administration Is Promoting Democracy and Human Rights," *The Economist*, December 6, 2017.

91 洪森在高峰會的演講中，將川普形容為「我最尊敬的一位偉大的人」，吹捧他的「不干預政策」，並且呼籲總統指責一些被他指控為試圖推翻其政權的美國外交官。對於洪森的發言，白宮表示「對於近來挑戰柬埔寨民主進程的作為懷抱強烈擔憂」。見David Boyle, "Cambodian Strongman's Trump Outreach Falls Flat," *Voice of America News*, November 14, 2017, at www.voanews.com/a/cambodia-strongman-trump-outreach-falls-flat/4114717.html.

92 見"Remarks by President Trump on the Strategy in Afghanistan and South Asia," August 21, 2017, at www.whitehouse.gov/briefings-statements/remarks-president-trump-strategy-afghanistan-south-asia/; 以及 John Haltiwanger, "The Forever War: U.S. Military Now Has 15,000 Troops in Afghanistan and That Number Could Soon Increase," *Newsweek*, November 9, 2017, at www.newsweek.com/forever-war-us-military-now-has-15000-troops-afghanistan-706573.

93 見Laura King, "No Nation-Building in Afghanistan? Easier Said Than Done, Experts Say," *Los Angeles Times*, August 22, 2017, at www.latimes.com/nation/la-fg-afghanistan-nation-building-20170822-story.html.

94 摘自Susan Glasser, "Donald Trump's Year of Living Dangerously," *Politico* (January/February 2018).

95 見Doyle McManus, "Trump Just Compared the U.S. Intelligence Community to Nazi Germany. Just Let That Sink In," *Los Angeles Times*, January 11, 2017; Cristiano Lima, "CIA Chief Called Trump Nazi Germany Comparison 'Outrageous,'" *Politico*, January 15, 2017, at www.politico.com/story/2017/01/cia-brennan-trump-nazi-germany-233636.

96 Philip Wagner, John Rucker, and Greg Mitchell, "Trump, in CIA Visit, Attacks Media for

其提報到世貿組織的糾紛中，大約有九成的案件都贏了，只是它通常會輸掉由其他國家所提出的糾紛案。這個現象並沒能做為世貿組織存有偏見的證據，反而是證實了國家通常只會在案件情勢對自己有利時才會把糾紛提報到世貿組織。見 Shawn Donnen, "Fears for Global Trade as Trump Fires First Shots to Kneecap WTO," *Financial Times*, November 9, 2017.

74 見 Demetri Sevastopulo and Shawn Donnan, "Donald Trump Rejected China Steel Offer That His Officials Backed," *Financial Times*, August 28, 2017.

75 見 David Lawder, "U.S. Commerce Dept 'Self-Initiates' Dumping Probe of Chinese Aluminum," Reuters, November 28, 2017; at www.reuters.com/article/us-usa-trade-china-aluminum/u-s-commerce-dept-self-initiates-dumping-probe-of-chinese-aluminum-idUSKBN1DS2S9; 以及 Robert Zoellick, "Trump Courts Economic Mayhem," *The Wall Street Journal*, January 7, 2018

76 見 John Cassiday, "Trump's NAFTA Reversal Confirms the Globalists Are in Charge—For Now," *The New Yorker*, April 27, 2017, at www.newyorker.com/news/john-cassidy/trumps-nafta-reversal-confirms-the-globalists-are-in-charge-for-now; 以及 Bill Scher, "Why Bannon Lost and Globalists Won," *Politico*, August 18, 2017, at www.politico.com/magazine/story/2017/08/18/why-bannon-lost-globalists-won-215506.

77 Ana Swanson and Thomas Kaplan, "Senate Panel Rejects Trump Nominee to Head Export-Import Bank," *The New York Times*, December 19, 2017.

78 "Full Text: Trump Davos Speech Transcript," *Politico*, January 28, 2018, at www.politico.com/story/2018/01/26/full-text-trump-davos-speech-transcript-370861.

79 Damian Paletta, "Trump Insists 'Trade Wars Are Good, and Easy to Win' after Vowing New Tariffs," *The Washington Post*, March 2, 2018.

80 見 Ana Swanson, "Peter Navarro, a Top Trade Skeptic, Is Ascendant," *The New York Times*, February 29, 2018.

81 見 Jim Tankersley and Natalie Kitroeff, "U.S. Exempts Some Allies from Tariffs, but May Impose Quotas," *The New York Times*, March 22, 2018; 另見 Ana Swanson and Kenneth P. Vogel, "Trump's Tariffs Set Off Storm of Lobbying," *The New York Times*, March 16, 2018; 以及 Jack Ewing, "U.S. Allies Jostle to Win Exemptions from Trump Tariffs," *The New York Times*, March 9, 2018

82 National Security Strategy (2017), p. 4.

83 見 Steven Erlanger, "'Fake News,' Trump's Obsession, Is Now a Cudgel for Strongmen," *The New York Times*, December 12, 2017.

84 見 Barry R. Posen, "The Rise of Illiberal Hegemony: Trump's Surprising Grand Strategy," *Foreign Affairs* 97, no. 2 (March/April 2018).

articles/22222/is-there-trouble-brewing-for-civil-military-relations-in-the-u-s. 另見 Rosa Brooks, *How Everything Became War and the Military Became Everything: Tales from the Pentagon* (New York: Simon & Schuster, 2016); James Fallows, "The Tragedy of the American Military," *The Atlantic* (January/February 2015), at www.theatlantic.com/magazine/archive/2015/01/the-tragedy-of-the-american-military/383516/; Gordon Adams and Shoon Murray, eds., *Mission Creep: The Militarization of U.S. Foreign Policy?* (Washington, DC: Georgetown University Press, 2014); 以及 Eliot A. Cohen, "The Downsides of John Kelly's Ascension," *The Atlantic*, July 31, 2017, at www.theatlantic.com/politics/archive/2017/07/the-downsides-of-john-kellys-ascension/535383/.

64 這項行政命令對於來自查德、伊朗、利比亞、索馬利亞、敘利亞、委內瑞拉與北韓的訪客施予一系列限制。見 Adam Liptak, "Supreme Court Wipes Out Travel Ban Appeal," *The New York Times*, October 24, 2017.

65 Miriam Jordan, "Trump Administration Says 200,000 Salvadorans Must Leave," *The New York Times*, January 9, 2018.

66 關於國際社會對川普所言的反應，見 Laignee Barron, "'A New Low': The World Is Furious at Trump for His Remark About 'Shithole Countries,'" *Time*, January 12, 2018, at http://time.com/5100328/shithole-countries-trump-reactions/.

67 見 Muzaffar Chishti, Sarah Pierce, and Jessica Bolter, "The Obama Record on Deportations: Deporter in Chief or Not?" Migration Policy Institute, January 26, 2017, at www.migrationpolicy.org/article/obama-record-deportations-deporter-chief-or-not; 以及 Dara Lind, "Fewer Immigrants Are Being Deported Under Trump Than Under Obama," *Vox.com*, August 10, 2017, at www.vox.com/policy-and-politics/2017/8/10/16119910/trump-deportations-obama

68 見 Dombrowski and Reich, "Does Donald Trump Have a Grand Strategy?" pp. 1023–26.

69 見 "Trump Says Mexico 'Eventually' Will Pay for Border Wall," Reuters, April 23, 2017, at www.reuters.com/aticle/us-usa-budget-trump-mexico/trump-says-mexico-eventually-will-pay-for-border-wall-idUSKBN17POQG.

70 見 Julie Hirshfeld Davis, Sheryl Gay Stolberg, and Thomas Kaplan, "Trump Was Not 'Fully Informed' in 2016 Vows on Wall, Kelly Says," *The New York Times*, January 17, 2018.

71 見 Lisa Friedman, "Syria Joins Paris Climate Accord, Leaving Only U.S. Opposed," *The New York Times*, November 7, 2017, at www.nytimes.com/2017/11/07/climate/syria-joins-paris-agreement.html.

72 Clare Jones and Sam Fleming, "G20 Drops Vow to Resist All Forms of Protectionism," *Financial Times*, March 18, 2017.

73 川普錯誤地聲稱：「我們輸了訴訟，幾乎所有在世貿組織的訴訟案。」事實上，美國在角色所殘存的疑惑。」摘自 Joyce Karam, "Experts React to Trump's Jerusalem Decision: A Diplomatic Upgrade or End of the Peace Process?" *The National*, December 7, 2017, at www.thenational.ae/world/the-americas/experts-react-to-trump-s-jerusalem-decision-a-diplomatic-upgrade-or-end-of-the-peace-process-1.682188.

55 Ryan Teague Beckwith, "Read Trump's 'America First' Foreign Policy Speech," *Time*, April 27, 2016, at http://time.com/4309786/read-donald-trumps-america-first-foreign-policy-speech/.

56 見 Karoun Demirjian, "House Passes Nearly $700 Billion Defense Authorization Bill," *The Washington Post*, November 14, 2017.

57 根據美國空軍中央司令部的數據 at www.afcent.af.mil/About/Airpower-Summaries/. 感謝米卡・岑科（Micah Zenko）提供這個資訊；見 https://twitter.com/MicahZenko/status/873899992901185536.

58 川普在七月二十六日於推特上宣布政策的轉變，讓五角大廈大吃一驚。白宮發布一份官方命令於二〇一八年三月之前要讓所有跨性別軍人退役，但是國防部長馬提斯隨後宣布在政策檢討期間，跨性別軍人會繼續服役，而聯邦法院於十月駁回川普所提出的禁令。見 Helene Cooper, "Mattis Says Military Panel Will Study Trump's Transgender Ban," *The New York Times*, August 29, 2017; 以及 Dave Philipps, "Judge Blocks Trump's Ban on Transgender Troops in Military," *The New York Times*, October 30, 2017.

59 見 Katherine Blakeley, "The Trump Administration's FY2018 Defense Budget in Context," Center for Strategic and Budgetary Assessments, August 3, 2017, at http://csbaonline.org/reports/the-trump-administrations-fy-2018-defense-budget-in-context.

60 見 Nicole Gaouette and Ryan Browne, "Trump Changes Tune, Flexes U.S. Muscle Overseas," *CNN.com*, July 17, 2017, at www.cnn.com/2017/07/17/politics/trump-world-policeman/index.html.

61 見 Joshua Rovner, "The War on Terror as Imperial Policing," *War on the Rocks*, November 2, 2017, at https://warontherocks.com/2017/11/the-war-on-terrorism-as-imperial-policing/.

62 見 Hal Brands, "The Problem with Trump's Counterterrorism Strategy? Trump," *Bloomberg View*, October 25, 2017, at www.bloomberg.com/view/articles/2017-10-25/the-problem-with-trump-s-terrorism-strategy-trump. 羅吉歐的說法被摘錄在 Nick Miriello, "Trump's Military Strategy Is a Lot Like Obama's, but with a Lot More Bombs," *Vice News*, April 26, 2017, at https://news.vice.com/en_us/article/ywnj4v/trumps-military-strategy-is-just-like-obamas-but-with-a-lot-more-bombs.

63 Jason Dempsey and Amy Schafer, "Is There Trouble Brewing for CivilMilitary Relations in the U.S.?" *World Politics Review*, May 23, 2017, at www.worldpoliticsreview.com/

opinion-pieces-praising-syria-strikes-zero-are-critical/

43 欲全盤了解針對川普的決策所出現的批評，見 Paul R. Pillar, "Hold the Deal-Killers Accountable," *Lobelog*, May 8, 2018, at https://lobelog.com/hold-the-deal-killers-accountable/.

44 例如，見 Nicholas Burns, "The Deal Is Historic, but the US Must Now Act to Contain Iran," *Financial Times*, July 14, 2015; and William J. Burns and Jake Sullivan, "The Iranian Protests Are an Opportunity for Trump—Just Not the One He Wants," *The Washington Post*, January 8, 2017.

45 舉例來說，美國與以色列曾經針對伊朗的核濃縮設備進行複雜的網絡攻擊，而摧毀了許多伊朗的離心機。見 David Sanger, *Confront and Conceal: Obama's Secret Wars and the Surprising Use of American Power* (New York: Crown, 2012), chap. 8.

46 見 Stephen M. Walt, "The Art of the Regime Change," *Foreign Policy*, May 8, 2018, at http://foreignpolicy.com/2018/05/08/the-art-of-the-regime-change/.

47 在其他事件中，弗里曼曾經聲稱歐巴馬的立場是反猶太人，還說親和平的自由主義派遊說團體 J Street 支持者要比納粹的合作者「糟糕得多」。見 Eric Levitz, "Trump Picks Lawyer Who Says Liberal Jews Are Worse Than Nazi Collaborators as Ambassador," *New York*, December 16, 2016, at http://nymag.com/daily/intelligencer/2016/12/trumps-israel-ambassador-likens-left-wing-jews-to-kapos.html.

48 Nicole Gaouette and Elise Labott, "Trump Backs Off Two-State Frame-work for Israel-Palestinian Deal," *CNN.com*, February 16, 2017.

49 見 Tracy Wilkinson, "Trump Threatens to Cut Off Aid to Palestinians," *Los Angeles Times*, January 2, 2018.

50 柯林頓、小布希與歐巴馬皆曾在競選總統時，承諾會將美國大使館遷至耶路撒冷；但他們之中沒有一個人在任期內辦到。

51 見 Jason Horowitz, "U.N., European Union, and Pope Criticize Trump's Jerusalem Decision," *The New York Times*, December 6, 2017.

52 例如，見 "Statement by the President on the Memorandum of Understanding Reached with Israel," September 14, 2016, at https://obamawhitehouse.archives.gov/the-press-office/2016/09/14/statement-president-memorandum-understanding-reached-israel.

53 川普的女婿庫許納本應負責主導和平進程，而他在二〇一七年七月告訴一群國會實習生，當下沒有任何新的和平協議在研擬中。見 Ashley Feinberg, "Kushner on Middle East Peace: 'What Do We Offer That's Unique? I Don't Know,'" *Wired*, August 1, 2017, at www.wired.com/story/jared-kushner-middle-east/

54 如同中東研究所的蘭達．史林姆（Randa Slim）如是說：「川普的決定至少澄清了局勢——宣稱和平進程已經正式出局，並移除任何對於美國做為一名公平調停者的第三方

Missile Crisis: Why Deterrence Is Still the Best Option," *Foreign Affairs* 96, no. 6 (November/December 2017).

36 摘自 Choe-Sang Hun and David E. Sanger, "North Korea Moves Toward Détente with Seoul," *The New York Times*, January 9, 2018.

37 見 Robin Wright, "Trump Accepts North Korea's Audacious Invitation— But Then What?" *The New Yorker*, March 9, 2015, at www.newyorker.com/news/news-desk/trump-accepts-north-koreas-audacious-invitation-but-then-what.

38 見 Zack Beauchamp, "Donald Trump: Make America Great Again by Letting More Countries Have Nukes," *Vox.com*, March 30, 2016, at www.vox.com/2016/3/30/11332074/donald-trump-nuclear-weapons-japan-south-korea-saudi-arabia; 以及 David E. Sanger and Maggie Haberman, "Transcript: Donald Trump Expounds on His Foreign Policy Views," *The New York Times*, March 26, 2016, at www.nytimes.com/2016/03/27/us/politics/donald-trump-transcript.html.

39 有一份類似的評估，見 Marc Lynch, "Trump's Middle East Policies Are Boorish and Belligerent, but Surprisingly Normal," *War on the Rocks*, April 3, 2017, at http://warontherocks.com/2017/04/trumps-middle-east-policies-boorish-and-belligerent-but-surprisingly-normal/.

40 自從二〇一五年以來，沙烏地阿拉伯在葉門執行了一場殘暴的空戰，但是沒能成功地擊敗其胡塞（Houthi）對手。隨著川普明確的同意，賓．沙爾曼在二〇一七年六月對卡達祭出經濟封鎖，要求該國與伊朗切斷關係，驅逐穆斯林兄弟會（Muslim Brotherhood），並且截斷半島電視台（Al Jazeera）的衛星新聞服務。賓．沙爾曼接著在黎巴嫩總理薩德．哈里里（Saad Hariri）於十一月拜訪利雅德期間，強迫他辭職，試圖削弱真主黨勢力，並減少伊朗的影響力，但是這項拙劣的技倆適得其反，哈里里一回國就反轉了他的辭職決定，而真主黨的地位並沒有受到影響。關於賓．沙爾曼的錯誤，見 Aaron David Miller and Richard Sokolsky, "Saudi Arabia's New Crown Prince Is a Bumbling Hothead. Trump Needs to Treat Him Like One," *Politico*, June 29, 2017; 以及 Anne Barnard and Maria Abi-Habib, "Why Saad Hariri Had That Strange Sojourn in Riyadh," *The New York Times*, December 24, 2017.

41 關於川普早先的反對立場，見 "Trump's View of Syria: How It Evolved, in 19 Tweets," *The New York Times*, April 7, 2007, at www.nytimes.com/2017/04/07/us/politics/donald-trump-syria-twitter.html.

42 關於媒體對這場攻擊的回應，見 Margaret Sullivan, "The Media Loved Trump's Show of Military Might: Are We Really Doing This Again?" *The Washington Post*, April 8, 2017; 以及 Adam Johnson, "Five Top Papers Run 18 Opinion Pieces Praising Syria Strikes—Zero Are Critical," *FAIR.org*, April 7, 2017, at http://fair.org/home/five-top-papers-run-18-

can Military's Competitive Edge*, at www.defense.gov/Portals/1/Documents/pubs/2018-National-Defense-Strategy-Summary.pdf, pp. 1–2, 8–9.

26 例如，見U.S. Department of Defense, *Annual Report to Congress: Military and Security Developments Involving the People's Republic of China* (Washington, DC, May 2017), at www.defense.gov/Portals/1/Documents/pubs/2017_China_Military_Power_Report.PDF.

27 見Ankit Panda, "South China Sea: Fourth US FONOP in Five Months Suggests a New Operational Rhythm," *The Diplomat*, October 12, 2017. 在二〇一七年一月的人事任命同意案聽證會上，提勒森說道：「我們將必須對中國發送一個清楚的訊息：首先，停止在這些島嶼上建設；其次，你們也將不准踏上這些島嶼。」見Michael Forsythe, "Rex Tillerson's South China Sea Remarks Foreshadow Possible Foreign Policy Crisis," *The New York Times*, January 12, 2017.

28 Ana Swanson, "Trump Readies Sweeping Tariffs and Investment Restrictions on China," *The New York Times*, March 15, 2018; Mark Landler and Jim Tankersley, "U.S. Sets $60 Billion in Punitive Tariffs on Chinese Goods," *The New York Times*, March 23, 2018.

29 見David E. Sanger and William J. Broad, "Trump Inherits a Secret CyberWar against North Korean Missiles," *The New York Times*, March 4, 2017.

30 "Trump Says U.S. Will Act Alone on North Korea If China Fails to Help," *The Guardian*, April 3, 2017, at www.theguardian.com/us-news/2017/apr/02/donald-trump-north-korea-china.

31 見https://twitter.com/realDonaldTrump/status/948355557022420992; 以及 Peter Baker and Michael Tackett, "Trump Says His 'Nuclear Button' Is 'Much Bigger' than North Korea's," *The New York Times*, January 2, 2018.

32 見Jacqueline Klimas, "Trump's North Korea Strategy: A Lot Like Obama's," *Politico*, August 8, 2017, at www.politico.com/story/2017/08/08/trump-obama-north-korea-241389.

33 該項決議的目標在於北韓的三十億出口收益。一旦完整實行，會使得北韓減少大約三分之一的收益。見Adam Taylor, "What the New UN Sanctions on North Korea Mean," *The Washington Post*, August 7, 2017.

34 見Connor Finnegan, "North Korea Crisis Becoming Unsolvable, Experts Warn, as Trump Heads to Asia," *ABC News*, November 2, 2017, at http://abcnews.go.com/International/north-korea-crisis-unsolvable-experts-warn-trump-heads/story?id=50872436; Kori Schake, "The North Korea Debate Sounds Eerily Familiar," *The Atlantic*, December 8, 2017, at www.theatlantic.com/international/archive/2017/12/north-korea-iraq-war-george-w-bush-trump/547796/; 以及Helene Cooper, "Mattis Leaves the Door Open to Military Options in North Korea," *The New York Times*, September 18, 2017.

35 關於有限選項與核威懾的持續關聯，有一份不錯的討論是Scott Sagan, "The Korean

article/us-nato-summit-obama/burden-sharing-woes-to-cloud-obamas-trip-to-nato-summit-idUSKCN0ZM2KX.

20 在二〇一七年六月，川普告訴記者：「因為我們的行動，資金開始挹注北約。」事實上，增加防禦支出的承諾早在川普於北約高峰會上的激昂演說之前就存在了，主要是為了回應來自俄羅斯日漸增長的威脅。見 Ryan Browne, "NATO Members to Increase Defense Spending," June 29, 2017, at www.cnn.com/2017/06/29/politics/nato-members-increase-defense-spending/index.html; 以及 Robbie Gramer, "Thank Putin, Not Trump, for NATO's New Defense Spending Boost," *Foreign Policy*, June 28, 2017, at http://foreignpolicy.com/2017/06/28/thank-putin-not-trump-for-natos-new-defense-spending-boost-transatlantic-relations-military-europe/

21 *National Security Strategy* (Washington, DC: The White House, December 2017), p. 2, at www.whitehouse.gov/wp-content/uploads/2-17/12/NSS-Final-12-18-2017-0905.pdf.

22 見 Felicia Schwartz, "U.S. to Send Anti-Tank Weaponry to Ukraine, Entering New Phase of Conflict," *The Wall Street Journal*, December 24, 2017; and Diana Stancy Correll, "Ex-Obama Official Lauds Jim Mattis 'for Arming Ukraine,'" *Washington Examiner*, December 20, 2017. On Mitchell's background, see "Bureau of Europe and Eurasian Affairs: Who Is A. Wess Mitchell?" August 15, 2017, at www.allgov.com/news/top-stories/bureau-of-european-and-eurasian-affairs-who-is-a-wess-mitchell-170815?news=860276; 另見 CEPA's website at http://cepa.org/home.

23 關於這些事件，見 Ivan Nechepurenko, Neil MacFarquhar, and Thomas Gibbons-Neff, "Dozens of Russians Are Believed Killed in U.S.-Backed Syrian Attack," *The New York Times*, February 13, 2018; "Trump: 'It looks like' Russia Was Behind Poisoning of Former Spy," *The Guardian*, March 15, 2018, at www.theguardian.com/us-news/video/2018/mar/15/trump-it-looks-like-russia-was-behind-poisoning-of-former-spy-video; Alex Ward, "The US and Three Allies Are Blaming Russia for Nerve Agent Attack on Ex-Spy," *Vox.com*, March 15, 2018, at www.vox.com/2018/3/15/17124062/usa-russia-uk-france-germany-statement-full-text; U.S. Department of the Treasury, "Treasury Sanctions Russian Cyber Actors for Interference in the U.S. Elections and Malicious Cyberattacks," March 15, 2018, at https://home.treasury.gov/news/press-releases/sm0312.

24 見 Jeffrey A. Bader, David Dollar, and Ryan Hass, "U.S.-China Relations, Six Months into the Trump Presidency," Brookings Institution, August 16, 2017, at www.brookings.edu/blog/order-from-chaos/2017/08/14/u-s-china-relations-6-months-into-the-trump-presidency/.

25 *National Security Strategy*, pp. 45–46; 以及 U.S. Department of Defense, *Summary of the 2018 National Defense Strategy of the United States of America: Sharpening the Ameri-*

politics/2017/02/28/trump-no-plans-to-fill-unnecessary-appointed-positions.html.

12 見Laura Koran, Aaron Kessler, and Joyce Tseng, "Map: Trump Continues to Leave Key State Department Posts Unfilled," *CNN.com*, December 8, 2017, at www.cnn.com/2017/12/07/politics/trump-ambassador-vacancies/index.html.

13 見Peter Baker, Maggie Haberman, and Glenn Thrush, "Trump Removes Stephen Bannon from National Security Council Post," *The New York Times*, April 5, 2017; and Robert Costa, Abby Phillip, and Karen DeYoung, "Bannon Removed from Security Council as McMaster Asserts Control," *The Washington Post*, April 5, 2017.

14 史卡拉穆奇在接受《紐約客》記者萊恩・利札（Ryan Lizza）輕率且粗俗的訪問之後便辭職了。見"Ryan Lizza Revisits His Phone Call with Anthony Scaramucci," *The New Yorker Radio Hour*, August 3, 2017, at www.newyorker.com/podcast/the-new-yorker-radio-hour/ryan-lizza-revisits-his-phone-call-with-anthony-scaramucci.

15 國安會職員艾茲拉・柯恩－華特尼克（Ezra Cohen-Watnick）、瑞奇・希金斯（Rich Higgins）與戴瑞克・哈維（Derek Harvey）皆在這次大換血中被解職。見Rosie Gray, "H. R. McMaster Cleans House at the NSC," The Atlantic, August 2, 2017, at www.theatlantic.com/politics/archive/2017/08/hr-mcmaster-cleans-house-at-the-national-security-council/535767/.

16 "Trump Says NATO Not Obsolete, Reversing Campaign Stance," Reuters, April 12, 2007, at www.reuters.com/article/us-usa-trump-nato-idUSKBN17E2OK.

17 見Rosie Gray, "Trump Declines to Affirm NATO's Article 5," *The Atlantic*, May 25, 2017, at www.theatlantic.com/international/archive/2017/05/trump-declines-to-affirm-natos-article-5/528129; Robbie Gramer, "Trump Discovers Article 5 After Disastrous NATO Summit," *Foreign Policy*, June 9, 2017, at http:// foreignpolicy.com/2017/06/09/trump-discovers-article-5-after-disastrous-nato-visit-brussels-visit-transatlantic-relationship-europe; and Louis Nelson, "Trump Publicly Commits to NATO Mutual Defense Provision," *Politico*, June 9, 2017, at www.politico.com/story/2017/06/06/trump-nato-article-five-239632.

18 見Peter J. Dombrowski and Simon Reich, "Does Donald Trump Have a Grand Strategy?" *International Affairs*, 93, no. 5 (2017), pp. 1026–30.

19 見Thom Shanker, "Defense Secretary Warns NATO of 'Dim' Future," *The New York Times*, June 10, 2011; "Remarks by President Obama and President Komorowski of Poland in a Joint Press Conference," June 3, 2014, at https://obamawhitehouse.archives.gov/the-press-office/2014/06/03/remarks-president-obama-and-president-komorowski-poland-joint-press-conf; and Ayesha Rascoe and Yeganah Torbati, "Burden Sharing Woes to Cloud Obama's Trip to NATO Summit," Reuters, July 6, 2016, at www.reuters.com/

繼續高漲的伊斯蘭威脅。見 Paul Blumenthal, "Steve Bannon Believes the Apocalypse Is Coming and War Is Inevitable," *Huffington Post*, February 8, 2017; Frances Stead Sellers and David A. Fahrenthold, "'Why let 'em in?': Understanding Bannon's Worldview and the Politics That Follow," *The Washington Post*, January 21, 2017; Daniel Kreiss, "Trump, Breitbart, and the Rejection of Multicultural Democracy," *Medium.com*, January 29, 2017; Steve Reilly and Brad Heath, "Steve Bannon's Own Words Show Sharp Break on Security Issues," *USA Today*, January 31, 2017; 以及 Nahal Toosi, "The World According to Breitbart," *Politico*, November 28, 2016.

7 見國家安全顧問麥馬斯特與白宮經濟會議主席蓋瑞・寇恩所撰之爭議社論文章，"America First Doesn't Mean America Alone," *The Wall Street Journal*, May 30, 2017, at www.wsj.com/articles/america-first-doesnt-mean-america-alone-1496187426. 儘管文章題目是這麼訂，本文的中心主題是國際政治的零和本質與美國支持其他國家的條件性本質。

8 "Remarks by President Trump to the 72nd Session of the United Nations General Assembly," at www.whitehouse.gov/briefings-statements/remarks-president-trump-72nd-session-united-nations-general-assembly/.

9 由於弗林在擔任國防情報局局長時曾經有過管理失職之處，歐巴馬將他撤職，爾後弗林在二〇一六年加入川普的競選團隊。

10 安東對於川普的政治議程的看法可以從他的文章中看到，"America and the Liberal International Order," *American Affairs*, March 2017. 關於戈卡可疑的資格，見 Andrew Reynolds, "Stop Calling Him 'Doctor': The Academic Fraud of Sebastian Gorka, Trump's Terrorism 'Expert,'" *Ha'aretz*, April 27, 2017; Daniel Nexon, "Sebastian Gorka May Be a Far-Right Nativist, but for Sure He's a Terrible Scholar," *Foreign Policy*, March 17, 2017, at http://foreignpolicy.com/2017/03/17/dr-sebastian-gorka-may-be-a-far-right-nativist-but-for-sure-hes-a-terrible-scholar-trump-radical-islam/; 以及 Mitch Prothero, "The Hungarian Rise and Fall of Sebastian Gorka," *Buzzfeed*, April 26, 2017, at www.buzzfeed.com/mitchprothero/how-a-trump-adviser-failed-upwards-from-hungary-to-the?utm_term=.yxRY298V5#.svnlZ69jQ. 戈卡不只是川普早期的人事任命中令人質疑的唯一案例，見 Jeff Stein, "Ezra Cohen-Watnick: Inside the Rise of Trump's Invisible Man in the White House," *Newsweek*, April 13, 2017, at www.newsweek.com/ezra-cohen-watnick-donald-trump-devin-nunes-russia-barack-obama-wiretap-susan-583904.

11 見 Nancy Cook, Josh Dawsey, and Andrew Restuccia, "Why the Trump Administration Has So Many Vacancies," *Politico*, April 11, 2017, at www.politico.com/story/2017/04/donald-trump-white-house-staff-vacancies-237081; and "Trump: No Plans to Fill 'Unnecessary' Unfilled Positions," Fox News, February 28, 2017, at www.foxnews.com/

DeMuth）、維塞提爾、布萊克威爾以及其他許多人寫了多封信給首席法官，促請法外施恩。見 Sidney Blumenthal, "The Libby Lobby's Pardon Campaign," *Salon.com*, June 7, 2007. 幾年之後，一場類似的行動或許也幫助了裴卓斯達成認罪協商，他承認自己曾經把機密資訊透露給他的情婦，並且針對此事對FBI說謊了。見 Andrew V. Pestano, "Report: Government Elite Officials Wrote to Keep Petraeus Out of Prison," UPI, June 9, 2015, at www.upi.com/Top_News/US/2015/06/09/Report-Government-elite-officials-wrote-to-keep-Gen-Petraeus-out-of-prison/6141433857287/

104 Elizabeth Warren, *A Fighting Chance* (New York: Metropolitan Books, 2014), p. 106. 諷刺的是，桑默斯忽略了他自己的忠告，在日後指控財政部長馬努欽針對稅務改革做出「不負責任」的言論，還在某一刻推文指出馬努欽「或許是內閣歷史上最大的馬屁精」。不過，桑默斯的「圈內人地位」或許還是安全的，而他可能也不再渴望於華府獲得一個高階職位。若是事實如此，那麼批評一位「圈內人」同僚就比較不會造成負面影響。

CHAPTER 6——如何不修補美國外交政策

1 見 Patrick Porter, "Tradition's Quiet Victories: Trump's National Security Strategy," *War on the Rocks*, December 22, 2017, at https://warontherocks.com/2017/12/traditions-quiet-victories-trumps-national-security-strategy/; and idem, "Why U.S. Grand Strategy Has Not Changed: Power, Habit, and the Foreign Policy Establishment," *International Security* 42, no. 4 (Spring 2018).

2 "Trump's Inauguration: Full Text of New President's Speech," *BBC News*, January 20, 2017, at www.bbc.com/news/world-us-canada-38697653.

3 在二〇一六年一場總統辯論會上，川普聲稱沙烏地阿拉伯人是「把人們推下高樓的人」，並且會「殘暴地殺害與對待女性。」見 Adam Taylor, "Trump Once Denounced Saudi Arabia as Extremist; Now He's Heading There to Promote Moderate Islam," *The Washington Post*, May 19, 2017.

4 Andrew Kaczynski, Chris Massie, and Nathan McDermott, "80 Times Trump Talked About Putin," *CNN.com*, March 2017, at www.cnn.com/interactive/2017/03/politics/trump-putin-russia-timeline/.

5 這種觀點的表現可見於川普在二〇一七年七月於波蘭所做的演說，當時他陰鬱地警告人們要提防來自「激進伊斯蘭極端主義」的威脅，並且聲稱「在我們的年代裡，根本問題是西方文明是否有意願存活下去。」見 "Remarks by President Trump to the People of Poland," July 6, 2017, at www.whitehouse.gov/the-press-office/2017/07/06/remarks-president-trump-people-poland-july-6-2017.

6 川普的首席策略長是前布萊巴特新聞執行董事長班農，他相信無論是透過增加的移民人口或是暴力的極端主義，猶太基督教世界正處於嚴重的險境中，面臨來自多面向且

時，指控親以色列的保衛民主基金會在網路上的一則評論是「為#Israel所做之公關宣傳的一部分……這不涉及非法——但是公關（PR）不是人權（HR, Human Rights）。」之後克蘭西便被炒魷魚了。納瑟的解職則是發生在真主黨元老薩伊德．法德拉拉（Sayyed Fadlallah）過世之後，她以一則推文表達其同情之意。儘管納瑟為自己的推文道歉，並且澄清她只是試圖認可法德拉拉對於女權的支持及反對榮譽處決的立場，但她還是立刻遭到解僱。

92 見Gabriel Sherman, "Chasing Fox," *New York Magazine*, October 10, 2010; Elias Isquith, "Phil Donahue's Vindication," *Salon.com*, July 10, 2014.

93 見Art Swift, "Americans' Trust in Mass Media Sinks to New Low," Gallup Organization, September 14, 2016, at www.gallup.com/poll/195542/americans-trust-mass-media-sinks-new-low.aspx.

94 完整揭露：我協助起草了文字，並且召集人們來簽署這篇宣傳文。

95 英林的原文（他坦率地選擇不匿名發表）在"A Failure in Generalship," Armed Forces Journal (May 2007). 另見Paul Yingling, "Why an Army Colonel Is Retiring Early—To Become a High School Teacher," *The Washington Post*, December 2, 2011; 以及Ricks, *The Generals*, pp. 441–44.

96 Flynt Leverett and Hillary Mann Leverett, *Going to Tehran: Why America Must Accept the Islamic Republic* (New York: Metropolitan Books, 2011).

97 Michael Crowley, "Iran Contrarians," *The New Republic*, February 10, 2010; 以及Daniel B. Drezner, "Your Humble Blogger Was So Wrong," *Foreign Policy*, August 30, 2010, at http://foreignpolicy.com/2010/08/30/your-humble-blogger-was-so-wrong/.

98 見Flynt Leverett and Hillary Mann Leverett, "Iran's Presidential Election Will Surprise America's So-Called 'Iran Experts,'" *Huffington Post*, June 6, 2013, at www.huffington-post.com/flynt-and-hillary-mann-leverett/iran-presidential-elec tion_b_3431154.html.

99 例如，勒維瑞特夫婦對於歐巴馬政府與伊朗協商核協議的能力抱持過度悲觀的態度。

100 尤其是他們與政治立場相左的一方挑起爭端，似乎並沒有傷害到許多新保守主義人士。

101 見Kelley Vlahos, "Washington Doesn't Forgive Whistleblowers," *The American Conservative*, July 30, 2014.

102 侯的故事結局是美好的，因為他最終獲得親左派的國際政策中心指定為資深研究員。見www.ciponline.org/about-us/experts-staff/matthew_hoh

103 針對厄文．「斯古特」．利比（Irving "Scooter" Libby）在CIA探員瓦萊麗．普拉姆（Valerie Plame）身分遭暴露事件中所扮演的角色，厄文因為對FBI及大陪審團說謊而被宣判有罪。判決出來之後，一群真正有影響力的內部人士，包括季辛吉、李奧納．加蒙（Leonard Garment）、倫斯斐、艾德曼、克里斯多夫．狄繆思（Christopher

觀點」(Bloomberg View)專欄發出相同警告，聲稱：「我很有信心納坦雅胡不是在吹牛。」哥德堡似乎已經被一場由以色列精心策劃的行動所收編，而說服美國相信以色列已經準備好要動用武力，為的是說服華府對伊朗採取更嚴厲的制裁。見Daniel Sobelman, "Signaling Credibility in IR," unpublished ms. (2016), 本文詳細說明了以色列所付出的心力。

83 尤其見Eric Hananoki, "Where Are the Media's Iraq War Boosters 10 Years Later?" *Media Matters for America*, March 19, 2013, at www.mediamatters.org/research/2013/03/19/where-are-the-medias-iraq-war-boosters-10 -years/193117.

84 見Bill Keller, "My Unfinished 9/11 Business," *The New York Times Magazine*, September 6, 2011; 以及 Stephen M. Walt, "How Not to Learn from Past Mistakes," *Foreign Policy*, September 12, 2011, at http://foreignpolicy.com/2011/09/12/how-not-to-learn-from-past-mistakes/.

85 見James Carden and Jacob Heilbrunn, "The Washington Post: The Most Reckless Editorial Page in America," *The National Interest*, January/February 2015.

86 "An Unfinished Mission," *The Washington Post*, May 4, 2003.

87 Jackson Diehl, "What the Iraq War Taught Me About Syria," *The Washington Post*, March 31, 2013.

88 後來的社論文章錯誤地將伊朗形容為積極尋求產出核子武器，並錯誤地將伊朗轉移一些濃縮鈾儲量的決定歸功於以色列總理納坦雅胡的譴責演說（轉移行動事實上是在納坦雅胡發表演說的多年之後才發生）。見Matt Duss, "Washington Post Editors Get Mixed Up on Iran's Nuclear Program," http://thinkprogress.org/security/2013/04/09/1838431/washington-post-iran/?mobile=nc.

89 Marc Thiessen, "A Dark Winter of Ebola Terrorism," The Washington Post, October 20, 2014; 另見 Louis Jacobson, "Could Terrorists Use Ebola to Attack the United States?" Politifact, October 23, 2014, at www.politifact.com/truth-o-meter/article/2014/oct/23/could-terrorists-use-ebola-attack-united-states.

90 關於威廉斯，見Elliot Hannon, "NBC Suspends Brian Williams Without Pay for Six Months," *Slate.com*, February 10, 2015, at www.slate.com/blogs/the_slatest/2015/02/10/nbc_news_suspends_brian_williams_for_fabricated_stories.html. 關於歐萊利，見 Emily Steel and Michael S. Schmidt, "Bill O'Reilly Is Forced Out at Fox News," *The New York Times*, April 19, 2017

91 湯瑪斯在其開創性的職業生涯中做為白宮通訊記者，直到她被錄到曾經說出：「猶太人應該滾出巴勒斯坦」，並且「回到他們在歐洲的家」之後，八十歲的湯瑪斯遭到解僱。有關目擊者的說明，見Paula Cruickshank, "42 Seconds That Sullied Helen Thomas—and New Media," *Real Clear Politics*, July 31, 2013. 克蘭西則是與他人在推特上交換意見

71 見Paul McCleary, "U.S. Has 'Turned the Corner' in Afghanistan, Top General Says," *Foreign Policy*, November 28, 2017, at http://foreignpolicy.com/2017/11/28/u-s-has-turned-the-corner-in-afghanistan-top-general-says/

72 見Shawn Snow, "Report: US Officials Classify Crucial Metrics on Afghan Casualties, Readiness," *Army Times*, October 20, 2017, at www.armytimes.com/flashpoints/2017/10/30/report-us-officials-classify-crucial-metrics-on-afghan-casualties-readiness/; 以及 Thomas Gibbons-Neff, "Afghan War Data, Once Public, Is Censored in U.S. Military Report," *The New York Times*, October 30, 2017.

73 見Noah Shachtman, "Gates Has a Long, Loooong Record of Firing Generals," *Wired*, June 11, 2010, at www.wired.com/2010/06/gates-has-a-long-record-of-firing-generals/

74 見Thom Shanker, "Concern Grows Over Top Military Officers' Ethics," *The Washington Post*, November 12, 2012

75 這些審計紀錄可在www.sigar.mil上找到。另見Andrew deGrandpre and Alex Horton, "Here Are Six Costly Failures from America's Longest War. No. 1: Cashmere Goats," *The Washington Post*, August 22, 2017

76 他另補充道：「我們也不重視與加強美國政府內部的個人當責。一個人要被解僱，得先搞砸一卡車的事。我敢說沒人能秀給我看，有人因為浪費了一億美元、三億美元，或是因為沒能完成被賦予的任務而遭到解職。」見 Priyanka Boghani, "'Nobody's Been Held Accountable' for Wasteful Spending in Afghanistan, Says U.S. Watchdog," *Frontline*, October 9, 2015, at www.pbs.org/wgbh/frontline/article/nobodys-been-held-accountable-for-wasteful-spending-in-afghanistan-says-u-s-watchdog/.

77 見Sapna Maheshwari, "10 Times Trump Spread Fake News," *The New York Times*, January 18, 2017, at www.nytimes.com/interactive/2017/business/me dia/trump-fake-news.html?_r=0

78 見Ruth Marcus, "When All News Is 'Fake,' Whom Do We Trust?" *The Washington Post*, December 12, 2016.

79 見"From the Editors: The *Times* and Iraq," May 26, 2004.

80 見Jeffrey Goldberg, "The Great Terror," *The New Yorker*, March 25, 2002; and Daniel Lazare, "*The New Yorker* Goes to War," *The Nation*, May 15, 2003.

81 曾與米勒共同寫過多篇錯誤報導的麥可・高登（Michael Gordon）還是在《紐約時報》擔任重要的資深職位。關於米勒的離開，見Katharine Seelye, "*Times* and Reporter Reach Agreement on Her Departure," *The New York Times*, November 9, 2005.

82 在二〇一〇年，哥德堡發布了一篇警世的封面故事，聲稱以色列可能會在一年之內針對伊朗的核武計畫發動預防性攻擊。見他的"The Point of No Return," *The Atlantic* (September 2010). 當一年過後，攻擊沒有發生，但是哥德堡在二〇一二年又在「彭博

66 在裴卓斯採取過的許多創新戰術中，浪湧行動究竟有多麼創新也是不清楚的。關於這一點，見James A. Russell, *Innovation, Transformation, and War: Counterinsurgency Operations in Anbar and Ninewa Provinces, Iraq, 2005–2007* (Stanford, CA: Stanford University Press, 2011).

67 當小布希總統宣布「浪湧」行動時，他聲稱目標是要「制止派系暴力，為巴格達的人民帶來安全」，以「協助讓和解成為可能……這些（美國）團隊帶來軍人與民間專家以協助當地伊拉克社區追求和解。」見"President's Address to the Nation," January 10, 2007; at http://georgewbush-whitehouse.archives.gov/news/releases/2007/01/20070110-7.html. 另見Peter Beinart, "The Surge Fallacy," *The Atlantic*, September 2015; 以及Peter W. Galbraith, *Unintended Consequences: How War in Iraq Strengthened America's Enemies* (New York: Simon & Schuster, 2008), chap. 1.

68 巴切維奇解釋道：「少了恰當的標準，就不可能有當責。缺乏當責，失敗與缺點就不會被注意。結果是，你逐漸習慣於似乎還過得去的狀態。二十一世紀，習慣了戰爭從不終止的美國人長久以來已經遺忘了，讓這類衝突劃下一個及時且成功的句點曾經是將士們被期待做到的關鍵。」見"Winning."

69 見Petraeus's testimony in "The Status of the War and Political Developments in Iraq," Hearing before the Committee on Armed Services, 110th Congress, 1st sess., September 10, 2007 (Washington, DC: U.S. Government Printing Office, 2008). 在二〇〇九年十二月一場關於阿富汗的聽證會上，麥克里斯特爾告訴國會委員會：「接下來的十八月將可能會是決定性的，且最終可以達到成功。」他又補充道：「我們可以，也會完成這項任務。」下一個月，他又告訴ABC的黛安・索耶（Diane Sawyer），他「相信我們已經改變了事態。」裴卓斯在一年之後做出了類似的樂觀評估，雖然與美國情報單位的評估不符，而且後來發現暴力事件的整體水平大幅上升。見"Afghanistan," Hearings Before the Committee on Armed Services, U.S. Senate, 111th Congress, 1st sess., December 2 and 8, 2009 (Washington, DC: U.S. Government Printing Office, 2010), p. 103; "Top General Optimistic About Afghanistan," ABC News, January 11, 2010, at www.youtube.com/watch?v=ABdm3bdUeDE; and Josh Rogin, "Petraeus's Optimism About Afghanistan Not Shared at CIA," *Foreign Policy*, April 27, 2011, at http://thecable.foreignpolicy.com/posts/2011/04/27/petraeuss_optimism_about_afghanistan_not_shared_at_cia_0.

70 見Ellen Mitchell, "Top General in Afghanistan Says Taliban Fight Has 'Turned the Corner,'" *The Hill*, November 28, 2017, at http://thehill.com/policy/defense/362205-top-us-general-in-afghanistan-says-taliban-fight-has-turned-the-corner; and Andrew Bacevich, "Still Waiting: A Harvey Weinstein Moment for America's Wars?" TomDispatch, December 10, 2017, at www.tomdispatch.com/post/176361/tomgram%3A_andrew_bacevich%2C_a_country_addicted_to_war/

門、陰道，以及非自願地接觸外生殖器及其他與性交相關的身體部位。」根據調查，五角大廈預測在近年來至少有一萬五千名男女士兵曾經歷過這種類型的事件。實際通報的騷擾案件遠低於此，但還是超過每年三千件。見 *Department of Defense Annual Report on Sexual Assault in the Military, FY 2012* at www.sapr.mil/public/docs/reports/FY12_DoD_SAPRO_Annual_Report_on_Sexual_Assault-VOLUME_ONE.pdf.

58 哈迪塞屠殺事件（Haditha killings）的加害者在認罪協議之下只受到輕微的刑責；貝爾斯上士則是被判處終生監禁。見 Charlie Savage and Elisabeth Bumiller, "An Iraqi Massacre, a Light Sentence, and a Question of Military Justice," *The New York Times*, January 27, 2012; 以及 Michael E. Miller, "U.S. Army Mass Murderer: 'The Hate Grows Not Only for Insurgents, but Towards Everyone Who Isn't American,'" *The Washington Post*, June 8, 2015

59 蘭德公司的塞斯．瓊斯（Seth Jones）注意到：「自從二〇一〇年以來，薩拉菲聖戰組織（Salafi-jihadist）的團體與戰士數量增加了，尤其是在敘利亞和北非。蓋達組織與其附屬團體所犯下的攻擊數量也有所增加。」見 Seth G. Jones, A Persistent Threat: The Evolution of Al Qa'ida and Other Salafi Jihadists (Washington, DC: RAND Corporation, 2014), p. x. 另見 International Human Rights and Conflict Resolution Clinic at Stanford Law School and Global Justice Clinic at NYU School of Law, *Living under Drones: Death, Injury and Trauma to Civilians from U.S. Drone Practices* (2012); 以及 Hassan Abbas, "How Drones Create More Terrorists," *The Atlantic*, August 20, 2013.

60 Ricks, *The Generals*, p. 392; Barton Gellman and Thomas E. Ricks, "U.S. Concludes Bin Laden Escaped at Tora Bora Fight; Failure to Send More Troops Termed Major Error," *The Washington Post*, April 17, 2002.

61 Associated Press, "Sex Is Major Reason Military Commanders Are Fired," January 21, 2013; at www.military.com/daily-news/2013/01/21/sex-is-major-reason-military-commanders-are-fired.html.

62 有一項仔細的行動分析聲稱部署美國兵力本可以成功，見 Peter John Paul Krause, "The Last Good Chance: A Reassessment of U.S. Operations at Tora Bora," *Security Studies* 17, no. 4 (2008).

63 五角大廈與白宮裡的文官應負起未能有效規畫占領行動的首要責任，但是法蘭克沒有挑戰他們樂觀的評估或是不足的準備。見 Ricks, *The Generals*, chap. 27.

64 見 Dexter Filkins, "The Fall of the Warrior King," *The New York Times Magazine*, October 23, 2005; Ricks, *The Generals*, pp. 422–25

65 見 "Marine to Serve No Time in Haditha, Iraq Killings Case," *USA Today*, January 24, 2012; and "Squad Leader in Haditha Killings Discharged from Marine Corps," *Los Angeles Times*, February 21, 2012.

45 見 Marisa Taylor and Jonathan Landay, "After CIA Gets Secret Whistle-blower Email, Congress Worries About More Spying," July 25, 2014, at www.mcclatchydc.com/2014/07/25/234484/after-cia-gets-secret-whistleblower.html.

46 見 Jonathan S. Landay and Ali Watkins, "CIA Admits It Broke into Senate Computers; Senators Call for Spy Chief's Ouster," at www.mcclatchydc.com/ news/nation-world/national/nationalsecurity/article24771274.html#storylink=cpy

47 在針對中情局監控所做的最初幾份報告之後，布倫南控訴立法者「針對中情局行動做出偽造的陳訴，完全沒有事實根據。」他接著補充道：「我認為許多目前聲稱有這類偵察、監控與駭客行為的人都將會被證實是錯誤的。」見 Mark Mazzetti and Carl Hulse, "CIA Admits Penetrating Senate Intel Committee Computers," *The New York Times*, July 31, 2014.

48 Dustin Volz and Lauren Fox, "CIA Review Clears Its Spies of Wrongdoing," *National Journal*, January 15, 2015.

49 Carl Hulse and Mark Mazzetti, "President Expresses Confidence in CIA Director," *The New York Times*, August 1, 2014. 關於刑求的負面效應，見 Douglas Johnson, Alberto Mora, and Averell Schmidt, "The Strategic Costs of Torture," *Foreign Affairs* 95, no. 5 (September/October 2016).

50 關於國會監督無處不在的缺點，見 Michael Glennon, *National Security and Double Government* (New York: Oxford University Press, 2015), pp. 52–57.

51 Glennon, *National Security and Double Government*, pp. 61–64.

52 見 Katrina Manson, "The Undercover Spy Picked as CIA Chief," *Financial Times*, March 17, 2018.

53 見 Dan Lamothe, "Top Two Officers and Other Sailors Aboard the USS Fitzgerald to Be Disciplined Following Deadly Collision at Sea," *The Washington Post*, August 17, 2017.

54 見 Thomas Ricks, "Whatever Happened to Accountability?" *Harvard Business Review*, October 2012; James Fallows, "The Tragedy of the American Military," *The Atlantic*, January/February 2015; William Astore, "An Army of None," *Salon.com*, March 23, 2016; at www.salon.com/2016/03/23/an_army_of_none_the_u_s_military_is_more_powerful_less_accountable_and_more_dangerous_than_ever_before/.

55 Thomas E. Ricks, *The Generals: American Military Command from World War II to Today* (New York: Penguin, 2012), pp. 388–94.

56 見 Andrew Bacevich, "Winning: Trump Loves to Do It, but American Generals Have Forgotten How," *TomDispatch.com*, at www.tomdispatch.com/blog/176215/tomgram%3A_andrew_bacevich%2C_the_swamp_of_war.

57 國防部定義「非自願性接觸」為「完全與試圖以身體任一部位或是物品入侵口部、肛

上仍持續採取強硬做法，建議美國將設計用來摧毀伊朗地下核武設備的彈頭「以及搭載彈頭用的飛機」交給以色列。見Dennis B. Ross, "How to Make Iran Keep Its Word," *Politico*, July 29, 2015.

36 關於英迪克對於伊拉克戰爭的支持，見Martin S. Indyk and Kenneth M. Pollack, "How Bush Can Avoid the Inspections Trap," *The New York Times*, January 25, 2003; 以及 Martin S. Indyk and Kenneth M. Pollack, "Lock and Load," *Los Angeles Times*, December 19, 2002.

37 Dennis Ross and David Makovsky, *Myths, Illusions, and Peace: Finding a New Direction for America in the Middle East* (New York: Viking, 2009).

38 專家們不認同相關單位是否未在伊拉克戰爭籌備階段做足情資蒐集與分析的工作，或是他們是否允許自己被一個決心要開戰的白宮所政治化與操縱。不論是前者或後者，都是一場顯著的分析失敗。關於其他觀點，見Joshua Rovner, *Fixing the Facts: National Security and the Politics of Intelligence* (Ithaca, NY: Cornell University Press, 2011); Robert Jervis, *Why Intelligence Fails: Lessons from the Iranian Revolution and the Iraq War* (Ithaca, NY: Cornell University Press, 2011); Paul R. Pillar, *Intelligence and U.S. Foreign Policy: Iraq, 9/11, and Misguided Reform* (New York: Columbia University Press, 2011); Thomas Powers, "How They Got Their Bloody War," *New York Review of Books*, May 27, 2010; 以及Fulton Armstrong (with reply by Thomas Powers), "The CIA and WMDs: The Damning Evidence," *New York Review of Books*, August 19, 2010

39 見Adam Goldman, "Ex-C.I.A. Officer Suspected of Compromising Chinese Informants Is Arrested," The New York Times, January 16, 2018

40 見Adam Goldman and Matt Apuzzo, "CIA Officers Make Grave Mistakes, Get Promoted," *NBC News*, February 9, 2011, at www.nbcnews.com/id/41484983/ns/us_news-security/t/cia-officers-make-grave-mistakes-get-promoted/#.U9uvF FYQf0C. 另見 Matthew Schofield, "CIA Knew It Had the Wrong Man, but Kept Him Anyway," *McClatchy News Service*, June 30, 2016, at www.mcclatchydc.com/news/nation-world/world/article86890087.html

41 克拉珀在日後告訴NBC的安德魯．米契爾（Andrew Mitchell），他的回答是在一場公開聽證會上可以給出的「最低限度謊言」。

42 特徵性攻擊是針對嫌疑人行為符合恐怖分子活動的假想模式時所進行的攻擊，即使攻擊目標的身分還尚不清楚。見Amy Davidson, "John Brennan's Kill List," The New Yorker, January 7, 2013.

43 www.c-span.org/video/?300266-1/obama-administration-counterterrorism-strategy.

44 C arrie Johnson and Joby Warrick, "CIA Destroyed 92 Interrogation Tapes, Probe Says," *The Washington Post*, March 3, 2009

以及 "Elliot Abrams' Uncivil War," *Conflicts Forum* (2007), at www.conflictsforum.org/2007/elliot-abrams-uncivil-war/

30 見Eric Alterman, "The Rehabilitation of Elliott Abrams," *The Nation*, March 13, 2013. 顯然地，Alterman寫道：「這名一輩子都令美國民主尷尬的人可以被接受做為我們的一分子，這個現象顯示出我們最有影響力且重要的機構出了什麼問題呢？」

31 見Maggie Haberman, Jonathan Weisman, and Eric Lichtblau, "Trump Overrules Tillerson, Rejecting Elliott Abrams for Deputy Secretary of State," *The New York Times*, February 10, 2017.

32 見Stephen M. Walt, "So Wrong for So Long: Why Neoconservatives Are Never Right," *Foreign Policy* (online) at http://foreignpolicy.com/2015/08/21/neoconser vatives-so-wrong-for-so-long-iraq-war-iran-deal/

33 米勒、馬利、英迪克、庫爾策與羅斯皆曾針對奧斯陸和平進程寫過矛盾的評論，將該進程的失敗歸咎於一些人（包括巴勒斯坦人）。見Robert Malley and Hussein Agha, "Camp David: The Tragedy of Errors," *New York Review of Books*, August 9, 2001; Dennis Ross, *The Missing Peace: The Inside Story of the Fight for Middle East Peace* (New York: Farrar, Straus & Giroux, 2004); Aaron D. Miller, *The Much Too Promised Land: America's Elusive Search for Arab-Israeli Peace* (New York: Bantam, 2008); Martin Indyk, *Innocent Abroad: An Intimate Account of American Peace Diplomacy in the Middle East* (New York: Simon & Schuster, 2009); and Daniel B. Kurtzer et al., *The Peace Puzzle: America's Quest for Israeli-Palestinian Peace 1989–2011* (Ithaca, NY: Cornell University Press, 2013).

34 以色列記者巴拉克．拉維德（Barak Ravid）將羅斯稱作是「白宮內部所有與以巴和平進程相關的事物中，最核心的人物之一。他曾經在歐巴馬總統的身邊耳語，與以色列總理班傑明．納坦雅胡（Benjamin Netanyahu）及其特使伊薩克．莫爾霍（Isaac Molho）維持祕密且直接的溝通管道，並且暗中削弱美國的中東特使米切爾……儘管他被認定是納坦雅胡在白宮內部的人，他也沒能從這位以色列總理身上得到任何東西。在巴勒斯坦臨時首府拉馬拉（Ramallah），他的地位甚至更糟。巴勒斯坦總統馬哈茂德．阿巴斯（Mahmoud Abbas）將他冷落在一旁，並且宣稱他是不受歡迎的人。對於華府來說，羅斯擁有極大的影響力：主要是負面的影響力。」見 "Dennis Ross Discovers Palestine," *Ha'aretz*, January 9, 2009, at www.haaretz.com/blogs/diplomania/dennis-ross-discovers-palestine-1.406290

35 羅斯相信，美國應該準備好動用武力來避免伊朗取得核子武器，他並在二〇一五年六月共同簽署了一份公開信，對於形成中的協議表達質疑。見 "Public Statement on U.S. Policy Toward the Iran Nuclear Negotiations," *Washington Institute for Near East Policy*, June 24, 2015, at www.washingtoninstitute.org/policy-analysis/view/public-statement-on-u.s.-policy-toward-the-iran-nuclear-negotiations. 在協議簽署之後，羅斯在伊朗事務

at https://fas.org/irp/agency/dod/taguba.pdf; Department of the Army, The Inspector General, *Detainee Operations Inspection* (July 21, 2004), at www1.umn.edu/humanrts/OathBetrayed/Mikolashek%20Report.pdf; 以及 *Final Report of the Independent Panel to Review DoD Detention Operations* (Washington, DC: August 2004). 關於倫斯斐在採取較嚴厲審訊手段的決定中所扮演的角色，見 Mayer, *The Dark Side*, pp. 220, 240–41.

18 "Abu Ghraib, Whitewashed," editorial, *The New York Times*, July 24, 2004.

19 Eric Rosenburg, "Abu Ghraib Is Like 'Animal House,' but Rumsfeld Should Not Resign," *Deseret News*, August 25, 2004, at www.deseretnews.com/article/595086544/Abu-Ghraib-like-Animal-House-but-Rumsfeld-should-not-resign.html.

20 "Pentagon Panel: Top Brass Was Lax in Abu Ghraib Oversight," NBC News, August 8, 2004, at www.nbcnews.com/id/5807013/ns/world_news-mideast_ n _ africa/t/pentagon-panel-top-brass-was-lax-abu-ghraib-oversight/#.U9aZglYQf0A.

21 "Getting Away with Torture: Command Responsibility for the U.S. Abuse of Detainees," *Human Rights Watch*, April 2005, p. 21

22 見 Seymour M. Hersh, "The General's Report," *The New Yorker*, June 25, 2007

23 小布希承認曾經同意對哈立德・謝赫・穆罕默德（Khalid Sheikh Mohammed）執行水刑，而副總統錢尼則是公開聲稱他曾經是這類技倆的「超級支持者」。見 David Cole, "Obama's Torture Problem," *NYRBlog*, November 18, 2010, at www.nybooks.com/blogs/nyrblog/2010/nov/18/obamas-torture-problem/

24 Charlie Savage, "Obama Reluctant to Look into Bush Programs," *The New York Times*, January 11, 2009.

25 尤其見 Mark Danner, *Spiral: Trapped in the Forever War* (New York: Simon & Schuster, 2016), 以及 Mayer, *The Dark Side.*

26 見 Paul Farhi, "Bill Kristol Knows His Predictions Have Been Bad, but He's Going to Keep Making Them," *The Washington Post*, February 17, 2016; 以及 Stephen M. Walt, "The Shattered Kristol Ball," *The National Interest* 97 (September/ October 2008).

27 見 Steven R. Weisman, "Wolfowitz Resigns, Ending Long Fight at World Bank," *The New York Times*, May 18, 2007.

28 在這個職位上，阿布拉姆斯經常與以色列官員密謀，試圖破壞由國務卿萊斯及其他人所推動的和平協議。見 Jim Lobe, "US/Mideast: Rice Faces Formidable Mideast Foe," *InterPress News*, February 21, 2007, at www.ipsnews.net/2007/02/us-mideast-rice-faces-formidable-white-house-foe/; 以及 Shahar Smooha, "All the Dreams We Had Are Now Gone," *Ha'aretz*, July 19, 2007

29 見 David Rose, "The Gaza Bombshell," *Vanity Fair*, April 2008; "Hamas Coup in Gaza," International Institute for Strategic Studies, *Strategic Comments* 13, no. 5 (June 2007);

News and World Report, June 13, 2014.

9 不落人後，傑布・布希（Jeb Bush）聲稱「不成熟的撤兵是致命的錯誤」；前紐約市長魯迪・朱利安尼（Rudy Giuliani）聲稱撤兵是「二十一世紀以來最糟糕的決定」；而新保守主義派專家馬克斯・布特身為一名直言不諱的入侵行動支持者，將撤兵的決定稱作是「悲劇的」。見Rubio: Iraq Invasion 'Was Not a Mistake,'" *The Hill*, May 17, 2015, at http://thehill.com/policy/defense/242339-rubio-iraq-invasion-was-not-a-mistake; "Lindsay Graham Calls for 10,000 Troops in Iraq," CNN, May 18, 2015, at http://cnn.com/2015/05/18/politics/lindsay-graham—iraq-not-a-mistake-election-2016/index.html; "Giuliani: Obama's Iraq Withdrawal 'Worst Decision of the 21st Century,'" *The Hill*, June 10, 2015, at http://thehill.com/blogs.blog-briefing-room/244548-giuliani-obamas-iraq-withdrawal-worst-decision-of-21st-century; and Max Boot, "Obama's Tragic Iraq Withdrawal," *The Wall Street Journal*, October 31, 2011.

10 尤其見Alexander Downes and Jonathan Monten, "FIRCed to be Free: Why Foreign-Imposed Regime Change Rarely Leads to Democratization," *International Security* 37, no. 4 (Spring 2013); 以及Stephen M. Walt, "Why Is the US So Bad at Promoting Democracy in Other Countries?" *Foreign Policy*, April 25, 2016; at http://foreignpolicy.com/2016/04/25/why-is-america-so-bad-at-promoting-democracy-in-other-countries/.

11 見John Judis's interview with Landis, "America's Failure—And Russia and Iran's Success—in Syria's Cataclysmic Civil War," *TPMCafe*, January 10, 2017, at http://talkingpointsmemo.com/cafe/americas-failure-russia-success-in-syrias-war.

12 見Sopan Deb and Max Fisher, "Seeking Lessons on Syria, but Taken to Task Instead," *The New York Times*, September 18, 2017.

13 見Philip Shenon, *The Commission: The Uncensored Story of the 9/11 Commission* (New York: Hachette, 2008), pp. 25–26, 29–30, 214–19.

14 萊斯與澤利科在小布希任內為國家安全會議的同事，日後兩人更一起撰寫了一本書來分享他們的經驗。澤利科以小布希過渡團隊成員的身分參加了多場美國反恐政策的簡報，而萊斯在二〇〇二年聘用他為白宮起草《國家安全策略》。當萊斯在二〇〇五年被任命為國務卿之後，她選擇澤利科擔任她在國務院的顧問。鑒於如此親密的職場關係，要決定萊斯、小布希或其他政府官員是否應該為未能預防九一一攻擊事件負起重大責任，澤利科幾乎不能算是這個角色的理想人選。

15 Ernest May, "When Government Writes History: The 9/11 Commission Report," *History News Network*, June 24, 2005, at http://historynewsnetwork.org/article/11972.

16 見Jane Mayer, *The Dark Side: The Inside Story of How the War on Terror Turned into a War on American Ideals* (New York: Doubleday, 2008), p. 245.

17 關鍵報告包括了*Article 15-6 Investigation of the 800th Military Police Brigade*, available

pose Trump," August 8, 2016, at www.cnn.com/2016/08/08/politics/republican-national-security-letter-donald-trump-election-2016/index.html.

2 如同肯尼斯・沃爾茲（Kenneth Waltz）於一九六七年指出，「我們被骨牌的觀點所誤導。在戰區的國家缺乏那個形象所展現出的團結、形狀與內聚力。對外缺乏清楚的定義、對內既脆弱又混亂，他們更適合被喚作心智海綿；而不論其他的特色是什麼，海綿不會整齊地從衝動的傳導中一一倒下。」見他的"The Politics of Peace," *International Studies Quarterly* 11, no. 3 (September 1967), p. 205

3 見Jerome Slater, "The Domino Theory and International Politics: The Case of Vietnam," *Security Studies* 3, no. 2 (1993); idem, "Dominos in Central America: Will They Fall? Does it Matter?" *International Security* 12, no. 2 (Fall 1987); 以及 Ted Hopf, *Peripheral Visions: Deterrence Theory and American Foreign Policy in the Developing World, 1965–1990* (Ann Arbor: University of Michigan Press, 1994).

4 因此，親戰的《華爾街日報》認同地引用巴基斯坦外交部長沙阿・邁赫穆德・庫雷希（Shah Mehmood Qureshi）在二〇〇九年所做出的預測，認為美國從阿富汗撤出「將會是災難性的……你們將會失去可信度……誰會再次相信你們？……為什麼你們送出幾十億美元又犧牲那麼多生命？為什麼我們不與你們結盟？」當歐巴馬卸任時，美軍仍在阿富汗打仗。見"U.S. Credibility and Pakistan," *The Wall Street Journal*, October 1, 2009, at www.wsj.com/articles/SB10001424052748704471504574443352072071822.

5 見Elliott Abrams, "Haunted by Syria," *Weekly Standard*, January 13, 2014. 歐巴馬在整個總統任內於許多國家動用武力，但是弗朗索瓦・海斯伯格（François Heisbourg）堅稱歐巴馬不干預敘利亞的決定對於美國的可信度造成「龐大，或許是無可挽回」的傷害。摘自Celestine Bohlen, "A Turning Point for Syria, and for U.S. Credibility," *The New York Times*, February 22, 2016.

6 見Carmen M. Reinhart and Kenneth S. Rogoff, *This Time Is Different: Eight Centuries of Financial Folly* (Princeton, NJ: Princeton University Press, 2009).

7 如同前美國參謀長聯席會議主席暨國務卿鮑爾所闡述的，鮑爾主義包含了一系列八個問題，是美國在決定投入武力進入一場戰爭時所必須確認的事項：（1）是否有任何重大的國家安全利益受到威脅？（2）我們是否有清楚可達成的目標？（3）風險與成本是否都已經完整且坦白地分析過了？（4）其他非暴力的政策手段是否都已經用盡？（5）是否有一套可信的退場策略以避免無止境的糾纏？（6）我們的行動後果是否已經完整地考慮過？（7）這個行動是否受美國人民支持？以及（8）我們是否受到真正的廣泛國際支持？

8 見Paul D. Miller, "Obama's Failed Legacy in Afghanistan," *The American Interest* 11, no. 5 (February 2016); Rick Brennan, "Withdrawal Symptoms," *Foreign Affairs* 93, no. 6 (November/December 2014); 以及 Danielle Pletka, "What Obama Has Wrought in Iraq," *U.S.*

Rise of a Rebel," *The New York Times*, August 10, 2014. 關於伊斯蘭國的起源，見Will McCants, *The ISIS Apocalypse: The History, Strategy, and Doomsday Vision of the Islamic State* (New York: St. Martin's, 2015).

108 見John Tirman, *The Deaths of Others: The Fate of Civilians in America's Wars* (New York: Oxford University Press, 2011).

109 見Phil Stewart and Warren Strobel, "U.S. to Halt Some Arms Sales to Saudi, Citing Civilian Deaths in Yemen Campaign," Reuters, December 13, 2016.

110 見John M. Broder, "A Nation at War: The Casualties; U.S. Military Has No Count of Iraqi Dead in Fighting," *The New York Times*, April 2, 2003; 以及Mark Thompson, "Should the Military Return to Counting Bodies?" *Time*, June 2, 2009.

111 摘自Anna Badkhen, "Critics Say 600,000 Iraqi Dead Doesn't Tally," *San Francisco Chronicle*, October 12, 2006.

112 見Sabrina Tavernise and Andrew Lehren, "A Grim Portrait of Civilian Deaths in Iraq," *The New York Times*, October 22, 2010.

113 Gilbert Burnham et al., "Mortality After the 2003 Invasion of Iraq: A Cross-Sectional Cluster Sample Survey," *The Lancet*, October 11, 2006. 欲了解衝突總數的概要，見C. Tapp et al., "Iraq War Mortality Estimates: A Systematic Review," *Conflict and Health* 2, no. 1 (2008).

114 見Azmat Khan and Anand Gopal, "The Uncounted," *The New York Times Magazine*, November 16, 2017.

115 見Rob Malley and Stephen Pomper, "An Accounting for the Uncounted," *The Atlantic*, December 16, 2017, at www.theatlantic.com/international/archive/2017/12/isis-obama-civilian-casualties/548501/.

116 Tim McGurk, "Collateral Damage or Civilian Massacre in Haditha," *Time*, March 19, 2006. 一名美國海軍最終為了該起事件遭到起訴；他被定罪為「瀆職」，但是並沒有入監服刑。見Tirman, *Deaths of Others*, pp. 302–07.

117 華府也反對無國界醫生的要求，針對這次事件進行一次獨立國際調查。見Siobhan O'Grady, "Washington and Kabul Stand in the Way of International Probe into Kunduz Attack," *Foreign Policy*, October 14, 2015, at https://foreignpolicy.com/2015/10/14/washington-and-kabul-stand-in-the-way-of-international-probe-into-kunduz-attack/.

118 見Matthew Rosenberg, "Pentagon Details Chain of Errors in Strike on Afghan Hospital," *The New York Times*, April 29, 2016.

CHAPTER 5——有人出來負責嗎？

1 摘自Eric Bradner, Elise Labott, and Dana Bash, "50 GOP National Security Experts Op-

100 見Christopher Gelpi, Peter Feaver, and Jason Reifler, *Paying the Human Costs of War: American Public Opinion and Casualties in Military Conflicts* (Princeton, NJ: Princeton University Press, 2009).

101 U.S. Department of Army, *Field Manual 100-5 (Operations)*, pp. 1-2; downloaded from www.fs.fed.us/fire/doctrine/genesis_and_evolution/source_materials/FM-100-5_operations.pdf.

102 湯米・法蘭克（Tommy Frank）將軍未在阿富汗的托拉博拉（Tora Bora）戰役中部署足夠的軍隊，使得賓拉登趁虛逃走，就是一個明顯的案例。見Senator John Kerry, *Tora Bora Revisited: How We Failed to Get Bin Laden and Why It Matters Today*, Report to Members of the Committee on Foreign Relations, United States Senate, 111th Congress, 1st sess. (Washington, DC: U.S. G.P.O., 2009); 以及 Peter Bergen, "The Account of How We Nearly Caught Bin Laden in 2001," *The New Republic*, December 30, 2009.

103 見Mearsheimer and Walt, *Israel Lobby and U.S. Foreign Policy*, pp. 65–67

104 該報告提到賓拉登經常反覆抱怨美國對以色列的支持、美軍在沙烏地阿拉伯的布署，以及由美國領頭的對伊朗制裁行動，但是報告中也聲稱賓拉登的敵對立場「一開始可能是始於對特定美國政策的反應，但很快地演變成更深刻的恨意。委員會共同主席托馬斯・基恩和李・漢彌爾頓日後承認，來自其他委員會成員的抗議使得他們輕描淡寫地帶過美國對以色列的支持與賓拉登反美主義之間的關聯。除此之外，藉由將賓拉登與蓋達組織連結至其他反西方思潮的思想家如賽義德・庫特布（Sayyid Qutb），並且將反美主義的興起回溯至阿拉伯世界更廣泛的社會、經濟與政治潮流，該報告便將九一一事件的密謀範疇最小化至一種對於特定美國政策選擇的直接回應。見*The 9/11 Commission Report* (New York: W. W. Norton, 2004), pp. 48–54; Thomas Kean and Lee Hamilton, *Without Precedent: The Inside Story of the 9/11 Commission* (New York: Knopf, 2006), pp. 284–85; 以及 Ernest May, "When Government Writes History: The 9/11 Commission Report," *History News Network*, at http://historynewsnetwork.org/article/11972.

105 見Murtaza Hussain and Cora Currier, "U.S. Military Operations Are Biggest Motivation for Homegrown Terrorists, FBI Study Finds," *The Intercept*, October 11, 2016, at https://theintercept.com/2016/10/11/us-military-operations-are-biggest-motivation-for-homegrown-terrorists-f bi-study-finds/.

106 Chalmers Johnson, *Blowback: The Costs and Consequences of American Empire* (New York: Metropolitan Books, 2000), pp. 8–11.

107 如同《紐約時報》的提姆・阿朗戈（Tim Arango）與艾瑞克・施密特（Eric Schmitt）在二〇一四年八月指出：「巴格達迪先生的崛起是被美國在伊拉克的干預行為所塑造出來的——多數點燃他的戰鬥之火或導致他的聲勢進一步升高的政治轉變，都是直接源自於某些美國行動。」見Tim Arango and Eric Schmitt, "U.S. Actions in Iraq Fueled

87 見Sarah E. Kreps, *Taxing Wars: The American Way of War Finance and the Decline of Democracy* (New York: Oxford University Press, 2018).

88 見Thomas Oatley, *The Political Economy of American Hegemony: Buildups, Booms, and Busts* (Cambridge: Cambridge University Press, 2014).

89 Fareed Zakaria, "The New American Consensus: Our Hollow Hegemony," *The New York Times Magazine*, November 1, 1998.

90 見"The Obama Doctrine," *The Atlantic*, April 2016.

91 "An Oral History of the Bush White House," *Vanity Fair* (February 2009); Eric Schmitt, "Threats and Responses: Pentagon Contradicts Army General on Iraq Occupation Force's Size," *The New York Times*, February 28, 2003.

92 Joseph Stiglitz and Linda Bilmes, *The Three Trillion Dollar War: The True Cost of the Iraq War* (New York: W. W. Norton, 2008); 以及 Linda Bilmes, "The Financial Legacy of Iraq and Afghanistan: How Wartime Spending Decisions Will Constrain Future National Security Budgets," HKS Faculty Research Working Paper Series RWP13-006, March 2013 at https://research.hks.harvard.edu/publications/workingpapers/citation.aspx?PubId=8956&type=WPN.

93 Dwight D. Eisenhower, "The Chance for Peace," Speech to the American Association of Newspaper Editors, April 16, 1953.

94 哈斯承認一套更聰明的外交政策會創造出國內利益，不過其著作的中心焦點是維護美國全球勢力的基礎。他也指出，在外交政策當局內部，對於國內改革需求的聚焦等於是「與異端邪說接壤」。

95 見*The All-Volunteer Military: Issues and Performance* (Washington, DC: Congressional Budget Office, 2007), pp. 8–9.

96 見Pew Research Center, "The Military-Civilian Gap: War and Sacrifice in the Post 9/11 Era" (Washington, DC: Pew Social and Demographic Trends, October 5, 2011).

97 見Michael C. Horowitz and Matthew S. Levendusky, "Drafting Support for War: Conscription and Mass Support for War," *Journal of Politics* 73, no. 2 (April 2011).

98 見Jeffrey Record, "Force Protection Fetishism: Sources, Consequences, and (?) Solutions," *Aerospace Power Journal* 14, no. 2 (Summer 2000).

99 見Tim Harper, "Pentagon Keeps War Dead Out of Sight," *Toronto Star*, November 5, 2003; 以及 "Pentagon Lifts Media Ban on Coffin Photos," Associated Press, February 26, 2009. 哈潑（Harper）原本的故事錯誤地聲稱五角大廈把「屍袋」（body bag）一詞改為較委婉的「轉移管」（transfer tube），見Ben Zimmer, "How Does the Pentagon Say 'Body Bag'?" *Slate.com*, April 4, 2006, at www.slate.com/articles/life/the_good_word/2006/04/how_does_the_pentagon_say_body_bag.html.

諾「買到了友好，並引起強權們的意願去維護一套以美國為中心的世界秩序。」(p. 10)

79 特別見G. John Ikenberry, *Liberal Leviathan: The Origins, Crisis, and Transformation of the American World Order* (Princeton, NJ: Princeton University Press, 2012); 以及 Stephen G. Brooks, G. John Ikenberry, and William C. Wohlforth, "Don't Come Home, America: The Case against Retrenchment," *International Security* 37, no. 3 (Winter 2012/13).

80 見Robert Gilpin, *The Political Economy of International Relations* (Princeton, NJ: Princeton University Press, 1987).

81「霸權穩定」的學術理論聲稱，開放的經濟秩序需要一個可以在衰落之後提供流動性或創造需求的單一支配力量，但是後續研究對於這項理論投射出嚴重懷疑。見Charles P. Kindleberger, *The World in Depression, 1929–1939* (Berkeley: University of California Press, 1973); 以及 Robert O. Keohane, *After Hegemony: Cooperation and Discord in the World Political Economy* (Princeton, NJ: Princeton University Press, 1984). 關於不同的批評，Duncan Snidal, "The Limits of Hegemonic Stability Theory," *International Organization* 39, no. 4 (1985), 以及Timothy McKeown, "Hegemonic Stability Theory and 19th Century Tariff Levels in Europe," *International Organization* 37, no. 1 (Winter 1983). 德雷茲納下了結論道：「文獻否定了霸權是一個開放全球經濟體之必要條件的概念。」並且補充道：「自由主義霸權本身的存在也不是一個足夠條件。」見"Military Primacy Doesn't Pay," p. 70.

82 近年來，美國用在制裁石油生產國如伊拉克、利比亞、伊朗及俄羅斯的心力，就和它必須維持石油與天然氣流動的心力一樣地多。這些政策提醒了我們，在全球能源市場上還有許多鬆懈之處，而美國官員並不是那麼擔憂無法取得中東能源供給的風險。

83 關於這項一般性的論點，見Eugene Gholz and Daryl G. Press, "Protecting the Prize: Oil and the U.S. National Interest," *Security Studies* 19, no. 3 (2010).

84 關於自由主義意識形態在形塑美國外交政策目標上的角色，見Tony Smith, *America's Mission: The United States and the Worldwide Struggle for Democracy in the 20th Century* (Princeton, NJ: Princeton University Press, 1994).

85 福山針對這個主題的觀點演進是有教育意義的。做為一名博學且有影響力的公共學者，福山在一九九〇年代早期聲稱，整個世界會在最終朝向某種形式的自由民主資本主義趨近。到了二〇一六年，他寫了愈來時黑暗且陰鬱的文章來論述美國政治的失能；他並主張，若要處理美國民主的病症，會需要深遠的改革。尤其見"America in Decay: The Sources of Political Dysfunction," *Foreign Affairs* 93, no. 5 (September/October 2014).

86 Brooks, Ikenberry, and Wohlforth, "Don't Come Home, America"; Steve Coll, "Global Trump," *The New Yorker*, April 11, 2016.

Doctrine: Deep Inside America's Pursuit of Its Enemies Since 9/11 (New York: Simon & Schuster, 2006).

69 見 Jack L. Goldsmith, *The Terror Presidency: Law and Judgment Inside the Bush Administration* (New York: W. W. Norton, 2007), p. 72.

70 見 Chase Madar, "The Anti-Warrior," *The American Conservative*, March 18, 2014.

71 Steven Erlanger, "Saudi Prince Criticizes Obama Administration, Citing Indecision in Mideast," *The New York Times*, December 15, 2013.

72 如同一位日本的國防專家如是說道：「歐巴馬政府沒有將它的可信度維持地很好……（歐巴馬在敘利亞事件上含糊不清的「紅線」所示）」「缺乏承諾、決心、連貫性與一致性……如果你是一個超級強權，象徵意義是非常重要的。」見 John Lash, "Calling America, from Asia," *Star-Tribune*, April 18, 2014, at www.startribune.com/opinion/commentaries/255827891.html.

73 他補充一句道：「我認為沙烏地阿拉伯人、阿拉伯聯合大公國人、埃及人，以及那個地區的許多人都不再對美國有信心。」見 ABC News, "This Week Transcript with Former Vice-President Dick Cheney," October 27, 2013, at http://abcnews.go.com/ThisWeek/week-transcript-vice-president-dick-cheney/story?id=20687048. 然而，所有這些國家仍繼續依賴美國的支持與保護。

74 見 Haass, "Isolationist Temptation."

75 根據歐巴馬政府二〇一五年的《國家安全策略》，「我們並不缺需要美國持續領導的挑戰。大規模毀滅性武器的潛在擴散……造成了嚴重的風險……蓋達組織、伊斯蘭國及附屬團隊愈來愈擴張的網絡威脅到美國民眾、利益、盟友與夥伴們……脆弱與飽受衝突的國家醞釀出傳染性疾病、非法武器與毒品走私，以及不穩定的難民潮……分裂性甚至是毀滅性的網路攻擊危險正在增長，而另一場全球經濟衰退的風險依舊……這些複雜的時刻讓美國在世界上不可或缺的領導角色所具備的力量與中心地位顯得很明顯。」見 *National Security Strategy* 2015, pp. 1–2.

76 德雷茲納點出其他關於軍事優勢不足信的邏輯，包括聲稱軍事優勢可以提供一種凱因斯式的刺激，因為軍事研發是科技革新的一項有效率的來源，又或者優勢力量可以藉由控制一個「非正式帝國」而擷取財富。以他的話來說，這些論據可以「很快地被發送出去」。見他的"Military Dominance Doesn't Pay (Nearly as Much as You Think)," *International Security* 38, no. 1 (Summer 2013), pp. 57–58.

77 因此，二〇一〇年美國與南韓之前簽訂的貿易協定並沒有比南韓與歐盟所達成的貿易協定來得優惠，即便南韓是美國的正式同盟國，而且（某部分）受到數千名美國軍人保護。見 Drezner, "Military Dominance Doesn't Pay," pp. 64–65.

78 一個例外是 Carla Norrlof, *America's Global Advantage: U.S. Hegemony and International Cooperation* (Cambridge: Cambridge University Press, 2010)，其中聲稱美國的安全承

「當你擁有愈少的盟友，你需要取得的同意也就愈少。」見 Elaine Sciolino and Steven Lee Myers, "Bush Says 'Time Is Running Out': U.S. Plans to Act Largely Alone," *The New York Times*, October 7, 2001.

60 這個情形反轉權力平衡的邏輯：美國獲得愈多（軟弱的）盟友，它就必須保護愈多的地方，軍事需求也會愈加成長。沒有哪裡比北約在波羅的海的新會員國更清楚了，它們都是軍事上很脆弱且難以防衛的國家。保護它們的保證是建立於它們永遠不需要兌現的假設下。但願如此了。

61 見 Erich Lichtblau, "FBI Steps Up Use of Stings in ISIS Cases," *The New York Times*, June 7, 2016; Glenn Greenwald, "Why Does the FBI Have to Manufacture Its Own Plots If Terrorism and ISIS Are Such Grave Threats?" *The Intercept*, February 26, 2015; Risa Brooks, "Muslim 'Homegrown' Terrorism in the United States," *International Security* 36, no. 2 (Fall 2011); John Mueller and Mark G. Stewart, "How Safe Are We?" *Foreign Affairs* 95, no. 5 (September/October 2016); 以及 idem, "Misoverestimating ISIS: Comparisons with Al Qaeda," *Perspectives on Terrorism* 10, no. 4 (August 2016).

62 二〇一二年，國防部長潘尼達發出警告，一場網路攻擊可能會「切斷這個國家大多數地區的電力供應」；其他專家則警告一場「網路的珍珠港事件」以及其他具毀滅性的攻擊可能會破壞重要的民生基礎建設，或是造成決定性的軍事挫敗。見 Ted Koppel, "Where Is America's Cyberdefense Plan?" *The Washington Post*, December 7, 2015; Nicole Perlroth, "Infrastructure Armageddon," *The New York Times*, October 15, 2015; 以及 Richard Clarke and Robert Knake, *Cyberwar: The Next Threat to National Security and What to Do About It* (New York: Ecco, 2010).

63 Benjamin Wittes and Gabriella Blum, *The Future of Violence: Robots and Germs, Hackers and Drones, Confronting a New Age of Threat* (New York: Basic Books, 2015), pp. 6–7.

64 關於網域與其對於世界政治的影響，有一份冷靜且嚴肅的分析。見 Lucas Kello, *The Virtual Weapon and International Order* (New Haven, CT: Yale University Press, 2017).

65 見 Scott Shane, "The Fake Americans Russia Created to Influence the Election," *The New York Times*, September 7, 2017; Mike Isaac and Daisuke Wakabayashi, "Russian Influence Reached 126 Million Through Facebook Alone," *The New York Times*, October 30, 2017.

66 見 Alexis Madrigal, "What Facebook Did to American Democracy (and why it was so hard to see it coming)," *The Atlantic*, October 12, 2017, at www.theatlantic.com/technology/archive/2017/10/what-facebook-did/542502/.

67 Paul Pillar, "Russia Had a Lot to Work With: The Crisis in American Democracy," *The National Interest*, January 9, 2017, at http://nationalinterest.org/blog/paul-pillar/russia-had-plenty-work-the-crisis-american-democracy-18999?page=3.

68 這個事件成了羅納德・蘇斯金（Ronald Suskind）的一本著作標題：*The One-Percent*

an Old Story," *Foreign Affairs* 94, no. 6 (November/December 2015).

47 見Sam Mullins, "The Road to Orlando: Jihadist-Inspired Violence in the West, 2012–2016," *CTC Sentinel* 9, no. 6 (2016).

48 見Kenneth Pollack, *The Threatening Storm: The Case for Invading Iraq* (New York: Random House, 2002). 波拉克也寫過數篇社論，多次上媒體節目支持入侵行動。對此有一篇批評文章，見John J. Mearsheimer and Stephen M. Walt, "An Unnecessary War," *Foreign Policy*, November– December 2002.

49 見"Ex-CIA Head: Iran Is Genocidal, Theocratic, Imperialistic, Totalitarian," June 5, 2105, at www.clarionproject.org/news/join-our-conference-call-iran-james-woolsey; Bret Stephens, "Iran Cannot Be Contained," *Commentary*, July 1, 2010; 以及Michael Rubin, "Can Iran Be Deterred or Contained?" August 5, 2008, at www.aei.org/publication/can-a-nuclear-iran-be-contained-or-deterred/. 有一份具說服力的反駁文章，見Matt Duss, "The Martyr State Myth," *Foreign Policy*, August 24, 2011, at http://foreignpolicy.com/2011/08/24/the-martyr-state-myth/.

50 Bernard Lewis, "August 22," *The Wall Street Journal*, August 6, 2006.

51 欲見案例，見Walt, *Taming American Power*, pp. 83–98.

52 摘自Leslie H. Gelb, "In the End, Every President Talks to the Bad Guys," *The Washington Post*, April 27, 2008.

53 欲見流氓國家的概觀，見Robert S. Litwak, *Rogue States and U.S. Foreign Policy: Containment After the Cold War* (Washington, DC: Woodrow Wilson Center Press, 2000).

54 W. Anthony Lake, "Confronting Backlash States," *Foreign Affairs* 73, no. 2 (March–April 1994).

55 見David Frum, *The Right Man: The Surprise Presidency of George W. Bush* (New York: Random House, 2003), pp. 232–33.

56 尤其見Norman Podhoretz, *World War IV: The Long Struggle Against Islamofascism* (New York: Vintage, 2008).

57 見Carl Conetta and Charles Knight, "Post–Cold War US Military Expenditure in the Context of World Spending Trends," Briefing Memo No. 10, *Project on Defense Alternatives* (1997), at www.comw.org/pda/bmemo10.htm.

58 例如，見Matthew Kroenig, "Time to Attack Iran," *Foreign Affairs* 91, No. 1 (January-February 2012).

59 舉例來說，在小布希政府一開始為驅逐塔利班政權及捉捕賓拉登所展開的行動中，美國政府偏好自己行動，而拒絕了北約提出的協助。這個決定的根源來自於科索沃戰爭的經驗，當時許多美軍指揮官感覺到，由於他們必須向美國的北約盟軍取得同意才可動作，使得他們的作戰能力受到削弱。如同一位五角大廈官員在二〇〇二年所述：

37 尤其見 Daryl Press, *Calculating Credibility: How Leaders Assess Military Threats* (Ithaca, NY: Cornell University Press, 2005); 以及 Jonathan Mercer, *Reputation and International Politics* (Ithaca, NY: Cornell University Press, 1996).

38 骨牌理論或許是這類型論證最明顯的例子：它聲稱一場單一的挫敗（或甚至是美國自願性的撤離）或許就會觸發一連串背叛與挫敗，而最終導致美國被孤立且圍剿。關於這個理論的缺點，見 Jerome Slater, "The Domino Theory and International Politics: The Case of Vietnam," *Security Studies* 3, no. 2 (1993); idem, "Dominos in Central America: Will They Fall? Does It Matter?" *International Security* 12, no. 2 (Fall 1987).

39 見 Walt, *Origins of Alliances*, chap. 8.

40 Nan Tian et al., "Trends in Military Expenditure 2016," Stockholm International Peace Research Institute (2017), at www.sipri.org/sites/default/files/Trends-world-military-expenditure-2016.pdf.

41 鑒於美國先前於該地區的行動，以及它多次提出要推翻伊朗宗教政權的威脅，我們幾乎不意外地見到伊朗領導人考慮取得核威懾能力。只要《聯合全面行動計畫》繼續生效，伊朗就無法實現願望，但它若是嘗試，會需要超過一年的時間去造出一個核彈頭。

42 見 Stephen M. Walt, "The Islamic Republic of Hysteria," *Foreign Policy* (January/February 2018), at http://foreignpolicy.com/2018/01/16/the-islamic-republic-of-hysteria-iran-middle-east-trump/; 以及 Michael Wahid Hanna and Dalia Dassa Kaye, "The Limits of Iranian Influence," *Survival* 57, no. 5 (September 2015)

43 見 John Mueller and Mark G. Stewart, *Terror, Security, and Money: Balancing the Costs and Risks of Homeland Security* (New York: Oxford University Press, 2011); idem, *Chasing Ghosts: The Policing of Terrorism* (New York: Oxford University Press, 2015).

44 "Hagel: 'ISIS Beyond Anything We've Seen, U.S. Must Get Ready,'" *Fox News*, August 22, 2014, www.foxnews.com/politics/2014/08/22/isis-beyond-anything-that-weve-ever-seen-hagel-says//; "FBI: ISIS Is Biggest Threat to U.S.," *Daily Beast*, July 22, 2015, at www.thedailybeast.com/cheats/2015/07/22/fbi-isis-bigger-threat-than-al-qaeda.html.

45 "Statement by Director Brennan as Prepared for Delivery Before the Senate Select Committee on Intelligence," June 16, 2016, at www.cia.gov/news-information/speeches-testimony/2016-speeches-testimony/statement-by-director-brennan-as-prepared-for-delivery-before-ssci.html.

46 自從二〇一四年，「伊斯蘭國相關的」海外攻擊已經造成全球大約兩千人喪生，多數是在中東地區，只有六十五人是在北美地區。見 "ISIS Goes Global: 143 Attacks in 29 Countries Have Killed 2,043," at www.cnn.com/2015/12/17/world/mapping-isis-attacks-around-the-world/index.html. 相對地，同一期間在美國有超過三萬人遭到謀殺。關於伊斯蘭國有限的能力，見 Stephen M. Walt, "ISIS as a Revolutionary State: New Twist on

Scott, Dana Warr, and Elaine Wittenberg, "Embedding Journalists in Military Combat Units: Impact on Newspaper Story Frames and Tone," *Journalism and Mass Communication Quarterly* 81, no. 1 (Spring 2004).

29 見Paul Farhi, "At the Times, A Scoop Deferred," *The Washington Post*, December 17, 2005; David Folkenflik, "New York Times' Editor: Losing Snowden Scoop'Really Painful,'" *NPROnline*, June 5, 2014, at www.npr.org/2014/06/05/319233332/new-york-times-editor-losing-snowden-scoop-really-painful

30 知名範例人物包括James Risen, Ken Silverstein, Glenn Greenwald, Jane Mayer, Jeremy Scahill, 以及Dana Priest。

31 見Thompson, "Exaggerating American Vulnerability"; and Campbell Craig and Fredrik Logevall, *America's Cold War: The Politics of Insecurity* (Cambridge, MA: Harvard University Press, 2009). 關於這個普遍現象，見Peter Scoblic, *Us vs. Them: How a Half-Century of Conservatism Has Undermined America's Security* (New York: Viking, 2008); Christopher Preble and John Mueller, eds., *A Dangerous World?: Threat Perception and U.S. National Security* (Washington, DC: CATO Institute, 2014); 以及Trevor Thrall and Jane Cramer, eds., *American Foreign Policy and the Politics of Fear: Threat Inflation since 9/11* (New York: Routledge, 2009).「威脅散播」也在以下兩本著作中被討論：Mearsheimer, *Why Leaders Lie*; 以及Schuessler, *Deceit on the Road to War.*

32 見Samuel Wells, "Sounding the Tocsin: NSC-68 and the Soviet Threat," *International Security* 4, no. 2 (1979).

33 這個形容詞來自尼克森總統，他在一九七〇年為辯解入侵柬埔寨行動的正當性，說道：「在危急關頭，若是世界最強大的國家（美國）表現地像是一個可憐、無助的巨人，那麼極權主義與無政府狀態的力量將會威脅到全世界的自由國度與自由機構。」

34 NSC-68 ("U.S. Objectives and Programs for National Security"), reprinted in John Lewis Gaddis and Thomas Etzold, eds., *Containment: Documents on American Policy and Strategy, 1945–1950* (New York: Columbia University Press, 1978), p. 404; also pp. 389, 414, and 434. 我在以下著作中詳盡地討論了權力平衡與跟隨潮流現象：*The Origins of Alliances* (Ithaca, NY: Cornell University Press, 1987), especially chap. 5.

35 見Max Fisher, "The Credibility Trap," *Vox.com*, at www.vox.com/2016/4/29/11431808/credibility-foreign-policy-war.

36 更準確地說，歐巴馬表示他不會在國會未授權的情況下攻擊敘利亞。在投票表決之前，參議員麥肯警告道：「若是表決結果為反對這項決議……後果會是災難性的，因為它會破壞美國與美國總統的可信度。」見Zeke J. Miller, "McCain: Vote Against Syria Strike Would Be 'Catastrophic,'" *Time*, September 2, 2013, at http://swampland.time.com/2013/09/02/mccain-blocking-syria-strike-would-be-catastrophic/.

契・麥康諾（Mitchel McConnell）與羅傑斯與第五位與第六位最常見來賓。唯一持續代表非干預主義觀點的常見來賓是《國家》（*The Nation*）雜誌編輯卡翠娜・范登・赫薇爾（Katrina vanden Heuvel），但是她只出現過二十二次。見 David Leonhardt, "The Upshot: Sunday Talk Show Guests," at www.nytimes.com/interactive/2014/09/05/upshot/05up-sundayguests.html?_ r=0. 另見 Derek Willis, "Congressional Conservatives Tip Scales to the Right on the Sunday Shows," at www.nytimes.com/2014/09/20/upshot/congressional-conservatives-tip-scales-to-the-right-on-the-sunday-shows.html; 以及 Steve Benen, "The Great 2013 Sunday Show Race," December 30, 2013, at www.msnbc.com/rachel-maddow-show/the-great-2013-sunday-show-race.

24 例如，《紐約時報》三位專欄作家——柯恩、布魯克斯與前總編輯比爾・凱勒（Bill Keller）——在社論版對頁撰文警告孤立主義的危險，以及投稿作者山姆・坦涅豪斯（Sam Tanenhaus）在《紐約時報》網站上傳了一段影片，在今日對於美國干預的批評與孤立主義者如查爾斯・林白及反戰總統候選人麥戈文之間做比較。見 Bill Keller, "Our New Isolationism," *The New York Times*, September 8, 2013; Roger Cohen, "An Anchorless World," *The New York Times*, September 12, 2013; David Brooks, "The Leaderless Doctrine," *The New York Times*, March 10, 2014; 以及 "Think Back: America and Isolationism," at www.nytimes.com/video/us/politics/100000002448238/think-back-america-and-isolationism.html.

25 見 Patrick Porter, "Why U.S. Grand Strategy Has Not Changed: Power, Habit, and the Foreign Policy Establishment," *International Security* 42, no. 4 (Spring 2018). 波特針對這一點的討論是立基於 Elliott Negin, "News Media Coverage of the Defense Budget," in Leon V. Sigal, ed., *The Changing Dynamics of U.S. Defense Spending* (London: Praeger, 1999).

26 Michael Glennon, *National Security and Double Government* (New York: Oxford University Press, 2015), p. 93.

27 David Barstow, "Behind TV Analysts, Pentagon's Hidden Hand," *The New York Times*, April 20, 2008, and idem, "One Man's Military-Industrial Complex," *The New York Times*, November 30, 2008. 另見 Lee Fang, "Who's Paying the ProWar Pundits?" *The Nation*, September 12, 2014.

28 有不少證據顯示，深入戰地的記者比起未深入戰地的記者，會將軍隊形容地更加親切，在無形中強化民眾對於軍事行動的支持，不論戰事是否如預期中順利。見 Michael Pfau, Elaine M. Wittenberg, Carolyn Jackson, Phil Mehringer, Rob Lanier, Michael Hatfield, and Kristina Brockman, "Embedding Journalists in Military Combat Units: How Embedding Alters Television News Stories," *Mass Communication and Society* 8, no. 3 (2005); 以及 Michael Pfau, Michel Haigh, Mitchell Gettle, Michael Donnelly, Gregory

如因為總統的保密及媒體的操縱所產生的不信任），以及內部問題（例如在整個官僚系統中存在的過度機密與分裂）的一種適應性回應。」見 David Pozen, "The Leaky Leviathan: Why the Government Condemns and Condones Unlawful Disclosures of Information," *Harvard Law Review* 127 (December 2013), p. 518.

14 見 Benjamin I. Page with Marshall Bouton, *The Foreign Policy Disconnect: What Americans Want from Our Leaders but Don't Get* (Chicago: University of Chicago Press, 2006), p. 220.

15 如同佩吉和鮑頓的說法：「即使是對於選舉很警覺的政治人物（或許）也會輕忽大眾偏好，反而對於那些充分組織起來的利益團體、運動人士與捐款人的強烈偏好做出回應。比起來自政黨運動人士、利益團隊、資金提供者所提出之濃厚壓力與有形威脅，以及恐嚇要從美國撤出投資的的企業……受外交政策驅使的選民所造成的威脅是四散且不確定的，或許通常較不具威脅性……」*Foreign Policy Disconnect*, p. 221.

16 反對核協議的團體擁有充裕得多的資助（據說，美國以色列公共事務委員會與其盟友花費了超過四千萬美元以反對該協議），但是傾向協議的組織如反核的「犁頭基金會」（Ploughshares Fund）成功號召一群專家與前官員形成一個強而有力的同盟來支持該協議。見 Elizabeth Drew, "How They Failed to Block the Iran Deal," *New York Review of Books*, October 22, 2015.

17 見 Cindy Boren, "Report: At Least 50 Teams Were Paid by Department of Defense for Patriotic Displays," *The Washington Post*, November 15, 2015; 以及 John McCain and Jeff Flake, *Tackling Paid Patriotism: A Joint Oversight Report*, at www.mccain.senate.gov/public/_cache/files/12de6dcb-d8d8-4a58-8795-562297f948c1/tackling-paid-patriotism-oversight-report.pdf.

18 Walter Lippmann, *The Stakes of Diplomacy* (New York: Henry Holt, 1915), p. 51.

19 直到最近，任何質疑美國對古巴實施禁運或呼籲與伊朗永久解的人也都可能被社會唾棄。

20 關於這種不實陳述的一個好例子是 Richard Haass's op-ed "The Isolationist Temptation," *The Wall Street Journal*, August 6, 2016

21 見 Stephen M. Walt, "Give Peace a Chance," *Foreign Policy*, October 10, 2015, at http://foreignpolicy.com/2015/10/02/give-peace-a-chance-president-republican-democrat-clinton/.

22 見 Leslie H. Gelb with Jeanne Paloma-Zelmati, "Mission Not Accomplished," *Democracy* 13 (Summer 2009).

23 在二〇〇九年至二〇一三年間，麥肯與葛拉翰是《與媒體見面》、《面對國家》（Face the Nation）《本週》、《週日福斯新聞》（Fox News Sunday）以及《國情諮文》（State of the Union）節目上最常見的兩位來賓，分別露臉了九十七次與八十五次。參議員米

(Washington, DC: Public Interest Declassification Board, 2012), p. 2.

7 見Mark Mazzetti and Matt Apuzzo, "Classified Report on the C.I.A.'s Secret Prisons Is Caught in Limbo," *The New York Times*, November 9, 2015.

8 見Chaim Kaufmann, "Threat Inflation and the Failure of the Marketplace of Ideas: The Selling of the Iraq War," *International Security* 29, no. 1 (Summer 2004); Frank Rich, *The Greatest Story Ever Sold: The Decline and Fall of Truth in Bush's America* (New York: Penguin, 2006); John Schuessler, *Deceit on the Road to War: Presidents, Politics, and American Democracy* (Ithaca, NY: Cornell University Press, 2015), pp. 105–09; 以及 John J. Mearsheimer, *Why Leaders Lie: The Truth about Lying in International Politics* (New York: Oxford University Press, 2011), pp. 49–55. 另見Eric Alterman, *When Presidents Lie: A History of Official Deception and Its Consequences* (New York: Penguin, 2004).

9 關於小布希政府發出錯誤聲明（以及他們知道自己的主張錯誤之證據）的大事紀，見"Lie by Lie by Lie: A Timeline of How We Got Into Iraq," *Mother Jones*, at www.motherjones.com/politics/2011/12/leadup-iraq-war-timeline/.

10 見John Schuessler, *Deceit on the Road to War*, p. 3.

11 見Bob Woodward, "McChrystal: More Forces or Mission Failure," *The Washington Post*, September 21, 2009, at www.washingtonpost.com/wp-dyn/content/article/2009/09/20/AR2009092002920.html.

12 除了眾所周知的雀兒喜・曼寧案，這位美軍下士把一批外交文件提供給維基解密，美國政府也曾經起訴過《紐約時報》記者詹姆斯・萊森（James Risen，據稱他把關於國安局的機密資訊洩露出去）；前國安局官員威廉・德雷克（William Drake）、前中情局官員約翰・克里亞庫（他因為對記者確認中情局曾經刑求犯人而遭到判刑入獄）、前國務院雇員彼得・范布倫（他在自己的部落格放上了一條網路連結到先前發布的維基解密報告）、前美國運輸安全管理局（Transportation Security Administration, TSA）空中維安警衛羅伯特・麥克連（Robert MacLean，他將關於TSA決定取消提高安全措施的非機密資訊提供給記者），以及前參謀長聯席會議副主席詹姆斯・卡特萊特（James Cartwright，由於他向一名記者確認美國對伊朗執行的網絡戰，並且對FBI說謊而遭到入罪，但後來獲得歐巴馬總統特赦）。關於以上這些案例，見Peter Van Buren, "Leaking War: How Obama's Targeted Killings, Leaks, and the Everything-Is-Classified State Have Fused," *Tom Dispatch*, at www.tomdispatch.com/archive/175554/; idem, "Least Transparent Administration Ever: A New Front in the Obama Administration's War on Whistleblowers," www.juancole.com/2014/03/transparent-administration-whistleblowers.html; 以及 Charlie Savage, "James Cartwright, Ex-General, Pleads Guilty in Leak Case," *The New York Times*, October 17, 2016.

13 大衛・波森（David Pozen）主張，這種行為是「當代行政國家對於關鍵外部責任（例

cas-place-in-the-world/.

83 見Andrew Kohut, "American International Engagement on the Rocks," Pew Research Center, July 11, 2013, at www.pewglobal.org/2013/07/11/american-international-engagement-on-the-rocks/.

84 二〇一三年九月，在歐巴馬總統宣布了一項空襲與軍事訓練行動以對抗伊斯蘭國，百分之六十一的美國人聲稱對抗伊斯蘭國的軍事行動「攸關美國國家利益」。見"WSJ/NBC Poll: Almost Two-Thirds Back Attacking Militants," *The Wall Street Journal* (online), September 10, 2014, at http://online.wsj.com/articles/wsj-nbc-poll-finds-that-almost-two-thirds-of-americans-back-attacking-militants-1410301920.

85 見Adam J. Berinsky, "Assuming the Costs of War: Events, Elites, and American Public Support for Military Conflict," *Journal of Politics* 69, no. 4 (November 2007); 以及Jon Western, *Selling Intervention and War: The Presidency, the Media, and the American Public* (Baltimore: Johns Hopkins University Press, 2005).

CHAPTER 4——推銷一套失敗的外交政策

1 他又說：「為何要放棄如此獨特情況的優點？為何要離開家園去站在國外的土地上？」見"Washington's Farewell Address, 1796," at http://avalon.law.yale.edu/18th_century/washing.asp.

2 引用自Stephen Kinzer, *The True Flag: Theodore Roosevelt, Mark Twain, and the Birth of American Empire* (New York: Henry Holt, 2016), p. 6.

3 見George Stephanopoulos, *All Too Human: A Political Education* (Boston: Little Brown., 1999), p. 214.

4 見John A. Thompson, "The Exaggeration of American Vulnerability: The Anatomy of a Tradition," *Diplomatic History* 16, no. 1 (1992), p. 38.

5 這種論點的著名範例包括Jack Snyder, *Myths of Empire: Domestic Politics and International Ambition* (Ithaca, NY: Cornell University Press, 1991); 以及Dan Reiter and Allan Stam, *Democracies at War* (Princeton, NJ: Princeton University Press, 2002).

6 一份二〇一〇年的資料估計，自從一九七〇年代末期以來，美國政府已經將超過一兆頁的資料列為機密。見Peter Grier, "WikiLeaks' Trove Is a Mere Drop in Ocean of U.S. Classified Documents," *Christian Science Monitor*, December 21, 2010; at www.csmonitor.com/USA/DC-Decoder/Decoder-Buzz/2010/1221/WikiLeaks-trove-is-a-mere-drop-in-ocean-of-US-classified-documents. 由公共利益解密委員會（Public Interest Declassification Board）所做的一份二〇一二年報告發現，「現有的分類系統充滿了問題……它保存了太多機密，而且保存得太久；它過度複雜；它妨礙了政府內部以及政府與民眾之間令人合意的資訊分享。」見*Transforming Classification: Report to the President*

作結指出「菁英階級要比一般大眾更偏向自由國際主義者」。見他的文章 "The Realist Tradition in American Public Opinion," *Perspectives on Politics* 6, no. 1 (March 2008), p. 63

70 見Benjamin I. Page with Marshall M. Bouton, *The Foreign Policy Disconnect: What Americans Want from Our Leaders but Don't Get* (Chicago: University of Chicago Press, 2006), pp. 201–02, 240.

71 芝加哥全球事務委員會已經多次在它每年所做的民意調查中提出這個問題。見Dina Smeltz et al., *America Divided: Political Partisanship and U.S. Foreign Policy* (Chicago: Chicago Council on Global Affairs, 2016), p. 10.

72 百分之八十三的應答者偏好美國「在解決國際問題的努力中盡自己的份額」，而百分之八十二的應答者支持「共享的領導角色」。見Program for Public Consultation, *Americans on the U.S. Role in the World: A Study of U.S. Public Attitudes* (College Park, MD: University of Maryland, January 2017), p. 3.

73 見"Worldviews 2002: American Public Opinion and Foreign Policy" (Chicago: Chicago Council on Foreign Relations, 2002), p. 26.

74 見Public Agenda, "America in the World," September 2006, at www.americans-world.org/digest/overview/us_role/concerns.cfm.

75 Pew Research Center, *Public Sees U.S. Power Declining as Support for Global Engagement Slips*, December 3, 2013, at www.people-press.org/2013/12/03/public-sees-u-s-power-declining-as-support-for-global-engagement-slips/.

76 *Americans on the U.S. Role in the World*, p. 4.

77 Pew Research Center, "U.S. Seen as Less Important, China as More Powerful," December 3, 2009, at www.people-press.org/2009/12/03/us-seen-as-less-important-china-as-more-powerful/.

78 Pew Research Center, *America's Place in the World 2013* (December 2013), at www.people-press.org/files/legacy-pdf/12-3-2013%20APW%20VI.pdf, p. 67.

79 "American Views on Intervention in Syria," *The New York Times* online, at www.nytimes.com/interactive/2013/09/10/world/middleeast/american-views-on-intervention-in-syria.html?_r=0.

80 CNN/ORC poll, September 6–8, 2013, downloaded at http://i2.cdn.turner.com/cnn/2013/images/09/09/6a.poll.syria.pdf.

81 "WSJ/NBC Poll," April 27, 2014, *The Wall Street Journal* (online), at http:// graphics.wsj.com/wsjnbcpoll/.

82 見"Public Uncertain, Divided Over America's Place in the World," Pew Research Center, May 5, 2016, at www.people-press.org/2016/05/05/public-uncertain-divided-over-ameri-

pansion, and the Other Rackets of Bruce P. Jackson," *What's Left?* November 25, 2002, at http://www3.sympatico.ca/sr.gowans/jackson.html.

60 二〇〇三年五月二十九日，弗里曼現身與查理・羅斯（Charlie Rose）同名的PBS節目，並在節目上說道：「我認為這（入侵伊拉克行動）無庸置疑地值得去做，查理……他們需要看到的是美國子弟走進家家戶戶，從巴斯拉（Basra）到巴格達（Baghdad），基本上都是在說：『這個句子的哪一部分是你不懂的？』你不去想，你知道的，我們關心我們的公開社會，你認為這個泡泡是幻想，我們只是讓它長大？嗯，接、受、吧。」Available at www.youtube.com /watch?v=ZwFaSpca_3Q.

61 見 Michael Hirsh, *At War with Ourselves: Why America Is Squandering Its Chance to Build a Better World* (New York: Oxford University Press, 2003), pp. 39–40, 254.

62 見 Bret Stephens, *America in Retreat: The New Isolationism and the Coming Global Disorder* (New York: Sentinel, 2015). 史蒂芬斯在二〇一七年受雇於《紐約時報》，鑒於布魯克斯已經充分代表了他的世界觀，他的加入並未為這家媒體的專欄作家固家班底增添多少觀點上的多樣性。

63 柯恩一直以來都是美國在烏克蘭做出軍事干預行為的支持者，而且尤其是針對敘利亞內戰，他聲稱歐巴馬在做為美國總統期間「最大的污點」，就是未能介入敘利亞局勢。見他的專欄文章 "Intervene in Syria," *The New York Times*, February 4, 2013; "Make Assad Pay," *The New York Times*, August 29, 2013; "The Diplomacy of Force," *The New York Times*, June 19, 2014; "Western Illusions Over Ukraine," *The New York Times*, February 9, 2015; 以及 "Obama's Syrian Nightmare," *The New York Times*, September 10, 2015.

64 見 George Will, "On Libya, Too Many Questions," *The Washington Post*, March 8, 2011; 以及 "McChrystal Had to Go," *The Washington Post*, June 24, 2010.

65 G. John Ikenberry and Anne-Marie Slaughter, *Forging a World of Liberty Under Law: U.S. National Security in the 21st Century* (Final Report, Princeton Project on National Security, 2006), downloaded from www.princeton.edu/~ppns/report/FinalReport.pdf.

66 事實上，伊朗在可預期的未來內主宰中東地區的唯一辦法是由美國繼續推翻它的競爭對手，就像美國在二〇〇三年愚蠢地入侵伊拉克（這份報告的署名者之中多數人都支持這一步）。

67 同樣的評論也可用在美國企業研究所二〇一五年所做的報告《為什麼美國領導仍舊重要》（Why American Leadership Still Matters）。

68 見 Lawrence R. Jacobs and Benjamin I. Page, "Who Influences U.S. Foreign Policy?" *American Political Science Review* 99, no. 1 (Feb. 2005), pp. 113, 121.

69 見 Benjamin Page and Jason Barabas, "Foreign Policy Gaps Between Citizens and Leaders," *International Studies Quarterly* 44, no. 3 (September 2000), p. 344. 類似地，丹尼爾・德雷茲納（Daniel Drezner）在比較美國一般大眾與菁英階級看待外交政策的差異時，

org/2011/main/home.cfm?Database=about_us&Category=History&Section=Main, downloaded May 25, 2014.

48 見 http://nationalconference.worldaffairscouncils.org, accessed August 4, 2016.

49 Leslie H. Gelb, preface, in Grose, *Continuing the Inquiry*, p. xiv; "100 Years of Impact: A Timeline of the Carnegie Endowment," at http://carnegieendowment.org/about/timeline100/index.html.

50 見 Joseph Lieberman and Jon Kyl, *Why American Leadership Still Matters: A Report of the American Internationalism Project* (Washington, DC: American Enterprise Institute, 2015), available at www.aei.org/wp-content/uploads/2015/12/Why-American-Leadership-Still-Matters_online.pdf.

51 見 Richard Fontaine and Michèle Flournoy, "America: Beware the Siren Song of Disengagement," *The National Interest*, August 14, 2014, at http://nationalinterest.org/feature/america-beware-the-siren-song-disengagement-11078.

52 關於美國進步中心與新美國安全中心之間的關係，見 Mann, *The Obamians*, pp. 52–53.

53 Brian Katulis, "Against Disengagement," *Democracy*, no. 32 (Spring 2014).

54 見 "Introduction," in Will Marshall, ed., *With All Our Might: A Progressive Strategy for Defeating Jihadism and Defending Liberty* (New York: Rowman and Littlefield, 2006). 馬歇爾也簽署了多封公開信聲援推翻海珊的行動，他曾是傾向開戰的「解放伊拉克委員會」（Committee for the Liberation of Iraq）成員，並將入侵行為稱作「無疑地是小布希總統的一次勝利」。關於他對於利比亞的觀點，見 Will Marshall, "Lessons of Libya," *Huffington Post*, October 28, 2011, at www.huffingtonpost.com/will-marshall/gaddafi-al-assad_b_1063832.html.

55 見 "Where We Stand," at http://newdemocracy.net/about/; 以及 Ryan Cooper, "When Will Centrist Democrats Account for Their Foreign Policy Failures?" *This Week*, August 16, 2017.

56 見 Zack Beauchamp, "Why Democrats Have No Foreign Policy Ideas," *Vox.com*, September 5, 2017, at www.vox.com/world/2017/9/5/16220054/democrats-foreign-policy-think-tanks.

57 例如葉禮庭（Michael Ignatieff）、史勞特、札卡瑞亞、里昂・維塞提爾（Leon Wieseltier），以及知名「哲學家」貝爾納－亨利・李維（Bernard-Henry Lévy）。

58 見 Tony Smith, *Foreign Attachments:The Power of Ethnic Groups in the Making of U.S. Foreign Policy* (Cambridge, MA: Harvard University Press, 2000).

59 不意外地，美國北大西洋公約組織委員會（U.S. Committee on NATO）做為推動北約擴張的主要團體之一，其創辦人布魯斯・傑克森（Bruce Jackson）正好也是美國最大國防承包商洛克希德・馬丁的策略規畫副總裁。見 Stephen Gowans, "War, NATO Ex-

35 多尼隆在一九九三年成為國務卿華倫．克里斯多福的幕僚長之前，曾是一名主要致力於國內政治議題與選舉改革的律師暨說客。他也曾經在柯林頓總統任內，擔任負責公共事務的助理國務卿。見“National Security Advisor: Who Is Tom Donilon?” November 29, 2010, at www.allgov.com/news/appointments-and-resignations/national-security-advisor-who-is-thomas-donilon?news=841821。類似的情形，柏格在一九七七年獲任命為國務院政策規畫副主任之前，曾是紐約市長約翰．林賽（John V. Lindsay）及兩位國會議員的副手，負責處理國內議題。他也曾經是國際貿易議題方面的說客。

36 這種傾向的最佳範例是賈里德．庫許納（Jared Kushner）的近期職涯發展，他之所以獲得一份具有影響力的白宮職位，唯一的資格條件是他與川普的女兒伊凡卡（Ivanka）的婚姻關係。

37 見 “CNAS Announces 2018 Next Generation National Security Fellows” (press release, Center for a New American Security, January 2018); 另見 www.cnas.org./next-generation-programs/nextgeneration.

38 見 http://trumanproject.org/programs/lead/fellowship/. 關於這項計畫頗富見解但語帶批評的評估，見 Kevin Baron, “Meet the Insurgency: Inside the Liberal Takeover of U.S. National Security,” *Defense One*, June 2014, at www.defenseone.com/ideas/2014/06/meet-insurgency-inside-liberal-take-over-us-national-security/85966/.

39 Wedel, *Unaccountable*, p. 181.

40 Mark Leibovich, *This Town: Two Parties and a Funeral—Plus, Plenty of Free Parking! — in America's Gilded Capital* (New York: Penguin, 2013), p. 57

41 見 James Mann, *Rise of the Vulcans: The History of Bush's War Cabinet* (New York: Viking, 2004), p. 252.

42 見 Elisabeth Bumiller, “Backing an Iraqi Leader, This Time for a Fee,” *The New York Times*, October 29, 2007.

43 見 Edward Luce, “The Untimely Death of American Statecraft,” *Financial Times*, June 1, 2007.

44 舉例來說，在歐巴馬於二〇一二年十一月第二度當選之後，自由派的美國進步中心與保守派的美國企業研究所合作辦理了一場關於國家安全的座談會，與談人包括美國進步中心的布萊恩．卡圖里斯和魯迪．德里昂（Rudy de Leon），以及美國企業研究所的普萊卡和伍佛維茲。

45 見 “Why War,” *PBS NewsHour*, February 12, 2003, at www.pbs.org/newshour/bb/middle_east-jan-june03-why_war_2-12/.

46 關於文官與武官對於動用軍力的觀點，有一份經典著作為 Richard K. Betts, *Soldiers, Statesmen, and Cold War Crises* (Cambridge, MA: Harvard University Press, 1977).

47 World Affairs Councils of America, “Our History,” at www.worldaffairscouncils.

curity," *The Washington Post*, November 11, 2017. 充分揭露：我是其中某一計畫的共同主持人，該計畫提供研究經費支持正在就讀博士班或進行博士後研究的學生進行美國外交政策相關議題的研究。

29 在二〇一八年三月，該基金會控告芝加哥大學，聲稱芝大未滿足接受該筆贈款的條件，試圖要求芝大返還已經收到的贈款。見 "International Security Center Receives $3.5 Million Grant," at https://al.nd.edu/news/latest-news/international-security-center-receives-3-5-million-grant/; and "$100 Million Gift Creates Institute to Confront New Era of Global Conflicts," at http://harris.uchicago.edu/news-and-events/features/student-campus-news/100 -million-gift-creates-institute-confront-new-era-glo; 以及 Dawn Rhodes, "Pearson Family Members Foundation Sues University of Chicago, Seeking to Have $100 Million Gift Revoked," *Chicago Tribune*, March 6, 2018

30 Glennon, *National Security and Double Government*, pp. 58–59.

31 前外交關係協會主席雷斯利・葛爾博（Leslie H. Gelb）的職涯就是這種脈絡的例子。當葛爾博於一九六〇年代早期從哈佛大學取得政治博士學位後，先是在衛斯理大學（Wesleyan University）教了幾年書，爾後成為雅各・賈維茨（Jacob Javits）參議員的副手。當葛爾博進入五角大廈時，負責主持了針對越南決策的內部研究（「五角大廈文件」），一九六九年進入布魯金斯研究會。到了卡特總統任內，葛爾博擔任國務院政治－軍事事務主任，爾後在一九八〇年成為《紐約時報》國家安全新聞記者。在他離開《紐約時報》之後，又擔任卡內基國際和平基金會資深研究員，直到最後於一九九三年被選為外交關係協會主席。

32 理查・霍布魯克的職涯提供了另一個不同但一樣可行的途徑：在他於一九七二至一九七六年擔任《外交政策》雜誌總編輯之後，曾經服務於外交服務（Foreign Service）與和平工作團（Peace Corps）。在卡特總統任內，他曾擔任負責東亞事務的助理國務卿，接著於一九八一年加入雷曼兄弟（Lehman Brothers），他也是一間私募基金公司的副總裁，在其他數個企業與非營利組織擔任董事，之後於柯林頓和歐巴馬總統任內也皆曾位居重要的外交職位。

33 一個典型的例子是柯慶生（Thomas J. Christensen），他同時是哥倫比亞大學教授、布魯金斯研究會的非常任研究員，偶爾也會擔任國務院顧問。此外，他在二〇〇六年至二〇〇八年間曾經擔任東亞事務助理國務卿。

34 欲了解新保守主義政策網絡的深入概述，見 Janine Wedel, *Shadow Elite: How the World's New Power Brokers Undermine Democracy, Government, and the Free Market* (New York: Basic Books, 2009), chap. 6; Justin Vaisse, *Neoconservatism: The Biography of a Movement* (Cambridge, MA: Harvard/ Belknap, 2010); 以及 John J. Mearsheimer and Stephen M. Walt, *The Israel Lobby and U.S. Foreign Policy* (New York: Farrar, Straus & Giroux, 2007), pp. 128–32.

Nownes, eds., *Interest Group Politics* (Washington, DC: CQ Press, 9th ed., 2015); Frank R. Baumgartner and Beth L. Leech, *Basic Interests: The Importance of Groups in Politics and Political Science* (Princeton, NJ: Princeton University Press, 1998); Helen V. Milner and Dustin Tingley, *Sailing the Water's Edge: The Domestic Politics of American Foreign Policy* (Princeton, NJ: Princeton University Press, 2015), chap. 3; Richard L. Hall and Alan V. Deardorff, "Lobbying as Legislative Subsidy," *American Political Science Review* 100, no. 1 (2006); 以及 Robert G. Kaiser, *So Damn Much Money: The Triumph of Lobbying and the Corrosion of American Government* (New York: Vintage, reprint ed., 2010).

25 近期的例子包括我的同事約瑟夫・奈爾（Joseph S. Nye）、葛拉翰・艾利森（Graham T. Allison）、艾許頓・卡特（Ashton B. Carter）、尼可拉斯・柏恩（Nicholas Burns）、鮑爾和梅格翰・歐蘇利瓦（Meghan O'Sullivan）等人。康朵麗莎・萊斯（Condeleezza Rice）在擔任小布希政府的國家安全顧問及國務卿之前，是史丹佛大學（Stanford University）的政治系教授兼教務長。至於史蒂芬・克萊斯納（Stephen Krasner）與史勞特，兩人皆是在主掌國務院政策規畫辦公室之前，就已經位居重要的學術職位。柯林・卡爾（Colin Kahl）曾是喬治城大學的終身職教授，後來才擔任副總統喬・拜登（Joe Biden）的國家安全顧問。保羅・伍佛維茲在短暫擔任小布希任內副國防部長一職之前，曾在耶魯大學教書，並曾擔任約翰・霍普金斯先進國際研究學院院長，而他在SAIS的繼任者瓦利・納瑟曾在理查德・霍爾布魯克擔任阿富汗特使時，擔任其顧問。這些名字只是曾經位居外交政策重要職位的學術界人士當中的一小群樣本而已。

26 據稱阿拉伯聯合大公國提供約兩千萬美元支持一個知名的華府智庫中東研究所（Middle East Institute）。此外，包括布魯金斯研究會、大西洋理事會（Atlantic Council）以及戰略與國際研究中心皆在近年來從海外收到數百萬美元價值的贈款。見Ryan Grim, "Gulf Government Gave Secret $20 Million Gift to D.C. Think Tank," *The Intercept*, August 9, 2017 at https://theintercept.com/2017/08/09/gulf-government-gave-secret-20-million-gift-to-d-c-think-tank/; Eric Lipton, Brooke Williams, and Nicholas Confessore, "Foreign Powers Buy Influence at Think Tanks," *The New York Times*, September 6, 2014; Tom Medvetz, "The Myth of Think Tank Independence," *The Washington Post*, September 9, 2014; 以及 Tom Hamburger and Alexander Becker, "At Fast Growing Brookings, Donors May Have an Impact on Research Agenda," *The Washington Post*, October 30, 2014.

27 見Steve Horn and Allen Ruff, "How Private Warmongers and the US Military Infiltrated American Universities," *Truthout.org*, at http://truth-out.org/index.php?option=com_k2&view=item&id=4905:how-private-warmongers-and-the-us-military-infiltrated-american-universities.

28 見 Greg Jaffe, "Libertarian Billionaire Charles Koch Is Making a Big Bet on National Se-

military/agency/end-strength.htm, downloaded July 28, 2017; U.S. Department of State, "Mission," at https://careers.state.gov/learn/what-we-do/mission/; Office of the Director of National Intelligence, *2015 Annual Report on Security Clearance Determinations*, June 5, 2016; at www.dni.gov/files/documents/Newsroom/Reports%20and%Pubs/2015-Annual_Report_on_Security_Clearance_Determinations.pdf; and Dana Priest and William Arkin, *Top Secret America: The Rise of the New American Security State* (New York: Little Brown, 2011).

17 見 Glennon, *National Security and Double Government*, chap. 2

18 如同二〇〇八年一項跨黨派的國家安全改革計畫（Project on National Security Reform）指出：「雖然政府部會已經很熟練於在他們權限之內產出實用職能，國家安全體系還是無法為了新的任務，快速地發展出新的職能，或是結合數個部會的職能。因此，一旦任務所需之必要職能落在單一部門的核心的權限之外，就會受到較低度的重視與最少的資源。」見 Project on National Security Reform, *Ensuring Security in an Unpredictable World: The Urgent Need for National Security Reform* (Washington, DC: Center for the Study of the Presidency, 2008), p. v.

19 James G. McGann, *2017 Global Go To Think Tanks Index Report* (Philadelphia: Think Tanks and Civil Society Program, University of Pennsylvania, 2017) at https://repository.upenn.edu/cgi/viewcontent.cgi?article=1012&context=think_tanks, p. 8. 近期針對這個演化中的世界有兩份著作做了一番檢視，包括 Thomas Medvetz, *Think Tanks in America* (Chicago: University of Chicago Press, 2012); 以及 Daniel W. Drezner, *The Ideas Industry: How Pessimists, Partisans, and Plutocrats Are Transforming the Marketplace of Ideas* (New York: Oxford University Press, 2017).

20 見 Janine Wedel, *Unaccountable: How Elite Power Brokers Corrupt Our Finances, Freedom, and Security* (New York: Pegasus Books, 2014), especially chap. 7.

21 這個觀點被強調於 James McGann, "Academics to Ideologues: A Brief History of the Public Policy Research Industry," *PS: Political Science and Politics* 25, no. 4 (1992)。另見 Medvetz, *Think Tanks in America*, chap. 3.

22 見 Steven Clemons, "The Corruption of Think Tanks," *JPRI Critique 10, no. 2* (February 2003) at www.jpri.org/publications/critiques/critique_X_2.html.

23 例如前外交政策研究（Foreign Policy Studies）資深研究院理查・貝茲（Richard Betts）最終於哥倫比亞大學獲得終身教職而離開了布魯金斯研究會；亞希阿・沙道斯基（Yahya Sadowski）跳槽至約翰・霍普金斯大學（John Hopkins）；約書亞・艾普斯坦（Joshua Epstein）加入聖塔菲研究所（Santa Fe Institute），以及外交政策研究主任約翰・史坦布魯納（John Steinbruner）接受了馬里蘭大學的終身教職。

24 關於利益團體對於美國政治的影響，見 Allan J. Cigler, Burdett Loomis, and Anthony

the Council on Foreign Relations (New York: Columbia University Press, 1984), p. 3; 另見 Peter Grose, *Continuing the Inquiry: The Council on Foreign Relations from 1921 to 1996* (New York: Council on Foreign Relations Press, 1996), chap. 1; 以及 Lawrence E. Gelfand, *The Inquiry: American Preparations for Peace, 1917–1919* (New Haven, CT: Yale University Press, 1963).

8 見 Inderjeet Parmar, *Foundations of the American Century: The Ford, Carnegie, and Rockefeller Foundations in the Rise of American Power* (New York: Columbia University Press, 2012); 以及 Edward Berman, *The Influence of the Ford, Carnegie, and Rockefeller Foundations on American Foreign Policy: The Ideology of Philanthropy* (Albany, NY: State University of New York Press, 1983).

9 Joseph Kraft, *Profiles in Power: A Washington Insight* (New York: New American Library, 1966), p. 188.

10 I. M. Destler, Leslie H. Gelb, and Anthony Lake, *Our Own Worst Enemy: The Unmaking of American Foreign Policy* (New York: Simon & Schuster, 1982), p. 91.

11 關於外交政策當局的類似批評與美國外交政策機構的標準觀點，見 Michael Glennon, *National Security and Double Government* (New York: Oxford, 2015); Mike Lofgren, *The Deep State: The Fall of the Constitution and the Rise of a Shadow Government* (New York: Viking, 2016); Tom Engelhardt, *Shadow Government: Surveillance, Secret Wars, and a Global Security State in a Single Superpower World* (Chicago: Haymarket Books, 2015); Scott Horton, *Lords of Secrecy: The National Security State and Amerca's Stealth Warfare* (New York: Nation Books, 2015); 以及 Patrick Porter, "Why U.S. Grand Strategy Has Not Changed: Power, Strategy, and the Foreign Policy Establishment," *International Security* 42, no. 4 (Spring 2018).

12 見 David Samuels, "The Aspiring Novelist Who Became Obama's Foreign Policy Guru," *The New York Times Magazine*, May 5, 2016.

13 關於外交政策當局曾有過一份珍貴的文獻調查，即 Priscilla Roberts, "'All the Right People': The Historiography of the American Foreign Policy Establishment," *Journal of American Studies* 26, no. 3 (Decem ber 1992).

14 如同多數的社會性團體，「外交政策共同體」的核心是一群成員身分無庸置疑的個人與組織——例如外交關係協會的高層官員、美國外交服務（U.S. Foreign Service）的成員，或是軍備控制協會（Arms Control Association）的專業職員——以及其他稍不那麼廣泛參與的成員們。

15 見 Karen DeYoung, "White House Tries for Leaner National Security Staff," *The Washington Post*, June 22, 2015.

16 見 "U.S. Military Personnel End Strength," *GlobalSecurity.Org*, at www.globalsecurity.org/

der (New York: Twelve, 2014).

76 關於美國的地理位置所產出的「自由安全」，見C. Vann Woodward, *The Age of Reinterpretation* (Washington, DC: American Historical Association, 1961), p. 2; 以及 Campbell Craig and Fredrik Logevall, *America's Cold War: The Politics of Insecurity* (Cambridge, MA: Harvard University Press, 2012), pp. 13–14, 19–20, 363.

77 見Jeremy Shapiro and Richard Sokolsky, "How America Enables Its Allies' Bad Behavior," April 27, 2016, at www.vox.com/2016/4/27/11497942/america-bad-allies.

CHAPTER 3——定義「變形怪體」：什麼是「外交政策共同體」？

1 摘自Eric Bradner, Elise Labott, and Dana Bash, "50 GOP National Security Experts Oppose Trump," August 8, 2016, at www.cnn.com/2016/08/08/politics/republican-national-security-letter-donald-trump-election-2016/index.html. 另見Doug Bandow, "Trump Criticizes Washington's Policy Elite—With Cause," CATO at Liberty, May 17, 2016, at www.cato.org/blog/donald-trump-criticizes-washingtons-policy-elite-cause.

2 Thomas Oatley, *A Political Economy of American Hegemony: Buildups, Booms, and Busts* (Cambridge: Cambridge University Press, 2015), p. 29.

3 見Dan Reiter and Allan Stam, *Democracies at War* (Princeton, NJ: Princeton University Press, 2002); Jack Snyder, *Myths of Empire: Domestic Politics and International Ambition* (Ithaca, NY: Cornell University Press, 1991); idem, *From Voting to Violence: Democratization and Nationalist Conflict* (New York: W. W. Norton, 2000).

4 這個概念通常歸功於約翰．史都華．米爾頓（John Stuart Milton），他聲稱公開辯論會讓民主系統更容易決定最佳政策。此外，奧利弗．溫德爾．霍姆斯（Oliver Wendell Holmes）法官創造了「市場」的隱喻，他在對於艾布拉姆斯訴美國案（Abrams v. United States, 1919）抱持反對異議時指出，「對於事實最佳的測試，就是思想在市場競爭中被人們接受的力量。」

5 關於這個理由，阿瑪蒂亞．沈恩（Amartya Sen）聲稱，「在世界歷史上，饑荒不曾出現於一個運作正常的民主體系。」一部分是因為政府官員有明顯的誘因讓選民們不挨餓，但也是因為民主體系可以更有效率地傳播訊息。見他的*Development as Freedom* (New York: Alfred A. Knopf, 1999).

6 見 Ernest May, *American Imperialism: A Speculative Essay* (New York: Athenaeum, 1968); and idem, "American Imperialism: A Reinterpretation," *Perspectives in American History* 1 (1967), p. 187.

7 諷刺的是，威爾森忽略該團隊的建議，而仰賴他自己的法律顧問。根據羅伯特．沙爾辛格（Robert Schulzinger）的說法，威爾森「拒絕接受這群被他帶去巴黎的專家團隊之建言，讓他們顯得悶悶不樂。」見*The Wise Men of Foreign Affairs: The History of*

67 見Carlotta Gall, "Afghanistan: Obama's Sad Legacy," New York Review of Books, January 19, 2017, p. 32.

68 見Mohammad Samim, "Afghanistan's Addiction to Foreign Aid," The Diplomat, May 19, 2016, at https://thediplomat.com/2016/05/afghanistans-addiction-to-foreign-aid/; and Joel Brinkley, "Money Pit: The Monstrous Failure of U.S. Aid to Afghanistan," *World Affairs*, January/February 2013, at www.worldaffairsjournal.org/article/money-pit-monstrous-failure-us-aid-afghanistan.

69 見John Judis, "America's Failure—and Russia and Iran's Success—in Syria's Cataclysmic Civil War," *TPM Café-Opinion*, January 10, 2017, at http://talkingpointsmemo.com/cafe/americas-failure-russia-success-in-syrias-war (emphasis added).

70 見Jonathan Monten and Alexander Downes, "FIRCed to be Free: Why Foreign-Imposed Regime Change Rarely Leads to Democratization," *International Security* 37, no. 4 (Spring 2013); Bruce Bueno de Mesquita and George W. Downs, "Intervention and Democracy," *International Organization* 60, no. 3 (Summer 2006); Jeffrey Pickering and Mark Peceny, "Forging Democracy at Gunpoint," *International Studies Quarterly* 50, no. 3 (September 2006); 以及Stephen Haggard and Lydia Tiede, "The Rule of Law in Post-Conflict Settings: The Empirical Record," *International Studies Quarterly* 58, no. 3 (2014).

71 見Porter, *The Global Village Myth*.

72 見Chris Heathcote, "Forecasting Infrastructure Investment Needs for 50 Countries, 7 Sectors Through 2040," August 10, 2017, at http://blogs.worldbank.org/ppps/forecasting-infrastructure-investment-needs-50-countries-7-sectors-through-2040.

73 特別見Bruce W. Jentleson and Christopher A. Whytock, "Who 'Won' Libya?: The Force-Diplomacy Debate and Its Implications for Theory and Policy," *International Security* 30, no. 3 (Winter 2005/2006), especially pp. 74–76; 另見Ronald Bruce St. John, "Libya Is Not Iraq: Preemptive Strikes, WMD, and Diplomacy," *Middle East Journal* 58, no. 3 (Summer 2004); Flynt Leverett, "Why Libya Gave Up on the Bomb," *The New York Times*, January 23, 2004; 以及Martin Indyk, "The Iraq War Did Not Force Gaddafi's Hand," *Financial Times*, March 9, 2004.

74 感激巴瑞・波森（Barry Posen）提供這句論述。對於美國若是減少承諾則後冷戰秩序可能會完全崩解的擔憂，詳述於Brooks, Ikenberry, and Wohlforth, "Don't Come Home, America," and Kagan, "Superpowers Don't Get to Retire."

75 對於美國的全球領導地位所作的綜合性分析，見Brooks and Wohlforth, *America Abroad*; idem, *World Out of Balance*; Nuno Monteiro, *Theory of Unipolar Politics* (Cambridge: Cambridge University Press, 2014), pp. 116–22; and Peter Zeihan, *The Accidental Superpower: The Next Generation of American Preeminence and the Coming Global Disor-*

Roll of the Dice: Obama's Diplomacy with Iran (New Haven, CT: Yale University Press, 2013), especially chap. 10.

60 在二〇一二年六月，國務卿希拉蕊拒絕讓伊朗參與日內瓦會談，聲稱：「無疑地對美國來說，很難想像一個國家會付出那麼多的心力讓阿薩德繼續掌權……會是一名有建設性的行動者。我們認為該國不會是在這個時點適合納入的參與者。」然而，重點在於，任何試圖終止衝突的努力都必須納入所有利害相關方，尤其是那些處於阻撓協議之立場的人。見 U.S. Department of State, "Remarks with Foreign Minister Ahmet Davutoglu After Their Meeting," June 2012, at www.state.gov.secretary/20092013clinton/rm/2012/06/19138.htm.

61 見 Christopher D. Kolenda, Rachel Reid, Chris Rogers, and Marte Retzius, *The Strategic Costs of Civilian Harm: Applying the Lessons from Afghanistan to Current and Future Conflicts* (New York: Open Society Foundation, June 2016), p. 9.

62 見 Elisabeth Bumiller, "We Have Met the Enemy and He Is PowerPoint," *The New York Times*, April 26, 2010.

63 在大量的文獻中，特別見 Peter W. Galbraith, *The End of Iraq: How American Incompetence Created a War Without End* (New York: Simon & Schuster, 2007); Peter Van Buren, *We Meant Well: How I Helped Lose the Battle for the Hearts and Minds of the Iraqi People* (New York: Metropolitan Books, 2012); Rajiv Chandrasekaran, *Little America: The War Within the War for Afghanistan* (New York: Alfred A. Knopf, 2012); Emma Sky, *The Unraveling: High Hopes and Missed Opportunities in Iraq* (New York: Public Affairs, 2015); Daniel P. Bolger, *Why We Lost: A General's Inside Account of the Iraq and Afghanistan Wars* (Boston: Houghton Mifflin Harcourt, 2014); Carter Malkasian, *War Comes to Garmser: Thirty Years of Conflict on the Afghan Frontier* (New York: Oxford, 2013); 以及 Anand Gopal, *No Good Men Among the Living: America, the Taliban, and the War Through Afghan Eyes* (New York: Metropolitan Books, 2014).

64 John Spencer, "How to Rethink the U.S. Military's Troop Deployment Policy," *Politico*, July 27, 2016, at www.politico.com/agenda/story/2016/07/rethinking-us-military-troop-deployment-policy-000177.

65 見 Sayed Salahuddin and Pamela Constable, "U.S. General in Afghanistan Apologizes for Highly Offensive Leaflets," *The Washington Post*, September 7, 2017.

66 如同一名阿富汗高級官員告訴一群美國資深官員：「在阿富汗，貪污不只是治理體系的問題；它就是治理體系。」摘自 *Corruption in Conflict: Lessons from the U.S. Experience in Afghanistan* (Washington, DC: U.S. Special Inspector-General for Afghanistan Reconstruction, September 2016), at www.sigar.mil/pdf/LessonsLearned/SIGAR-16-58-LL.pdf, p. 4.

(Manchester, UK: Manchester University Press, 2005), p. 67.

57 關於美國外交術在科索沃戰爭中表現的鑑定評估包括了Michael Mandelbaum, "A Perfect Failure: NATO's War against Yugoslavia," *Foreign Affairs* 78 (September–October 1999); Christopher Layne and Benjamin Schwarz, "Kosovo: For the Record," *National Interest* 57 (Fall 1999); 以及 Alan Kuperman, "Botched Diplomacy Led to War," *The Wall Street Journal*, June 17, 1999. 關於米洛塞維奇透過反抗贏得的妥協，見Stephen Hosmer, *The Conflict Over Kosovo: Why Milosevic Decided to Settle When He Did* (Washington, DC: RAND Corporation, 2001), pp. 116–17. 伊沃・達爾德（Ivo Daalder）與麥可・歐漢隆（Michael O'Hanlon）為柯林頓政府在戰爭前夕處理協商的方式辯解，但是他們承認美國與其盟友極度誇大了塞爾維亞可以被強迫接受北約要求的容易度。見他們的著作 *Winning Ugly: NATO's War to Save Kosovo* (Washington, DC: Brookings Institution), pp. 89–90.

58 在二〇〇五年與數個歐洲國家進行的協商中，伊朗提議限制其濃縮鈾至低濃度水平，並且限制其濃縮鈾產量達到足以供應核子反應爐使用的程度為止，批准並執行《核不擴散條約之附加議定書》（Additional Protocol of the Nuclear Non-Proliferation Treaty），以及接受國際原子能總署（IAEA）對於其核子設施的監控。當時伊朗已建置的離心機少於三千座，而英國外交部長傑克・斯特勞（Jack Straw）隨後主張，「要不是因為小布希政府內部的重大問題，我們早可以在二〇〇五年處理好整個伊朗核問題。」小布希政府壓迫歐洲各國拒絕伊朗的提案，以致到二〇〇九年之前都沒有重新展開認真的討論，而直到二〇〇九年，伊朗已經擁有超過七千座離心機。見David Morrison and Peter Oborne, "U.S. Scuppered Deal with Iran in 2005, says then British Foreign Minister," *OpenDemocracy.net*, September 23, 2013, at www.opendemocracy.net/david-morrison-peter-oborne/us-scuppered-deal-with-iran-in-2005-says-then-british-foreign-minister. 另見Seyed Hossein Mousavian, *The Iranian Nuclear Crisis: A Memoir* (Washington DC: Carnegie Endowment for International Peace, 2012); Gareth Porter, *Manufactured Crisis: The Untold Story of the Iran Nuclear Scare* (Charlottesville, VA: Just World Books, 2014), pp. 153–59; Ali M. Ansari, *Confronting Iran: The Failure of American Foreign Policy and the Next Great Conflict in the Middle East* (New York: Basic Books, 2006), pp. 221–25; 以及 "Communication Dated 1 August 2005 Received from the Permanent Mission of the Islamic Republic of Iran to the Agency," INFCIRC/648 (Vienna: International Atomic Energy Agency, 2005).

59 二〇一〇年，在巴西與土耳其的斡旋下（所謂的《德黑蘭宣言》〔Tehran Declaration〕）產出了一份協議，用一千兩百公斤的伊朗低濃度鈾交換一百二十公斤的燃料供德黑蘭研究反應爐使用。一開始歐巴馬政府鼓勵巴西與土耳其的努力，但是當這項宣言威脅到各國對於聯合國新裁制方案的脆弱共識時，美國就反悔了。見Trita Parsi, *A Single*

45 德國與英國在一九一四年分別是彼此的最大貿易夥伴，而日本在一九四一年開戰，試圖擺脫對於美國與其他國家的經濟依賴。關於後者，見Michael Barnhart, *Japan Prepares for Total War: The Search for Economic Security 1919–1941* (Ithaca, NY: Cornell University Press, 1987). 近期一份針對這個主題的綜合性研究發現，當國與國之間預期彼此的緊密關係將持續下去時，互相依存會減少開戰誘因，但是當國家之間害怕這些連結可能被切斷時則否。見Dale C. Copeland, *Economic Interdependence and War* (Princeton, NJ: Princeton University Press, 2014).

46 特別見 John J. Mearsheimer, "The False Promise of International Institutions," International Security 19, no. 3 (Winter 1994/95).

47 這個頗有說服力的論點出自Lloyd Gruber, *Ruling the World: Power Politics and the Rise of Supranational Institutions* (Princeton, NJ: Princeton University Press, 2000).

48 見Stephen M. Walt, *Taming American Power: The Global Response to U.S. Primacy* (New York: W. W. Norton, 2005), chaps. 2–3.

49 摘自Craig Whitney, "NATO at 50: With Nations at Odds, Is It a Misalliance?" *The New York Times*, February 15, 1999.

50 Timothy Garton Ash, "The Peril of Too Much Power," The New York Times, April 9, 2002.

51 例如，在二〇〇九年十一月，哈桑少校做為一名精神科軍醫，在胡德堡殺害了十三人，導致超過三十人受傷。哈桑曾經與蓋達組織一位具影響力的傳教士安瓦爾．奧拉基（Anwar al-Awlaki）透過電郵聯絡，於是愈來愈將美國視作伊斯蘭的威脅。在二〇一四年，當哈桑等待處決時，他寫了一封信表達自己想要成為「伊斯蘭國」（即ISIS）的公民。

52 見 Murtaza Hussain and Cora Currier, "U.S. Military Operations Are Biggest Motivation for Homegrown Terrorists, FBI Study Finds," *The Intercept*, October 11, 2016.

53 塞爾維亞、利比亞與伊朗面對美國與（或）多邊壓力，皆做出了妥協，但是他們也在某些重要原則上極為堅持、努力地討價還價，而最終以他們自己的妥協做為交換。

54 摘自Mark Landler, "The Afghan War and the Evolution of Obama,", *The New York Times*, January 1, 2016.

55 Chas W. Freeman, "Militarism and the Crisis of American Diplomacy,", *Epistulae*, no. 20, National Humanities Institute, July 7, 2015.

56 見 "President Delivers State of the Union Speech," January 29, 2002, at http://georgewbush-whitehouse.archives.gov/news/releases/2002/01/20020129-11.html; "Text: Bush Remarks at Prayer Service," *The Washington Post*, September 14, 2001, at www.washingtonpost.com/wpsrv/nation/specials/attacked/transcripts/bushtext_091401.html. 另見Richard Jackson, *Writing the War on Terrorism: Language, Politics and Counter-Terrorism*

37 見Nick Turse, "U.S. Special Operations Numbers Surge in Africa's Shadow Wars," *The Intercept*, December 31, 2016.

38 美國目前承諾要保護六十九個國家，它們整體創造出約百分之七十五的全球經濟產值，包括將近二十億人口。見Michael Beckley, "The Myth of Entangling Alliances," *International Security* 39, no. 4 (Spring 2015). 貝克利主張，這些承諾不會增加美國被拖進無必要戰事的風險，但是它們確實創造了美國的國防需求，而美國近來面臨的某些衝突，包括科索沃戰爭與兩次對抗伊拉克的戰爭，有部分源於想要保護鄰近盟友的欲望。

39 在起義期間，助理國務卿努蘭在獨立廣場（Maidan Square）發送點心予反政府示威者；此外，他告訴美國大使傑弗里・派亞特（Geoffrey Pyatt）的一席話遭到錄音，內容提及不應該讓反對派領導人維塔利・克利欽科（Vitali Klitschko）入主政府，而應該讓阿爾謝尼・亞采紐克（Arseni Yatsenyuk）擔任代理總理。見"Ukraine Crisis: Transcript of Leaked Nuland-Pyatt Call," *BBC News Online*, at www.bbc.com/news/world-europe-26079957.

40 歐巴馬的演說請見"Remarks by the President on the Middle East and North Africa," May 19, 2011, at www.whitehouse.gov/the-press-office/2011/05/19/remarks-president-middle-east-and-north-africa.

41 國防部與中情局為數個反阿薩德的民兵部隊提供軍火與訓練，並且與其他外國勢力合作支援反抗團體。見Christopher Phillips, *The Battle for Syria: International Rivalry in the New Middle East* (New Haven, CT: Yale University Press, 2016), pp. 141–43; David Ignatius, "What the Demise of the CIA's anti-Assad Program Means," *The Washington Post*, July 20, 2017; 以及 Austin Carson and Michael Poznansky, "The Logic for (Shoddy) U.S. Covert Action in Syria," *War on the Rocks*, July 21, 2016, at https://warontherocks.com/2016/07/the-logic-for-shoddy-u-s-covert-action-in-syria/.

42 "Senator Kerry Statement at Hearing on Sudan," March 15, 2012, at www.foreign.senate.gov/press/chair/release/chairman-kerry-statement-at-hearing-on-sudan-.

43 根據美國傳統基金會（Heritage Foundation）的丹妮絲・福榮寧（Denise Froning）的說法：「自由貿易有助散播自由價值、強化法制，並且鞏固貧窮國家的經濟發展。在國內針對貿易相關議題的討論，往往忽略了這些重要利益。」見她的著作 "The Benefits of Free Trade: A Guide for Policymakers" (Washington, DC: Heritage Foundation, August 25, 2000), at www.heritage.org/trade/report/the-benefits-free-trade-guide-policymakers. 另見Jeffrey Kucik, "The TPP's Real Value—It's Not Just About Trade," *The Hill*, December 7, 2016, at http://thehill.com/blogs/pundits-blog/foreign-policy/309088-the-tpps-real-value-its-not-just-about-trade.

44 尤其見Edward Mansfield and Jack L. Snyder, *Electing to Fight: Why Emerging Democracies Go to War* (Cambridge, MA: MIT Press, 2005).

2010), p. 14.

26 美國每年的國防支出占GDP比例皆高過中國，在二〇〇四至二〇一三年間，該比例更是遠高於俄羅斯。計算自“Military Expenditures” (Washington, DC: The World Bank, 2015), at http://data.worldbank.org/indicator/MS.MIL.XPND.GD.ZS.

27 見“Total Military Personnel and Dependent End Strength by Service, Regional Area, and Country,” Defense Manpower Data Center, July 31, 2015, at www.globalsecurity.org/military/library/report/2015/drs_54601_309_report_p1506.xlsx

28 區域性作戰司令部的分布圖，見www.defense.gov/ About/Military_Departments/Unified-Combatant_Commands/.

29 見Michael McFaul, “The Liberty Doctrine,” *Policy Review* 112 (April– May 2002).

30 見Lawrence Kaplan and William Kristol, *The War Over Iraq: Saddam's Tyranny and America's Mission* (San Francisco: Encounter Books, 2003), p. 112.

31 鑒於九一一事件之後，喀布爾的塔利班政府拒絕將賓拉登及其同夥交給美國，入侵阿富汗行動可以被視作一次直接的捍衛美國國土行動。然而，美國的目標並不只是為了捉捕賓拉登，而是花了十七年的時間、超過一兆美元的成本以及兩千多條美國大兵的性命，試圖在阿富汗創建一個穩定且有效的民主政體。

32 見 Micah Zenko and Jennifer Wilson, “How Many Bombs Did the United States Drop in 2016?” January 5, 2017, at www.cfr.org/blog/how-many-bombs-did-united-states-drop-2016.

33 北約的第一波擴張發生在一九九九年，先是捷克、匈牙利的加入，接著在二〇〇四年又有波蘭、保加利亞、愛沙尼亞、拉脫維亞、立陶宛、羅馬尼亞、斯洛伐克與斯洛維尼亞加入，爾後是阿爾巴尼亞與克羅埃西亞在二〇〇九年加入。這項政策在二〇一六年當強悍的蒙特內哥羅加入時達到尖峰（抑或是最低點）。

34 見 John L. Harper, “American Visions of Europe After 1989,” in Christina V. Balls and Simon Serfaty, eds., *Visions of America and Europe: September 11, Iraq, and Transatlantic Relations* (Washington, DC: Center for Strategic and International Studies, 2004), chap. 2.

35 雙重壓制是馬丁．英迪克的心血結晶。當他在華盛頓近東政策研究所（Washington Institute for Near East Policy）工作時，首先清楚表達這個概念，並且在他做為柯林頓的近東事務助理國務卿時得以落實之。根據曾經與英迪克在布魯金斯研究會（Brookings Institution）共事的肯尼斯．波拉克（Kenneth Pollack）所言，雙重壓制是為了讓以色列安定，使之在奧斯陸和平進程中放軟態度。見Kenneth Pollack, *The Persian Puzzle: The Conflict Between Iran and America* (New York: Random House, 2004), pp. 261–65.

36 關於區域轉型的目標，見John J. Mearsheimer and Stephen M. Walt, *The Israel Lobby and U.S. Foreign Policy* (New York: Farrar, Straus & Giroux, 2007), pp. 255–57.

這份報告的作者群皆獲得任命於歐巴馬政府中擔任要職。

14 "President Bush's Second Inaugural Address," at www.npr.org/templates/story/story.php?storyId=4460172.

15「聚焦敵意」一詞是源於沃爾福思，他在一九九九年一篇關於單極世界的文章中聲稱，只要單極力量（也就是美國）不離開歐洲或亞洲，局勢就會特別地穩定。見他的"The Stability of a Unipolar World," *International Security* 24, no. 1 (Summer 1999), 以及Stephen Brooks and William Wohlforth, *World Out of Balance: International Relations and the Challenge of American Primacy* (Princeton, NJ: Princeton University Press, 2008).

16 這是鮑爾獲得普立茲獎的著作中所含括的一項中心主題，見 "A Problem from Hell": *America in the Age of Genocide* (New York: Basic Books, 2002).

17 *America's National Interests* (Washington, DC: Commission on America's National Interests, 2000). 這個委員會的共同主席包括羅伯特・艾爾斯沃斯（Robert Ellsworth）、安德魯・古德帕斯特（Andrew Goodpaster），以及瑞塔・豪瑟（Rita Hauser）；其執行董事包括哈佛大學的葛拉翰・艾利森（Graham Allison）、尼克森中心的迪米崔・席姆斯（Dimitri Simes）以及蘭德公司的詹姆斯・湯姆森（James Thomson）。

18 摘自Patrick Porter, *The Global Village Myth* (Washington, DC: Georgetown University Press, 2015), p. 19.

19 *Leading Through Civilian Power: The First Quadrennial Diplomacy and Development Review* (Washington, DC: U.S. Department of State, 2010), p. xii.

20 Ibid., p. iii.

21 見Louis Hartz, *The Liberal Tradition in America* (New York: Harcourt Brace, 1955).

22 關於自由國家投入理想主義式運動的趨勢，見Mearsheimer, *Great Delusion*. 其他相關著作有Tony Smith, *America's Mission: The United States and the Worldwide Struggle for Democracy in the Twentieth Century* (Princeton, NJ: Princeton University Press, 1994); 以及 *A Pact with the Devil: Washington's Bid for World Supremacy and the Betrayal of the American Promise* (New York: Rutledge, 2007).

23 這個建議出自「國防指南」（Defense Guidance）的草稿中，於一九九二年初流出，被《紐約時報》取得。它引起美國重要盟友的激烈反應，隨後被改寫，但是核心目標從未被拋棄。見Patrick E. Tyler, "U.S. Strategy Plan Calls for Insuring No Rivals Develop," *The New York Times*, March 8, 1992; 以及James Mann, *Rise of the Vulcans: The History of Bush's War Cabinet* (New York: Viking, 2004), pp. 208–15.

24 見Strobe Talbott, "War in Iraq, Revolution in America," John Whitehead Lecture, Royal Institute of International Affairs, October 9, 2009; at www.brookings.edu/articles/war-in-iraq-revolution-in-america/.

25 Barack Obama, *National Security Strategy* (Washington, DC: The White House, May

Politics and International Security (Ithaca, NY: Cornell University Press, 1998). 重要的評論請見 Sebastian Rosato, "The Flawed Logic of Democratic Peace Theory," *American Political Science Review* 97 (2003); 以及 Miriam Elman, ed., *Paths to Peace: Is Democracy the Answer?* (Cambridge, MA: MIT Press, 1997).

5 認為經濟互相依賴將能減少衝突並防止戰爭的想法起源於十八世紀。針對這項聲明背後隱含的邏輯與證據，延伸討論包括 Richard Rosecrance, *The Rise of the Trading State* (New York: Basic Books, 1986); 以及 Dale C. Copeland, *Economic Interdependence and War* (Princeton, NJ: Princeton University Press, 2014).

6 尤其見 Robert O. Keohane, *After Hegemony: Cooperation and Discord in the World Political Economy* (Princeton, NJ: Princeton University Press, 1984).

7 見 "THE 1992 CAMPAIGN; Excerpts From Speech By Clinton on U.S. Role," *The New York Times*, October 2, 1992.

8 Clinton, *National Security Strategy*, pp. i, iii.

9 見 Samuel P. Huntington, "Why International Primacy Matters," *International Security* 17, no. 4 (Spring 1993), p. 83.

10 Madeleine Albright, "Interview on NBC-TV The Today Show with Matt Lauer," February 19, 1998, at https://1997-2001.state.gov/statements/1998/980219a.html.

11 完整的文句是「保護文明免於野蠻行為傷害的地雷不是羊皮紙而是權力，而且在一個單極世界中，美國力量——在必要的時候，可被單方面地行使。」見 "Democratic Realism: An American Foreign Policy for a Unipolar World," Irving Kristol Annual Lecture, American Enterprise Institute, February 10, 2004, at www.aei.org/publication/democratic-realism/print/.

12 例如，見 *Rebuilding America's Defenses: Strategy, Forces and Resources for a New Century* (Washington, DC: Project for a New American Century, 2000);G. John Ikenberry and Anne-Marie Slaughter, eds., *Forging a World of Liberty Under Law: U.S. National Security in the 21st Century* (Princeton, NJ: Princeton Project on National Security, 2006); *America's National Interests* (Washington, DC: Commission on America's National Interests, 2000); *Setting Priorities for American Leadership: A New National Security Strategy for the United States* (Washington, DC: Project for a United and Strong America, 2013); 以及 *CSIS Commission on Smart Power: A Smarter, More Secure America* (Washington, DC: Center for Strategic and International Studies, 2008).

13 歐巴馬抱持這個觀點並不令人驚訝。在二〇〇八年，一群知名的民主黨官員發布一份報告，內容詳細描述美國如何能夠「重新奪回全球領導的斗篷」。見 Anne-Marie Slaughter, Bruce Jentleson, Ivo Daalder, et al., *Strategic Leadership: A New Framework for National Security Strategy* (Washington, DC: Center for New American Security, 2008).

85 Stephen Biddle, "American Grand Strategy after 9/11: An Assessment," Strategic Studies Institute, U.S. Army War College (Carlisle, PA: 2005), p. 14.

CHAPTER 2——為什麼自由主義霸權失敗了

1 欲了解自由主義霸權策略的傳統論述，見William J. Clinton, *A National Security Strategy of Engagement and Enlargement* (Washington: The White House, 1994). 隨後由柯林頓、小布希和歐巴馬發表國家安全策略皆與這個做法一致，若干傑出的特別小組與智庫在一九九三至二〇一七年間所做的報告也是。我在第三章會詳細討論這個廣泛的共識現象。

2 杜魯門總統在他一九四七年三月對國會的演說中宣告了所謂的「杜魯門主義」，他主張：「此刻的世界歷史中，幾乎每個國家都必須在不同的生活方式中做選擇……一種生活方式是建立在多數人的意志之上，特色是自由制度、代議政府、自由選舉、人身自由、言論與宗教自由，以及免於政治迫害的保障。第二種生活方式是建立於少數人強壓在大多數人身上的意志，它憑藉的是恐怖行動與高壓統治，受到控制的媒體與電台、非自由的選舉，以及對於人身自由的壓制。見"President Truman's Address Before a Joint Session of Congress, March 12, 1947," at http://avalon.law.yale.edu/20th_century/trudoc.asp.

3 對於自由主義霸權的知識性論述，見G. John Ikenberry, *Liberal Leviathan: The Origins, Crisis and Transformation of American World Order* (Princeton, NJ: Princeton University Press, 2011); Robert Lieber, *The American Era: Power and Strategy for the 21st Century* (Cambridge: Cambridge University Press, 2005); Robert Kagan, *The World America Made* (New York: Vintage, 2013); Stephen G. Brooks, G. John Ikenberry, and William Wohlforth, "Don't Come Home, America: The Case Against Retrenchment," *International Security* 37, no. 3 (Autumn 2012/13); 以及 Stephen G. Brooks and William C. Wohlforth, *America Abroad: The United States' Global Role in the 21st Century* (New York: Oxford University Press, 2017). 欲了解其核心假設的評論，見John J. Mearsheimer, *The Great Delusion: Liberal Dreams and International Realities* (New Haven, CT: Yale University Press, 2018); Barry Posen, *Restraint: A New Foundation for U.S. Grand Strategy* (Ithaca, NY: Cornell University Press, 2014), chap. 1; 以及David C. Hendrickson, *Republic in Peril: American Empire and the Liberal Tradition* (New York: Oxford University Press, 2018), chap. 1.

4 如今關於民主和平理論的文獻量極為龐大，核心著作包括Michael W. Doyle, "Kant, Liberal Legacies and Foreign Affairs," *Philosophy and Public Affairs*, 12, nos. 3–4 (Summer–Autumn 1983); Bruce Russett, *Grasping the Democratic Peace* (Princeton, NJ: Princeton University Press, 1993); 以及John M. Owen IV, *Liberal Peace, Liberal War: American*

on the War on Terrorism," *Mother Jones*, March 1, 2007.

77 "Inquiry Begins into Motives of Shooting Suspect Hasan," *The Washington Post*, November 7, 2009. 哈桑後來作證時表示，他的攻擊是為了幫助捍衛阿富汗的塔利班政權。

78 見 Bruce Hoffman and Fernando Reinares, "Conclusion," in Bruce Hoffman and Fernando Reinares, eds., *The Evolution of the Global Terrorist Threat: From 9/11 to Osama bin Laden's Death* (New York: Columbia University Press, 2014), p. 638.

79 如同國際危機組織在二〇〇五年警告道：「在索馬利亞的反恐努力贏得了幾場對抗極端分子的關鍵戰役，但是他們穩定地輸掉了索馬利亞人的心。」見 "Counter-Terrorism in Somalia: Losing Hearts and Minds?" *International Crisis Group Report* No. 95, July 11, 2005, p. 15; 關於索馬利亞的背景，見 Jeffrey Gettleman, "The Most Dangerous Place in the World," *Foreign Policy*, September 30, 2009, at http://foreignpolicy.com/2009/09/30/the-most-dangerous-place-in-the-world/.

80 根據前美國駐葉門大使館副館長奈比爾・柯瑞（Nabeel Khoury）的說法：「無人機攻擊肯定是帶走了幾條壞蛋的性命，卻也殺害了大量無辜的百姓。鑒於葉門的部落結構，美國藉由無人機每殺害一名阿拉伯半島基地組織的人員，就會創造出大約四十到六十名新的敵人。」見 Nabeel Khoury, "In Yemen, Drones Aren't a Policy," *Cairo Review of International Affairs*, October 23, 2013, at www.aucegypt.edu/GAPP/CairoReview/Pages/articleDetails.aspx?aid=443#.

81 見 "Feinstein, 'Terror Is Up Worldwide,'" *CNN.com*, December 1, 2013, at cnnpressroom.blogs.cnn.com/2013/12/01/feinstein-terror-is-up-worldwide/; 以及 "Statement by Director Brennan as Prepared for Delivery to the Senate Select Committee on Intelligence," June 16, 2016, at www.cia.gov/news-information/speeches-testimony/2016-speeches-testimony/statement-by-director-brennan-as-prepared-for-delivery-before-ssci.html.

82 摘自 Eric Schmitt, "Using Special Forces Against Terrorism, Trump Hopes to Avoid Big Ground Wars," *The New York Times*, March 19, 2017.

83 見 Nick Turse, "U.S. Is Building $100 Million Drone Base in Africa," *The Intercept*, September 29, 2016, at https://theintercept.com/2016/09/29/u-s-military-is-building-a-100-million-drone-base-in-africa/; and idem, "The War You've Never Heard Of," *Vice News*, May 28, 2017, at https://news.vice.com/en_ca/article/nedy3w/the-u-s-is-waging-a-massive-shadow-war-in-africa-exclusive-documents-reveal.

84 根據後九一一紀錄，穆勒與史都華估計，每年美國公民死於一場恐怖攻擊的機率大約是三百五十萬分之一。見 John Mueller and Mark G. Stewart, "The Terrorism Delusion: America's Overwrought Response to September 11," *International Security* 37, no. 1 (Summer 2012); and idem, *Chasing Ghosts: The Policing of Terrorism* (New York: Oxford University Press, 2015).

news/worldnews/asia/northkorea/12090658/North-Korea-cites-Muammar-Gaddafis-destruction-in-nuclear-test-defence.html.

71 在美國政府內部的官僚反抗，以及重要盟友如沙烏地阿拉伯拖延之下，發展一套有效反恐的戰略受到阻礙，而重大的攻擊事件在整個柯林頓任內接連發生。關於沙烏地阿拉伯在一九九〇年代不情願配合美國的反恐努力，見James Risen, *State of War*, pp. 180–86. 有關官僚遲鈍地回應人們對於恐怖主義的擔憂一事，被詳盡地記錄在*The 9/11 Commission Report: Final Report of the National Commission on Terrorist Attacks Upon the United States* (New York: W. W. Norton, 2004), chap. 3.

72 柯林頓政府相信有一座製藥工廠或許是在生產恐怖攻擊用的神經毒氣，這是基於報導指出賓拉登是那座工廠的部分老闆，而且據說一份自工廠附近取回的土壤樣本帶有VX神經毒氣的先驅化學原料。政府官員將證據形容得令人信服，並說內部一致同意進行攻擊，但是其他資深官員在日後聲稱當時取得的資訊模稜兩可。欲了解這項證據的公正概述，見Michael Barletta,"Chemical Weapons in the Sudan: Allegations and Evidence," *The Nonproliferation Review* 6, no. 1 (Fall 1998), pp. 115–36. 另見Tim Weiner and James Risen, "Decision to Strike Factory in Sudan Based Partly on Surmise," *The New York Times*, September 28, 1998;以及James Risen, "To Bomb Sudan Plant, or Not: A Year Later, Debates Rankle," *The New York Times*, October 27, 1999. 欲了解政府決定的辯解理由，見Benjamin and Simon, *Age of Sacred Terror*, pp. 351–63.

73 關於九一一攻擊事件的動機，見*9/11 Commission Report*, p. 48; Lawrence Wright, *The Looming Tower: Al Qaeda and the Road to 9/11* (New York: Alfred A. Knopf, 2006), pp. 209–10; 以及 John J. Mearsheimer and Stephen M. Walt, *The Israel Lobby and U.S. Foreign Policy* (New York: Farrar, Straus & Giroux, 2007), pp. 65–70.

74 小布希政府在入主白宮之後曾經減少反恐努力，而聯邦調查局與其他情報機構若能「把點連結起來」，或許就可以在事件發生之前揭發這場密謀計畫。如同九一一委員會在後來所述：「資訊沒有被分享出去……分析沒有被集結起來。有效的行動沒有展開。通常資訊的傳遞會在分散國內外的政府機構之間就遺失了。」*9/11 Commission Report*, p. 353.

75 "President Bush's Remarks at Prayer Service," *The Washington Post*, September 14, 2001. 透過向「恐怖主義」宣戰——許多國家與團體在幾十年間都曾經用過的一項戰術——美國全力投入一場無特定終止時程的戰役中，因此也從不可能勝利。有關此點，見Paul R. Pillar, *Terrorism and U.S. Foreign Policy* (Washington, DC: Brookings Institution, 2001), p. 217.

76 尤其，柏根與克魯克祥克發現，「致命的聖戰攻擊年增長率是驚人的七倍……即使當恐怖主義被逐出伊拉克與阿富汗之際，世界其他地方的恐攻還是增加了超過三分之一。見 Peter Bergen and Paul Cruickshank, "The Iraq Effect: The War in Iraq and Its Impact

sein Agha and Robert Malley, "Camp David: The Tragedy of Errors," *New York Review of Books*, 48, no. 13 (August 9, 2001), pp. 59–65; Rashid Khalidi, *Brokers of Deceit: How the United States Has Undermined Peace in the Middle East* (Boston: Beacon Press, 2013); Dennis Ross, *The Missing Peace: The Inside Story of the Fight for Middle East Peace* (New York: Farrar, Straus & Giroux, 2004); Aaron David Miller, *The Much Too Promised Land: America's Elusive Search for Middle East Peace* (New York: Bantam, 2006); Charles Enderlin, *Shattered Dreams: The Failure of the Peace Process in the Middle East,* 1995–2002, trans. Susan Fairfield (New York: Other Press, 2003); Ron Pundak, "From Oslo to Taba: What Went Wrong?," *Survival* 43, no. 3 (Autumn 2001), pp. 31–46; Jerome Slater, "What Went Wrong?: The Collapse of the Israeli-Palestinian Peace Process," *Political Science Quarterly* 116, no. 2 (July 2001), pp. 171–99; Clayton E. Swisher, *The Truth About Camp David: The Untold Story About the Collapse of the Middle East Peace Process* (New York: Nation Books, 2004); Martin Indyk, *Innocent Abroad: An Intimate Account of American Peace Diplomacy in the Middle East* (New York: Simon & Schuster, 2014); and Ben Birnbaum and Amir Tibon, "How the Israeli-Palestine Peace Deal Died," *The New Republic*, July 20, 2014.

68 關於對格達費所做的保證，見Bruce W. Jentleson and Christopher A. Whytock, "Who 'Won' Libya? : The Force-Diplomacy Debate and Its Implications for Theory and Practice," *International Security* 30, no. 3 (Winter 2005/2006), pp. 70, 74, 76, and 82.

69 歐巴馬的總統任期始於一場宣傳良好的演說，其中提到他想要帶領這個世界走向一個非核未來。但是他的政府最終提出一項一兆美元的計畫以將美國的戰略核子兵工廠現代化，並提升其展開核子戰爭的能力。見Philip Ewing, "Obama's Nuclear Paradox: Pushing for Cuts, Agreeing to Upgrades," *National Public Radio*, May 25, 2016, at www.npr.org/sections/parallels/2016/05/25/479498018/obamas-nuclear-paradox-pushing-for-cuts-agreeing-to-upgrades; 另見Austin Long and Brendan Rittenhouse Green, "Stalking the Secure Second Strike: Intelligence, Counterforce, and Nuclear Strategy," *Journal of Strategic Studies* 38, nos. 1–2 (2015).

70 當美國與其同盟國在二〇一一年介入利比亞時，北韓官員將美國早先針對利比亞的大規模毀滅性武器計畫所做的交易為「一項解除這個國家武裝的入侵戰術」，並聲稱「利比亞危機正在給國際社會帶來一場嚴重的教訓」。見Mark McDonald, "North Korea Suggests Libya Should Have Kept Nuclear Program," The New York Times, March 24, 2011. 在二〇一六年一月，北韓官方媒體為該國近期的核子試爆辯稱，「伊拉克的海珊政權與利比亞的格達費政權在被剝奪它們核武發展的基礎並同意放棄核武計畫之後，皆無法逃離毀滅的命運。」見"North Korea Cites Muammar Gaddafi's 'Destruction' in Nuclear Test Defence," *The Telegraph*, January 9, 2016, at www.telegraph.co.uk/

得不均程度在所有富裕國家當中名列前茅」。該實驗室也報導到，美國底層百分之五十的國民所得已經從一九八〇年代「停滯」至今，而同時中間百分之四十的國民所得成長成長顯得「疲弱」。相對地，他們寫道：「前百分之十的國民平均所得在這段期間翻了一倍，而前百分之一的稅後國民所得更是翻了兩倍。」見 *World Inequality Report 2018*, at http://wir2018.wid.world, pp. 78–81.

60 科技變革（例如立基於自動化的製造業發展）要比全球貿易擴張或是低薪國家如中國、印度崛起的現象消滅了更多工作機會。見 Brad DeLong, "Where U.S. Manufacturing Jobs Really Went," *Project Syndicate*, May 3, 2017, at www.project-syndicate.org/commentary/manufacturing-jobs-share-of-us-economy-by-j-bradford-delong-2017-05; idem, "NAFTA and Other Big Trade Deals Have Not Gutted American Manufacturing—Period." *Vox.com*, January 24, 2017, at www.vox.com/the-big-idea/2017/1/24/14363148/trade-deals-nafta-wto-china-job-loss-trump.

61 針對當代全球化的下滑趨勢，有一份微妙且敏感的分析是 Dani Rodrik, *Straight Talk on Trade: Ideas for a Sane World Economy* (Princeton, NJ: Princeton University Press, 2017), especially chap. 1 and pp. 27–29.

62 見 Uri Dadush, "The Decline of the Bretton Woods Institutions," *The National Interest*, September 22, 2014, at http://nationalinterest.org/blog/the-buzz/the-decline-the-bretton-woods-institutions-11324

63 根據高登・布萊德福特（Gordon I. Bradford）與約翰尼斯・林（Johannes F. Linn）的說法：「全球機構個別與整體的運作皆不好。例如，在國際體系核心中的全球機構如聯合國、國際貨幣基金組織、世界銀行及八大工業國高峰會（G8 Summit）皆在某種程度上，或多或少分裂、不具代表性且無效率。它們普遍遭受到自身合法性下滑的困擾，變得愈來愈不民主，也無力處理二十一世紀的全球挑戰。」見兩人的 "Reform of Global Governance: Priorities for Action," *Brookings Policy Brief* no. 163 (Washington, DC: Brookings Institution, 2007).

64 關於這一點，見 Rodrik, *Straight Talk on Trade*, pp. 24–29.

65 Jonathan Kirshner, "The Global Financial Crisis: A Turning Point," *Forbes*, November 8, 2014, at www.forbes.com/sites/jonathankirshner/2014/11/08/the-global-financial-crisis-a-turning-point/#7909a1a34c2f

66 見 Foundation for Middle East Peace, "Comprehensive Settlement Population, 1972–2011," at http://fmep.org/resource/comprehensive-settlement-population-1972-2010/; "Settlements," from B'tselem, at www.btselem.org/settlements/statistics; 以及 "Israeli Settlement" at https://en.wikipedia.org/wiki/Israeli_settlement.

67 欲了解這一連串失敗的諸多解釋，見 Jeremy Pressman, "Visions in Collision: What Happened at Camp David and Taba?" *International Se-curity* 28, no. 2 (Fall 2003); Hus-

51 見 Ty McCormick, "Unmade in the USA," *Foreign Policy*, February 25, 2015, at http://foreignpolicy.com/2015/02/25/unmade-in-the-usa-south-sudan-bush-obama/.

52 見 Larry Diamond, "Democracy in Decline," *Foreign Affairs* 95, no. 4 (July/August 2016), p. 151.

53 見 Klaus Armingeon and Kai Guthmann, "Democracy in Crisis?: The Declining Support for National Democracy in European Countries, 2007–2011," *European Journal of Political Research* 53, no. 2 (August 2014); 另見 Roberto Stefan Foa and Yascha Mounk, "The Danger of Deconsolidation: The Democratic Disconnect," *Journal of Democracy* 27, no. 3 (July 2016); 以及 Marc Plattner, "Is Democracy in Decline?" *Democracy & Society* 13, no. 1 (Fall–Winter 2016).

54 見 Thomas Carothers, "Democracy Promotion at 25: Time to Choose," *Journal of Democracy* 26, no. 1 (January 2015).

55 見 Jane Mayer, *The Dark Side: The Inside Story of How the War on Terror Turned into a War on American Ideals* (New York: Doubleday, 2008); James Risen, *State of War: The Secret History of the CIA and the Bush Administration* (New York: The Free Press, 2006); James Risen, *Pay Any Price: Greed, Power, and Endless War* (New York: Houghton Mifflin Harcourt, 2014); 以及 *The Senate Intelligence Committee Report on Torture: Committee Study of the Central Intelligence Agency's Detention and Interrogation* (New York: Melville House, 2014).

56 關於美國對埃及政策，見 Jason Brownlee, *Democracy Prevention: The Politics of the U.S.-Egyptian Alliance* (Cambridge: Cambridge University Press, 2012). 在土耳其的部分，美國已經忽視了土國政府愈來愈極權的行為，對於媒體自由愈來愈多的限制，以及利用政治起訴與公開審判來恐嚇潛在的反對者。至於以色列，美國不但沒有任何作為以阻止以色列在二〇〇六年攻打黎巴嫩，或是二〇〇八至二〇〇九年入侵加薩走廊的行動——這些事件導致數百名無辜民眾被喪命或受傷——美國官員還保護以色列免於受到聯合國安全理事會的責難，並且公開地捍衛以色列的行動。

57 見 Harriet Sherwood, "Human Rights Groups Face Global Crackdown 'Not Seen in a Generation,'" *The Guardian*, August 26, 2015, at www.theguardian.com/law/2015/aug/26/ngos-face-restrictions-laws-human-rights-generation

58 見 Branko Milanovic, "Why the Global 1% and the Asian Middle Class Have Gained the Most from Globalization," *Harvard Business Review*, May 13, 2016, at https://hbr.org/2016/05/why-the-global-1-and-the-asian-middle-class-have-gained-the-most-from-globalization.

59 見 Martin Wolf, "Inequality Is a Threat to Our Democracies," *Financial Times*, December 20, 2017. 在二〇一八年，世界不平等實驗室（World Inequality Lab）發現「美國的所

Committee on Armed Services, at a Hearing to Discuss 'Global Challenges and National Security Strategy,'" January 29, 2015, at www.henryakissinger.com/speeches/012915.html.

40 見 William J. Clinton, *A National Security Strategy of Engagement and Enlargement* (Washington, DC: The White House, 1995); 以及 George W. Bush, "Preface," *The National Security Strategy of the United States of America* (Washington, DC: The White House, September 2002).

41 歐巴馬身邊強烈投入於自由主義目標的副手包括史坦柏格、薩曼莎・鮑爾（Samantha Power）、蘇珊・萊斯（Susan Rice）、麥克・邁富爾（Michael McFaul）以及史勞特。史坦柏格是歐巴馬第一輪任期中的副國務卿；鮑爾一開始是國家安全會議的一員，後來被任命為駐聯合國大使；萊斯則是歐巴馬第一輪任期時的駐聯合國大使，第二輪任期則是做為國家安全顧問；邁富爾曾是國家安全會議的一員，而後成為駐俄羅斯大使；史勞特在二〇〇九至二〇一一年為國務院政策規畫主任。見 James Mann, *The Obamians: The Struggle Inside the White House to Redefine American Power* (New York: Penguin, 2015).

42 歐巴馬也在大會上說道：「經驗顯示，歷史是站在自由的這一邊；人類進度的最強基礎在於開放經濟、開放社會，以及開放政府。」見"Remarks by the Presidenttothe UN General Assembly," September 23, 2010, athttps://obamawhitehouse.archives.gov/the-press-office/2010/09/23/remarks-president-united-nations-general-assembly.

43 為提倡民主所進行的一部分活動清單請見 *Enduring Leadership in a Dynamic World: The 2015 Quadrennial Diplomacy and Development Review* (Washington, DC: U.S. Department of State, 2015), pp. 28–32.

44 見 Eric Patterson, "Clinton Declares Religious Freedom a National Interest," *First Things*, September 12, 2012, at www.firstthings.com/web-exclusives/2012/09/clinton-declares-religious-freedom-a-national-interest.

45 "About NED," at www.ned.org/about, downloaded December 20, 2014.

46 Victoria Nuland, "Remarks at the U.S.-Ukraine Foundation Conference," December 13, 2013, at www.voltairenet.org/article182080.html.

47 Economist Intelligence Unit, *Democracy Index 2012*, p. 2; 以及 *Democracy Index 2015: Democracy in an Age of Anxiety*, p. 9.

48 見 John Nichols, "*The Economist* Just Downgraded the United States from a 'Full' to a 'Flawed' Democracy," *The Nation*, January 26, 2017.

49 見 Freedom House, *Freedom in the World 2018: Democracy in Crisis*, at https://freedomhouse.org/report/freedom-world/freedom-world-2018.

50 見 "A Notable Year of the Wrong Kind," at http://dartthrowingchimp.wordpress.com/2013/12/26/a-banner-year-of-the-wrong-kind/, downloaded December 26, 2013.

Resurgence" (Washington, DC: Center for Strategic and International Studies, 2016).
31 見Charlie Campbell, "Donald Trump's Pledge to Withdraw U.S. from TPP Opens Door for China," *Time*, November 22, 2016, at http://time.com/4579580/china-donald-trump-tpp-obama-asia-rcep-business-trade/.
32 見 John J. Mearsheimer, *The Tragedy of Great Power Politics*, 2nd ed. (New York: W. W. Norton, 2011), chap. 10; Aaron Friedberg, *A Contest for Supremacy: China, America, and the Struggle for Mastery in Asia* (New York: W. W. Norton, 2015); 以及 Graham T. Allison, *Destined for War: Can America and China Escape Thucydides's Trap?* (New York: Houghton Mifflin, 2017). 欲了解中國觀點，請見"Yan Xuetong on Chinese Realism, the Tsinghua School of International Relations, and the Impossibility of Harmony," at www.theory-talks.org/2012/11/theory-talk-51.html.
33 關於阿富汗戰爭，見Rajiv Chandrasekaran, *Little America: The War Within the War for Afghanistan* (New York: Alfred A. Knopf, 2012); Anand Gopal, *No Good Men Among the Living: America, the Taliban, and the War Through Afghan Eyes* (New York: Metropolitan Books, 2014); 以及 Daniel P. Bolger, *Why We Lost: A General's Insider Account of the Iraq and Afghanistan Wars* (New York: Houghton Mifflin, 2014).
34 關於美國在伊拉克的失敗，尤其見Peter W. Galbraith, *The End of Iraq: How American Incompetence Created a War Without End* (New York: Simon & Schuster, 2007); Peter Van Buren, *We Meant Well: How I Helped Lose the Battle for the Hearts and Minds of the Iraqi People* (New York: Metropolitan Books, 2012); Thomas Ricks, *Fiasco: The American Military Adventure in Iraq, 2003 to 2005* (New York: Penguin, 2006); 以及 Emma Sky, *The Unraveling: High Hopes and Missed Opportunities in Iraq* (New York: Public Affairs, 2015).
35 見Jeremy Scahill, Dirty Wars: *The World Is a Battlefield* (New York: Nation Books, 2013).
36 Michael Mullen, "National Security Priorities for President-Elect Trump," *Washington Ideas Festival*, November 21, 2016, at www.youtube.com/watch?v=buu9IZYzmUo&app=desktop.
37 見Martin Murphy, "The Importance of Alliances for U.S. Security," *2017 Index of Military Strength* (Washington, DC: Heritage Foundation, 2017) at http://index.heritage.org/military/2017/essays/importance-alliances-u-s-security/.
38 見 Jennifer Kavanagh, *U.S. Security-Related Agreements in Force Since 1955: Introducing a New Database*, RR-736-AF (Washington, DC: The RAND Corporation, 2014), p. 22.
39 見Richard Haass, "The Unraveling," *Foreign Affairs* (November/December 2014). 鄧普西將軍的發言摘自Micah Zenko, "Most. Dangerous. World. Ever." *Foreign Policy*, February 26, 2013, at http://foreignpolicy.com/2013/02/26/most-dangerous-world-ever/. 季辛吉的陳述引自 "Opening Statement by Dr. Henry A. Kissinger before the United States Senate

約的管轄權或勢力不會向東方延伸」。尤其，貝克告訴戈巴契夫：「只要德國還是北約的一部分，北約的管轄權或勢力就不會向東移進一吋。」見"NATO Expansion: What Gorbachev Heard" (Washington, DC: National Security Archive, December 12, 2017), at https://nsarchive.gwu.edu/briefing-book/russia-programs/2017-12-12/nato-expansion-what-gorbachev-heard-western-leaders-early. 另見 Joshua Shifrinson, "Deal or No Deal?: The End of the Cold War and the U.S. Offer to Limit NATO Expansion," *International Security* 40, no. 4 (Spring 2016); 以及 Mary Sarotte, "A Broken Promise? : What the West Really Told Moscow about NATO Expansion," *Foreign Affairs* 93, no. 5 (September/October 2014).

24 見"Russia's National Security Concept," in *Arms Control Today* 30, no. 1 (January/February 2000), p. 15.

25 如同前國防部長潘尼達在其回憶錄中寫道：「我說出了在華府的每個人皆知曉、但無法正式承認的事：我們在利比亞的目標是政權轉移。」見Leon Panetta with Jim Newton, *Worthy Fights: A Memoir of Leadership in War and Peace* (New York: Penguin, 2014). 欲更仔細地探究證據顯示，政權轉移為美國幾乎從一開始就設定之目標，見Stephen R. Weissman, "Presidential Deception in Foreign Policy Making: Military Intervention in Libya 2011," *Presidential Studies Quarterly* 46, no. 3 (September 2016). 另見David E. Sanger, *Confront and Conceal: Obama's Secret Wars and Surprising Use of American Power* (New York: Crown, 2012), pp. 345–55.

26 Peter Baker, "U.S.-Russian Ties Fall Short of Reset Goal," *The New York Times*, September 2, 2013.

27 見John J. Mearsheimer, "Why the Ukraine Crisis Is the West's Fault," *Foreign Affairs* 93, no. 5 (September/October 2014); Richard Sakwa, *Frontline Ukraine: Crisis in the Borderlands* (London: I. B. Tauris, 2015); 以及 Rajan Menon and Eugene Rumer, *Conflict in Ukraine: The Unwinding of the Post–Cold War Order* (Boston: MIT Press, 2015).

28 相關的段落是這麼寫的：「在尋求發展足可威脅其亞太地區鄰國之先進軍事能力的同時，中國正遵循著一條過時的道路，將在最終阻礙到其追尋國家偉大的努力。適時地，中國將會發現社會與政治自由是那國家偉大的唯一來源。」*The National Security Strategy of the United States of America* (Washington, DC: The White House, 2002), at www.state.gov/documents/organization/63562.pdf.

29 見Bonnie S. Glaser and Matthew P. Funaiole, "The 19th Party Congress: A More Assertive Chinese Foreign Policy," *Lowy Interpreter*, October 26, 2017, at www.lowyinstitute.org/the-interpreter/19th-party-congress-more-assertive-chinese-foreign-policy.

30 欲了解概要，見Christopher Johnson, "President Xi Jinping's 'Belt and Road Initiative': A Practical Assessment of the Chinese Communist Party's Roadmap for Chinese Global

World Report, October 14, 1991, p. 28.

14 見Francis Fukuyama, "The End of History," *The National Interest* (Summer 1989); idem, *The End of History and the Last Man* (New York: Free Press, 1993).

15 John Mueller, *Retreat from Doomsday: The Obsolescence of Major War* (New York: Random House, 1989); and idem, *The Remnants of War* (Ithaca, NY: Cornell University Press, 2004). 霍夫曼的發言引用自 Thomas Friedman, "Friends Like Russia Make Diplomacy a Mess," *The New York Times*, March 28, 1993.

16 舉例而言，尋求加入世貿組織的國家必須「在對外商業關係的運作上擁有完整的自主權」，針對任何可能影響到這些關係的國家政策與經濟條件提供大量資訊，並且同意遵守世貿組織的規則與爭端解決機制。見World Trade Organization, "How to Become a WTO Member," at www.wto.org/english/thewto_e/acc_e/how_to_become_e.htm.

17 Thomas Friedman, "A Manifesto for the Fast World," *The New York Times Magazine*, March 28, 1999.

18 見Paul I. Bernstein and Jason D. Wood, *The Origins of Nunn-Lugar and Cooperative Threat Reduction* (Washington, DC: National Defense University Press, 2010); and "The Nunn-Lugar Vision," at www.nti.org/analysis/articles/nunn-lugar-vision-20-years-reducing-global-dangers/.

19 柯林頓政府在一九九四年認真考慮要針對北韓的核武設施發動預防性空襲。若是蘇聯仍未解體，這是美國不會認真考慮的一步。然而，南韓與日本反對這個想法，而美國官員最終也選擇改以尋求以外交協議方式解決。見Daniel Poneman, Joel S. Wit, and Robert Gallucci, *Going Critical: The First North Korean Nuclear Crisis* (Washington, DC: Brookings Institution, 2004); 以及 Scott Silverstone, *Preventive War and American Democracy* (New York: Routledge, 2007), chap. 6.

20 尤其請見Daniel Benjamin and Steven Simon, *The Age of Sacred Terror: Radical Islam's War Against America* (New York: Random House, 2002), pp. 407–18.

21 見Warren Christopher, "The Shifting Priorities of U.S. Foreign Policy, Peacekeeping Downgraded," Testimony to the Senate Foreign Relations Committee, November 4, 1993, *Department of State Bulletin* 4, nos. 4–5 (January– April 1994), p. 43.

22 凱南的觀點被詳盡地引用於Thomas Friedman, "Now a Word from X," *The New York Times*, May 2, 1998.

23 在一九九〇年一月，西德外交部長漢斯－迪翠克·根舍（Hans-Dietrich Genscher）公開宣稱兩德統一不應該「導致蘇維埃的安全利益受到損害」，他並提議北約排除「將其勢力範圍向東擴張」。在該年二月，美國國務卿詹姆斯·貝克與蘇聯外交部長愛德華·謝瓦納茲（Eduard Shevardnadze）及首相米哈伊爾·戈巴契夫（Mikhail Gorbachev）會面，針對統一後的德國仍留在北約內部提出充分理由，並且「堅不可摧地保證，北

egy of Restraint in the Face of Temptation," *International Security* 21, no. 4 (Spring 1997); Christopher Layne, "From Preponderance to Offshore Balancing: America's Future Grand Strategy," *International Security* 22, no. 1 (Summer 1997); Eric Nordlinger, *Isolationism Reconfigured: American Foreign Policy for a New Century* (Princeton, NJ: Princeton University Press, 1996); 以及 Ted Galen Carpenter, *Beyond NATO: Staying Out of Europe's Wars* (Washington, DC: CATO Institute, 1994).

3 見 Patrick E. Tyler, "U.S. Plan Calls for Ensuring No Rivals Develop," *The New York Times*, March 8, 1992; 以及 James Mann, *Rise of the Vulcans: The History of Bush's War Cabinet* (New York: Viking, 2004), pp. 209–15.

4 George H. W. Bush and Brent Scowcroft, *A World Transformed* (New York: Alfred A. Knopf, 1998), p. 564.

5 Richard N. Haass, "Defining U.S. Foreign Policy in a Post-Post Cold War World," Arthur Ross Lecture, Foreign Policy Association, April 22, 2002, at http://2001-2009.state.gov/s/p/rem/9632.htm.

6 見 "US GDP as Percentage of World GDP," at https://ycharts.com/indicators/us_gdp_as_a_percentage_of_world_gdp.

7 見 Barry Posen, "Command of the Commons: The Military Foundation of U.S. Hegemony," *International Security* 28, no. 1 (Summer 2003).

8 研發數據取自 "Historical Trends in Federal R & D," American Association for the Advancement of Science, at www.aaas.org/sites/default/files/DefRD.jpg；整體國防支出數據取自 The Military Balance (London: International Institute for Strategic Studies, various years).

9 見 Charles Krauthammer, "The Unipolar Moment," *Foreign Affairs* 70, no. 1 (1990).

10 見 William C. Wohlforth, "The Stability of a Unipolar World," *International Security* 24, no. 1 (Summer 1999); William C. Wohlforth and Stephen Brooks, *World Out of Balance: International Relations and the Challenge of American Primacy* (Princeton, NJ: Princeton University Press, 2008).

11 這也是在約瑟夫・奈爾（Joseph Nye）的著作中經常出現的主題，包括 *Bound to Lead: The Changing Nature of American Power* (New York: Basic Books, 1990)，以及較近期的 *Is the American Century Over?* (New York: Polity, 2015).

12 舉例來說，在一九九八年，古巴、塞爾維亞、阿富汗、伊拉克、伊朗、利比亞與北韓等七國加起來的國民生產毛額（GNP）大約是一千六百五十億美元，而總體國防支出約為一百一十億。相對地，美國在一九九八年的GNP是十兆美元，而其國防預算則超過了兩千六百六十億美元。

13 引用自 "Communism's Collapse Poses a Challenge to America's Military," *U.S. News and*

6 見 David Law and Mila Versteeg, "The Declining Influence of the U.S. Constitution," *New York University Law Review* 87, no. 3 (June 2012).

7 見 Beckwith, "Read Donald Trump's 'America First' Foreign Policy Speech."

8 在二〇一六年三月接受《紐約時報》(*New York Times*)訪問時，川普表示：「我們不是富裕的國家。我們曾經是擁有強大軍力，且在其他許多方面上也能力驚人的有錢國家，但我們現在不是了。我們的軍力已經嚴重衰減。」見 "Transcript: Donald Trump Expounds on His Foreign Policy Views."

9 川普不是唯一抱持這種觀點的人。欲了解針對近年美國外交政策出自多種觀點的批評，請見 Andrew Bacevich, *Washington Rules: America's Path to Permanent War* (New York: Metropolitan Books, 2010); Barry R. Posen, *Restraint: A New Foundation for U.S. Grand Strategy* (Ithaca, NY: Cornell University Press, 2014); Chas W. Freeman, "Militarism and the Crisis of American Diplomacy," *Epistulae*, no. 20, July 7, 2015; Michael Mandelbaum, *Mission Failure: America and the World in the Post–Cold War Era* (New York: Oxford, 2016); Robert Lieber, *Retreat and Its Consequences: American Foreign Policy and the Problem of World Order* (Cambridge: Cambridge University Press, 2015); Bret Stephens, *America in Retreat: The New Isolationism and the Coming Global Disorder* (New York: Sentinel, 2014); and Jeremy Scahill, *Dirty Wars: The World Is a Battlefield* (New York: Nation Books, 2013).

10 George H. W. Bush and Brent Scowcroft, *A World Transformed* (New York: Alfred A. Knopf, 1998), p. 564.

11 因此，卡特(Jimmy Carter)、雷根(Ronald Reagan)、柯林頓、小布希與歐巴馬在某種意義上來說都是遵循「自由主義」的，因為他們都堅貞地追求個人自由、民主、法制與競爭市場的理想。

12 關於外交政策當局，見 Michael J. Glennon, *National Security and Double Government* (New York: Oxford University Press, 2014); Mike Lofgren, *The Deep State: The Fall of the Constitution and the Rise of a Shadow Government* (New York: Viking, 2016); 以及 Scott Horton, *The Lords of Secrecy: The National Security Elite and America's Stealth Warfare* (New York: Nation Books, 2015).

CHAPTER 1 ——淒涼的紀錄

1 欲了解針對美國總體策略替代方案的有用討論，見 Andrew Ross and Barry R. Posen, "Competing Visions of U.S. Grand Strategy," *International Security* 21, no. 3 (Winter 1996/97); 以及 Robert J. Art, *A Grand Strategy for America* (Ithaca, NY: Cornell University Press, 2004).

2 見 Eugene Gholz, Daryl Press, and Harvey Sapolsky, "Come Home, America: The Strat-

注釋
Notes

引言

1 見 John Hudson, "Inside Hillary Clinton's Massive *Foreign Policy* Brain Trust," Foreign Policy, February 10, 2016; 以及 Stephen M. Walt, "The Donald vs. the Blob," *Foreign Policy*, May 16, 2016, at http://foreignpolicy.com/2016/05/16/the-donald-vs-the-blob-hillary-clinton-election/.

2 見 "Open Letter on Donald Trump from GOP National Security Leaders," March 2, 2016, at http://warontherocks.com/2016/03/open-letter-on-donald-trump-from-gop-national-security-leaders/; 以及 "A Letter from GOP National Security Officials Opposing Donald Trump," *The New York Times*, August 8, 2016, at www.nytimes.com/interactive/2016/08/08/us/politics/national-security-letter-trump.html?_r=0.

3 見 "Transcript: Trump Expounds on His Foreign Policy Views," *The New York Times*, March 26, 2016, at www.nytimes.com/2016/03/27/us/politics/donald-trump-transcript.html; and "Transcript: Donald Trump on NATO, Turkey's Coup Attempt and the World," July 21, 2016, at www.nytimes.com/2016/07/22/us/politics/donald-trump-foreign-policy-interview.html.

4 當川普在二〇一五年宣布投入選戰時，他聲稱墨西哥給美國送來了「有很多問題的人……他們帶來毒品；他們帶來罪行。他們是強暴犯。」見"Full Text: Trump Announces a Presidential Bid," *The Washington Post*, June 16, 2015. 以及他在二〇一六年四月首次重大的外交政策演說中說道：「在我國境內被指控恐怖攻擊的人當中，有一些是最近進來的移民……我們勢必要停止透過愚蠢的移民政策引進恐怖主義。」Ryan Teague Beckwith, "Read Donald Trump's 'America First' Foreign Policy Speech," *Time*, April 27, 2016, at http://time.com/4309786/read-donald-trumps-america-first-foreign-policy-speech/.

5 見 Juliet Eilperin, "Obama Lays Out His Foreign Policy Doctrine: Singles, Doubles, and the Occasional Home Run," *The Washington Post*, April 28, 2014, at www.washington-post.com/world/obama-lays-out-his-foreign-policy-doctrine-singles-doubles-and-the-occasional-home-run/2014/04/28/e34ec058-ceb5-11e3-937f-d3026234b51c_story.html.

以善意鋪成的地獄
菁英的僵化和霸權的衰落，重啟大棋局也注定失敗的美國外交政策

以善意鋪成的地獄：菁英的僵化和霸權的衰落，重啟大棋局也注定失敗的美國外交政策／史蒂芬・華特（Stephen M. Walt）著；林詠心譯. | 初版. | 臺北市：麥田出版：家庭傳媒城邦分公司發行，2019.11
面；　公分
譯自：The Hell of good intentions : America's foreign policy elite and the decline of U.S. primacy
ISBN　978-986-344-703-0（平裝）
1.美國外交政策 2.國際政治
784.12　　108017022

封面設計　莊謹銘
印　　刷　漾格科技股份有限公司
初版一刷　2019年11月

定　　價　新台幣499元
I S B N　978-986-344-703-0
Printed in Taiwan

作　　者　史蒂芬・華特（Stephen M. Walt）
譯　　者　林詠心
責任編輯　林如峰
國際版權　吳玲緯
行　　銷　巫維珍　蘇莞婷　黃俊傑
業　　務　李再星　陳紫晴　陳美燕　馮逸華
主　　編　林怡君
編輯總監　劉麗真
總 經 理　陳逸瑛
發 行 人　涂玉雲

出　　版
麥田出版
台北市中山區104民生東路二段141號5樓
電話：(02) 2-2500-7696　傳真：(02) 2500-1966
網站：http://www.ryefield.com.tw

發　　行
英屬蓋曼群島商家庭傳媒股份有限公司城邦分公司
地址：10483台北市民生東路二段141號11樓
網址：http://www.cite.com.tw
客服專線：(02)2500-7718; 2500-7719
24小時傳真專線：(02)2500-1990; 2500-1991
服務時間：週一至週五09:30-12:00; 13:30-17:00
劃撥帳號：19863813　戶名：書虫股份有限公司
讀者服務信箱：service@readingclub.com.tw

香港發行所
城邦（香港）出版集團有限公司
地址：香港灣仔駱克道193號東超商業中心1樓
電話：+852-2508-6231　傳真：+852-2578-9337
電郵：hkcite@biznetvigator.com

馬新發行所
城邦（馬新）出版集團【Cite(M) Sdn. Bhd. (458372U)】
地址：41, Jalan Radin Anum, Bandar Baru Sri Petaling, 57000 Kuala Lumpur, Malaysia.
電話：+603-9057-8822　傳真：+603-9057-6622
電郵：cite@cite.com.my